9급 공무원 시험대비 **개정2판**

박문각
공무원

단 어 장

개정2판

외워볼까?
영어 만점 어휘

주제(Theme)별로 정리한 기본 어휘

어원을 체계적으로 정리한 심화 어휘

김세현 편저

동영상 강의 www.pmg.co.kr

박문각

김세현
영어 VOCA All In One

공무원 시험을 준비하는 공시생들에게 영어는 가장 힘든 과목입니다.

공시생들의 대다수는 영어 때문에 불합격을 하게 되고 영어 때문에 괴로워하고 영어 때문에 시험을 그만 둘까? 라는 생각을 가지게 됩니다. 그만큼 영어는 힘든 과목입니다 하지만 이는 영어를 확실히 잡으면 영어 덕분에 합격을 하게 되고 영어 덕분에 행복해질 수 있고 영어 덕분에 시험에 자신감을 갖게 될 수도 있다는 것을 의미합니다. 여러분들은 어떤 선택을 하시겠습니까?

공무원 합격을 위한 영어 단어공부에 대한 해결책을 만들었습니다.

공무원 영어에서는 무엇보다도 기본 어휘 학습에 충실해야 합니다. 김세현 영어 VOCA의 가장 큰 특징은 바로 기본에 충실한 체계성입니다. 즉, 기본 어휘를 익히고 그다음 한 단계 또는 두 단계 더 심화된 어휘를 어원별로 학습합니다. 마무리로는 지금까지 출제되었던 기출 어휘와 기출 예상 어휘를 암기합니다. 체계적인 어휘를 단계별(기본어휘 → 심화어휘)로 학습할 수 있게 구성함으로써 공무원 영어에 대한 가장 확실한 해결책을 마련했습니다.

수험생 여러분께 경의를 표합니다.

끊임없는 치열한 경쟁 속에서 오직 하나의 목표를 위해 지금 이 책을 마주하고 있는 여러분의 궁극적 목표는 이번 공무원 시험에서의 합격일 것입니다. 그 합격을 위해 작은 마음을 보태고자 합니다. 모두 다 합격할 수는 없습니다. 단, 스스로를 잘 관리한다면 그리고 최선을 다한다면 그 합격의 영광은 여러분들에게 반드시 돌아올 것입니다. 힘내시고 김세현 영어와 함께 김세현 영어 VOCA를 매일매일 꾸준히 학습하시기 바랍니다. 그리하여 곧 합격의 영광을 맞이하게 될 여러분께 경의를 표합니다.

수험생 여러분의 건승을 기원하며 서초동 연구실에서

이 책의
차 례 ✧✦

CONTENTS

이 책의
구성과 특징 ✦
ANALYSIS

어휘는 두 부분으로 구성하였다.

시중에 나와 있는 어휘 교재는 너무 공무원 시험에만 초점을 맞추고 있어서 실제로 기초가 부족한 많은 수험생들이 어휘를 체계적으로 정리하는 데 현실적으로 상당한 어려움을 겪는 경우를 너무도 많이 봐왔다. 이에 수험생들에게 좀 더 체계적인 어휘 학습법은 없을까 고민 끝에 이번 어휘 교재를 두 부분으로 구성해 보았다.

#1
기본어휘

영어 공부를 위해 정말 기본이 되고 핵심이 되는 어휘를 체계적으로 구성하였다. 기본어휘는 동사부터 시작하고 그 동사들도 각각 동사의 주제(Theme)에 맞게 다음과 같이 구성하였다. [딱 하나의 의미로 통하는 동사들 → 파생어와 함께 할 수 있는 동사들 → 정말 웃기는 동사들 …] 또한 명사, 형용사, 부사 등도 위와 같이 구성하여 좀 더 쉽고 재미있고 빠르게 암기할 수 있게 하였다.

#2
심화어휘

기본어휘보다 한 단계 또는 두 단계 더 심화된 어휘들을 어원별로 정리하였다. 각 어원을 통해 거기에 파생되는 어휘들을 체계적으로 분류하였고 확신하건데 여기 있는 심화어휘만 완벽하게 암기해도 공무원 독해 문제를 해결하는 데 별 어려움이 없도록 구성하였다.

김세현 영어
VOCA All In One ⋆

chapter

01

기본어휘

Day **01** 딱 하나의 의미로 통하는 동사들

1	**accomplish** [əkάmpliʃ]	v. 성취하다, 이루다 • We tried a new project but accomplished nothing.
2	**achieve** [ətʃíːv]	v. 성취하다, 이루다 • He will never achieve anything if he doesn't work.
3	**add** [æd]	v. 더하다, 덧붙이다 • Add a few more names to the list.
4	**advertise** [ǽdvərtàiz]	v. 광고하다 • I advertised my house in the Daily News.
5	**argue** [άːrgjuː]	v. 논쟁하다, 언쟁하다 • He argued with his father about the matter.
6	**avoid** [əvɔ́id]	v. 피하다, 회피하다 • If you work here, you can not avoid meeting her.
7	**bend-bent-bent** [bend]	v. 구부리다 • It isn't easy to bend a bar of iron.
8	**bring** **-brought-brought** [briŋ-brɔ́ːt-brɔ́ːt]	v. 가져오다, 데리고 오다 • Take this empty box away and bring me a full one.
9	**choose** **-chose-chosen** [tʃuːz-tʃouz-tʃouzn]	v. 선택하다, 고르다 • He chose not to go home until later.
10	**collect** [kəlékt]	v. 수집하다, 모으다 • His hobby is collecting stamps.
11	**compare** [kəmpέər]	v. 비교하다, 비유하다 • If you compare America with Canada, you will find many differences.
12	**complain** [kəmpléin]	v. 불평하다 • We have nothing to complain of(about).

해석 ✍

1. accomplish 우리는 새로운 계획을 시도했지만 헛일이었다. 2. achieve 일하지 않으면 그는 아무 것도 성취하지 못할 것이다. 3. add 명단에 이름을 몇 개 더 추가시켜라. 4. advertise 나는 데일리 뉴스에 나의 집 광고를 냈다. 5. argue 그는 아버지와 그 일에 관해 논쟁했다. 6. avoid 여기 사무실에서 일하면 그녀를 만나는 것은 피할 수 없는 일이다. 7. bend 철을 구부리는 일은 쉽지 않다. 8. bring 빈 박스는 가져가고 가득 찬 것을 내게 가져와라. 9. choose 그는 늦게까지 집에 갈 생각을 하지 않았다. 10. collect 그의 취미는 우표수집이다. 11. compare 만일 미국과 캐나다를 비교한다면 많은 차이점을 찾아내게 될 것이다. 12. complain 우리는 불평할 것이 없다.

Day 02 딱 하나의 의미로 통하는 동사들

13	**decide** [disάid]	v. 결정(결심)하다 • She decided to go.
14	**decorate** [dékərèit]	v. 장식하다 • The streets were decorated with flags.
15	**defend** [difénd]	v. 방어하다, 막다 • They defend a city against an attack.
16	**develop** [divéləp]	v. 발전시키다 • We must develop the natural resources of our country.
17	**discover** [diskΛvər]	v. 발견하다 • Columbus discovered America, but didn't explore the new continent.
18	**discuss** [dískΛs]	v. 토의(토론)하다 • We discussed what to do and where we should go.
19	**expect** [ikspékt]	v. 기대하다 • They expect me to work on Sundays.
20	**hate** [heit]	v. 증오하다 • The two enemies hate each other.
21	**hit** [hit]	v. 때리다, 치다 • He hit me on the head.
22	**imagine** [imǽdʒin]	v. 상상하다 • She didn't even imagine such a big prize.
23	**improve** [imprúːv]	v. 향상(발전)시키다 • This is not good enough; I want to improve it.
24	**increase** [inkrís]	v. 증가시키다(하다) • They have increased the price of oil again.

해석 ✔

13. decide 그녀는 가기로 결심했다. 14. decorate 거리는 온통 깃발들로 장식되었다. 15. defend 그들은 도시를 공격에서 지켰다. 16. develop 우리나라의 천연자원을 개발해야만 한다. 17. discover 콜럼버스는 미국을 발견했지만 신대륙을 탐험하지는 못했다. 18. discuss 우리는 무엇을 해야 하고 어디로 가야만 하는가를 논의하였다. 19. expect 그들은 내가 일요일마다 일하기를 기대한다. 20. hate 두 적대자는 서로 미워한다. 21. hit 그는 내 머리를 쳤다. 22. imagine 그녀는 그런 큰 상은 상상조차 못했다. 23. improve 이것은 충분히 좋지 않다; 나는 그것을 개선시키기를 바란다. 24. increase 그들은 다시 유가를 인상했다.

Day 03 딱 하나의 의미로 통하는 동사들

25	**joke** [dʒouk]	v. 농담하다 • I was only joking.
26	**limit** [límit]	v. 제한하다 • We must limit our spending.
27	**lock** [lɑk]	v. 잠그다 • Lock the door so that burglars may not enter the house.
28	**look** [luk]	v. ~처럼 보이다 • Our teacher looked tired after the class.
29	**pollute** [pəlúːt]	v. 오염시키다 • The river has been polluted by factory waste.
30	**produce** [prədjúːs]	v. 생산하다, 만들어 내다 • The factory hasn't begun to produce yet.
31	**pull** [pul]	v. 당기다 • The train is pulled by a powerful engine.
32	**push** [puʃ]	v. 밀다 • Please push the table to the wall.
33	**put** [put]	v. 두다, 놓다 • He put the book on the table.
34	**receive** [risíːv]	v. 받다 • When did you receive the letter?
35	**repair** [ripéər]	v. 고치다, 수리하다 • He had the machine repaired.
36	**request** [rikwést]	v. 요구(요청)하다 • The judge requested silence.

해석

25. joke 단지 농담한 것이다. 26. limit 우리는 소비를 제한해야만 한다. 27. lock 도둑이 집에 들어오지 못하게 문을 잠가라. 28. look 우리 선생님은 수업 후에 피곤해 보였다. 29. pollute 공장 폐수로 강이 오염되었다. 30. produce 공장은 아직 생산을 시작하지 않고 있다. 31. pull 기차는 강력한 엔진에 의해 움직인다. 32. push 테이블을 벽 쪽으로 밀어 주세요. 33. put 그는 책을 테이블 위에 놓았다. 34. receive 당신은 언제 편지를 받았습니까? 35. repair 그는 기계를 수리했다. 36. request 판사는 정숙할 것을 요구했다.

Day 04 딱 하나의 의미로 통하는 동사들

37	**satisfy** [sǽtisfai]	v. 만족시키다 • Some people are very hard to satisfy.
38	**scream** [skri:m]	v. 비명을 지르다 • The man was screaming with pain.
39	**share** [ʃɛər]	v. 공유(함께)하다 • He shares his room with his brother.
40	**solve** [sɑlv]	v. 풀다, 해결하다 • Help me to solve math problems.
41	**steal-stole-stolen** [sti:l-stoul-stóulən]	v. 훔치다 • Someone has stolen my watch.
42	**throw** **-threw-thrown** [θrou-θru:-θroun]	v. 던지다 • He threw the ball to his sister.
43	**accept** [əksépt]	v. 받아들이다, 수락하다 • I can't accept your apology.
44	**allow** [əláu]	v. 허락하다 • They do not allow you to smoke.
45	**appeal** [əpí:l]	v. 호소하다 • The city is appealing to everyone to save water.
46	**arrive** [əráiv]	v. 도착하다 • What time does Brad arrive in New York?
47	**assist** [əsíst]	v. 돕다, 도와주다 • Good glasses will assist you to read.
48	**bark** [bɑːrk]	v. 짖다 • The dog always barks at the mailman.

해석 ▶

37. satisfy 만족시키기 굉장히 어려운 사람들도 있다. 38. scream 그 사람은 고통으로 울부짖고 있었다. 39. share 그는 형과 방을 같이 쓴다. 40. solve 수학 문제 푸는 것 좀 도와줘. 41. steal 누군가 내 시계를 훔쳤다. 42. throw 그는 공을 여동생에게 던졌다. 43. accept 나는 너의 사과를 받아들일 수가 없다. 44. allow 그들은 네가 담배 피는 것을 허용하지 않는다. 45. appeal 시는 모든 사람들에게 물을 절약할 것을 호소하고 있다. 46. arrive 브래드는 몇 시에 뉴욕에 도착합니까? 47. assist 좋은 안경은 독서하는 데 도움을 줄 것이다. 48. bark 그 개는 우체부를 보면 항상 짖어댄다.

Day 05 딱 하나의 의미로 통하는 동사들

49	**cancel** [kǽnsəl]	v. 취소하다 • She cancelled her trip to New York because she felt ill.
50	**communicate** [kəmjúːnəkèit]	v. 의사소통하다 • We can communicate with people over the world by telephone.
51	**congratulate** [kəngrǽtʃuleit]	v. 축하하다 • We congratulated her on passing the examination.
52	**continue** [kəntínjuː]	v. 계속하다, 지속하다 • The fighting continued for two days.
53	**cross** [krɔːs]	v. 가로지르다, 횡단하다 • The soldiers took three days to cross the desert.
54	**dash** [dæʃ]	v. 돌진하다 • I have to dash (off) to catch my train.
55	**decrease** [dikríːs]	v. 줄다, 감소하다(시키다) • The company decreased the number of workers.
56	**deliver** [dilívər]	v. 배달하다 • Letters are delivered every day.
57	**employ** [implɔ́i]	v. 고용하다 • We're employing three new secretaries on Monday.
58	**encourage** [inkə́ːridʒ]	v. 격려하다, 용기나게 하다 • My mother encouraged me to study English.
59	**explain** [ikspléin]	v. 설명하다 • The teacher explained the situation to us.
60	**fail** [feil]	v. 실패하다 • He failed to pass his driving test.

해석 ✌

49. cancel 그녀는 몸이 아파서 뉴욕 여행을 취소했다. 50. communicate 우리는 전화로 전 세계 사람들과 의사소통을 할 수 있다. 51. congratulate 우리는 그녀에게 시험에 합격한 것을 축하했다. 52. continue 싸움은 이틀간 계속됐다. 53. cross 군인들이 사막을 횡단하는 데 사흘이 걸렸다. 54. dash 열차를 잡아타려면 전속력으로 달려야만 한다. 55. decrease 회사는 근로자의 수를 서서히 줄였다. 56. deliver 편지는 매일 배달된다. 57. employ 우리는 월요일에 3명의 새 비서를 고용할 것이다. 58. encourage 어머니는 내가 영어를 공부하도록 격려했다. 59. explain 선생님은 우리에게 그 상황을 설명하셨다. 60. fail 그는 운전 시험에 합격하지 못했다.

Day 06 딱 하나의 의미로 통하는 동사들

61	**gather** [gǽðər]	v. 모으다, 수집하다 • A crowd gathered to see what had happened.
62	**hang-hung-hung** [hæŋ-hʌŋ-hʌŋ] **hang-hanged-hanged**	v. 매달다, 걸려 있다; 교수형에 처하다 • Hang your coat in the closet. • He was hanged for murder.
63	**hide-hid-hidden** [hɑid-hid-hidən]	v. 숨기다, 숨다 • You're hiding some important facts.
64	**inform** [infɔ́:rm]	v. 알리다 • He informed me of her success.
65	**introduce** [intrədjú:s]	v. 소개하다 • May I introduce my friend Tom to you?
66	**invite** [inváit]	v. 초대하다 • She invited me to her party.
67	**knock** [nak]	v. 두드리다, 때리다 • Please knock on (at) the door before entering.
68	**laugh** [læf]	v. 웃다 • It was so funny, I couldn't stop laughing.
69	**lend-lent-lent** [lend-lent-lent]	v. 빌려주다 • Can you lend me $10?
70	**misunderstand** [misʌndərstǽnd]	v. 오해하다 • I think you misunderstood what I said.
71	**offend** [əfénd]	v. 공격하다, 감정을 해치다 • I was very offended that you forgot my birthday.
72	**permit** [pərmít]	v. 허락(허가)하다 • I can't permit this to happen.

해석

61. gather 무슨 일이 일어났는가 하고 군중들이 모여들었다. 62. hang 벽장에 네 코트를 걸어라. / 그는 살인죄로 교수형에 처해졌다. 63. hide 너는 뭔가 중요한 사실을 숨기고 있다. 64. inform 그는 나에게 그녀의 성공을 알렸다. 65. introduce 내 친구 톰을 네게 소개해도 될까? 66. invite 그녀는 나를 그녀의 파티에 초대했다. 67. knock 들어오기 전에 노크해 주세요. 68. laugh 하도 우스워서 웃음을 멈출 수가 없었다. 69. lend 10달러 빌려 주겠니? 70. misunderstand 너는 내가 한 말을 오해한 것 같다. 71. offend 네가 내 생일을 잊었다는 것에 몹시 기분이 상했다. 72. permit 나는 이런 일이 일어나도록 내버려둘 수 없다.

Day 07 딱 하나의 의미로 통하는 동사들

73	**pray** [prei]	v. 기도하다
		• I will pray to God for your safety.

74	**prepare** [pripéər]	v. 준비하다
		• They are busy preparing to go on vacation.

75	**protect** [prətékt]	v. 보호하다, 방어하다
		• She wore dark glasses to protect her eyes from the sun.

76	**provide** [prəváid]	v. 제공하다
		• The cow provides us with milk. = The cow provides milk for us.

77	**reduce** [ridjúːs]	v. 감소하다(시키다), (몸무게를) 줄이다
		• He won't reduce the rent of our house. • Please don't give me any cake because I'm trying to reduce.

78	**seek** -sought-sought [siːk-sɔːt-sɔːt]	v. 찾다, 구하다
		• He sought out his friend in the crowd.

79	**seem** [siːm]	v. ~인 것 같다
		• You seem to be ill.

80	**shake** -shook-shaken [ʃeik-ʃuk-ʃéikən]	v. (좌우로) 흔들다
		• She shook her head.

81	**shout** [ʃaut]	v. 소리(고함)치다
		• There is no need to shout.

82	**survive** [sərváiv]	v. 생존하다, 살아남다
		• She survived the accident.

83	**affect** [əfékt]	v. ~에 영향을 주다
		• Smoking affects health. Smoking has an effect(influences) on health.

84	**alarm** [əlάːrm]	v. 놀라게 하다
		• The noise of the shot alarmed hundreds of birds.

해석

73. pray 네가 무사하기를 신께 기도하겠다. 74. prepare 그들은 휴가 갈 준비를 하느라 바쁘다. 75. protect 그녀는 햇빛에서 눈을 보호하기 위해 검은 안경을 썼다. 76. provide 소는 우리에게 우유를 제공한다. 77. reduce 그는 우리 집세를 내리지 않을 것이다. / 체중을 줄이려 노력하고 있으니 내게 어떤 케이크도 주지 말아요. 78. seek 그는 군중 속에서 그의 친구를 찾으려고 했다. 79. seem 너는 아픈 것 같다. 80. shake 그녀는 머리를 좌우로 흔들었다. 81. shout 고함칠 필요 없다. 82. survive 그녀는 사고에서 살아남았다. 83. affect 흡연은 건강에 영향을 미친다. 84. alarm 총성이 수백 마리의 새들을 놀라게 했다.

Day 08 딱 하나의 의미로 통하는 동사들

85	**awake** **-awoke-awaken** [əwéik-əwóuk-əwóukən]	v. 깨다, 깨우다 • The noise awoke me.
86	**behave** [bihéiv]	v. 행동하다, 행위하다 • He behaved with great courage.
87	**bite-bit-bitten** [bait-bit-bítən]	v. 물다, 깨물다 • The boy bit into the piece of cake.
88	**carry** [kǽri]	v. 나르다, 운반하다 • Pipes carry oil across the desert.
89	**cheer** [tʃiər]	v. 응원하다, 성원하다 • The crowd cheered their team.
90	**claim** [kleim]	v. 주장하다, 요구하다 • The flood claimed hundreds of lives.
91	**conclude** [kənklúːd]	v. 결론(말)을 내리다 • We concluded that he was in danger.
92	**connect** [kənékt]	v. 연결하다, 잇다 • The scientist connected wires.
93	**create** [kriéit]	v. 만들어내다, 창조하다 • God created the world.
94	**dig-dug-dug** [dig-dʌg-dʌg]	v. 파다, 파헤치다 • The dog is digging in the ground.
95	**disappear** [disəpíər]	v. 사라지다 • The sun disappeared behind a cloud.
96	**drown** [draun]	v. 익사하다(시키다) • A drowning man will catch at a straw.

해석

85. awake 그 소리에 잠이 깼다. 86. behave 그는 용감하게 행동하였다. 87. bite 그 꼬마는 케이크 한 조각을 베어 먹었다. 88. carry 파이프로 석유가 사막 너머로 운반된다. 89. cheer 군중은 자기 팀을 격려했다. 90. claim 그 홍수는 수백 명의 목숨을 앗아갔다. 91. conclude 우리는 그가 위험하다는 결론을 내렸다. 92. connect 그 과학자는 전선을 연결시켰다. 93. create 신이 세상을 창조했다. 94. dig 그 개는 땅을 파헤치고 있다. 95. disappear 태양이 구름으로 가려졌다. 96. drown 물에 빠진 사람은 지푸라기라도 잡으려고 한다.

Day 09 딱 하나의 의미로 통하는 동사들

97	**enlarge** [inlá:rdʒ]	v. 증가(확대)하다(시키다) • This photograph probably won't enlarge well.
98	**enrich** [inrítʃ]	v. 풍성하게(풍요롭게) 하다 • The discovery at oil will enrich the nation.
99	**escape** [iskéip]	v. 탈출하다, 도망치다 • They escaped from the burning house.
100	**exchange** [ikstʃéindʒ]	v. 교환하다 • The two armies exchanged prisoners. • John exchanged hats with Peter.
101	**found** **-founded-founded** [fáund]	v. 세우다, 설립하다 • This company was founded in 1724.
102	**govern** [gʌ́vərn]	v. 통치하다, 지배하다 • The president governs the country.
103	**harm** [haːrm]	v. 아프게 하다, 상처를 입히다 • It hasn't harmed you, has it?
104	**hire** [haiər]	v. 고용하다 • He hired a workman to build a new house.
105	**hurry** [hə́:ri]	v. 서두르다 • Don't hurry; we are not late.
106	**ignore** [ignɔ́:r]	v. 무시하다 • Ignore the difficult explanation and just try it!
107	**imitate** [ímɔteit]	v. 모방하다, 흉내내다 • James can imitate his father's speech perfectly.
108	**install** [instɔ́:l]	v. 설치하다 • We are installing a new heating system.

해석 ✦

97. enlarge 이 사진은 아마 확대가 잘 되지 않을 것이다. 98. enrich 석유의 발견은 그 나라를 부강하게 할 것이다. 99. escape 그들은 불타는 집에서 빠져나왔다. 100. exchange 두 군대는 포로를 교환했다. / 존은 피터와 모자를 바꾸었다. 101. found 이 회사는 1724년에 설립됐다. 102. govern 대통령은 국가를 다스린다. 103. harm 네가 다치진 않았지, 그렇지? 104. hire 그는 새 집을 짓기 위해 일꾼을 고용했다. 105. hurry 서두르지 마라, 우리는 늦지 않았어. 106. ignore 그 어려운 설명은 무시하고 일단 시도해 봐! 107. imitate 제임스는 자기 아버지의 말투를 그대로 흉내낼 수 있다. 108. install 우리는 새로운 난방 설비를 하고 있다.

Chapter 01

Day 10 딱 하나의 의미로 통하는 동사들

109	**invent** [invént]	v. 발명하다 • Alexander Graham Bell invented the first telephone in 1876.
110	**link** [liŋk]	v. 잇다, 연결하다 • The road links all the new towns.
111	**manage** [mǽnidʒ]	v. 경영(운영)하다 • He managed a large hotel.
112	**occur** [əkə́:r]	v. 일어나다, 발생하다 • Many accidents occur in the home.
113	**predict** [pridíkt]	v. 예상(예언)하다 • She predicted that he would marry a doctor.
114	**prove** [pru:v]	v. 증명하다 • The rumor proved to be true.
115	**regard** [rigá:rd]	v. 여기다, 간주하다 • People regard him as a poet.
116	**relate** [riléit]	v. 관계(관련)시키다 • It is difficult to relate him with the accident.
117	**relax** [rilǽks]	v. 긴장을 풀다, 휴식하다 • Sit down and relax!
118	**remove** [rimú:v]	v. 없애다, 제거하다 • Remove your hat.
119	**repeat** [ripí:t]	v. 반복하다, 다시 말하다 • Don't repeat what I told you.
120	**require** [rikwáiər]	v. 요구(요청)하다 • We require to know it.

해석

109. invent 알렉산더 그레엄 벨은 1876년에 최초의 전화를 발명했다. 110. link 그 길은 모든 신도시를 연결한다. 111. manage 그는 큰 호텔을 경영했다. 112. occur 그 집에서 많은 사고들이 일어난다. 113. predict 그녀는 그가 의사와 결혼할 것이라고 예상했다. 114. prove 그 소문은 사실로 판명됐다. 115. regard 사람들은 그를 시인으로 여긴다. 116. relate 그와 이 사건을 연관짓긴 어렵다. 117. relax 앉아서 편히 쉬어라! 118. remove 너의 모자를 벗어라. 119. repeat 내가 네게 말한 것을 따라하지 마라. 120. require 우리는 그것을 알려달라고 요청한다.

Day 11 딱 하나의 의미로 통하는 동사들

121	**split** [split]	v. 나누다, 쪼개다 • This soft wood split easily.
122	**spread** [spred]	v. 퍼지다, 확산하다 • The fire soon spread through the whole of the town.
123	**strike** **-stroke-struck** [straik-strouk-strʌk]	v. 치다, 때리다 • He strock me on the head.
124	**surprise** [sərpráiz]	v. 놀라게 하다 • I was surprised to hear that his wife had left him.
125	**trade** [treid]	v. 교환하다, 바꾸다 • They traded their clothes for food.
126	**whisper** [hwíspər]	v. 속삭이다 • The children were whispering together in the corner.
127	**wound** [wu:nd]	v. 아프게 하다, 상처를 입히다 • The shot wounded his arm.
128	**yell** [jel]	v. 소리치다 • Don't yell me like that!
129	**adapt** [ədǽpt]	v. 적응하다, 적응시키다 • When we moved to France, the children adapted very well.
130	**adjust** [ədʒʌ́st]	v. 적응하다, 적응시키다 • He's adjusting to his new life.
131	**adopt** [ədápt]	v. 채택하다 • We adopted the new method of making wine.
132	**blame** [bléim]	v. 비난하다, 비판하다 • He blamed his teacher for his failure.

해석 ♪

121. split 이 연한 목재는 쉽게 쪼개진다. 122. spread 화재는 곧 도시 전체에 퍼졌다. 123. strike 그는 내 머리를 때렸다. 124. surprise 나는 그의 아내가 그를 떠났다는 얘기를 듣고 놀랐다. 125. trade 그들은 옷과 음식을 교환한다. 126. whisper 아이들은 구석에 모여서 속삭이고 있었다. 127. wound 총상이 그의 팔을 상처 입혔다. 128. yell 그렇게 내게 소리치지 마! 129. adapt 우리가 프랑스로 이사했을 때, 아이들은 상당히 잘 적응했다. 130. adjust 그는 새로운 생활에 적응하고 있다. 131. adopt 우리는 새로운 와인 양조법을 채택했다. 132. blame 그는 그의 실패에 대해 그의 선생님을 비난했다.

(Day) 12 딱 하나의 의미로 통하는 동사들

133	**blend** [blend]	v. 섞다, 혼합하다 • Blend the sugar, flour, and eggs.
134	**borrow** [bá:rou]	v. 빌리다 • Can I borrow a dollar?
135	**combine** [kəmbáin]	v. 결합하다, 섞다 • To make the cake, first combine the eggs and sugar.
136	**confuse** [kənfjúːz]	v. 혼란(혼동)시키다, 헷갈리게 하다 • I was confused by all the noise.
137	**contain** [kəntéin]	v. 포함하다, 내포하다 • Beer contains alcohol.
138	**deny** [dinái]	v. 거절(거부)하다 • He denied telling me that he had told me.
139	**destroy** [distrɔ́i]	v. 파괴하다 • The fire destroyed most of the buildings.
140	**discourage** [diskə́ridʒ]	v. 용기를 꺾다, 낙담시키다 • His mother discouraged his son from travelling alone.
141	**divide** [diváid]	v. 나누다, 쪼개다 • He divides his time between reading and writing.
142	**donate** [dóuneit]	v. 기부(기증)하다 • A millionaire donated a million dollar.
143	**emigrate** [éməgreit]	v. 이민 가다 • His father emigrated to the U.S.
144	**endure** [indjúər]	v. 참다, 견디다 • I can't endure that noise a moment longer.

해석 ?

133. blend 설탕, 밀가루 그리고 계란을 섞으시오. 134. borrow 1달러 빌려줄 수 있니? 135. combine 케이크를 만들기 위해 우선 계란과 설탕을 섞으시오. 136. confuse 나는 너무 시끄러워서 혼란스러웠다. 137. contain 맥주는 알코올을 함유하고 있다. 138. deny 그는 나에게 말했던 것을 부인했다. 139. destroy 그 화재로 대부분의 건물들이 파괴됐다. 140. discourage 그의 어머니는 아들이 혼자 여행하지 못하게 했다. 141. divide 그는 그의 시간을 읽고 쓰는 데 쪼개어 쓴다. 142. donate 한 백만장자가 백만 불을 기부했다. 143. emigrate 그의 아버지는 미국으로 이민 갔다. 144. endure 나는 더 이상 그 소음을 참을 수 없다.

Day 13 딱 하나의 의미로 통하는 동사들

145	**examine** [igzǽmin]	v. 연구(조사)하다 • My bags were examined when I entered the country.
146	**exclude** [iksklúːd]	v. 제외하다(시키다) • They excluded people under 21 from (joining) the club.
147	**freeze** **-froze-frozen** [friːz-frouz-fróuzən]	v. 얼다, 얼리다 • He was frozen to death.
148	**heal** [hiːl]	v. 치료하다 • His wounds are healing up.
149	**immigrate** [íməgreit]	v. 이민 오다 • A number of Europeans immigrated into Australia.
150	**industrialize** [indʌ́striəlɑiz]	v. 산업화하다 • When was the British industrialized?
151	**infect** [infékt]	v. 감염시키다 • The disease infected her eyes, and she became blind.
152	**injure** [índʒər]	v. 아프게 하다, 상처를 입히다 • She was injured badly in the accident.
153	**melt** [melt]	v. 녹다, 녹이다 • The ice is melting in the sun.
154	**migrate** [máigreit]	v. 이주하다 • Some birds migrate to warmer countries in winter.
155	**obtain** [əbtéin]	v. 얻다, 획득하다 • By this method, you can obtain good results.
156	**prefer** [prifə́ːr]	v. ~을 더 좋아하다, 선호하다 • I prefer summer to winter.

해석

145. examine 그 나라에 입국했을 때 내 가방은 조사를 받았다. 146. exclude 그들은 그 클럽에서 21세 이하를 제외했다. 147. freeze 그는 얼어 죽을 지경이었다. 148. heal 그의 상처는 나아가고 있다. 149. immigrate 수많은 유럽인들이 호주로 이민 왔다. 150. industrialize 영국은 언제 산업화되었습니까? 151. infect 그 병은 그녀의 눈을 감염시켰고 그녀는 장님이 되었다. 152. injure 그녀는 그 사고로 심하게 다쳤다. 153. melt 태양이 얼음을 녹이고 있다. 154. migrate 어떤 새는 겨울에 따뜻한 지방으로 건너온다. 155. obtain 이 방법으로 너는 좋은 결과를 얻을 수 있다. 156. prefer 나는 겨울보다 여름을 선호한다.

Day 14 딱 하나의 의미로 통하는 동사들

157	**punish** [pʌ́niʃ]	v. 벌주다, 처벌하다 • People should be punished for dangerous driving.
158	**recommend** [rèkəménd]	v. 추천하다 • Can you recommend a good dictionary (to me)?
159	**refuse** [rifjúːz]	v. 거절(거부)하다 • He asked her to marry him but she refused.
160	**reject** [ridʒékt]	v. 거절(거부)하다 • She rejected my suggestion.
161	**remain** [riméin]	v. 남아 있다 • He remained a bachelor to the last.
162	**replace** [ripléis]	v. 대신(대체)하다 • You will have to replace those tires.
163	**research** [risə́ːrtʃ]	v. 연구(조사)하다 • We've been researching for three years with no result.
164	**retire** [ritáiər]	v. 퇴직(은퇴)하다 • My father retired at the age of 60.
165	**ruin** [rúːin]	v. 파괴하다 • She poured water all over my painting and ruined it.
166	**settle** [sétl]	v. 정착하다 • They got married and settled in San Francisco.
167	**stare** [stɛər]	v. 응시하다, 째려보다 • She stared me in the face.
168	**substitute** [sʌ́bstitjuːt]	v. 대신(대체)하다 • I substituted nylon for silk.

해석 🍂

157. punish 난폭한 운전을 하면 처벌 받아야 한다. 158. recommend 좋은 사전을 내게 추천해 줄 수 있나요?
159. refuse 그는 그녀에게 그와 결혼해 달라고 했으나 그녀는 거절했다. 160. reject 그녀는 나의 제안을 거절했다. 161. remain 그는 마지막까지 독신으로 남아 있었다. 162. replace 너는 저 타이어를 교환해야 할 것이다.
163. research 우리는 아무런 성과 없이 3년 동안이나 연구해 오고 있다. 164. retire 나의 아버지는 60세에 은퇴했다. 165. ruin 그녀는 내 그림 위에 온통 물을 쏟아 망쳐 놓았다. 166. settle 그들은 결혼했고 샌프란시스코에 정착했다. 167. stare 그녀는 내 얼굴을 응시했다. 168. substitute 나는 나일론을 실크와 대체했다.

Day 15 딱 하나의 의미로 통하는 동사들

169	**suppose** [səpóuz]	v. 가정하다 · Suppose it rains, what will we do?
170	**wander** [wɑ́ndər]	v. 배회하다 · The lost child was wandering the streets.
171	**wonder** [wʌ́ndər]	v. 궁금해 하다 · I wonder why they didn't arrive.
172	**advance** [advǽns]	v. 진보하다, 발전하다 · A month has passed and the work has not advanced.
173	**apologize** [əpɑ́lədʒaiz]	v. 사과하다 · I apologized to her for stepping in her foot.
174	**attempt** [ətémpt]	v. 시도하다 · I attempted to speak but was told to be quiet.
175	**breathe** [bri:ð]	v. 숨쉬다, 호흡하다 · The doctor told him to breathe in deeply.
176	**bury** [béri]	v. 매장하다, 묻다 · He buries his hands in sand.
177	**calculate** [kǽlkjulèit]	v. 계산하다 · Have you calculated the result?
178	**command** [kəmǽnd]	v. 명령하다, 지시하다 · He commanded that the army attack at once.
179	**compete** [kəmpíːt]	v. 경쟁하다 · John competed for the prize.
180	**cooperate** [kouɑ́pərèit]	v. 협동하다 · Everyone cooperated with the police to find the lost child.

해석 ▶

169. suppose 비가 온다고 가정하고, 무엇을 해야 할까? 170. wander 길 잃은 아이가 거리를 배회하고 있었다. 171. wonder 나는 그들이 왜 도착하지 않았는지 궁금하다. 172. advance 한 달이 지났는데도 일은 진전이 없다. 173. apologize 나는 발을 밟은 데 대해서 그녀에게 사과했다. 174. attempt 나는 말하려고 해보았으나 조용히 하라는 말만 들었다. 175. breathe 그 의사는 그에게 깊게 숨 쉬라고 말했다. 176. bury 그는 모래에 손을 묻었다. 177. calculate 너는 그 결과를 계산해 봤니? 178. command 그는 군대가 즉시 공격하도록 명령했다. 179. compete 존은 그 상을 타려고 경쟁을 했다. 180. cooperate 그 미아를 찾는 데 모든 사람들이 경찰에 협력했다.

Day 16 딱 하나의 의미로 통하는 동사들

181	**describe** [diskráib]	v. 묘사하다 • Try to describe exactly what happened.
182	**disappoint** [disəpóint]	v. 실망(낙담)시키다 • I am sorry to disappoint you, but I can't go with you.
183	**distinguish** [distíŋgwiʃ]	v. 구별(식별)하다 • Dogs can't distinguish colors from one another.
184	**dye** [dai]	v. 염색하다 • Sunset dyed the sky red.
185	**establish** [istǽbliʃ]	v. 확립하다, 세우다 • The club has established a new rule for women's right.
186	**exist** [igzíst]	v. 있다, 존재하다 • Does God exist?
187	**expand** [ikspǽnd]	v. 증가(확장)하다(시키다) • Iron expands when it is heated.
188	**explode** [iksplóud]	v. 폭발하다(시키다) • He exploded the bomb.
189	**extend** [iksténd]	v. 증가시키다, 늘이다 • The bank will extend your credit.
190	**forecast** [fɔ́ːrkæst]	v. 예보하다 • I can't forecast the result.
191	**forgive** [fərgív]	v. 용서하다 • God will forgive us our sins.
192	**guarantee** [gæ̀rəntíː]	v. 보장하다 • The watch is guaranteed for three years.

해석

181. describe 무슨 일이 있었는지 정확하게 묘사해 봐. 182. disappoint 실망시켜 미안하지만 너와 같이 갈 수 없어. 183. distinguish 개들은 서로서로 색을 구별할 수 없다. 184. dye 석양에 하늘이 붉게 물들었다. 185. establish 그 클럽은 여성의 권익을 위한 새 방침을 제정했다. 186. exist 신은 존재하는가? 187. expand 철은 달구면 팽창한다. 188. explode 그는 폭탄을 폭발시켰다. 189. extend 은행이 너의 신용을 연장할 것이다. 190. forecast 나는 결과를 예측할 수 없다. 191. forgive 신이 우리의 죄를 용서해 줄 것이다. 192. guarantee 그 시계는 3년 동안 보증된다.

Day 17 딱 하나의 의미로 통하는 동사들

193	**hug** [hʌg]	v. 껴안다 • The child was hugging her doll.
194	**imply** [implai]	v. 의미하다, 암시하다 • What does the woman imply?
195	**inhabit** [inhǽbit]	v. 살다, 거주하다 • They inhabited a small two room apartment.
196	**insist** [insíst]	v. 주장하다 • I insisted that he leave.
197	**inspect** [inspékt]	v. 검사(조사)하다 • The commander inspected his troops.
198	**invest** [invést]	v. 투자하다 • I've invested a lot of time and effort in this plan.
199	**lean** [liːn]	v. 기대다 • She leaned against the door.
200	**nod** [nɔd]	v. 머리를 끄덕이다 • Jane nodded at us with a smile.
201	**obey** [oubéi]	v. 복종하다 • Obey the law or you'll be punished.
202	**overcome** [òuvərkʌ́m]	v. 극복하다 • We overcame many obstacles.
203	**preserve** [prizə́ːrv]	v. 보호(보존)하다 • The house has been preserved for future generations.
204	**pretend** [priténd]	v. ~인 체하다 • She pretended to be reading.

해석

193. hug 그 아이는 인형을 안고 있었다. 194. imply 저 여자가 의미하는 바는? 195. inhabit 그들은 작은 방 두 개가 있는 아파트에 거주했다. 196. insist 나는 그가 떠나야 한다고 우겼다. 197. inspect 그 사령관은 그의 군대를 조사했다. 198. invest 이 계획에 많은 시간과 노력을 투자해 왔다. 199. lean 그녀는 문에 기대고 있었다. 200. nod 제인은 미소 지으며 우리에게 고개를 끄덕였다. 201. obey 법을 준수하지 않으면 벌을 받을 것이다. 202. overcome 우리는 많은 난관을 극복했다. 203. preserve 그 집은 후세대를 위해 보존되어 왔다. 204. pretend 그녀는 책을 읽는 척했다.

Day 18 딱 하나의 의미로 통하는 동사들

205	**proceed** [prəsíːd]	v. 나아가다 • I proceeded on a journey.
206	**pronounce** [prənáuns]	v. 발음하다 • In the word "knew", the "k" is not pronounced.
207	**publish** [pʌ́bliʃ]	v. 출판하다 • A new dictionary was published.
208	**react** [riǽkt]	v. 반응하다 • A speaker reacted to applause.
209	**reply** [riplái]	v. 대답(응답)하다 • She's never replied to my letter.
210	**rescue** [réskjuː]	v. 구조(구출)하다 • He rescued her from drowning.
211	**reveal** [rivíːl]	v. (밖으로) 드러내다, 노출시키다 • He revealed his ignorance.
212	**scold** [skould]	v. 꾸짖다, 야단치다 • The man scolded her for being late.
213	**select** [səlékt]	v. 고르다, 선택하다 • He selected a shirt to match his suit.
214	**surround** [səráund]	v. 둘러(에워)싸다 • The police surrounded the house.
215	**symbolize** [símbəlaiz]	v. 상징하다 • The lion symbolizes courage.
216	**tempt** [tempt]	v. 유혹하다 • The warm sun tempted us to go out.

해석

205. proceed 나는 여행을 계속했다. 206. pronounce 단어 'knew'에서 'k'는 발음되지 않는다. 207. publish 새 사전이 출판되었다. 208. react 연설자는 박수갈채에 응답했다. 209. reply 그녀는 내 편지에 답장해 준 적이 없다. 210. rescue 그는 물에 빠진 그녀를 구출했다. 211. reveal 그는 자신의 무지를 드러냈다. 212. scold 그 남자는 그녀가 늦은 것에 대해 꾸짖었다. 213. select 그는 자신의 양복에 어울리는 셔츠를 골랐다. 214. surround 경찰은 그 집을 둘러쌌다. 215. symbolize 사자는 용기를 상징한다. 216. tempt 따뜻한 햇볕이 우리를 밖에 나가도록 부추겼다.

Day 19 딱 하나의 의미로 통하는 동사들

217	**warn** [wɔːrn]	v. 경고하다 • He warned me not to be late.
218	**acquire** [əkwáiər]	v. 얻다, 획득하다 • He acquired a good reputation.
219	**analyze** [ǽnəlàiz]	v. 분석하다 • He analyzed the food and found it contained poison.
220	**bother** [báðər]	v. 방해하다, 괴롭히다 • Don't bother me.
221	**chase** [tʃeis]	v. 추적하다, 뒤쫓다 • The cat chased the mouse but could not catch it.
222	**cherish** [tʃériʃ]	v. 소중히(소중하게)하다 • The old man cherished the girl as if she were his daughter.
223	**consume** [kənsúːm]	v. 소비하다 • My car consumes much gas.
224	**contaminate** [kəntǽmənèit]	v. 오염시키다 • The water was contaminated.
225	**crash** [kræʃ]	v. 충돌하다 • The two car crashed, killing their drivers.
226	**criticize** [krítisaiz]	v. 비판하다, 비난하다 • My father criticized my decision.
227	**defeat** [difíːt]	v. 패배 시키다, 물리치다 • Our team has defeated our rival.
228	**detect** [ditékt]	v. 탐지(감지)하다 • The police officer detected a new fact.

해석 ☞

217. warn 그는 늦지 말라고 나에게 주의시켰다. 218. acquire 그는 호평을 얻었다. 219. analyze 그는 음식을 분석해서 독이 들어있는 것을 발견했다. 220. bother 귀찮게 하지 마라. 221. chase 고양이가 쥐를 뒤쫓았으나 잡지 못했다. 222. cherish 노인은 그 소녀를 마치 자기 딸처럼 소중히 길렀다. 223. consume 내 차는 휘발유를 많이 소비한다. 224. contaminate 물은 오염됐다. 225. crash 두 자동차가 충돌하여 운전사가 사망했다. 226. criticize 아버지는 나의 결정을 비판했다. 227. defeat 우리 팀은 우리의 라이벌을 패배시켰다. 228. detect 그 경찰관은 새로운 사실을 알아냈다.

Day 20 딱 하나의 의미로 통하는 동사들

229	**determine** [ditə́:rmin]	v. 결정(결심)하다 • He determined to go at once.
230	**disturb** [distə́:rb]	v. 방해(귀찮게)하다, 괴롭히다 • I'm sorry to disturb you but ...
231	**eliminate** [ilíməneit]	v. 없애다, 제거하다 • The soldiers eliminated mines along the D.M.Z.
232	**emphasize** [émfəsáiz]	v. 강조하다 • I must emphasize the fact that they are only children.
233	**encounter** [inkáuntər]	v. 우연히 만나다, 맞닥뜨리다 • He encountered many problems.
234	**explore** [iksplɔ́:r]	v. 탐험하다 • They explored the new place.
235	**frighten** [fráitn]	v. 겁먹게(위협)하다 • The child was frightened by the big dog.
236	**fulfill** [fulfíl]	v. 수행(실행)하다 • If you make a promise, you must fulfill it.
237	**hesitate** [héziteit]	v. 주저하다, 망설이다 • She hesitated before crossing the road.
238	**horrify** [hɔ́:rəfài]	v. 겁먹게(위협)하다 • I was horrified at the news.
239	**interpret** [intə́:rprit]	v. 해석하다 • I interpret his answer as a refusal.
240	**invade** [invéid]	v. 침략(침공)하다 • North Korea invaded South Korea in 1950.

해석 ▶

229. determine 그는 즉시 가기로 결심했다. 230. disturb 방해해서 미안합니다만 ... 231. eliminate 군인들은 비무장 지대에서 지뢰를 제거했다. 232. emphasize 나는 그들이 아이들에 불과하다는 사실을 강조해야 한다. 233. encounter 그는 수많은 문제에 맞닥뜨렸다. 234. explore 그들은 새 장소를 탐색(답사)했다. 235. frighten 어린아이는 큰 개에 소스라치게 놀랐다. 236. fulfill 약속을 하면 그 약속을 지켜야만 한다. 237. hesitate 그녀는 길을 건너기 전에 망설였다. 238. horrify 나는 그 소식을 듣고 오싹했다. 239. interpret 나는 그의 대답을 거절로 해석한다. 240. invade 북한은 1950년 남한을 침략했다.

| Day **21** 딱 하나의 의미로 통하는 동사들 |

241	**investigate** [invéstəgeit]	v. 조사하다 • The police investigated the cause of the accident.
242	**kneel-knelt-knelt** [niːl-nelt-nelt]	v. 무릎을 꿇다 • She knelt down to pray.
243	**load** [loud]	v. 짐을 싣다 • Have you finished loading up?
244	**murder** [mə́ːrdər]	v. 살인(살해)하다 • Gangsters murdered good citizens on the road.
245	**occupy** [ákjupài]	v. 차지하다 • His books occupy a lot of space.
246	**oppose** [əpóuz]	v. 반대(반항)하다 • I'm opposed to that plan.
247	**overlook** [òuvərlúk]	v. 간과하다 • His services have been overlooked until now.
248	**perish** [périʃ]	v. 소멸하다, 사라지다 • All his books perished in the fire.
249	**persuade** [pərswéid]	v. 설득하다(시키다) • I persuaded him to do the work. = I persuaded him into doing the work.
250	**possess** [pəzés]	v. 소유하다, 가지다 • They asked if I possessed a gun.
251	**praise** [preiz]	v. 칭찬하다 • Our guests praised the party as the best.
252	**purchase** [pə́ːrtʃəs]	v. 사다, 구입하다 • He purchased a new house in the country.

해석 ✍

241. investigate 경찰이 사고 원인을 조사했다. 242. kneel 그녀는 기도하기 위해 무릎을 꿇었다. 243. load 짐을 다 실었습니까? 244. murder 갱단이 거리에서 선량한 시민들을 살해했다. 245. occupy 그의 책들은 자리를 많이 차지한다. 246. oppose 나는 그 계획에 반대한다. 247. overlook 지금까지는 그의 공로가 간과되어 왔다. 248. perish 그의 책 전부가 화재로 소멸됐다. 249. persuade 나는 그를 설득시켜 그 일을 하게 했다. 250. possess 그들은 내가 총을 소지했는지 물었다. 251. praise 우리 손님들은 그 파티가 최고였다고 칭찬했다. 252. purchase 그는 시골에 새 집을 샀다.

Chapter 01

Day 22 딱 하나의 의미로 통하는 동사들

253	**quit** [kwit]	v. 그만두다 • I've quit working.
254	**reach** [riːtʃ]	v. ~에 이르다, 다다르다 • They reached New Orleans on Thursday.
255	**recover** [rikʌ́vər]	v. 회복하다, 되찾다 • The police recovered the stolen jewelry. • I hope he will recover soon.
256	**resemble** [rizémbl]	v. 닮다 • She resembles her sister in appearance.
257	**starve** [staːrv]	v. 굶주리다 • He was starved to death.
258	**stimulate** [stímjulèit]	v. 자극하다 • Exercise stimulates the body.
259	**terrify** [térəfai]	v. 겁먹게(위협)하다 • I'm terrified of heights.
260	**threaten** [θrétn]	v. 겁먹게(위협)하다 • He threatened to kill me.
261	**transfer** [trænsfə́ːr]	v. 옮기다, 바뀌다 • The office was transferred from Chicago to L.A.
262	**translate** [trænsléit]	v. 번역하다 • The book was translated from French into English.
263	**unload** [ʌnlóud]	v. 짐을 내리다 • The ship is unloading.
264	**violate** [váiəleit]	v. 위반하다, 어기다 • I can't trust him who violates our agreement.

해석

253. quit 나는 일하기를 멈추었다. 254. reach 그들은 목요일에 뉴올리언스에 도착했다. 255. recover 경찰은 도난당한 보석을 되찾았다. / 나는 그가 곧 회복되기를 바란다. 256. resemble 그녀는 겉보기에 언니를 닮았다. 257. starve 그는 굶주려 죽었다. 258. stimulate 운동은 몸을 자극시킨다. 259. terrify 높아서 나는 겁이 난다. 260. threaten 그는 나를 죽이겠다고 협박했다. 261. transfer 그 사무소는 시카고에서 로스앤젤레스로 이전됐다. 262. translate 그 책은 불어에서 영어로 번역되었다. 263. unload 그 배는 짐을 내리고 있다. 264. violate 난 우리의 협약을 어기는 그를 신뢰할 수 없다.

Day 23 파생어와 함께 정리할 수 있는 동사들

265	accomplish **accomplishment** [əkámpliʃmənt]	n. 성취, 업적 • His accomplishments are building a school and training the young.
266	achieve **achievement** [ətʃíːvmənt]	n. 성취, 업적 • Their achievement in the study was to discover it.
267	admit **admission** [ədmíʃən]	n. 허락, 인정; (美)입학허가서 • To resign now would be an admission of failure. • Mr. Kim takes it for granted that he got an admission to the college.
268	advertise **advertising** [ǽdvərtàiziŋ]	n. 광고 • Advertising is a kind of strategy for sale.
269	**advertisement** [ǽdvərtàizmənt]	n. 광고 • Ad(s) is an abbreviation of advertisement.
270	**ad(s)** [æd]	n. 광고(들) • What does 1+1=0 mean in this ad?
271	**advertiser** [ǽdvərtàizər]	n. 광고주 • An advertiser is a person who advertises.
272	arrive **arrival** [əráivəl]	n. 도착 • The arrival of the bus has been delayed.
273	bake [beik] **baker** [béikər]	n. 빵 굽는 사람 • A baker is a person who bakes bread and cakes, esp.
274	**bakery** [béikəri]	n. 빵집 • How can I get to the bakery?
275	believe **belief** [bilíːf]	n. 믿음, 신뢰 • His story is beyond belief.
276	choose **choice** [tʃɔis]	n. 선택 • What influenced you when you made your choice?

해석 ⁀

265. accomplishment 그의 업적은 학교를 세우고 젊은이들을 훈련시키는 것이다. 266. achievement 학문에서의 그들의 성과는 그것을 발견한 것이었다. 267. admission 지금 사퇴하는 것은 실패를 인정하는 게 될 것이다. / 김 씨는 그 대학의 입학허가서를 받은 것을 당연하게 여긴다. 268. advertising 광고는 판매를 위한 일종의 전략이다. 269. advertisement 'Ad'는 'advertisement'의 약어이다. 270. 이 광고에서 1+1=0이 뜻하는 것은? 271. advertiser 'Advertiser'란 광고를 하는 사람을 말한다. 272. arrival 버스 도착이 지연되고 있다. 273. baker 'baker'란 빵이나 케이크 등을 굽는 사람이다. 274. bakery 빵집에 어떻게 갑니까? 275. belief 그의 이야기는 믿기 어렵다. 276. choice 네가 선택하는 데 무엇이 영향을 미쳤지?

Day 24 파생어와 함께 정리할 수 있는 동사들

277	collect **collection** [kəlékʃən]	n. 수집, 수집물 • Janet has a very good collection of foreign stamps.
278	decorate **decorated** [dékəréitid]	a. 장식된 • Decorated things are exhibited on the table.
279	**decoration** [dèkəréiʃən]	n. 장식 • They use decorations made of colored paper.
280	defend **defense** [diféns]	n. 방어 • He spoke in defense of justice.
281	**defensive** [difénsiv]	a. 방어적인 • They constructed the defensive positions.
282	educate **education** [édʒukéiʃən]	n. 교육 • She had had a good education.
283	employ **employment** [implɔ́imənt]	n. 고용 • It is difficult to find employment.
284	**employer** [implɔ́iər]	n. 고용인(주) • The car industry is one of our biggest employers.
285	**employee** [implɔ́iː]	n. 피고용인(자) • Does your company have many employees?
286	govern **government** [gʌ́vərnmənt]	n. 정부 • Some countries have a king as part of their government.
287	imitate **imitation** [imətéiʃən]	n. 가짜, 모조품 • Imitation is a copy of the real thing.
288	improve **improvement** [imprúːvmənt]	n. 향상, 발전 • His health is showing signs of improvement.

해석 ▶

277. collection 재닛은 아주 훌륭한 외국 우표 수집품을 갖고 있다. 278. decorated 장식품들이 탁자 위에 전시되어 있다. 279. decoration 그들은 채색된 종이로 만들어진 장식들을 사용한다. 280. defense 그는 정의를 옹호했다. 281. defensive 그들은 수비 위치를 구성했다. 282. education 그녀는 좋은 교육을 받았다. 283. employment 일자리를 찾기가 어렵다. 284. employer 자동차 회사는 우리의 가장 큰 고용주의 하나이다. 285. employee 당신 회사에는 종업원들이 많습니까? 286. government 일부 국가는 왕을 정부의 일부분으로 두고 있다. 287. imitation 모방이란 실제의 것을 본뜨는 것이다. 288. improvement 그의 건강은 회복의 조짐을 보이고 있다.

Day 25 파생어와 함께 정리할 수 있는 동사들

289	inform **information** [infɔ́:rméiʃən]	n. 정보 • The police don't have enough information to catch the criminal.
290	**informative** [inffɔ́:mətiv]	a. 정보를 제공하는 • What is today's informative TV program?
291	know **knowledge** [nɑ́lidʒ]	n. 지식 • The professor's knowledge of the history was very great.
292	prepare **preparation** [prèpəréiʃən]	n. 준비 • He didn't do enough preparation for his examination.
293	protect **protection** [prətékʃən]	n. 보호, 방어 • A thin coat gives little protection against the cold.
294	produce **production** [prədʌ́kʃən]	n. 생산 • The production of iron has increased in the last few weeks.
295	**productive** [prədʌ́ktiv]	a. 생산적인 • It was a very long meeting, but it wasn't productive.
296	**productivity** [proudʌktívəti]	n. 생산성(력) • The factory had a good productivity.
297	relax **relaxed** [rilǽkst]	a. 편안한, 휴식하는 • She showed me a relaxed attitude.
298	require **requirement** [rikwáiərmənt]	n. 요구, 필요한 것 • This store can supply all your requirements.
299	solve **solution** [səlú:ʃən]	n. 해결책, 해법 • It is difficult to find a new solution to this question.
300	survive **survival** [sərváivəl]	n. 생존 • Survival is more important than comfort.

해석

289. information 경찰은 범인을 체포할 만큼 충분한 정보를 갖고 있지 않다. 290. informative 오늘의 유익한 TV프로그램은 무엇입니까? 291. knowledge 교수의 역사에 관한 지식은 정말 대단했다. 292. preparation 그는 시험에 대한 충분한 준비를 하지 않았다. 293. protection 얇은 코트는 추위를 거의 막아 주지 못한다. 294. production 철 생산이 지난 몇 주간 증가해 왔다. 295. productive 매우 긴 회의였지만, 생산적이지 못했다. 296. productivity 그 공장은 생산성이 뛰어났다. 297. relaxed 그녀는 내게 편안한 태도를 보였다. 298. requirement 이 가게는 당신의 모든 요구를 채워줄 수 있다. 299. solution 이 문제에 새로운 해결책을 찾기란 어렵다. 300. survival 생존은 안락보다 더 중요하다.

Day 26 파생어와 함께 정리할 수 있는 동사들

301	allow **allowing** [əláuiŋ]	n. 허락, 허가 • Allowing you to enter this house is impossible.
302	**allowance** [əláuəns]	n. 용돈 • An allowance of $5,000 a year is not available.
303	argue **argument** [á:rɡjumənt]	n. 논쟁, 언쟁 • There are many arguments against smoking.
304	avoid **avoidable** [əvɔ́idəbl]	a. 피할 수 있는 • It was an avoidable war.
305	**avoidance** [əvɔ́idens]	n. 회피, 피함 • Avoidance is one of the communicative strategies.
306	communicate **communication** [kəmju:nəkéitʃən]	n. 의사소통 • All communication stopped during the power failure.
307	complain **complaint** [kəmpléint]	n. 불평, 불만 • The workers made a list of their complaints.
308	congratulate **congratulation** [kəngrætʃuléitʃən]	n. 축하 • It's your birthday today? Congratulations!
309	create **creative** [kriéitiv]	a. 창조적인 • Creative thinking is very important to study science.
310	**creation** [kriéiʃən]	n. 창조 • It is the creation of great works of art.
311	**creativity** [kri:eitívəti]	n. 창의력 • Someone with creativity is needed for this job.
312	**creature** [krí:tʃər]	n. 생물, 피조물 • Creatures in outer space are coming into Earth.

해석 🖍

301. allowing 네가 이 집에 들어가도록 허락하는 것은 불가능하다. 302. allowance 일 년에 오천 달러라는 용돈은 쓸 데가 없다. 303. argument 흡연에 대한 많은 논쟁이 있다. 304. avoidable 그것은 피할 수 있는 전쟁이었다. 305. avoidance 회피는 대화 전략들 중에 하나다. 306. communication 정전 중에 모든 의사소통이 중단됐다. 307. complaint 근로자들은 그들의 불만을 열거했다. 308. congratulation 오늘이 네 생일이지? 축하해! 309. creative 과학을 공부하는 데 창의력은 매우 중요하다. 310. creation 그것은 굉장한 예술 작품의 창조이다. 311. creativity 창의력을 갖춘 사람이 이 일에 필요하다. 312. creature 외계의 생명체들이 지구로 오고 있다.

Day 27 파생어와 함께 정리할 수 있는 동사들

313	decide **decision** [disíʒən]	n. 결정, 결심 • Who made the decision to go there?
314	**decisive** [disáisiv]	a. 확고한, 단호한 • He gave a decisive answer.
315	discover **discovery** [diskʌ́vəri]	n. 발견 • The discovery of oil on their land made the family rich.
316	examine **examination** [igzæminéiʃən]	n. 시험; 연구, 조사 • Did you pass your history examination? • Before we can offer you the job, you'll have to carry out a medical examination.
317	expect **expectation** [ekspektéiʃən]	n. 기대, 예상 • His latest movie didn't come up to my expectations.
318	explain **explanation** [iksplənéiʃən]	n. 설명 • He gave no explanation for his absence.
319	found **foundation** [faundéiʃən]	n. 기초, 설립 • The workers are laying the foundation of the new hospital. • The university has been famous for medical studies since it's foundation.
320	hate **hatred** [héitrid]	n. 증오, 혐오 • She is full of hatred for the driver who killed her dog.
321	imagine **imaginative** [imǽdʒənətiv]	a. 상상력이 있는 • She is an imaginative child.
322	**imaginary** [imǽdʒənèri]	a. 상상의 • All the characters in this book are imaginary.
323	**imagination** [imǽdʒənéiʃən]	n. 상상력 • The little boy's story shows plenty of imagination.
324	include **inclusive** [inklú:siv]	a. 포괄적인 • Can you let me know what the inclusive cost is?

해석 ⟩

313. decision 거기에 가기로 누가 결정했니? 314. decisive 그는 확고한 답을 주었다. 315. discovery 그들의 땅에서 석유를 발견하여 그 가족은 부자가 되었다. 316. examination 역사 시험을 통과했니? / 우리가 당신에게 그 일자리를 제공하기 전에 검진을 받아야 할 것입니다. 317. expectation 그의 가장 최근 영화는 기대에 미치지 못했다. 318. explanation 그는 그의 결석에 대해 아무런 설명도 하지 않았다. 319. foundation 노동자들은 새 병원의 터를 닦고 있다. / 그 대학은 설립 이래 의학 연구로 유명했다. 320. hatred 그녀는 자기 개를 치어 죽인 운전사에 대해 증오로 차 있다. 321. imaginative 그녀는 상상력이 풍부한 아이다. 322. imaginary 이 책의 모든 등장인물은 가공의 인물이다. 323. imagination 그 어린 소년의 이야기에서 풍부한 상상력을 엿볼 수 있다. 324. inclusive 일체를 포함한 비용이 얼마인지 알 수 있을까요?

Day 28 파생어와 함께 정리할 수 있는 동사들

325	**inclusion** [inklúːʒən]	n. 포함 • The inclusion of all members is the first thing.
326	introduce **introduction** [intrədʌ́kʃən]	n. 소개; 서론 • Mary made the introductions and we all shake hands. • An introduction to Chemistry
327	**introductory** [intrədʌ́ktəri]	a. 소개하는; 서론의 • He wrote a few introductory remarks for his book.
328	invent **invention** [invénʃən]	n. 발명, 발명품 • The telephone is a wonderful invention.
329	permit **permission** [pərmíʃən]	n. 허락, 허가 • We asked his permission to use the car.
330	receive **receipt** [risíːt]	n. 영수증 • Ask her to give you a receipt when you pay the bill.
331	refuse **refusal** [rifjúːzəl]	n. 거절, 거부 • My offer to buy the house met with a cold refusal.
332	satisfy **satisfaction** [sætisfǽkʃən]	n. 만족 • I always get a feeling of satisfaction from doing a job properly.
333	transport **transportation** [trænspərtéiʃən]	n. 운송, 수송, 교통 • The transportation of goods by air is very expensive.

해석

325. inclusion 모든 회원의 포함이 최우선이다. 326. introduction 메리가 소개하자 우리는 악수를 했다. / 화학 입문 327. introductory 그는 자기 책에 대한 몇 가지 서언을 썼다. 328. invention 전화는 놀라운 발명품이다. 329. permission 우리는 차를 사용하기 위해 그의 허가를 구했다. 330. receipt 계산서를 지불할 때 그녀에게 영수증을 달라고 요청하시오. 331. refusal 그 집을 사겠다는 나의 제의는 차갑게 거절당했다. 332. satisfaction 나는 항상 올바르게 일을 하는 데서 만족감을 얻는다. 333. transportation 항공편으로 물건을 수송하는 것은 매우 비용이 많이 든다.

Day 29 정말 웃기는 동사들

334 address
[ədrés]

v. 연설(speech)(하다) n. 주소

- He delivered an address of thanks.
- I can't read the address on this letter.

335 book
[buk]

v. 예약하다 n. 책

- Can I book a ticket through to Naples?
- This is the book useful for high school students.

336 booking
[bukiŋ]

n. 예약

- Booking is necessary for travelling abroad.

337 break
-broke-broken
[breik]

v. 깨뜨리다, 부수다 n. 휴식

- Who broke the window?
- He has been writing since 2 o'clock without a break.

338 cash
[kæʃ]

v. 현금으로 바꾸다 n. 현금, 현찰

- Can you cash this check for me?
- I have no cash with me.

339 cause
[kɔːz]

v. ~을 야기시키다 n. 원인

- What caused his illness?
- The cause of the fire is under investigation.

340 change
[tʃeindʒ]

v. 변화하다 n. 잔돈, 거스름돈

- In fall, the leaves change from green to brown.
- Can you give me change for a one pound note?

341 cook
[kuk]

v. 요리하다 n. 요리사

- I'm going to cook dinner tomorrow.
- He is a cook in a hotel.

342 cooking
[kukiŋ]

n. 요리

- This vegetable is suitable for cooking.

Chapter 01

| 343 | **dress**
[dres] | v. (특히 정장을) 입다 n. 드레스 |

• Have you finished dressing?
• She doesn't care much about dress.

| 344 | **end**
[end] | v. 끝나다 n. 목적 |

• The road ends here, goes no farther.
• The end justifies the means.

| 345 | **excuse**
[ikskjúːz] | v. 용서하다 n. 변명 |

• Please excuse my bad hand writing.
• Stop making excuses!

해석

334. address 그는 감사 연설을 했다. / 이 편지의 주소를 읽을 수 없다. 335. book 나폴리까지 가는 표를 예약할 수 있나요? / 이것은 고등학교 학생에게 유용한 책이다. 336. booking 예약은 해외 여행에 필수적이다. 337. break 누가 유리창을 깼니? / 그는 2시부터 휴식 없이 글을 쓰고 있다. 338. cash 이 수표를 현금으로 바꿔주시겠습니까? / 현금이 없습니다. 339. cause 그는 왜 병을 앓게 되었니? / 화재의 원인이 조사 중이다. 340. change 가을에는, 잎사귀들이 초록에서 갈색으로 변한다. / 1파운드 지폐를 잔돈으로 주시겠어요? 341. cook 내일 저녁은 내가 요리할 것이다. / 그는 호텔의 요리사다. 342. cooking 이 야채는 요리에 적합하다. 343. dress 옷 다 입었니? / 그녀는 옷에 대해서 신경 쓰지 않는다. 344. end 그 길은 더 이상 나지 않았으며, 여기가 끝이다. / 목적이 수단을 정당화한다. 345. excuse 나의 악필을 관대히 봐 주세요. / 변명은 그만해!

Day 30 정말 웃기는 동사들

346	**face** [feis]	v. (~에) 직면하다 n. 얼굴
		• We are faced with a difficult decision. • The stone struck him on the face.

347	**fall** [fɔːl]	v. 넘어지다; 떨어지다 n. 폭포; 가을; 몰락
		• Many trees fell in the storm. • The book fell from the table. • Nigara falls • In the fall of 1970 • The fall of the Roman Empire

348	**fire** [fáiər]	v. 해고하다(시키다) n. 불
		• Get out! You are fired! • Someone must have set fire to it(set it on fire).

349	**hand** [hænd]	v. 건네주다 n. 손
		• Hand me that book, please. • She had a book in her hand.

350	**like** [laik]	v. 좋아하다 ad. ~같은, ~처럼
		• I like tea better than coffee. • It looks like rain.

351	**look** [luk]	v. ~처럼 보이다 n. 표정
		• You look tired. • I knew she didn't like it, by the look on her face.

352	**land** [lænd]	v. 착륙하다 n. 땅, 육지
		• The airliner landed safely. • She traveled over land and sea.

353	**mean** **-meant-meant** [miːn-ment-ment]	v. 의미하다 a. 비열한, 사악한
		• The latin word 'amo' means 'I love.' • That was a mean trick!

354	**name** [neim]	v. 이름을 지어주다 n. 이름
		• They named the child John. • A person of the name of Smith wants to see you.

355	**park** [paːrk]	v. 주차하다 n. 공원
		• Where can we park (the car)? • They are running in the park.

356	**place** [pleis]	v. 두다, 놓다 n. 장소
		• He placed the book on the shelf. • This is the place where the accident happened.

357	**play** [plei]	v. 놀다 n. 연극
		• He was playing with his toy bear. • I saw two plays last month.

해석

346. face 우리는 어려운 결정에 직면해 있다. / 그는 얼굴에 돌을 맞았다. 347. fall 폭풍 속에 많은 나무가 쓰러졌다. / 그 책은 탁자에서 떨어졌다. / 나이아가라 폭포 / 1970년 가을에 / 로마 제국의 몰락 348. fire 썩 꺼져! 넌 해고야! / 누군가 고의로 불을 지른 게 틀림없다. 349. hand 그 책을 좀 건네 주십시오. / 그녀는 손에 책을 갖고 있다. 350. like 나는 커피보다 차를 좋아한다. / 비가 올 것 같다. 351. look 피곤해 보인다. / 그녀의 얼굴 표정을 보고 나는 그녀가 그걸 좋아하지 않는다는 것을 알았다. 352. land 그 정기 여객기는 안전하게 착륙했다. / 그녀는 육지와 바다를 여행했다. 353. mean 라틴어로 '아모'는 '사랑한다'는 뜻이다. / 그것은 사악한 속임수야! 354. name 그들은 그 아이에게 존이라고 이름 지어 주었다. / 스미스라는 이름의 사람이 너를 만나고 싶어 한다. 355. park 어디에 차를 주차할 수 있죠? / 그들은 공원에서 달리고 있다. 356. place 그는 그 책을 선반 위에 두었다. / 이곳이 사고가 일어났던 장소이다. 357. play 그는 자기의 곰 장난감을 갖고 놀고 있었다. / 나는 지난달 두 편의 연극을 봤다.

Day 31 정말 웃기는 동사들

358	**ring-rang-rung** [riŋ-ræŋ-rʌŋ]	v. 벨이 울리다; 전화걸다 n. 반지
		• The bell rang loudly. • I will give you a ring tonight. • She wears a gold wedding ring to show that she's married.
359	**seat** [si:t]	v. 앉히다 n. 좌석
		• Be seated, please! • Using all our chairs, we will have seats for ten people.
360	**smoke** [smouk]	n. 연기 v. 담배 피우다
		• There is no smoke without fire. • She smokes 20 cigarettes a day.
361	**supply** [səplái]	v. 공급(제공)하다 n. 공급(품)
		• She supplied the hungry with food. • The supply of heat is limited in the morning.
362	**tire** [taiər]	v. 피곤하게 하다, 지치게 하다 n. 타이어
		• I'm tired out, so I'll go to bed. • 'Tire' is American English for 'tyre'.
363	**try** [trai]	v. 시도하다; 재판하다
		• I don't think I can do it, but I will try. • They are going to try him for murder.
364	**turn** [tə:rn]	n. 회전, (방향) 전환; 차례, 순서 v. 돌다, 돌리다
		• Turn left. • It's your turn. • Turn the lights on.
365	**work** [wə:rk]	v. 일(하다); 작동하다 n. 작품; 직장
		• Digging in the garden all afternoon is hard work. • This machine works by electricity. • What a beautiful piece of works! • He is at work now, but he'll be back at six.

해석 ▶

358. ring 벨이 시끄럽게 울렸다. / 오늘 밤 네게 전화할게. / 그녀는 결혼했다는 것을 나타내기 위해 금반지를 끼고 다녔다. 359. seat 앉아주십시오. / 우리의 모든 의자를 이용하면 열 명의 좌석이 될 것이다. 360. smoke 아니 땐 굴뚝에 연기 날까. / 그녀는 하루에 20대의 담배를 피운다. 361. supply 그녀는 배고픈 사람들에게 음식을 제공했다. / 난방 공급은 매일 아침에 제한되고 있다. 362. tire 나는 녹초가 됐어, 그래서 자야겠다. / 'Tire(타이어)'는 'tyre'에 대한 미국식 영어이다. 363. try 내가 할 수 있을 것 같지 않지만 시도해 볼게. / 그들은 그를 살인죄로 재판하려고 한다. 364. turn 좌회전 해. / 네 차례야. / 불을 켜라. 365. work 오후 내내 정원을 파헤치는 일은 힘든 일이다. / 이 기계는 전기로 움직인다. / 얼마나 아름다운 작품인가! / 그는 지금 직장에 있지만, 6시에 돌아올 것이다.

Vocabulary

(Day 32) 파생어와 함께 정리할 수 있는 동사들

366	assist **assistance** [əsístəns]	n. 도움 • Can I be of any assistance?
367	**assistant** [əsístənt]	n. 조수, 보조 • He is an assistant cook.
368	bathe [beið] **bath** [bæθ]	n. 목욕 • I shall have a hot bath and go to bed.
369	**bathroom** [bæθrúːm]	n. 욕실, 화장실 • Every room in the hotel has a private bathroom.
370	combine [kəmbáin] **combination** [kὰmbənéiʃən]	n. 결합, 혼합 • It was the combination of science and art.
371	compare **comparison** [kəmpǽrisən]	n. 비교 • In(By) comparison with Los Angeles, Boston is small.
372	confuse **confused** [kənfjúːzd]	a. 혼란스러운, 헷갈리는 • I'm still a little confused.
373	**confusion** [kənfjúːʒən]	n. 혼란, 혼돈 • To avoid confusion, the teams wore different colors.
374	deliver **delivery** [delívəri]	n. 배달 • The next mail delivery is at 2 o'clock.
375	destroy **destructive** [distrʌ́tiv]	a. 파괴적인 • A destructive typhoon has swept away the village.
376	**destruction** [distrʌ́kʃən]	n. 파괴 • The enemy bombs caused death and destruction.
377	donate **donation** [dounéiʃən]	n. 기부, 기증 • She made a donation of $1,000 to the children's hospital.

해석

366. assistance 제가 좀 도와드릴 수 있겠습니까? 367. assistant 그는 보조 요리사이다. 368. bath 나는 더운 목욕을 하고 잠자리에 들 것이다. 369. bathroom 호텔의 모든 방에는 개인 화장실이 있다. 370. combination 그것은 과학과 예술의 결합이었다. 371. comparison 로스엔젤레스와 비교하면 보스톤은 작다. 372. confused 여전히 약간 혼란스럽다. 373. confusion 혼동을 피하기 위해 그 팀은 다른 색들을 입었다. 374. delivery 다음 우편물 배달은 2시에 있다. 375. destructive 파괴적인 태풍이 그 마을을 휩쓸어 버렸다. 376. destruction 적의 폭탄이 죽음과 파멸을 야기했다. 377. donation 그녀는 아동 병원에 **1,000**달러를 기부했다.

Day 33 파생어와 함께 정리할 수 있는 동사들

378	**donor** [dóunər]	n. 기부자
		• Nobody knows who the blood donor is.
379	**donee** [douní:]	n. 기부(기증) 받는 사람
		• The blood donee was recovered in this morning.
380	encourage **encouragement** [inkə́:ridʒmənt]	n. 격려, 장려
		• He owed his success to his wife's encouragement.
381	expand **expansion** [ikspǽnʃən]	n. 확장, 팽창
		• The new school is large to allow room for expansion.
382	extend **extension** [iksténʃən]	n. 확장, 연장
		• The extension of our foreign trade
383	injure **injured** [índʒərd]	a. 부상당한, 상처입은
		• The injured soldiers were taken to the hospital.
384	**injury** [índʒəri]	n. 부상, 상처, 손상
		• He suffered serious injuries to the arms and legs.
385	limit **limited** [límitid]	a. 제한된, 한정된
		• His ability to improve his work is very limited.
386	**limitation** [li:mətéiʃən]	n. 제한, 한정
		• I know my limitations.
387	offense **offensive** [əfénsiv]	a. 공격적인
		• They took an offensive actions against the crowd.
388	prove **proof** [pru:f]	n. 증명; 증거
		• Is there any proof the accused man was guilty?
389	recommend **recommendation** [rùkəməndéiʃən]	n. 추천
		• They bought the car on Paul's recommendation.

해석 👉

378. donor 누가 헌혈자인지 아무도 모른다. 379. donee 그 수혈자는 오늘 아침에 회복되었다. 380. encouragement 그는 아내의 격려에 힘입어 성공했다. 381. expansion 새로 지은 학교는 교실을 확장해도 될 만큼 넓다. 382. extension 우리나라의 외국 무역의 확대 383. injured 부상당한 군인들이 병원으로 이송됐다. 384. injury 그는 팔과 다리에 중상을 입었다. 385. limited 성적을 올릴 수 있는 그의 능력은 극히 한정되어 있다. 386. limitation 난 내 능력의 한계를 안다. 387. offensive 그들은 군중에 대항하여 공격적인 행동을 취했다. 388. proof 피고인이 범죄의 현장에 있었다는 증거가 있습니까? 389. recommendation 그들은 폴의 권유로 그 차를 샀다.

Day 34 파생어와 함께 정리할 수 있는 동사들

390	reduce **reduction** [ridʌ́kʃən]	n. 감소 • The action of tax reduction was taken last week.
391	retire **retirement** [ritáiərmənt]	n. 퇴직, 은퇴 • He was given a gold watch on his retirement.
392	select **selection** [səlékʃən]	n. 선택 • The store has a fine selection of cheeses.
393	settle **settlement** [sétlmənt]	n. 정착 • They built a new settlement in the village.
394	**settler** [sétlər]	n. 정착민, 정착자 • Early settlers in Australia worked very hard.
395	volunteer **voluntary** [váləntèri]	a. 자발적인 • They need lots of voluntary helpers for the event.
396	adapt **adaptable** [ədǽptəbl]	a. 적응하는, 순응하는 • He is the most adaptable man that I've ever seen.
397	**adaptation** [ædəptéiʃən]	n. 적응, 적용 • He has a great adaption ability.
398	adjust **adjustment** [ədʒʌ́stmənt]	n. 적응 • Proper adjustment to each case is essential.
399	attract **attraction** [ətrǽkʃən]	n. 매력 • The cinema has little attraction for some people.
400	**attractive** [ətrǽktiv]	a. 매력적인 • She is an attractive lady.
401	**breathe** [bri:ð] **breath** [breθ]	n. 숨, 호흡 • After all that running I have no breath left.

해석

390. reduction 세금 감소를 위한 조치가 지난주에 취해졌다. 391. retirement 그는 퇴직하면서 금시계를 증정 받았다. 392. selection 그 상점은 정선된 고급 치즈를 구비하고 있다. 393. settlement 그들은 그 마을에 새로운 정착지를 마련했다. 394. settler 초기 호주의 정착민들은 매우 열심히 일했다. 395. voluntary 그들은 그 행사를 위해 많은 자원 봉사자를 필요로 한다. 396. adaptable 그는 내가 여태 보기에 가장 적응력이 뛰어난 사람이다. 397. adaptation 그는 뛰어난 적응력을 가지고 있다. 398. adjustment 각 사안에 대한 적절한 조정이 필수적이 다. 399. attraction 그 영화는 일부 사람들에겐 거의 매력이 없다. 400. attractive 그녀는 매력적인 여성이다. 401. breath 다 뛰고 나니 숨이 차다.

Day 35 파생어와 함께 정리할 수 있는 동사들

402	calculate **calculation** [kǽlkjuléiʃən]	n. 계산 • The calculations are based on these statistics.
403	**calculator** [kǽlkjuléitər]	n. 계산기 • It is not allowed to carry a calculator in math test.
404	conclude **conclusive** [kənklúːsiv]	a. 결론적인 • They reached the conclusive proof that he was the murderer.
405	**conclusion** [kənklúːʒən]	n. 결론, 결말 • What conclusion did you come to?
406	consume **consumption** [kənsʌ́mpʃən]	n. 소비 • Consumption of oil has declined in recent years.
407	**consumer** [kənsúːmər]	n. 소비자 • Consumer is a person who buys and uses a product.
408	contribute [kəntribjut] **contribution** [kὰntrəbjúːʃən]	n. 공헌, 기여 • He gave a small contribution of $25.
409	cooperate **cooperation** [kouɑpəréiʃən]	n. 협동 • I need your cooperation in this matter.
410	**cooperative** [kouɑ́pərətiv]	a. 협동하는 • The teacher thanked her students for being so cooperative.
411	deny **denial** [dináiəl]	n. 거절, 거부 • The police do not believe his denial.
412	disturb [distə́ːrb] **disturbance** [distə́ːrbəns]	n. 방해 • The noise of traffic is a continual disturbance.
413	divide **division** [divíʒən]	n. 나눔, 분리 • We should do the division of time into months, weeks and days.

해석

402. calculation 이 계산들은 이 통계 자료를 근거로 한 것이다. 403. calculator 수학 시험에 계산기를 가져갈 수 없다. 404. conclusive 그들은 그가 살인자였다는 결정적인 증거에 도달했다. 405. conclusion 어떤 결론에 도달했느냐? 406. consumption 석유 소비가 최근 몇 년간 감소했다. 407. consumer 소비자란 상품을 사서 사용하는 사람이다. 408. contribution 그는 25달러라는 약간의 기부를 했다. 409. cooperation 나는 이 일에 있어서 당신의 도움이 필요하다. 410. cooperative 그 선생님은 학생들이 매우 협조적이어서 고맙게 생각했다. 411. denial 경찰은 그가 부인한 것을 믿지 않는다. 412. disturbance 교통 소음은 끊임없는 방해물이다. 413. division 우리는 시간을 달, 주, 날로 나누어야 한다.

Day 36 파생어와 함께 정리할 수 있는 동사들

414	establish **establishment** [istǽbliʃmənt]	n. 확립, 기초 • The establishment of new industry by the government
415	exclude **exclusive** [iksklúːsiv]	a. 제외하는, 배타적인 • The two plans are mutually exclusive.
416	**exclusion** [iksklúːʒən]	n. 제외, 배제 • The exclusion of woman from the promotion is unfair.
417	exist **existence** [igzístəns]	n. 존재; 생활 • When did this world come into existence?
418	frighten **frightened** [fraítnd]	a. 두려운, 무서운 • I was frightened that you wouldn't come.
419	**fright** [frait]	n. 공포, 두려움, 위협 • I was shaking with fright.
420	immigrate **immigration** [iməgréiʃən]	n. 이민 • Most governments control of immigration from other countries.
421	**immigrant** [ímigrənt]	n. 이민하는 사람 • The immigrants broke the Immigration Law.
422	intend [inténd] **intention** [inténʃən]	n. 의도 • I've got no intention of changing my mind.
423	**intentional** [inténʃənəl]	a. 의도적인, 계획적인 • This is not an intentional plan.
424	**intentionally** [inténʃənəli]	ad. 의도적으로 • They did it intentionally.
425	migrate **migration** [màigréiʃən]	n. 이주, 이민 • The fish repeats the migration over long distance.

해석

414. establishment 정부에 의한 새로운 산업의 설립 415. exclusive 두 계획은 서로 배타적이다. 416. exclusion 승진에서 여성을 배제하는 건 부당하다. 417. existence 이 세상은 언제 생겨났을까? 418. frightened 네가 오지 않을까 무서웠다. 419. fright 나는 공포로 떨고 있었다. 420. immigration 대부분의 정부는 다른 나라로부터의 이민을 통제한다. 421. immigrant 그 이민자들은 이민법을 어겼다. 422. intention 내 마음을 바꿀 의향이 없다. 423. intentional 이것은 의도적인 계획이 아니다. 424. intentionally 그들은 그것을 의도적으로 했다. 425. migration 그 물고기는 장거리 이동을 반복한다.

Day 37 파생어와 함께 정리할 수 있는 동사들

426	react **reactive** [riǽktiv]	a. 반응하는
		• Cheetah is the most reactive animal in Africa.
427	**reaction** [riǽkʃən]	n. 반응
		• What was his reaction to the news?
428	tempt **temptation** [temptéiʃən]	n. 유혹
		• His smoking caused the temptation to smoke a cigarette.
429	apologize **apologetic** [əpàlədʒétik]	a. 사과하는
		• His apologetic attitude made us relaxed.
430	**apology** [əpálədʒi]	n. 사과
		• Please accept my apology.
431	blend **blender** [bléndər]	n. 믹서기
		• Good blender makes good beverage.
432	bury **burial** [bériəl]	n. 매장
		• He performed the burial ceremony.
433	compete **competitive** [kəmpétətiv]	a. 경쟁하는
		• His firm offered you competitive prices.
434	**competition** [kàmpitíʃən]	n. 경쟁
		• She was in competition with the best athlete from other countries.
435	**competitor** [kəmpétitər]	n. 경쟁자
		• There were seven competitors in the race.
436	concentrate [kánsəntrèit] **concentration** [kànsəntréiʃən]	n. 집중
		• This book will need all your concentration.
437	describe **description** [diskrípʃən]	n. 묘사
		• The scenery is beyond description.

해석 ⟩•

426. reactive 치타는 아프리카에서 가장 반응이 빠른 동물이다. 427. reaction 그 뉴스에 대해 그의 반응은 어땠니? 428. temptation 그의 흡연으로 인해 담배 피우고 싶은 충동이 생겼다. 429. apologetic 그의 사죄하는 태도에 우리는 안심했다. 430. apology 제발 내 사과를 받아 주세요. 431. blender 좋은 혼합기가 좋은 음료를 만든다. 432. burial 그는 장례식을 수행했다. 433. competitive 그의 회사는 경쟁력 있는 가격을 제시했다. 434. competition 그녀는 다른 나라의 최고의 선수들과 경쟁을 벌였다. 435. competitor 그 경주에는 일곱 명의 경쟁자가 있었다. 436. concentration 이 책은 정신을 집중해서 읽어야 할 것이다. 437. description 이 경치의 아름다움은 말로 묘사할 수 없다.

Day 38 파생어와 함께 정리할 수 있는 동사들

438	disappoint **disappointment** [disəpɔ́intmənt]	n. 실망, 낙담 • To his great disappointment, she wasn't on the train.
439	distinguish **distinct** [distínkt]	a. 다른, 별개의; 분명한, 뚜렷한 • Those two ideas are quite distinct from each other.
440	**distinction** [distínkʃən]	n. 구별, 차이 • Can you make a distinction between two ideas?
441	**distinctive** [distínktiv]	a. 구별이 되는; 독특한, 특별한 • She had a distinctive appearance.
442	elect **election** [ilékʃən]	n. 선거 • Representatives are chosen by election.
443	endure **endurable** [indjúərəbl]	a. 인내하는, 견디는 • Such a coldness is endurable for me.
444	**endurance** [indjúərəns]	n. 인내(력) • He showed remarkable powers of endurance.
445	explode **explosive** [iksplóusiv]	a. 폭발성의, 폭발적인 • The man has an explosive temper.
446	**explosion** [iksplóudʒən]	n. 폭발 • The explosion was heard a mile away.
447	forgive **forgiving** [fərgívin]	a. 용서해주는, 관대한 • She has a forgiving nature.
448	industrialize **industrial** [indʌ́striəl]	a. 산업의 • Industrial zone is under construction in this area.
449	**industry** [índəstri]	n. 산업 • Are the government's policies helpful to industry?

해석 ▶

438. disappointment 실망스럽게도, 그녀는 기차에 없었다. 439. distinct 그 두 개념은 서로 아주 다르다. 440. distinction 두 개념들을 분명히 구별할 수 있니? 441. distinctive 그녀는 독특한 외모를 지녔다. 442. election 대의원들은 선거에 의해 뽑힌다. 443. endurable 나는 그런 추위는 참을 수 있다. 444. endurance 그는 놀라운 인내력의 힘을 보여 줬다. 445. explosive 그 남자에겐 폭발적인 기질이 있다. 446. explosion 1마일 떨어진 곳에서 폭발 소리가 들렸다. 447. forgiving 그녀는 너그러운 성품을 지니고 있다. 448. industrial 이 지역에 산업지대가 건설 중이다. 449. industry 정부의 정책이 산업에 도움이 되나요?

Day 39 파생어와 함께 정리할 수 있는 동사들

450	infect **infection** [infékʃən]	n. 감염 • She is suffering from a lung infection.
451	neglect **neglected** [niglέktid]	a. 게으른, 나태한 • She is neglected in studying English.
452	**neglect** [niglékt]	n. 게으름, 소홀 • He lost his job because of neglect of duty.
453	manage **management** [mǽnidʒmənt]	n. 경영(학); 관리 • The failure was caused by bad management.
454	persuade **persuasive** [pərswéisiv]	a. 설득적인, 설득하는 • Your proposal was more persuasive.
455	**persuasion** [pərswéiʒən]	n. 설득 • His persuasion is based on the fact.
456	preserve **preservation** [prèzərvéiʃən]	n. 보호, 보존 • The police are responsible for the preservation of law and order.
457	pronounce **pronunciation** [prənʌnsiéiʃən]	n. 발음 • He studies the pronunciation of English.
458	scare **scared** [skɛərd]	a. 두려운, 무서운 • They were scared at the strange noise.
459	**scary** [skέəri]	a. 무서운, 공포스러운 • He told us a scary story.
460	scold **scolding** [skóuldiŋ]	n. 꾸짖음, 야단 • He gave us a scolding for being late.
461	translate **translation** [trænsléiʃən]	n. 번역 • I've only read Tolstoy's book in translation.

해석 ♥

450. infection 그녀는 폐 감염으로 고생하고 있다. 451. neglected 그녀는 영어 공부를 등한시한다. 452. neglect 그는 업무 태만으로 일자리를 잃었다. 453. management 그 실패는 잘못된 경영으로 야기되었다. 454. persuasive 너의 제안이 더 설득적이었다. 455. persuasion 그의 설득은 그 사실에 기반하고 있다. 456. preservation 경찰은 법과 질서를 보호해야 할 책임이 있다. 457. pronunciation 그는 영어 발음법을 연구한다. 458. scared 그들은 이상한 소음에 두려웠다. 459. scary 그는 우리에게 무서운 이야기를 했다. 460. scolding 그는 우리가 늦은 것에 대해 꾸짖었다. 461. translation 나는 톨스토이의 번역본만을 읽어 왔다.

Day 40 파생어와 함께 정리할 수 있는 동사들

462	absorb **absorption** [əbsɔ́rpʃən]	n. 흡수 • This controls the absorption of liquids.
463	analyze **analysis** [ənǽləsis]	n. 분석 • Analysis showed that it contained much vitamin A.
464	behave **behavior** [bihéivjər]	n. 행동, 행위 • Tom won a prize for good behavior at school.
465	bore **bored** [bɔːrd]	a. 지루한 • We were bored with listening to his story.
466	**boring** [bɔ́ːriŋ]	a. 싫증 나는, 피곤한 • The movie was boring.
467	**boredom** [bɔ́ːrdəm]	n. 지루함 • His indifference made things boredom.
468	classify **classification** [klǽsəfikeiʃən]	n. 분류 • A biologist conducted the classification of plants and animals.
469	contaminate **contamination** [kəntæmənéiʃən]	n. 공해, 오염 • The air contamination is very serious.
470	convince [kənvíns] **conviction** [kənvíkʃən]	n. 확신, 신념 • She was speaking from conviction.
471	determine **determination** [ditəːrminéiʃən]	n. 결정(심) • The police announced his determination to catch the killers.
472	devise [diváiz] **device** [diváis]	n. 장치, 고안물, 발명품 • This is a device for sharpening pencils.
473	eliminate **elimination** [ilimənéiʃən]	n. 제거 • The elimination of the pollutants in the river made the water drinkable.

해석 👉

462. absorption 이것이 액체의 흡수를 조절한다. 463. analysis 분석 결과 비타민 A가 다량 함유되어 있음이 밝혀졌다. 464. behavior 톰은 학교에서 선행에 대해 상을 받았다. 465. bored 우리는 그의 이야기를 들으면서 지루함을 느꼈다. 466. boring 그 영화는 지루했다. 467. boredom 그의 무관심은 일을 지루하게 만들었다. 468. classification 생물학자는 동물물을 분류했다. 469. contamination 공기 오염이 매우 심각하다. 470. conviction 그녀는 신념으로부터 말하고 있었다. 471. determination 경찰은 살인자를 잡겠다는 결정을 발표했다. 472. device 이것은 연필을 깎는 기구이다. 473. elimination 강에 오염물질을 제거함으로써 물은 마실 수 있게 되었다.

Day 41 파생어와 함께 정리할 수 있는 동사들

474	emphasize **emphasis** [émfəsis]	n. 강조
		• Some schools put special emphasis on language study.
475	expose **exposure** [ikspóudʒər]	n. 노출, 폭로
		• Exposure of the body to strong sunlight may be harmful.
476	greet [griːt] **greeting** [gríːtiŋ]	n. 인사
		• 'Good morning' and 'Dear sir' are greetings.
477	investigate [invéstəgeit] **investigation** [invèstəgéiʃən]	n. 조사
		• The matter is under investigation.
478	kneel **knee** [niː]	n. 무릎
		• He struck me on the knee.
479	narrate [nəréit] **narration** [nəréiʃən]	n. 서술
		• A form of narration was changed.
480	**narrative** [nǽrətiv]	n. 이야기, 담화
		• History books are usually written in narrative style.
481	**narrator** [nəréitər]	n. 내레이터
		• A narrator is a person who narrates a story.
482	oppose **opposite** [ápəzit]	a. (정)반대의; 맞은편의
		• The opposite direction
		• He sat opposite.
483	**opposition** [àpəzíʃən]	n. (정)반대; 맞은편
		• We have an opposition to the plan.
		• He sat to the opposition of his house.
484	possess **possession** [pəzéʃən]	n. 소유(물)
		• The island is now an American possession.

해석 ▶

474. emphasis 몇 학교들은 언어 공부를 특별히 강조한다. 475. exposure 강한 햇볕에 신체를 노출하는 것은 해로울 수 있다. 476. greeting "안녕하세요"와 "친애하는 선생님께"는 인사말이다. 477. investigation 그 문제는 현재 조사 중이다. 478. knee 그는 나의 무릎을 쳤다. 479. narration 서술의 형식이 바뀌었다. 480. narrative 역사책들은 대개 이야기 형식으로 씌여진다. 481. narrator 내레이터는 이야기를 서술하는 사람이다. 482. opposite 반대 방향 / 그는 맞은편에 앉았다. 483. opposition 우리는 그 계획에 반대한다. / 그는 자기 집 반대편에 앉았다. 484. possession 그 섬은 현재 미국의 소유이다.

Chapter 01

Day 42 파생어와 함께 정리할 수 있는 동사들

485	recover **recovery** [rikʌ́vəri]	n. 회복, 되찾기 • It is said that his chance of recovery is hopeless.
486	relieve [rilí : v] **relieved** [rilíːvd]	a. 안도하는, 안심하는 • He was relieved to hear his son return safely.
487	**relief** [rilíːf]	n. 안도(감), 안심; 구제, 구원 • The doctor's treatment gave much relief. • They applied a sum of money to the relief of the poor.
488	rob [rɑb] **robber** [rɑ́bər]	n. 강도 • The policeman caught the bank robbers.
489	stimulate **stimulation** [stìmjuléiʃən]	n. 자극 • He gave her stimulation to study hard.
490	substitute **substitution** [sʌ̀bstitjúːʃən]	n. 대신, 대체 • Two substitutions were made during the match.
491	threaten **threat** [θret]	n. 두려움, 공포, 위협 • I obeyed, but only under threat of death.
492	violate **violation** [vàiəléiʃən]	n. 위반 • It is a violation of the rules.
493	warn **warning** [wɔ́ːrniŋ]	n. 경고 • They attacked without warning.

해석

485. recovery 그는 재기 불능이라고들 한다. 486. relieved 아들이 안전하게 돌아온다는 소식을 듣고 그는 안심했다. 487. relief 그 의사의 치료는 많은 안도감을 주었다. / 그들은 가난한 사람을 구제하는 데 모든 돈을 사용했다. 488. robber 경찰이 은행 강도들을 체포했다. 489. stimulation 그는 그녀에게 열심히 공부하라는 자극을 주었다. 490. substitution 시합 중에 두 차례의 선수 교체가 있었다. 491. threat 나는 단지 죽음의 공포 아래서만 복종했다. 492. violation 그것은 반칙이다. 493. warning 그들은 경고 없이 공격했다.

Day 43 정말 웃기는 동사들

494 bear — bore — born
[bɛər]
v. 나르다, 운반하다; 참다, 견디다; 태어나게 하다   n. 곰

- The bird seized the mouse and bore it off its nest.
- I can't bear the smell of cigar smoke.
- She bore three children.
- We saw a bear in the park.

495 block
[blɑk]
v. 차단하다, 막다   n. (도로에서) 한 구역(획); 블록, 토막

- Block the door so they can't get in.
- We live on the same block.
- They are cutting a block of ice.

496 board
[bɔːrd]
v. 탑승하다   n. 널빤지, 판자

- Passengers should board the train now.
- She put the list on the bulletin board.

497 charge
[tʃaːrdʒ]
v. 채워 넣다; 청구하다   n. 청구액, 요금; 의무, 책임

- It means the battery is charging
- He charged me fifty dollars for it.
- This store has a charge for delivery service.
- I'm in charge of this department.

498 demand
[dimǽnd]
v. 요구(요청)하다   n. 수요

- They demand that they get more money.
- Is there a great demand for teachers in this town?

499 express
[iksprés]
v. 표현하다   a. 고속의, 급행의

- I can't express how grateful I am.
- This is an express train bounding for London.

500 judge
[dʒʌdʒ]
v. 판단하다   n. 판사

- God will judge all men.
- He is a judge of the supreme court.

501 **kid**
[kid]

v. 농담하다 n. 아이, 어린이

- He is not really hurt; he is only kidding.
- How many kids do you have?

502 **match**
[mætʃ]

v. 어울리다, 조화되다 n. 시합, 경기; 성냥

- The curtains and paint don't match.
- A foot ball match
- A box of matches

Day 44 정말 웃기는 동사들

503 matter
[mǽtər]

n. 일, 사건, 문제; 물질　v. 중요하다

- What's the matter?
- Animal matter
- Coloring matter
- What he said does not matter.

504 note
[nout]

v. 주목(주의)하다　n. 노트, 메모; 악보

- Please note my words.
- He spoke for an hour without a note.
- He missed his notes in playing musical instrument.

505 notice
[nóutis]

v. 알아차리다; 주목하다　n. 예고, 알림; 주의, 주목

- Did you notice where I put it?
- I noticed her leave.
- These rules may be changed without notice.
- Take no notice of what they say.

506 object

v. [əbdʒékt] 반대하다　n. [ábdʒikt] 물건, 사물

- Do you object to smoking?
- Tell me the names of the objects in this room.

507 plant
[plænt]

v. 심다　n. 식물; 공장

- April is the time to plant.
- All plants need water and light.
- They've just built a new chemical plant.

508 press
[press]

v. (위에서) 누르다, 압력을 가하다　n. 언론

- Press this button to start the engine.
- He requested a press interview.

509 radio
[rédiou]

v. 무전하다　n. 무전기; 라디오

- The ship radioed for help.
- The police talked to each other by radio.
- This is a transistor radio.

510	**remark** [rimáːrk]	v. 언급하다, 말하다 n. 의견, 견해
		• He remarked that it was getting late. • He made a few remarks on the matter.
511	**respect** [rispékt]	v. 존경하다 n. 측면, 관점
		• He is respected by everyone. • I think you are wrong in every respect.

해석

503. matter 문제가 뭔가요? / 동물질 / 색소 / 그가 말했던 것은 중요하지 않다. 504. note 제발 내 말에 주목하세요. / 그는 메모하지 않고 한 시간 동안 말했다. / 그는 악기를 연주하다가 악보를 놓쳤다. 505. notice 내가 그것을 어디에 두었는지 알아차렸니? / 나는 그녀가 떠나는 모습에 주목했다. / 이 법칙들은 예고 없이 바뀔 수 있다. / 그들이 말하는 것에 주목하지 마시오. 506. object 흡연에 반대합니까? / 이 방에 있는 물건의 이름을 내게 말하시오. 507. plant 4월은 나무를 심는 때이다. / 모든 식물에게는 물과 빛이 필요하다. / 그들은 새 화학 공장 건축을 방금 마쳤다. 508. press 엔진을 가동시키기 위해 이 버튼을 누르시오. / 그는 기자 회견을 요청했다. 509. radio 그 배는 도와달라는 무전을 보냈다. / 경찰을 무전기로 서로서로 얘기했다. / 이것은 트랜지스터 라디오이다. 510. remark 그는 늦어질 거라고 말했다. / 그는 그 문제에 대해 몇 가지 언급을 했다. 511. respect 그는 모든 사람에게 존경을 받는다. / 나는 모든 점에서 네가 틀렸다고 생각한다.

Day 45 정말 웃기는 동사들

512	**rule** [ru:l]	n. 규칙 v. 지배(통치)하다

• It is against the rules to pick up the ball.
• The king ruled the country for 30 years.

513	**ship** [ʃip]	v. 배로 운반하다, 배에 싣다 n. 선박, 배

• I'm flying to Florida, but my car is being shipped.
• We went by plane, but sent all our furniture on a ship(by ship).

514	**sink** **-sank-sunk(en)** [síŋk-sæŋk-sʌ́ŋk(ən)]	v. 가라앉다 n. (부엌의) 싱크대

• This rubber ball won't sink; it floats.
• He is washing his hands in the sink.

515	**store** [stɔ:r]	v. 저장하다 n. 가게

• Do all squirrels store up food for the winter?
• There is a clothing store on the corner.

516	**suit** [su:t]	v. ~에 알맞다, ~에 어울리다 n. 양복, (한벌) 정장

• Yes, that'll suit me fine.
• He is wearing a pair of suit.

517	**switch** [switʃ]	v. 바꾸다, 변경하다 n. 스위치

• She switched the lights from green to red.
• Someone is turning on the switch.

518	**tear-tore-torn** [tɛər-tɔ:r-tɔ:rn]	v. 찢다 n. 눈물

• Why did you tear the cloth instead of cutting it with scissors?
• He was in tears.

519	**trade** [treid]	n. 교환(하다); 무역(하다)

• They traded their clothes for food.

520	**treasure** [tréʒər]	v. 소중히 하다(여기다) n. 보물

• He treasures the watch his father gave him.
• The art treasures were restored to Korea.

521	**waste** [weíst]	v. 낭비하다 n. 쓰레기

- He wastes his money on useless things.
- We must cease dumping waste in the sea.

522	**witness** [wítnis]	v. 목격하다 n. 목격자

- Did any body witness the accident?
- There were no witnesses when the accident happened.

해석

512. rule 공을 줍는 것은 규칙에 위배된다. / 그 왕은 30년간 나라를 통치했다. 513. ship 나는 플로리다까지 비행기를 타고 가는 중이지만 내 차는 배로 운반되고 있다. / 우리는 비행기를 탔지만 모든 가구는 배로 보내졌다. 514. sink 이 고무공은 가라앉지 않고 뜬다. / 남자가 싱크대에서 손을 씻고 있다. 515. store 모든 다람쥐들은 겨울을 위해 음식을 저장하나요? / 귀퉁이에 옷가게가 있다. 516. suit 네, 저것이 내게 어울릴 거예요. / 그는 양복을 입고 있다. 517. switch 그녀는 등불을 녹색에서 빨강으로 바꿨다. / 누군가가 스위치를 켜고 있다. 518. tear 가위로 옷감을 자르지 않고 왜 찢었니? / 그는 눈물을 흘렸다. 519. trade 그들은 옷과 음식을 교환했다. 520. treasure 그는 그의 아버지가 주신 시계를 소중히 여긴다. / 그 귀중 미술품들은 한국에 반환되었다. 521. waste 그는 쓸데없는 일에 돈을 허비한다. / 우리는 바다에 쓰레기를 버리는 일을 중단해야만 한다. 522. witness 누가 사고를 목격했습니까? / 사고가 일어났을 때 목격자가 없었다.

Day 46 명사까지 함께 정리할 수 있는 동사들

523	**arrest** [ərést]	v. 체포하다 n. 체포 • The policeman arrested the thief. • He was quickly put under arrest.
524	**attack** [ətǽk]	v. 공격하다 n. 공격 • They attacked the enemy by surprise. • The city came under attack during the night.
525	**comment** [kάment]	v. 말하다, 언급하다 n. 말, 언급, 코멘트 • The teacher refused to comment on the exam results. • No comment!
526	**contact** [kάntækt]	v. 접촉하다 n. 접촉 • I want to contact him by telephone. • Have you been in contact with your sister recently?
527	**crash** [krǽʃ]	v. 충돌하다 n. 충돌 • The bus crashed into a tree. • All the passengers were killed in the train crash.
528	**damage** [dǽmidʒ]	v. 손해를(손상을) 입히다; 아프게 하다 n. 손해, 손상, 손실 • I damaged my TV when I moved it. • The cut damaged his leg. • The storm caused great damage.
529	**decrease** [dikríːs]	v. 줄다, 감소하다(시키다) n. 감소 • Our sales are decreasing. • It caused the decrease of export.
530	**delay** [diléi]	v. 연기하다, 미루다 n. 연기, 지연 • We decided to delay our vacation until next month. • Do it without any delay!
531	**desire** [dizáiər]	v. 갈망하다 n. 갈망, 욕망 • She desires you to come at once. • She has expressed a desire to attend our next meeting.

532	**exchange** [ikstʃéindʒ]	v. 교환하다 n. 교환
		• John exchanged hats with Peter. • He gave me an apple in exchange for a piece of cake.
533	**exercise** [éksərsɑiz]	v. 운동하다; 훈련(연습)하다 n. 운동, 훈련, 연습
		• You should exercise more. • You should try to exercise patience. • If you don't get more exercise, you'll get fat.
534	**export** [ekspɔ́ːrt]	v. 수출하다 n. 수출
		• Compare export with import. • India exports tea and cotton.

해석

523. **arrest** 경찰이 도둑을 체포했다. / 그는 재빨리 체포됐다. 524. **attack** 그들은 불시에 적을 공격했다. / 그 도시는 밤에 공격을 받았다. 525. **comment** 그 선생님은 시험 결과에 대해 언급하기를 거부했다. / 언급하지 않겠습니다! 526. **contact** 나는 전화로 그에게 연락하길 바란다. / 최근에 네 여동생과 연락한 적 있니? 527. **crash** 그 버스가 나무를 들이받았다. / 승객들이 전부 기차 충돌로 사망했다. 528. **damage** 나는 TV를 옮기면서 망가뜨렸다. / 베인 상처가 그의 다리를 아프게 했다. / 그 폭풍이 큰 손해를 일으켰다. 529. **decrease** 우리의 판매가 줄어들고 있다. / 그것이 수출의 하락을 야기시켰다. 530. **delay** 우리는 다음 달까지 방학을 연기하기로 결정했다. / 지연시키지 말고 그것을 해라! 531. **desire** 그녀는 네가 즉시 오기를 바란다. / 그녀는 우리의 다음 회의에 참석하고 싶다는 바람을 표현해 왔다. 532. **exchange** 존은 모자를 피터와 교환했다. / 그는 케이크 한 조각과 교환하기 위해 사과 하나를 내게 주었다. 533. **exercise** 너는 운동을 더해야 한다. / 인내심을 키우는 훈련을 해봐야 한다. / 더 운동하지 않으면, 살이 찔 것이다. 534. **export** 수출과 수입을 비교해라. / 인도는 차와 면직물을 수출한다.

Day 47 명사까지 함께 정리할 수 있는 동사들

535 import
[impɔ́:rt]

v. 수입하다 n. 수입

- They imported silk from China.
- Import rose last month.

536 increase
[inkríːs]

v. 증가시키다(하다) n. 증가

- The driver increased speed.
- Increase in population made emigration necessary.

537 influence
[ínfluːəns]

v. ~에 영향을 주다 n. 영향(력)

- What influenced you to do it?
- He has a strong influence over the girl.

538 lack
[læk]

v. 부족·결핍하다 n. 부족, 결핍

- We lacked food.
- The plants died for lack of water.

539 march
[maːrtʃ]

v. 행렬·행진하다 n. 행렬, 행진

- The soldiers marched along the road.
- The soldiers went past on the march.

540 order
[ɔ́:rdər]

v. 명령(하다); 주문(하다) n. 순서, 차례, 질서

- He ordered them to fire.
- I've ordered you a beer.
- It is the business of the police to keep order.

541 practice
[prǽktis]

v. 훈련(연습)하다; 실천(행)하다 n. 훈련, 연습, 실천, 실행

- She has been practicing the piano for nearly an hour.
- They were prevented from practicing their religion.
- It takes a lot of practice to be really good at this sport.

542 progress
[prάgres]

v. 진보(발전)하다 n. 진보(발전)

- They could hardly progress toward the direction.
- Jane is still sick in the hospital, but she's making progress.

543 record
[rikɔ́:rd]

v. 기록(하다); 녹음(하다) n. 기록, 녹음, 음반

- We recorded the events of the past.
- She has recorded several songs.
- She has a long criminal record.

544 **request**
[rikwést]

v. 요구(요청)하다   n. 요구, 요청

• All I request you is that you should be early.
• We came at your request.

545 **research**
[risə́ːrtʃ]

v. 연구(조사)하다   n. 연구, 조사

• He researched the matters on politics.
• His researches have been successful.

546 **ride**
[raid]

v. (탈것 따위를) 타다   n. 타기(태워 주기)

• Can you ride a bicycle?
• Can you give me a ride to the post office?

해석 ▶

535. import 그들은 중국에서 실크를 수입했다. / 수입이 지난달에 상승했다. 536. increase 그 운전기사는 속도를 높였다. / 인구 증가로 인해 이민이 필수적이 되었다. 537. influence 그것을 하도록 네게 영향을 미친 것이 뭐니? / 그는 여자들에게 강한 영향력을 갖고 있다. 538. lack 우리는 먹을 것이 부족했다. / 그 식물은 물 부족으로 죽었다. 539. march 군인들이 길을 따라 행진했다. / 군인들이 행렬을 지나쳐 갔다. 540. order 그는 그들에게 사격을 명했다. / 나는 당신에게 맥주 한 잔을 주문해 놓았습니다. / 질서를 유지하는 것은 경찰의 일이다. 541. practice 그녀는 거의 한 시간 동안 피아노를 연습해 왔다. / 그들은 종교 실행을 방해받아 왔다. / 이 스포츠를 정말 잘하려면 많은 연습이 필요하다. 542. progress 그들은 그 방향으로는 좀처럼 전진할 수 없었다. / 제인은 여전히 아파서 병원에 있지만, 나아지고 있다. 543. record 우리는 과거의 사건을 기록했다. / 그녀는 노래 몇 곡을 녹음했다. / 그녀에겐 긴 범죄 기록이 있다. 544. request 일찍 오라는 것이 내가 네게 요구하는 전부다. / 너의 요청으로 우리가 왔다. 545. research 그는 정치학에 관한 문제를 연구했다. / 그의 연구는 성공적이었다. 546. ride 자전거 탈 줄 아니? / 우체국까지 차로 데려다 줄 수 있니?

Day 48 명사까지 함께 정리할 수 있는 동사들

547	**shape** [ʃeip]	v. 모양을(형태를) 이루다 n. 모양, 형태

- My time at school shaped my future.
- The shape of Italy is like boot.

548	**shave** [ʃeiv]	v. 면도하다 n. 면도

- I've shaved off my beard.
- How much does a shave cost?

549	**shop** [ʃɑp]	v. 쇼핑하다 n. 가게

- Did you go shopping today?
- How can I get to the repair shop?

550	**supply** [səplai]	v. 공급(제공)하다 n. 공급; 보급품

- She supplied the hungry with food.
- Supply and demand
- We shall be receiving supplies next week.

551	**support** [səpɔ́:rt]	v. 유지(지탱)하다; 지지(지원)하다 n. 유지, 지탱, 지지, 지원

- Is this bridge strong enough to support heavy trucks?
- He has a large family to support.
- I hope to have your support in the election.

552	**abuse** [əbjú:z]	v. 남용하다; 학대하다 n. 남용, 학대

- Don't abuse your authority.
- I won't allow you to abuse that dog.
- The prisoners were treated with abuse.

553	**advance** [ədvǽns]	v. 진보하다; 발전하다 n. 진보, 발전

- A month has passed and the work has not advanced.
- There have been great advances in the medicine.

554	**approach** [əpróutʃ]	v. 접근하다 n. 접근

- We approached the camp.
- The approach of winter brings cold weather.

555	**burden** [bə́:rdn]	v. 짐을 지우다, 부담을 안기다 n. 짐, 부담

- I will not burden you with heavy taxation.
- It will only increase your burden.

556	**burst** [bə:rst]	v. 폭발하다 n. 폭발

- The bomb burst very loudly.
- He made me a burst of laughter.

557	**conflict** [kɑ́nflikt]	v. 갈등하다 n. 갈등

- Does our national law conflict with any international law?
- There is a possibility of a serious conflict between U.S. and Russia.

해석

547. shape 학창시절이 나의 미래를 만든다. / 이탈리아의 모양은 장화같다. 548. shave 내 수염을 면도했다. / 면도하는 데 얼만가요? 549. shop 오늘 쇼핑했니? / 정비소까지 어떻게 갑니까? 550. supply 그녀는 배고픈 사람들에게 음식을 제공했다. / 수요와 공급 우리는 다음 주에 보급품을 받게 될 것이다. 551. support 이 다리는 무거운 트럭을 지탱할 만큼 충분히 튼튼한가요? / 그에게는 부양해야 할 대가족이 있다. / 선거에서 네가 나를 지지 하기를 바란다. 552. abuse 너의 권력을 남용하지 마라. / 나는 네가 개를 학대하도록 두지 않을 것이다. / 죄수들 은 학대를 받았다. 553. advance 한 달이 지났고 일은 진척이 없었다. / 의학 분야에 커다란 발전이 있었다. 554. approach 우리는 야영지에 접근했다. / 겨울이 오면서 날씨가 추워졌다. 555. burden 나는 무거운 세금으로 당신에게 부담을 주지 않을 것입니다. / 그것은 너의 짐을 무겁게 할 따름이다. 556. burst 폭탄이 아주 시끄럽게 터졌다. / 그는 내가 웃음을 터뜨리게 만들었다. 557. conflict 우리 국가의 법이 국제법과 충돌합니까? / 미국과 러시아 사이에 심각한 충돌의 가능성이 있다.

Day 49 명사까지 함께 정리할 수 있는 동사들

558	**delight** [diláit]	v. 기쁘게 하다 n. 기쁨, 즐거움
		• He delighted them with his performance. • I read your book with real delight.

559	**demand** [dimǽnd]	v. 요구(요청)하다 n. 수요
		• He demanded that I should help him. • It is impossible to satisfy all demands.

560	**doubt** [daut]	v. 의심하다 n. 의심
		• I doubt if it is true. • There is no doubt that she will come.

561	**drip** [drip]	v. (물이 뚝뚝) 떨어지다 n. (물이 뚝뚝) 떨어지는 소리
		• Water is dripping from the roof. • All night I heard the drip of the water.

562	**envy** [énvi]	v. ~을 부러워하다 n. 부러움, 시기, 샘
		• I envy you your beauty. • The boy's new toy was the envy of his friends.

563	**experience** [ikspíəriəns]	v. 경험하다 n. 경험
		• He experienced many roles in the Army. • Have you had any previous experience of this work?

564	**experiment** [ikspérəmənt]	v. 실험하다 n. 실험
		• They experimented with new materials. • It has been proven by experiment that the atom can be divided.

565	**flow** [flou]	v. 흐르다 n. 흐름
		• Her tears flowed fast. • A flow of oil poured all over the floor.

566	**guarantee** [gæ̀rəntíː]	v. 보장하다 n. 보장
		• The watch is guaranteed for three years. • The radio has a two-year guarantee.

Chapter 01

| 567 | **insult**
[insʌ́lt] | v. 모욕하다 n. 모욕 |

- You have insulted me by saying that.
- He shouted insults at the boy who had kicked him.

| 568 | **manufacture**
[mæ̀njufǽktʃər] | v. 만들어내다 n. 제조(업) |

- This factory manufactured various kinds of machines.
- This factory is engaged in the manufacture of plastics.

| 569 | **pause**
[pɔːz] | n. (일시) 멈춤, 정지 v. (일시) 멈추다, 정지하다 |

- She is talking without a pause.
- She paused to light a cigarette, then continued reading.

| 570 | **polish**
[pɑ́liʃ] | v. 광(윤)을 내다 n. 광택, 윤 |

- Polish your shoes with a brush.
- That hot plate will spoil the polish on this table.

해석

558. delight 그는 성적으로 그들을 기쁘게 했다. / 나는 네 책을 정말 즐겁게 읽었다. 559. demand 내가 그를 도와야 한다고 그는 주장했다. / 모든 수요를 만족시키기는 불가능하다. 560. doubt 나는 그것이 사실일지 의심스럽다. / 그녀가 올 거라는 게 확실하다. 561. drip 물이 지붕에서 떨어지고 있다. / 나는 밤새 물방울이 떨어지는 소리를 들었다. 562. envy 나는 네 미모가 부럽다. / 그 소년의 새 장난감은 친구들의 부러움을 샀다. 563. experience 그는 군대에서 많은 역할을 경험했다. / 이런 일을 전에 해 본 경험이 있습니까? 564. experiment 그들은 신 물질로 실험했다. / 원자가 쪼개어진다는 것이 실험으로 증명되었다. 565. flow 그녀의 눈물이 빠르게 흘렀다. / 석유가 바닥 전체에 콸콸 쏟아졌다. 566. guarantee 그 시계는 3년 동안 (수리가) 보장됩니다. / 그 라디오의 보증 기간은 2년이다. 567. insult 너는 그렇게 말하는 것으로 나를 모욕했다. / 그는 그를 찼던 아이에게 모욕적인 말로 소리쳤다. 568. manufacture 이 공장은 많은 종류의 기계를 생산했다. / 이 공장은 플라스틱을 생산한다. 569. pause 그녀는 끊임없이 지껄이고 있다. / 그는 담배에 불을 붙이기 위해 멈췄다가 계속 읽어 나갔다. 570. polish 솔로 신발에 광택을 내시오. / 저 뜨거운 접시가 이 탁자의 광택을 없앨 것이다.

Day 50 명사까지 함께 정리할 수 있는 동사들

571	**purchase** [pə́ːrtʃəs]	v. 사다, 구입하다 n. 구입 • He purchased a new house in the city. • Make certain that you get a receipt with your purchase.
572	**reform** [rifɔ́ːrm]	v. 개혁(개선)하다 n. 개혁, 개선 • He reformed the old system. • Social reforms were essential those days.
573	**refund** [rifʌ́nd]	v. 환불하다 n. 환불 • They refunded (us) our money. • She demanded a refund on unsatisfactory goods.
574	**roar** [rɔːr]	v. 으르렁거리다 n. 으르렁거리는 소리 • The lion roared. • We heard the roar of an angry lion in the dark.
575	**sacrifice** [sǽkrəfɑis]	v. 희생하다 n. 희생 • She sacrificed her life to save the child. • I will make any sacrifice to save her.
576	**scare** [skɛər]	v. 겁먹게(위협)하다 n. 두려움, 공포 • He made a noise and scared off the animals. • You did give me a scare.
577	**shame** [ʃeim]	n. 부끄러움 v. 수치스럽게 하다 • I feel no shame for my action, for I did what was right. • He shamed his family by being sent to prison.
578	**sigh** [sai]	v. 한숨 쉬다 n. 한숨 • He sighed out his grief. • We all made a sigh of relief.
579	**struggle** [strʌ́gl]	v. 투쟁하다, 애쓰다 n. 투쟁 • They struggled against poverty. • The struggle between the two teams was severe.

580	**trace** [treis]	v. 추적하다, 뒤쫓다 n. 흔적, 자취
		• The criminal was traced to Chicago. • The police found no trace of the man.
581	**trust** [trʌst]	v. 믿다, 신뢰하다 n. 믿음, 신용, 신뢰
		• Don't trust him, he is dishonest. • I didn't place any trust in his promise.
582	**vote** [vout]	v. 투표하다 n. 투표
		• She is too young to vote. • He led his opponent by 500 votes.

해석

571. purchase 그는 시내에 새 집을 샀다. / 물건 구매와 더불어 영수증을 받았는지를 확인하시오. 572. reform 그는 오래된 시스템을 개선했다. / 사회 개혁은 그 당시 필수적이었다. 573. refund 그들은 우리의 돈을 환불했다. / 그녀는 불만족스런 물건에 환불을 요구했다. 574. roar 사자가 으르렁거렸다. / 우리는 어둠 속에서 화난 사자의 으르렁대는 소리를 들었다. 575. sacrifice 그녀는 아이를 구하기 위해 그녀의 삶을 희생했다. / 그녀를 구하기 위해 어떤 희생이라도 치르겠다. 576. scare 그는 소음을 내며 동물을 위협했다. / 너 때문에 깜짝 놀랐다. 577. shame 옳은 것을 했기 때문에 내 행동을 부끄럽게 여기지 않는다. / 그는 감옥에 끌려가서 그의 가족을 수치스럽게 했다. 578. sigh 그는 한숨 쉬며 슬픔을 토로했다. / 우리는 안도의 한숨을 내쉬었다. 579. struggle 그들은 가난을 이기려 애썼다. / 두 팀 간의 투쟁은 격심했다. 580. trace 범인은 시카고까지 추적당했다. / 경찰은 그 남자의 흔적을 찾지 못했다. 581. trust 그를 믿지 마, 그는 정직하지 않아. / 나는 그의 약속을 믿지 않았다. 582. vote 그녀는 너무 어려서 투표할 수 없다. / 그는 상대를 5백표 차로 리드하고 있었다.

Day 51 한 개의 의미로 정리할 수 있는 명사들

583	**automobile** [ɔ́:təməbí:l]	n. 자동차 • The automobile industry is doing well this year.
584	**brain** [brein]	n. 뇌, 두뇌 • She suffered severe brain damage because of the traffic accident.
585	**cancer** [kǽnsər]	n. 암 • He has got a cancer in his throat.
586	**cell** [sel]	n. 세포 • Cell is the least unit of organism.
587	**citizen** [sítəzn]	n. 시민 • She is an American citizen but lives in France.
588	**cloud** [klɑud]	n. 구름 • When there are black clouds, you can tell it's going to rain.
589	**death** [deθ]	n. 죽음 • His mother's death was a great shock to him.
590	**department store**	n. 백화점 • Department store is a large shop where many kinds of goods are sold.
591	**desert** [dézərt]	n. 사막 • Where is the Sahara desert?
592	**distance** [dístəns]	n. 거리 • What is the distance from Washington to Miami?
593	**education** [èdʒukéiʃən]	n. 교육 • She has had a good education.
594	**emotion** [imóuʃən]	n. 감정, 감동 • Love, hatred, and grief are emotions.

해석

583. automobile 올해는 자동차 업계가 잘되고 있다. 584. brain 그녀는 교통사고로 뇌에 큰 손상을 입었다. 585. cancer 그는 후두암에 걸렸다. 586. cell 세포는 유기체의 최소 단위이다. 587. citizen 그녀는 미국 시민이지만 프랑스에 산다. 588. cloud 검은 구름이 끼면, 비가 내릴 것이라는 사실을 알 수 있다. 589. death 그의 어머니의 사망은 그에게 큰 충격이었다. 590. department store 백화점은 많은 종류의 물건을 파는 커다란 상점이다. 591. desert 사하라 사막이 어디 있나요? 592. distance 워싱턴에서 마이애미까지 거리가 얼마나 되나요? 593. education 그녀는 훌륭한 교육을 받았다. 594. emotion 사랑, 증오, 그리고 슬픔은 감정이다.

Chapter 01

Day 52 한 개의 의미로 정리할 수 있는 명사들

595	**forest** [fɔ́ːrist]	n. 숲 • A large part of Africa is made up of thick forest.
596	**gas station**	n. 주유소 • Gas station supplied us engine oil.
597	**honesty** [ánisti]	n. 정직 • Honesty is the best policy.
598	**housing** [háuziŋ]	n. 주택, 주거 • Too many people are living in bad housing.
599	**island** [áilənd]	n. 섬 • Manhattan is an island.
600	**law** [lɔː]	n. 법 • Murder is against the law.
601	**magazine** [mæɡəzíːn]	n. 잡지 • There are many kinds of magazines in Korea.
602	**mud** [mʌd]	n. 진흙 • The pigs were lying in the mud.
603	**ocean** [óuʃən]	n. 대양, 큰 바다 • Pacific ocean is rich in marine products.
604	**parent** [pɛ́(ː)ərənt]	n. 부모 • John and Mary have become parents.
605	**part-time job**	n. 아르바이트 • Many students have part-time job to get money for school.
606	**pet** [pet]	n. 애완동물 • She keeps a monkey as a pet.

해석 ⟩

595. forest 아프리카의 많은 지역이 울창한 수풀로 이루어져 있다. 596. gas station 주유소는 우리에게 엔진 오일을 공급했다. 597. honesty 정직이 최선의 방책이다. 598. housing 너무 많은 사람들이 열악한 집에 거주하고 있다. 599. island 맨해튼은 섬이다. 600. law 살인은 법에 위반된다. 601. magazine 한국에는 많은 종류의 잡지들이 있다. 602. mud 돼지들이 진흙탕 속에 누워 있었다. 603. ocean 태평양은 수산물이 풍부하다. 604. parent 존과 메리는 부모가 되었다. 605. part-time job 많은 학생들이 학교에 갈 돈을 벌기 위해 시간제로 일한다. 606. pet 그녀는 애완동물로 원숭이를 데리고 있다.

Day 53 한 개의 의미로 정리할 수 있는 명사들

| 607 | **post office** | n. 우체국 |
| | | • We are to meet at post office. |

| 608 | **sheep** [ʃiːp] | n. 양 |
| | | • A sheep is a grass-eating animal. |

| 609 | **skill** [skil] | n. 기술 |
| | | • Reading and writing are different skills. |

| 610 | **soap** [soup] | n. 비누 |
| | | • Wash your hands with soap. |

| 611 | **soap opera** | n. 연속극 |
| | | • Soap opera is a radio or TV serial drama dealing with domestic problems. |

| 612 | **sunrise** [sʌ́nràiz] | n. 일출 |
| | | • Sunrise is the time when the sun appears after the night. |

| 613 | **sunset** [sʌ́nsèt] | n. 일몰 |
| | | • They stopped work at sunset. |

| 614 | **talent** [tǽlənt] | n. 재능 |
| | | • He is a man of great talent. |

| 615 | **tax** [tæks] | n. 세금 |
| | | • The government increased income tax to pay for defense. |

| 616 | **vegetable** [védʒətəbl] | n. 야채 |
| | | • We grow many different vegetables: potatoes, onions, beans etc. |

| 617 | **weather** [wéðər] | n. 날씨 |
| | | • What will the weather be like tomorrow? |

| 618 | **worth** [wəːrθ] | n. 가치 |
| | | • This used car is worth $400. |

해석 ▶

607. post office 우리는 우체국에서 만날 예정이다. 608. sheep 양은 풀을 먹는 동물이다. 609. skill 읽기와 쓰기는 어려운 기술이다. 610. soap 비누로 손을 씻어라. 611. soap opera 멜로드라마는 가정 문제를 다루는 TV나 라디오 연속 드라마이다. 612. sunrise 일출은 밤이 지나고 태양이 뜨는 때이다. 613. sunset 그들은 일몰 이 시작되자 일을 멈췄다. 614. talent 그는 엄청난 재능을 가진 남자이다. 615. tax 정부는 국방비 지불을 위해 소득세를 인상했다. 616. vegetable 우리는 감자, 양파, 콩 등 많은 다른 종류의 채소를 키운다. 617. weather 내일 날씨가 어떨 것 같니? 618. worth 이 중고차는 400달러의 가치를 지닌다.

Day 54 한 개의 의미로 정리할 수 있는 명사들

619	**basement** [béismənt]	n. 지하실 • The steps lead to a basement.
620	**basis** [béisis]	n. 기초 • What is the basis for your opinion?
621	**cellular phone** [séljələr]	n. 휴대전화(핸드폰) • Can you tell me how to use this cellular phone?
622	**century** [sentʃri]	n. 1세기, 100년 • In the 20th century, many accidents happened in the world.
623	**climate** [kláimit]	n. 기후 • What is the climate like in this area?
624	**credit** [krédit]	n. 믿음, 신용, 신뢰 • You can buy the furniture on credit.
625	**dessert** [dizə́:rt]	n. 디저트 • We had cake for dessert.
626	**disease** [dizí:z]	n. 질병 • He suffered from a disease of the mind last year.
627	**enemy** [énəmi]	n. 적 • A politician often has many enemies.
628	**environment** [inváirənmənt]	n. 환경 • We have to stop spoiling the environment.
629	**error** [érər]	n. 실수, 잘못 • I did it in error.
630	**fault** [fɔ:lt]	n. 잘못, 결점 • It's not my fault.

해석

619. basement 계단은 지하실로 통한다. 620. basis 무엇이 당신 의견의 기본입니까? 621. cellular phone 이 휴대 전화를 어떻게 사용하는지 알려 주시겠어요? 622. century 20세기에 세상에서는 많은 사고가 발생했다. 623. climate 이 지역의 기후는 어떻습니까? 624. credit 당신은 가구를 신용으로 살 수 있다. 625. dessert 우리는 디저트로 케이크를 먹었다. 626. disease 그는 작년 마음의 병으로 고생했다. 627. enemy 정치가는 때때로 적이 많다. 628. environment 우리는 환경을 망치는 것을 멈추어야 한다. 629. error 나는 실수로 그것을 했다. 630. fault 그것은 나의 실수가 아니다.

Day 55 한 개의 의미로 정리할 수 있는 명사들

631	**foreigner** [fɔ́:rinər]	n. 외국인 • On my way to school, I met a foreigner.
632	**fortune** [fɔ́:rtʃən]	n. 운, 행운 • Fortune has begun to smile upon him.
633	**freedom** [frí:dəm]	n. 자유 • He is enjoying his sense of freedom.
634	**fuel** [fjú:əl]	n. 연료 • Gasoline is no longer a cheap fuel.
635	**future** [fjú:tʃər]	n. 미래 • Keep this book for future use.
636	**graduation** [grædʒuéiʃən]	n. 졸업 • There's only one semester left before graduation.
637	**headache** [hédeik]	n. 두통 • I have a little headache.
638	**heart attack**	n. 심장마비 • He died of a heart attack.
639	**illness** [ílnis]	n. 질병 • A serious illness has prevented her from working for a year.
640	**income** [ínkʌm]	n. 수입 • Tax was payable on income over $2000.
641	**intelligence** [intélədʒəns]	n. 지능, 지성 • Use your intelligence.
642	**lawyer** [lɔ́:jər]	n. 변호사 • He is a lawyer of good reputation.

해석

631. foreigner 학교로 가는 길에 나는 한 외국인을 만났다. 632. fortune 그는 운이 트이기 시작했다. 633. freedom 그는 해방감을 만끽하고 있다. 634. fuel 가솔린은 더 이상 싼 연료가 아니다. 635. future 다음에 사용할 수 있도록 책을 보관해라. 636. graduation 졸업이 한 학기밖에 남지 않았다. 637. headache 머리가 조금 아프다. 638. heart attack 그는 심장마비로 죽었다. 639. illness 심각한 병 때문에 그녀는 일 년간 일하지 못했다. 640. income 세금은 2000달러 이상의 소득에 부과된다. 641. intelligence 너의 지능을 이용해라. 642. lawyer 그는 평판이 좋은 변호사이다.

Day 56 한 개의 의미로 정리할 수 있는 명사들

643	**living room**	n. 거실
		• The people are talking in the living room.
644	**lung** [lʌŋ]	n. 폐
		• The lungs' function is to supply the body with oxygen.
645	**magician** [mədʒíʃən]	n. 마술사, 마법사
		• The magician turned into Carol!
646	**medicine** [médisin]	n. 약, 의약
		• Keep all medicines away from children.
647	**merit** [mérit]	n. 이점, 가치
		• The plan is without merit.
648	**metal** [metəl]	n. 금속
		• Copper and silver are both metals.
649	**method** [méθəd]	n. 방법
		• We use new methods so that we can do the job quickly.
650	**moment** [móumənt]	n. 순간
		• I'll be back in a moment.
651	**muscle** [mʌsl]	n. 근육
		• We can develop our arm muscles by playing tennis.
652	**native language**	n. 모국어
		• What is your native language?
653	**pain** [pein]	n. 고통, 통증
		• His behavior caused his parents a great deal of pain.
654	**parking lot**	n. 주차장
		• Vehicles are parked in the parking lot.

해석

643. living room 사람들이 거실에서 이야기를 나누고 있다. 644. lung 폐는 몸에 산소를 공급하는 기능을 한다. 645. magician 마법사가 캐롤로 변했다. 646. medicine 모든 약품은 아이들의 손에 닿지 않게 보관하시오. 647. merit 그 계획에는 이점이 없다. 648. metal 구리와 은은 둘 다 금속이다. 649. method 우리는 새로운 방법을 사용해서 그 일을 빨리 할 수 있다. 650. moment 나는 곧 돌아올 것이다. 651. muscle 테니스를 치는 것으로 팔 근육을 발달시킬 수 있다. 652. native language 너의 모국어가 뭐니? 653. pain 그의 태도는 자기 부모에게 커다란 고통을 야기시켰다. 654. parking lot 차들이 주차장에 주차되어 있다.

Day 57 한 개의 의미로 정리할 수 있는 명사들

655	**past** [pæst]	n. 과거 • In the past, I have had many jobs.
656	**pond** [pand]	n. 연못 • They often throw stones into the pond.
657	**population** [pɑpjuléiʃən]	n. 인구 • What was the population of Europe in 1900?
658	**risk** [risk]	n. 위험 • Miners face a lot of risk in their daily lives.
659	**round-trip**	n. 왕복여행 • Is that one way or round trip?
660	**salary** [sǽləri]	n. 봉급, 급여 • He earned two million dollars of salary.
661	**shoulder** [ʃóuldər]	n. 어깨 • I caught him by the shoulder.
662	**sickness** [síknis]	n. 질병 • He suffers from car sickness.
663	**skin** [skin]	n. 피부 • Babies have soft skin.
664	**staff** [stæf]	n. 직원, 스태프 • The school's teaching staff is excellent.
665	**value** [vǽljuː]	n. 가치 • The value of the dollar is falling.
666	**weapon** [wépən]	n. 무기 • It's a sort of chemical weapons.

해석

655. past 과거에 나는 많은 일을 했다. 656. pond 그들은 종종 연못에 돌을 던진다. 657. population 1900년에 유럽의 인구는 얼마였습니까? 658. risk 광부들은 일상생활 속에 많은 위험에 노출되어 있다. 659. round-trip 편도입니까, 왕복입니까? 660. salary 그는 2백만 달러의 봉급을 받았다. 661. shoulder 나는 그의 어깨를 붙들었다. 662. sickness 그는 차 멀미로 고생한다. 663. skin 아기들은 연한 피부를 갖고 있다. 664. staff 그 학교의 교수진은 훌륭하다. 665. value 달러의 가치가 하락하고 있다. 666. weapon 그것은 화학 무기의 일종이다.

Day 58 한 개의 의미로 정리할 수 있는 명사들

| 667 | **ache** [eik] | n. 통증, 고통 |
| | | • She has an ache in the arm. |

| 668 | **adult** [ədʌ́lt] | n. 성인 |
| | | • This movie is for adults, not children. |

| 669 | **advantage** [ədvǽntidʒ] | n. 이점, 장점 |
| | | • He had the advantage of being born into a rich family. |

| 670 | **alien** [éiljən] | n. 외국인 |
| | | • Both women had hired illegal aliens for child care. |

| 671 | **audience** [ɔ́:diəns] | n. 청중 |
| | | • The audience was very excited by the show. |

| 672 | **charm** [tʃɑːrm] | n. 매력 |
| | | • This town has a charm you couldn't find in a big city. |

| 673 | **conversation** [kànvərséiʃən] | n. 대화 |
| | | • Conversations with Tom are always interesting. |

| 674 | **department** [dipɑ́rtmənt] | n. 부서, 부 |
| | | • The history department is on the third floor. |

| 675 | **detail** [di:téil] | n. 자세함, 세부 사항 |
| | | • Please explain this in detail. |

| 676 | **dining room** [dáiniŋ] | n. 식당 |
| | | • A dining room is a room where meals are eaten in a house or a hotel. |

| 677 | **disadvantage** [disədvǽntidʒ] | n. 단점 |
| | | • His bad health is a great disadvantage to him. |

| 678 | **fever** [fíːvər] | n. 열, 열기 |
| | | • She has a very high fever. |

해석

667. ache 그녀는 팔에 통증을 느꼈다. 668. adult 이 영화는 어린이용이 아닌 성인용이다. 669. advantage 그는 부유한 가정에 태어났다는 이점을 갖고 있다. 670. alien 두 여자 모두 아이를 돌보는 데 불법 외국인을 고용했다. 671. audience 관객들은 그 쇼를 보고 매우 열광했다. 672. charm 이 읍에는 대도시에서 찾아볼 수 없던 매력이 있다. 673. conversation 톰과의 대화는 늘 흥미롭다. 674. department 사학과는 3층에 있다. 675. detail 부디 이것을 상세하게 설명해 주시오. 676. dining room 식당은 집이나 호텔에서 식사를 하는 방이다. 677. disadvantage 그의 나쁜 건강은 그에게 대단히 큰 약점이 되었다. 678. fever 그녀는 열이 심하게 난다.

Day 59 한 개의 의미로 정리할 수 있는 명사들

679	**heating** [hítiŋ]	n. 난방 • Heating is a system for keeping rooms and buildings warm.
680	**independence** [idipéndəns]	n. 독립 • The United States gained independence from Britain in 1776.
681	**indifference** [indífərəns]	n. 무관심 • He treats me with indifference.
682	**leaf** [li:f] (pl.) leaves[li:vz]	n. 나뭇잎, 잎사귀 • They swept up dead leaves in autumn.
683	**meal** [mi:l]	n. 식사, 음식, 끼니 • The dog has one meal a day.
684	**means** [mi:nz]	n. 수단, 방법 • The quickest means of travel is by plane.
685	**mice** [mais]	n. 쥐(mouse)의 복수 • This cat is very good at catching mice.
686	**microscope** [máikrəskoup]	n. 현미경 • We examined it under the microscope.
687	**mirror** [mirər]	n. 거울 • The driver saw in his mirror that a police car was following him.
688	**neighbor** [néibər]	n. 이웃사람 • We are neighbors now.
689	**neighborhood** [néibərhud]	n. 이웃 • You will find it somewhere in the neighborhood.
690	**opinion** [əpínjən]	n. 의견, 견해 • In my opinion, you are wrong.

해석

679. heating 난방은 방이나 건물을 따뜻하게 유지시키기 위한 장치이다. 680. independence 미국은 1776년 영국으로부터 독립했다. 681. indifference 그는 나를 냉담하게 대한다. 682. leaf 그들은 가을에 떨어진 잎을 쓸어 모았다. 683. meal 그 개는 하루에 한 끼를 먹는다. 684. means 가장 빠른 여행 수단은 비행기로 가는 것이다. 685. mice 이 고양이는 쥐를 잘 잡는다. 686. microscope 우리는 현미경으로 그것을 검사했다. 687. mirror 그 운전사는 경찰차가 그 뒤를 쫓아오는 것을 거울로 보았다. 688. neighbor 우리는 현재 이웃이다. 689. neighborhood 우리는 인근 어딘가에서 그것을 찾을 것이다. 690. opinion 내 생각으로는, 네가 틀렸다.

Day 60 한 개의 의미로 정리할 수 있는 명사들

| 691 | **pressure** [préʃər] | n. 압력 |
| | | • The air containers will burst at high pressure. |

| 692 | **prison** [prízən] | n. 교도소, 감옥 |
| | | • The thief was sent to prison for a year. |

| 693 | **product** [prádʌkt] | n. 상품, 제품 |
| | | • Fruit and wine are important products of California. |

| 694 | **purpose** [pə́:rpəs] | n. 목적, 목표 |
| | | • Don't waste your money; put it to some good purpose. |

| 695 | **purse** [pə:rs] | n. 지갑 |
| | | • I can't find my purse anywhere in the house. |

| 696 | **religion** [rilídʒən] | n. 종교 |
| | | • What's your religion? |

| 697 | **role** [roul] | n. 역할 |
| | | • He fulfilled his role as a father. |

| 698 | **safety** [séifti] | n. 안전 |
| | | • The safety of the ship is the captain's responsibility. |

| 699 | **shark** [ʃɑ:rk] | n. 상어 |
| | | • "Shark" is a large dangerous fish with sharp teeth. |

| 700 | **sort** [sɔ:rt] | n. 종류 |
| | | • What sort of food do you like best? |

| 701 | **spirit** [spírit] | n. 정신, 영혼 |
| | | • Art enriches our spirit. |

| 702 | **stomach** [stʌ́mik] | n. 배, 위 |
| | | • It is unwise to swim on a full stomach. |

해석

691. pressure 이 공기통들은 고압에서 터질 것이다. 692. prison 그 도둑은 일 년 징역에 처해졌다. 693. product 과일과 포도주는 캘리포니아의 주요 생산품이다. 694. purpose 돈을 낭비하지 말고, 효과적으로 써라. 695. purse 나는 집안 어디서도 지갑을 찾을 수가 없다. 696. religion 당신의 종교가 무엇입니까? 697. role 그는 아버지로서 역할에 충실했다. 698. safety 선박의 안전은 선장의 책임이다. 699. shark 상어는 날카로운 이빨을 가진 위험하고 큰 물고기이다. 700. sort 어떤 종류의 음식을 가장 좋아하나요? 701. spirit 예술은 우리의 영혼을 풍요롭게 해준다. 702. stomach 배가 부른 채 수영하는 것은 현명하지 못하다.

Day 61 한 개의 의미로 정리할 수 있는 명사들

703 stomachache [stΛmikeik] — n. 복통
- I've got a terrible stomachache.

704 stripe [straip] — n. 줄무늬
- Tigers have orange fur with black stripes.

705 teller [télər] — n. 은행원
- He is handing the money to the teller.

706 theory [θíːəri] — n. 이론
- She has the theory about the murder.

707 tool [tuːl] — n. 도구, 연장
- The man is using a tool to make a repair.

708 tradition [trədíʃən] — n. 전통
- It is a tradition that women get married in long white dresses.

709 viewpoint [vjúːpɔ̀int] — n. 견해, 관점
- There is a wide gap between the viewpoints of the two.

710 violence [váiələns] — n. 폭력, 폭행
- The police used unnecessary violence on the crowd.

711 volcano [válkeinou] — n. 화산
- An active volcano may erupt at any time.

712 web [web] — n. 거미줄
- There is the spider's web in the window.

713 whale [hweil] — n. 고래
- The blue whale is the world's biggest living animal.

714 wildlife [wáildlaif] — n. 야생동물
- The island is full of interesting wildlife.

해석

703. stomachache 복통이 너무 심하다. 704. stripe 호랑이들은 검은 줄무늬에 오렌지색 가죽을 지니고 있다. 705. teller 그는 은행원에게 돈을 건네주고 있다. 706. theory 그녀는 살인에 대한 가설을 갖고 있다. 707. tool 그 남자는 연장을 사용해서 수리를 하고 있다. 708. tradition 여성은 흰색의 긴 드레스를 입고 결혼하는 것이 전통이다. 709. viewpoint 두 사람의 견해에는 큰 차이가 있다. 710. violence 경찰이 군중에게 불필요한 폭력을 사용했다. 711. volcano 활화산은 언제든 분출할 수 있다. 712. web 창에 거미줄이 있다. 713. whale 푸른 고래는 세상에서 살아 있는 가장 큰 동물이다. 714. wildlife 그 섬은 흥미로운 야생동물로 가득 차 있다.

Day 62 쉽지만 정말 많이 나오는 숙어들

715 after all
결국
• He failed after all.

716 all at once
갑자기
• All at once it began to rain.

717 all of a sudden
갑자기
• All of a sudden he rushed out of the hall.

718 as soon as possible
가능한 빨리
• I'll be there as soon as possible.

719 be able to ⓥ
~할 수 있다
• He is able to speak French.

720 be about to ⓥ
막 ~하려고 하다
• He was about to leave then.

721 be due to ⓝ
~에 기인하다, ~ 때문이다
• The accident was due to careless driving.

722 be due to ⓥ
~할 예정이다
• He is due to leave tomorrow.

723 be proud of
~을 자랑스러워하다
• He is proud of his son.

724 be worth ~ing
~할 만한 가치가 있다
• This book is worth reading twice.

725 believe it or not
믿거나 말거나
• Believe it or not he is a scholar.

726 by chance
우연히
• It happened by chance.

해석 ♪

715. after all 그는 결국 실패했다. 716. all at once 갑자기 비가 내리기 시작했다. 717. all of a sudden 갑자기 그가 강당 밖으로 뛰쳐나갔다. 718. as soon as possible 나는 가능한 빨리 거기에 갈 것이다. 719. be able to ⓥ 그는 불어를 할 줄 안다. 720. be about to ⓥ 그가 막 떠나려는 참이었다. 721. be due to ⓝ 사고는 부주의한 운전 때문이었다. 722. be due to ⓥ 그는 내일 떠날 예정이다. 723. be proud of 그는 자기 아들을 자랑스러워한다. 724. be worth ~ing 이 책은 두 번 읽을 만하다. 725. believe it or not 믿거나 말거나 그는 학자이다. 726. by chance 그것은 우연히 일어났다.

Day 63 쉽지만 정말 많이 나오는 숙어들

727	**by heart**	암기하여
		• He learned several of Longfellow's poems by heart.
728	**by ~ing**	~함으로써
		• By saying no word he refused to accept it.
729	**by oneself**	홀로(=alone)
		• He lives in that house by himself.
730	**by the time** ⓢ + ⓥ	~할 때쯤
		• By the time I come back, you must stay here.
731	**call A B**	A를 B라고 부르다
		• They called him a liar.
732	**consist of**	~로 구성되어 있다
		• Water consists of hydrogen and oxygen.
733	**do one's best**	최선을 다하다
		• When you do your best, you can wait the result without anxiety.
734	**don't have to** ⓥ	~할 필요가 없다
		• You don't have to study Russian.
735	**focus on**	~에 초점을 맞추다; ~에 집중하다
		• He focused the sun's rays on it with a burning glass. • He focused his attention on the matter.
736	**for sale**	팔려고 내놓은
		• This is for sale.
737	**from A to B**	A부터 B까지(로)
		• He traveled from London to Rome.
738	**gain weight**	살이 찌다
		• I'm lucky really as I never gain weight.

해석 ▶

727. by heart 그는 롱펠로우의 시를 외웠다. 728. by ~ing 아무 말도 안 하는 것으로 그는 그것을 거절했다. 729. by oneself 그는 저 집에서 홀로 산다. 730. by the time ⓢ + ⓥ 내가 돌아올 때까지 너는 여기 머물러야 한다. 731. call A B 그들은 그를 거짓말쟁이라고 불렀다. 732. consist of 물은 수소와 산소로 구성되어 있다. 733. do one's best 최선을 다하면 불안에 떨지 않고 결과를 기다릴 수 있다. 734. don't have to ⓥ 너는 러시아어를 공부할 필요가 없다. 735. focus on 그는 볼록 렌즈로 태양광선(햇빛)의 초점을 그것에 맞추었다. / 그는 그 문제에 집중했다. 736. for sale 이것은 판매용이다. 737. from A to B 그는 런던에서 로마까지 여행했다. 738. gain weight 나는 몸무게가 늘지 않으니 정말 운이 좋다.

Chapter 01

Day 64 쉽지만 정말 많이 나오는 숙어들

739	**had better** Ⓥ	~하는 편이 더 낫다
		• You had better leave now.
740	**have to** Ⓥ	~해야만 한다
		• You have to finish it by 5 o'clock.
741	**in addition**	게다가
		• He gave me food, and money in addition.
742	**in addition to**	~ 이외에도
		• In addition to that sum, he owes me $50.
743	**in general**	일반적으로, 대체로
		• In general, people like her.
744	**in order to** Ⓥ	~하기 위하여
		• In order to study English, he went to America.
745	**in short**	요컨대, 요약해보면
		• In short, the novel is interesting.
746	**in spite of**	~에도 불구하고
		• In spite of the heavy snow, they advanced.
747	**in ~ing**	~하는 데 있어서
		• Be polite in speaking to others.
748	**keep A from ~ing**	A가 ~하는 것을 막다(못하게 하다)
		• His illness kept him from going there.
749	**keep (on) ~ing**	계속해서 ~하다
		• I am sorry to have kept you waiting.
750	**kind[sort] of**	다소, 약간
		• I'm feeling kind of tired.

해석 ✏

739. had better Ⓥ 넌 지금 떠나는 게 좋겠다. 740. have to Ⓥ 너는 5시까지 그것을 끝내야만 한다. 741. in addition 그는 음식과 게다가 돈까지 내게 주었다. 742. in addition to 그 총액 외에도 그는 내게 50달러를 빚졌다. 743. in general 일반적으로 사람들은 그녀를 좋아한다. 744. in order to Ⓥ 영어를 공부하기 위해서 그는 미국에 갔다. 745. in short 간단히 말해, 그 소설은 흥미롭다. 746. in spite of 폭설에도 불구하고, 그들은 전진했다. 747. in ~ing 다른 사람에게 말할 때 공손해라. 748. keep A from ~ing 그는 아파서 거기에 가지 못했다. 749. keep (on) ~ing 너를 계속 기다리게 해서 미안하다. 750. kind[sort] of 나는 다소 피곤하다.

Day 65 쉽지만 정말 많이 나오는 숙어들

751	**a kind[sort] of**	~의 종류; 일종의
		• That kind[sort] of parties always make me nervous.
752	**lead to** ⓝ	야기시키다
		• His diligence led to success.
753	**a little bit**	조금, 약간
		• This is a little bit salty.
754	**locate in[on]**	~에 위치하다
		• Her company located in Chicago.
755	**look for**	찾다, 구하다
		• What are you looking for?
756	**lose weight**	살이 빠지다
		• She's lost a lot of weight.
757	**lots of**	많은, 다량의
		• She has lots of money.
758	**make a choice**	선택하다
		• What influenced you when you made your choice?
759	**make a decision**	결정(결심)하다
		• Who made a decision to go there?
760	**make a reservation**	예약하다
		• Will you make a reservation for room?
761	**make money**	돈을 벌다
		• He made much money.
762	**make use of**	이용하다
		• You should make use of the opportunities given to you.

해석 ✨

751. a kind[sort] of 저런 종류의 파티는 나를 긴장하게 한다. 752. lead to ⓝ 부지런함이 그를 성공으로 이끌었다. 753. a little bit 이건 약간 짜다. 754. locate in[on] 그녀의 회사는 시카고에 위치해 있다. 755. look for 무엇을 찾고 있니? 756. lose weight 그녀는 체중을 많이 줄였다. 757. lots of 그녀는 돈이 많다. 758. make a choice 네가 선택을 할 때 무엇이 네게 영향을 주었니? 759. make a decision 거기 가기로 누가 결정 했니? 760. make a reservation 방을 예약해 주시겠습니까? 761. make money 그는 돈을 많이 벌었다. 762. make use of 너는 네게 주어진 기회를 이용해야 한다.

| Day 66 | 쉽지만 정말 많이 나오는 숙어들 |

763	**name A B**	A를 B라고 이름짓다
		• They named their baby son John.
764	**no matter how**	비록 ~일지라도
		• No matter how hard you may try, you can't finish it in a day.
765	**on sale**	할인 판매하고 있는
		• These items are on sale.
766	**on time**	정각에
		• The bus was in just on time.
767	**out of**	~로부터(from); (안에서) 밖으로
		• She'll soon be out of danger.
		• Let's get out of here.
768	**pay attention to**	~에 주목하다, ~에 집중하다
		• He paid no attention to the visitor.
769	**right now**	지금 당장, 지금 바로
		• Leave right now!
770	**turn on**	켜다
		• He turned on the light.
771	**would like to** Ⓥ	~하고 싶다
		• I would like to go there.

해석 ▶

763. name A B 그들은 자신의 아들을 존이라고 이름 지었다. 764. no matter how 비록 열심히 노력한다 해도, 그것을 하루에 끝낼 수 없다. 765. on sale 이 품목들은 판매 중이다. 766. on time 그 버스는 바로 정각에 들어왔다. 767. out of 그녀는 곧 위험으로부터 벗어날 것이다. / 여기서 나가자. 768. pay attention to 그는 방문객에게 주의를 기울이지 않았다. 769. right now 지금 당장 떠나! 770. turn on 그는 불을 켰다. 771. would like to Ⓥ 나는 거기에 가고 싶다.

Day 67 한 개의 의미로 정리할 수 있는 명사들

772	**accountant** [əkáuntənt]	n. 회계사 • She's the accountant at the head office, isn't she?
773	**adventure** [advéntʃər]	n. 모험 • He is a man of adventure.
774	**aim** [eim]	n. 목적, 목표 • What is your aim in working so hard?
775	**ash** [æʃ]	n. 재 • The house burned to ashes.
776	**benefit** [bénəfit]	n. 이점, 장점 • She had the benefit of a good education.
777	**bomb** [bɑm]	n. 폭탄 • They planted bomb in the post office.
778	**clerk** [klə:rk]	n. 점원, 판매원 • Customers are talking to the clerk.
779	**cloth** [klɔ:θ]	n. 옷감, 천 • I need a lot of cloth if I'm going to make a long dress.
780	**clothes** [klóuðz]	n. 옷 • He spends a lot of money on clothes.
781	**clothing** [klóuðiŋ]	n. 의류 • The men are in a clothing store.
782	**devil** [dévəl]	n. 악마 • That devil took my car without asking.
783	**electricity** [ilektrísəti]	n. 전기 • Electricity is essential in daily lives.

해석 ⟩

772. accountant 그녀는 본사에서 일하는 회계사 맞죠? 773. adventure 그는 모험가이다. 774. aim 열심히 일하는 데 있어 네 목표는 뭐니? 775. ash 그 집은 타서 재가 되었다. 776. benefit 그녀는 훌륭한 교육을 받는 혜택을 받았다. 777. bomb 그들은 우체국에 폭탄을 장치했다. 778. clerk 손님들이 점원과 얘기하고 있다. 779. cloth 긴 드레스를 만든다면 많은 천이 필요하다. 780. clothes 그는 옷을 사는 데 돈을 많이 쓴다. 781. clothing 그 남자들이 옷가게 안에 있다. 782. devil 저 악마가 묻지도 않고 내 차를 가져갔다. 783. electricity 전기는 일상생활의 필수품이다.

Day 68 한 개의 의미로 정리할 수 있는 명사들

784	**elementary school**	n. 초등학교
		• In elementary school I had many old friends.
785	**fame** [feim]	n. 명성
		• She hoped to find fame as a poet.
786	**flag** [flæg]	n. 깃발, 기
		• Bring the Red Cross flag to me.
787	**generation** [dʒènəréiʃən]	n. 세대
		• Environment must be preserved for future generation.
788	**generation gap**	n. 세대 차이
		• I feel the generation gap between you and me.
789	**goal** [goul]	n. 목적, 목표
		• The company has achieved all its goals this year.
790	**instinct** [ínstiŋkt]	n. 본능
		• Some animals hunt by instinct.
791	**jail** [dʒeil]	n. 교도소, 감옥
		• He is in jail.
792	**leather** [léðər]	n. 가죽, 소가죽
		• He wore a leather jacket and dark trousers.
793	**length** [leŋθ]	n. 길이(long의 명사)
		• The length of the room is 10 meters.
794	**librarian** [laibréəriən]	n. 도서관 사서
		• The librarian is putting books on the shelves.
795	**mankind** [mǽnkaind]	n. 인류
		• Korean war is the worst war in the history of mankind.

해석

784. elementary school 초등학교에서는 오래 사귄 친구가 많다. 785. fame 그녀는 시인으로서 명성을 얻길 원했다. 786. flag 적십자 깃발을 나에게 갖다 줘. 787. generation 미래 세대를 위해 환경이 보전되어야 한다. 788. generation gap 나는 당신과 나 사이에 세대 차이를 느낀다. 789. goal 그 회사는 올해 회사의 모든 목표를 성취했다. 790. instinct 본능으로 (먹이를) 사냥하는 동물들도 있다. 791. jail 그는 감옥에 있다. 792. leather 그는 가죽 재킷과 어두운 색의 바지를 입었다. 793. length 방의 길이는 10미터이다. 794. librarian 사서가 책꽂이에 책을 꽂고 있다. 795. mankind 한국 전쟁은 인류 역사상 최악의 전쟁이다.

Day 69 한 개의 의미로 정리할 수 있는 명사들

796	**nest** [nest]	n. 둥지 • The bird built a nest.
797	**origin** [ɔ́:ridʒin]	n. 근원, 원천, 기원 • Do you know the origin of this river?
798	**passenger** [pǽsəndʒər]	n. 승객 • There are 30 passengers in this plane.
799	**poem** [póuim]	n. (주로 서정) 시(詩) • Whose poems do you like best?
800	**poet** [póuit]	n. 시인 • He was a painter and poem.
801	**poetry** [póuitri]	n. 시(詩) <시의 총칭> • Compare poetry with prose.
802	**pork** [pɔ:rk]	n. 돼지고기 • Pork always disagrees with me.
803	**principal** [prínsəpəl]	n. 교장 • We were bored to death by the principal's speech.
804	**principle** [prínsəpl]	n. 원리, 원칙 • They agreed to the plan in principle.
805	**professor** [prəfésər]	n. 교수 • He is professor of history at the University.
806	**rabbit** [rǽbit]	n. 토끼(=hare) • Rabbits are living on the moon.
807	**rat** [ræt]	n. 쥐 • We must rid our house of rats.

해석

796. nest 새가 둥지를 지었다. 797. origin 이 강의 원천을 아니? 798. passenger 이 비행기에는 **30**명의 승객이 있다. 799. poem 누구의 시를 제일 좋아하니? 800. poet 그는 화가이자 시인이다. 801. poetry 시와 산문을 비교해라. 802. pork 돼지고기는 내 체질에 맞지 않는다. 803. principal 교장 선생님의 연설에 우리는 참 지루했다. 804. principle 그들은 원칙적으로 그 계획에 동의했다. 805. professor 그는 그 대학의 역사 교수이다. 806. rabbit 토끼가 달에 살고 있다. 807. rat 우리는 집에서 쥐를 제거해야 한다.

Day 70 한 개의 의미로 정리할 수 있는 명사들

808	**revolution** [rèvəlúːʃən]	n. 혁명 • The Industrial Revolution took place in 18th century.
809	**shadow** [ʃǽdou]	n. 그림자 • As the sun set, the shadows became large.
810	shelf [ʃelf] **shelves** [ʃelvz]	n. 선반, 선반들(shelf의 복수) • She's putting some books on the shelf.
811	**shell** [ʃel]	n. 껍질 • The sea shore was covered with shells.
812	**side-effect**	n. 부작용 • Medicines sometimes have unpleasant side-effects.
813	**sidewalk** [saidwɔ́ːk]	n. 인도, 보도 • We pulled over the car beside the sidewalk.
814	**site** [sait]	n. 위치, 장소 • They visited the site of the battle of waterloo.
815	**situation** [sitʃuéiʃən]	n. 상황 • I'm in a difficult situation.
816	**task** [tæsk]	n. 임무, 일 • They gave him a difficult task.
817	**toilet** [tɔ́ilit]	n. 변기 • Western-style toilet
818	**a number of**	많은, 다량의 • A number of books are missing from the library.
819	**(an) amount of**	많은, 다량의 • Large amount of money were spent on the bridge.

해석 ?

808. revolution 산업 혁명은 18세기에 일어났다. 809. shadow 해가 지자, 그림자가 커졌다. 810. shelf 그녀가 선반에 책을 놓고 있다. 811. shell 해변이 조개껍질들로 덮여 있었다. 812. side-effect 약에는 때때로 좋지 않은 부작용이 있다. 813. sidewalk 우리는 인도 옆에 차를 댔다. 814. site 그들은 워털루 전쟁이 일어났던 곳을 방문했다. 815. situation 나는 어려운 상황에 있다. 816. task 그들은 그에게 어려운 임무를 주었다. 817. toilet 양식 변기 818. a number of 많은 책이 도서관에서 분실되고 있다. 819. (an) amount of 많은 돈이 다리를 놓는 데 쓰여졌다.

Day 71 쉽지만 정말 많이 나오는 숙어들

820	**apply for**	~에 지원하다
		• I applied for the membership of the club.
821	**apply to**	~에 적용하다; 응용하다
		• This rule applies to all cases.
		• He is trying to apply science to farming.
822	**as well**	또한, 마찬가지로
		• He gave me food, and money as well.
823	**at once**	즉시, 곧
		• He came at once.
824	**be good at**	~에 능숙하다
		• He is good at mathematics.
825	**be in a hurry**	서두르다
		• Why are you in a hurry?
826	**be out of order**	고장 나다
		• The elevator is out of order.
827	**be responsible for**	~을 책임지다
		• The pilot of an airliner is responsible for the safety of the passengers.
828	**belong to** [bilɔːŋ]	~에 속하다; ~의 소유이다
		• He belongs to the Boy Scouts.
		• That dictionary belongs to me.
829	**by accident**	우연히
		• They met by accident.
830	**call for**	요구하다, 요청하다
		• Your plan will call for a lot of money.
831	**count on**	~에 의지하다
		• I always know I can count on you.

해석

820. apply for 나는 그 클럽의 회원 자리에 지원했다. 821. apply to 이 법칙은 모든 경우에 적용된다. / 그는 농사에 과학을 응용하려 하고 있다. 822. as well 그는 내게 음식뿐 아니라 돈도 주었다. 823. at once 그는 즉시 왔다. 824. be good at 그는 수학을 잘한다. 825. be in a hurry 너 왜 서두르니? 826. be out of order 그 엘리베이터는 고장 났다. 827. be responsible for 항공기의 조종사는 승객의 안전을 책임진다. 828. belong to 그는 보이 스카우트 소속이다. / 그 사전은 내 것이다. 829. by accident 그들은 우연히 만났다. 830. call for 네 계획은 돈이 많이 들 것이다. 831. count on 나는 항상 네게 의지할 수 있다는 걸 안다.

Day 72 쉽지만 정말 많이 나오는 숙어들

832	**find out**	발견하다, 찾다
		• Did you find out why he left his last job?
833	**for a change**	기분 전환으로
		• Let's go to a restaurant for a change.
834	**from time to time**	때때로, 가끔
		• He comes here from time to time.
835	**get off**	내리다
		• Where do you get off?
836	**get on[in]**	타다
		• They got on the plane at Cairo.
837	**go on ~ing**	계속해서 ~하다
		• He went on talking even though no one was listening.
838	**hang up (the phone)**	전화를 끊다
		• I was so angry that I hung up on her.
839	**in turn**	차례로, 순서대로
		• We visited each old lady in turn.
840	**intend to** ⓥ	~할 작정이다, ~하려고 하다
		• I intend to report you to the police.
841	**look after**	돌보다
		• The young girl looked after him.
842	**make an effort**	노력하다
		• The prisoner made an effort to escape, but he failed.
843	**make sense**	이치에 맞다
		• It makes no sense.

해석

832. find out 그가 왜 지난 직장을 그만뒀는지 알아냈니? 833. for a change 기분 전환을 위해 식당에 가자. 834. from time to time 때때로 그는 여기에 온다. 835. get off 어디서 내리니? 836. get on 그들은 카이로에서 비행기에 탔다. 837. go on ~ing 아무도 듣지 않는데도 그는 계속해서 얘기했다. 838. hang up 나는 화가 나서 그녀의 전화를 끊었다. 839. in turn 우리는 노부인을 한 사람씩 차례로 방문했다. 840. intend to ⓥ 나는 너를 경찰에 신고할 작정이다. 841. look after 그 젊은 여성이 그를 돌보았다. 842. make an effort 그 죄수는 탈옥하기 위해 노력했으나 실패했다. 843. make sense 이치에 맞지 않다.

Day 73 쉽지만 정말 많이 나오는 숙어들

844	**no longer**	더 이상 ~이 아니다
		• He no longer lives here.
845	**now and then**	때때로, 가끔
		• He comes here now and then.
846	**on one's way to**	~로 오는(가는) 도중에
		• I saw the accident on my way to work.
847	**on ~ing**	~하자마자
		• On seeing me, he ran away.
848	**once in a while**	때때로, 가끔
		• Before breakfast, I took a walk once in a while.
849	**point at**	방향(길)을 가리키다
		• Don't point at with one's finger.
850	**prevent A from ~ing**	A가 ~하는 것을 막다, 못하게 하다
		• The rain prevented them from going a picnic.
851	**rely on** [rílai]	~에 의지하다
		• I have no friend to rely on.
852	**result in**	~을 야기시키다
		• The war resulted in their ruin.
853	**run away**	도망가다
		• The thief ran away with my purse.
854	**stop A from ~ing**	A가 ~하는 것을 막다(못하게 하다)
		• The rain stopped him from going there.
855	**take a note**	메모하다
		• Take a note of it. Then you won't forget.

(해석)

844. no longer 그는 더 이상 여기 살지 않는다. 845. now and then 그는 가끔 여기 온다. 846. on one's way to 나는 직장에 가는 도중에 사고를 목격했다. 847. on ~ing 그는 나를 보자마자 도망갔다. 848. once in a while 아침을 먹기 전에, 가끔 나는 산책을 했다. 849. point at 손가락으로 사람을 가리키지 마 850. prevent A from ~ing 비가 내려 그들은 소풍을 가지 못했다. 851. rely on 나는 의지할 친구가 없다. 852. result in 전쟁은 그들의 파멸을 야기했다. 853. run away 그 도둑이 내 지갑을 갖고 도망갔다. 854. stop A from ~ing 비가 내려 그는 거기에 가지 못했다. 855. take a note 그것을 필기해라. 그러면 잊어버리지 않을 것이다.

Day 74 쉽지만 정말 많이 나오는 숙어들

856	**take advantage of**	~을 이용하다
		• Don't take advantage of his weakness.
857	**take care of**	돌보다
		• She took care of the orphan.
858	**take off**	옷을 벗다; 이륙하다
		• She took off her hat and bowed me politely.
		• She burst into tears when the plane took off.
859	**take place**	발생하다
		• The accident took place on the bridge.
860	**take pride in**	뽐내다, 자랑하다
		• They take great pride in their daughter.
861	**tend to** ⓥ	~하려는 경향이 있다
		• She tends to despise the poor.
862	**thanks to**	~ 덕택에, ~ 덕분에
		• He could carry out his plan thanks to wealth.
863	**those who(that)**	~하는 사람들
		• Those who wish to seek for pearls must dive deep.
864	**try one's best**	최선을 다하다
		• He tried his best to climb the mountain.
865	**turn off**	끄다
		• Turn off the light when you go out.
866	**affection** [əfékʃən]	n. 애정
		• Every mother has affection for her children.
867	**agriculture** [ǽgrikʌ̀ltʃər]	n. 농업
		• They do not put an emphasis on the agriculture.

해석 ▶

856. take advantage of 그의 약점을 이용하지 마라. 857. take care of 그녀는 고아를 돌보았다. 858. take off 그녀는 모자를 벗고 나에게 공손하게 인사를 했다. / 비행기가 이륙하자 그녀는 울음을 터트렸다. 859. take place 그 사고는 다리에서 일어났다. 860. take pride in 그들은 자기의 딸을 굉장히 자랑스럽게 여긴다. 861. tend to ⓥ 그녀는 가난한 사람들을 경멸하는 경향이 있다. 862. thanks to 그는 자기 부 덕택에 계획을 수행할 수 있었다. 863. those who(that) 진주를 찾길 원하는 사람들은 물속 깊이 뛰어들어야 한다. 864. try one's best 그는 산을 오르기 위해 최선을 다했다. 865. turn off 외출할 때는 불을 꺼라. 866. affection 모든 어머니는 자기 자식에게 애정을 가진다. 867. agriculture 그들은 농업에 역점을 두지 않는다.

Day 75 한 개의 의미로 정리할 수 있는 명사들

868	**aircraft** [ɛərkrǽft]	n. 항공기, 비행기 • Many aircraft accidents take place nowadays.
869	**ancestor** [ǽnsestər]	n. 조상, 선조 • My ancestors came from Spain.
870	**architect** [ɑ́ːrkətèkt]	n. 건축가 • Julius Caesar was the architect of the Roman Empire.
871	**architecture** [ɑ́ːrkətèktʃər]	n. 건축, 건축학 • Kyongbok palace is the architecture of Lee dynasty.
872	**bride** [braid]	n. 신부 • The bride wore a beautiful white dress.
873	**crime** [kraim]	n. 죄, 범죄 • If you commit a crime, you must expect to be punished.
874	**criminal** [krímənəl]	n. 범인, 범죄자 • The judge sent the criminal to prison.
875	**crosswalk** [krɔ́ːswɔ̀ːk]	n. 횡단보도 • Let's cross the street at the crosswalk.
876	**dinosaur** [dáinəsɔ̀ːr]	n. 공룡 • A dinosaur is a reptile that lived in very ancient time.
877	**election** [ilékʃən]	n. 선거 • What will be the election results of representatives?
878	**fear** [fiər]	n. 두려움, 공포 • I couldn't move for fear.
879	**genius** [dʒíːnjəs]	n. 천재 • Her latest book is a work of genius.

해석

868. aircraft 요즘 항공 사고가 많이 일어난다. 869. ancestor 나의 조상은 스페인 출신이었다. 870. architect 줄리어스 시저는 로마 제국의 건축가였다. 871. architecture 경복궁은 이조 시대의 건축이다. 872. bride 그 신부는 멋있는 흰 드레스를 입었다. 873. crime 범죄를 저지르면, 처벌받을 각오를 해야만 한다. 874. criminal 판사는 그 범인을 감옥에 보냈다. 875. crosswalk 횡단보도에서 길을 건너자. 876. dinosaur 공룡은 아주 오랜 옛날에 살았던 양서류이다. 877. election 대표위원 선출의 결과가 어떻게 될까? 878. fear 나는 겁이 나서 꼼짝할 수가 없었다. 879. genius 그녀의 최근 책은 천재적인 작품이다.

Day 76 한 개의 의미로 정리할 수 있는 명사들

880	**geography** [dʒiágrəfi]	n. 지리 • We learn science, history, and geography at school.
881	**geology** [dʒiálədʒi]	n. 지질학 • "Geology" is the study of the Earth's structure, surface, and origins.
882	**insurance** [inʃúərəns]	n. 보험 • He worked in insurance.
883	**lightning** [láitniŋ]	n. 번개 • Thunder and lightning usually come at the same time.
884	**meat** [mi:t]	n. 고기 • His religion forbids the eating of meat.
885	**nerve** [nə:rv]	n. 신경 • That noise gets on my nerves.
886	**officer** [ɔ́:fisər]	n. 공무원, 정부 관리 • He is a municipal officer.
887	**organ** [ɔ́:rgən]	n. 신체 기관, 장기 • The liver is an organ and so is the heart.
888	**passport** [pǽspɔ:rt]	n. 여권 • Show me your passport.
889	**pearl** [pə:rl]	n. 진주 • She wears earings made of pearls.
890	**pill** [pil]	n. 알약 • When should I take these pills?
891	**police officer**	n. 경찰관 • He was an police officer.

해석

880. geography 우리는 학교에서 과학, 역사 그리고 지리를 배운다. 881. geology '지질학'은 지구의 구조, 표면 그리고 기원에 대한 학문이다. 882. insurance 그는 보험업에 종사했다. 883. lightning 천둥과 번개는 대개 동시에 온다. 884. meat 그의 종교는 육식을 금한다. 885. nerve 그 소음이 내 신경을 건드린다. 886. officer 그는 시청 직원이다. 887. organ 간은 신체 기관이고 심장도 마찬가지다. 888. passport 여권을 보여주시오. 889. pearl 그녀는 진주 귀고리를 하고 있다. 890. pill 언제 이 알약을 복용해야 하나요? 891. police officer 그는 경찰관이었다.

Day 77 한 개의 의미로 정리할 수 있는 명사들

892	**proverb** [právə:rb]	n. 속담, 격언 • "Don't put all your eggs in one basket" is a proverb.
893	**responsibility** [rispὰnsəbíləti]	n. 책임 • I take full responsibility for breaking the window.
894	**saying** [séiiŋ]	n. 속담 • As the saying goes, "There is no smoke without fire."
895	**similarity** [siməlǽrəti]	n. 유사점 • How much similarity is there between two religions?
896	**slave** [sleiv]	n. 노예 • He was a slave to drink.
897	**species** [spí:ʃi:z]	n. 종(種) • How many species of plants are there in Korea?
898	**telescope** [téləskòup]	n. 망원경 • He is looking at the star through a telescope.
899	**temperature** [témpəratʃuər]	n. 기온, 온도 • Temperatures may fall very low in the evenings.
900	**tension** [ténʃən]	n. 긴장 • I am suffering from nervous tension.
901	**thief** [θi:f]	n. 도둑 • The policeman pursued the thief.
902	**thumb** [θʌm]	n. 엄지 손가락 • I hurt my thumb.
903	**thunder** [θʌndər]	n. 천둥 • After the lightning came the thunder.

해석 🖐

892. proverb '달걀을 한 바구니에 담지 말라'는 속담이다. 893. responsibility 창문을 깬 것에 대해 내가 전적으로 책임이 있다. 894. saying 속담에서 이르듯이, '아니 땐 굴뚝에 연기나랴' 895. similarity 두 종교 간에 얼마만큼의 유사성이 있나요? 896. slave 그는 술의 노예였다. 897. species 한국에는 얼마나 많은 종의 식물이 있습니까? 898. telescope 그는 망원경으로 별을 보고 있다. 899. temperature 기온이 저녁 무렵에는 매우 낮게 떨어지기도 합니다. 900. tension 나는 긴장감에 시달리고 있다. 901. thief 경찰은 도둑을 뒤쫓았다. 902. thumb 엄지손가락을 다쳤다. 903. thunder 번개가 지나고 천둥이 쳤다.

Day 78 한 개의 의미로 정리할 수 있는 명사들

904	**toll** [toul]	n. 요금, 통행료 • The tolls are remaining stable.
905	**toll-gate**	n. 요금(통행료) 내는 곳 • A toll-gate is a gate at which a toll must be paid.
906	**traffic** [træfik]	n. 교통, 교통량 • There was a lot of traffic on the roads yesterday.
907	**traffic accident**	n. 교통사고 • The number of traffic accidents has increased.
908	**tragedy** [trǽdʒədi]	n. 비극 • Shakespeare's "Hamlet" is a very famous tragedy.
909	**tutor** [tjúːtər]	n. 가정 교사 • All the rich children had private tutors.
910	**wisdom** [wízdəm]	n. 현명함, 지혜로움 • Wisdom comes with age.
911	**wizard** [wízərd]	n. 마법사 • A wizard is a man who has magic powers.
912	**anniversary** [ænəvə:rsəri]	n. 기념일 • Today is the anniversary of the day we met.
913	**antique** [æntíːk]	n. 골동품 • The antique shop is expensive.
914	**anxiety** [æŋzáiəti]	n. 걱정, 근심 • They felt strong anxiety about her.
915	**applicant** [ǽplikənt]	n. 지원자, 신청자 • As the wages were low, there were no applicants for the job.

해석

904. toll 통행료는 변동이 없다. 905. toll-gate 톨게이트는 통행료를 내는 요금 징수소이다. 906. traffic 어제 그 길은 교통량이 많았다. 907. traffic accident 교통사고의 수가 증가해 왔다. 908. tragedy 셰익스피어의 '햄릿'은 매우 유명한 비극이다. 909. tutor 부유한 애들은 모두 개인 가정 교사를 두고 있었다. 910. wisdom 나이가 들면 지혜가 생긴다. 911. wizard 마법사는 요술의 힘을 가진 사람이다. 912. anniversary 오늘은 우리가 만난 기념일이다. 913. antique 골동품점은 비싸다. 914. anxiety 그들은 그녀에 대해 심한 불안을 느꼈다. 915. applicant 급여가 낮기 때문에, 그 일자리에는 지원자가 없었다.

Day 79 한 개의 의미로 정리할 수 있는 명사들

916	**arrow** [ǽrou]	n. 화살, 화살표 • An arrow was once a strong weapon.
917	**article** [ɑ́ːrtikl]	n. (신문, 잡지의) 기사 • The man is writing a newspaper article.
918	**continent** [kɑ́ntənənt]	n. 대륙 • Do you think that there are seven continents?
919	**crop** [krɑp]	n. 농작물, 곡물 • We've had the biggest wheat crop ever this year.
920	**deer** [diər]	n. 사슴 • The deer is in the forest.
921	**fare** [fɛər]	n. 교통 요금 • Any small change for the fare?
922	**fiber** [fáibər]	n. 섬유 • Cotton is a natural fiber; nylon is a man-made fiber.
923	**fund** [fʌnd]	n. 기금 • I'm a little short of funds.
924	**goods** [gudz]	n. 상품, 제품 • This store sells a variety of goods.
925	**gym** [dʒim]	n. 체육관 • We went to the gym for a workout.
926	**jar** [dʒɑːr]	n. 단지, 항아리 • They dropped the jar by mistake.
927	**labor** [léibər]	n. 일, 노동 • She was in labor for three hours.

해석

916. arrow 화살은 한때 강력한 무기였다. 917. article 남자는 신문 기사를 작성하고 있다. 918. continent 너는 일곱 개의 대륙이 있다고 생각하니? 919. crop 우리는 올해 가장 큰 밀 수확을 거뒀다. 920. deer 사슴이 숲속에 있다. 921. fare 차비로 쓸 잔돈이 있습니까? 922. fiber 면은 자연 섬유이고 나일론은 인공 섬유이다. 923. fund 기금이 약간 부족하다. 924. goods 이 상점에서는 다양한 상품을 판다. 925. gym 우리는 연습 시합하러 체육관에 갔다. 926. jar 그들은 실수로 항아리를 떨어뜨렸다. 927. labor 그녀는 세 시간 동안 일했다.

Day 80 한 개의 의미로 정리할 수 있는 명사들

928	**lecture** [léktʃər]	n. 강의, 강연 • He gives a history lecture.
929	**liberty** [líbərti]	n. 자유 • People often have to fight for their liberty.
930	**miracle** [mírəkl]	n. 기적 • It was a miracle that I didn't get hurt.
931	**opportunity** [ɑpərtjúːnəti]	n. 기회 • I took the opportunity to visit my brother.
932	**parcel** [páːrsl]	n. 소포 • He left the shop with an armful of parcels.
933	**passion** [pǽʃən]	n. 열정, 정열 • The poet expressed his burning passion for the woman he loved.
934	**poison** [pɔ́izən]	n. 독, 독약 • He tried to kill himself by taking poison.
935	**politician** [pὰlətíʃən]	n. 정치가 • He was the most powerful politician of his day.
936	**politics** [pálitiks]	n. 정치, 정치학 • "Politics is much more difficult than physics", said Einstein.
937	**psychology** [saikálədʒi]	n. 심리학 • She majored in child psychology.
938	**resource** [ríːsɔ́ːrs]	n. 자원 • This country is rich in natural resources.
939	**scissors** [sízərz]	n. 가위 • I cut his hair with scissors.

해석

928. lecture 그는 역사 강연을 했다. 929. liberty 사람들은 종종 자신의 자유를 위해 싸워야 한다. 930. miracle 내가 다치지 않은 것은 기적이었다. 931. opportunity 나는 형을 방문할 기회가 생겼다. 932. parcel 그는 양손에 가득히 소포를 들고 가게를 떠났다. 933. passion 그 시인은 사랑하는 여자에 대해 불타는 열정을 보였다. 934. poison 그는 독약을 먹고 자살하려고 했다. 935. politician 그는 일세를 풍미한 정치가였다. 936. politics "정치학은 물리학보다 훨씬 더 어렵다"고 아인슈타인이 말했다. 937. psychology 그녀는 아동 심리학을 전공했다. 938. resource 이 나라는 천연자원이 풍부하다. 939. scissors 나는 그의 머리카락을 가위로 잘랐다.

Day 81 한 개의 의미로 정리할 수 있는 명사들

940	**shelter** [ʃéitər]	n. 피난처, 은신처 • In the storm I took shelter under a tree.
941	**sightseeing** [saitsi:iŋ]	n. 관광 • We often go sightseeing.
942	**sled** [sled]	n. 썰매 • She travelled 14,000 miles by sled across Siberia to Kamchatka.
943	**sorrow** [sɔ́rou]	n. 슬픔 • His sorrows had turned his hair white.
944	**source** [sɔːrs]	n. 근원, 원천, 기원 • Where does the Rhine have its source?
945	**spot** [spɑt]	n. 점, 얼룩 • Which has spots, the leopard or the tiger?
946	**stair** [stέər]	n. 계단, 층계 • She always runs up the stair.
947	**surroundings** [sərάundiŋs]	n. 환경 • You don't see animals in their natural surroundings at a zoo.
948	**temper** [témpər]	n. 기질, 성질 • Carol's in a bad temper.
949	**tendency** [téndənsi]	n. 경향 • She always had a tendency to be thin.
950	**toothpaste** [túːθpèist]	n. 치약 • Toothpaste is essential when traveling.
951	**tongue** [tʌŋ]	n. 혀 • Pepper stings the tongue.

해석 ▶

940. shelter 폭풍 속에서 나는 나무 밑으로 몸을 피했다. 941. sightseeing 우리는 종종 관광을 한다. 942. sled 그녀는 시베리아에서 캄차카까지 만사천 마일을 썰매로 여행했다. 943. sorrow 그의 슬픔이 머리를 희게 했다. 944. source 라인 강의 원천은 어디인가? 945. spot 표범과 호랑이 중, 점이 있는 동물은? 946. stair 그녀는 항상 계단을 뛰어오른다. 947. surroundings 동물원에서는 자연환경에 있는 동물을 볼 수 없다. 948. temper 캐롤은 기분이 상해 있다. 949. tendency 그녀는 항상 야윈 편이었다. 950. toothpaste 치약은 여행할 때 필수적이다. 951. tongue 후추가 혀를 쏜다.

Day 82 한 개의 의미로 정리할 수 있는 명사들

952	**trash** [træʃ]	n. 쓰레기
		• They are taking the trash outside.
953	**trend** [trend]	n. 경향
		• This is the latest trends in women's clothes.
954	**trial and error**	n. 시행착오
		• You can learn to cook by trial and error.
955	**valley** [vǽli]	n. 계곡
		• From the mountain we could see the valley below.
956	**variety** [vərɑ́iəti]	n. 다채로움
		• We have variety of shoes.
957	**vending** [véndiŋ] **machine**	n. 자동 판매기
		• He bought his drink at the vending machine.
958	**wealth** [welə]	n. 부(富)
		• He is a man of wealth.

해석

952. trash 그들은 쓰레기를 밖으로 내가고 있다. 953. trend 이것이 여성 의류의 최근 경향이다. 954. trial and error 시행착오를 거쳐 요리를 배울 수 있다. 955. valley 우리는 산에서 아래쪽으로 계곡을 볼 수 있었다. 956. variety 우리는 다양한 종류의 신발이 있다. 957. vending machine 그는 자판기에서 마실 것을 샀다. 958. wealth 그는 부유한 사람이다.

Day 83 한 개의 의미로 정리할 수 있는 명사들

959	**altitude** [ǽltətjùːd]	n. 높이, 고도 • It is difficult to breathe at high altitudes.
960	**appetite** [ǽpətàit]	n. 식욕 • He had no appetite because of hard work.
961	**applause** [əplɔ́ːz]	n. 박수갈채 • She won the applause of the audience.
962	**appliance** [əpláiəns]	n. 가전제품 • A refrigerator is a kitchen appliance.
963	**aspect** [ǽspekt]	n. 측면, 관점 • You must consider the problem from every aspect.
964	**bone** [boun]	n. 뼈 • He broke a bone in his leg.
965	**crowd** [kraud]	n. 군중 • There were crowds of people at the theater.
966	**democracy** [dimάkrəsi]	n. 민주주의 • The road to democracy is never smooth.
967	**feature** [fíːtʃər]	n. 특징 • The best feature of the house is sun porch.
968	**garbage** [gάːrbidʒ]	n. 쓰레기 • Why do you collect such garbage?
969	**goat** [gout]	n. 염소 • A goat is a small, active, and horned animal.
970	**hardship** [hάːrdʃip]	n. 어려움, 역경, 고난 • She bore hardship without complaining.

해석

959. altitude 높은 고도에선 숨 쉬기가 힘들다. 960. appetite 그는 힘든 일 때문에 식욕이 없었다. 961. applause 그녀는 관중으로부터 갈채를 받았다. 962. appliance 냉장고는 주방 제품이다. 963. aspect 너는 그 문제를 모든 관점에서 고려해야 한다. 964. bone 그는 다리뼈를 부러뜨렸다. 965. crowd 극장에 다수의 사람들이 있었다. 966. democracy 민주주의로 가는 길은 결코 평탄하지 않다. 967. feature 그 집의 가장 뛰어난 특징은 유리를 두른 베란다이다. 968. garbage 왜 그런 쓰레기를 수집하나요? 969. goat 염소는 작고, 활동적이며 뿔이 달린 동물이다. 970. hardship 그녀는 불평 없이 어려움을 견뎌 냈다.

Day 84 한 개의 의미로 정리할 수 있는 명사들

971	**hobby** [hábi]	n. 취미 • My hobby is collecting stamps.
972	**hole** [houl]	n. 구멍 • There is a hole in my sock.
973	**justice** [dʒʌstis]	n. 정의 • He did justice to everyone.
974	**luxury** [lʌ́kʃəri]	n. 사치 • We can't afford to spend money on luxuries.
975	**mythology** [miθálədʒi]	n. 신화 • This is the mythologies of primitive races.
976	**nap** [næp]	n. 낮잠, 선잠 • Father always takes a nap in the afternoon.
977	**occupation** [àkjupéiʃən]	n. 직업 • What is Mr. Mackenzie's occupation?
978	**oxygen** [áksidʒən]	n. 산소 • We can't live without oxygen.
979	**personality** [pə:rsənǽləti]	n. 개성 • He was a weak personality.
980	**philosophy** [filásəfi]	n. 철학 • Eat, drink, and be merry; that is my philosophy.
981	**physician** [fizíʃən]	n. 내과 의사 • She has tried to be a physician.
982	**physics** [fíziks]	n. 물리학 • Physics is taught by professor Molecule.

해석 ▶

971. hobby 내 취미는 우표 수집이다. 972. hole 내 양말에 구멍이 있다. 973. justice 그는 모든 이를 정당하게 평가했다. 974. luxury 우리는 사치품에 돈을 쓸 여유가 없다. 975. mythology 이것은 원시 종족에 관한 신화이다. 976. nap 아버지는 늘 오후에 낮잠을 주무신다. 977. occupation 맥캔지 씨의 직업은? 978. oxygen 우리는 산소 없이 살 수 없다. 979. personality 그는 개성이 약한 사람이었다. 980. philosophy 먹고, 마시고 즐겨라, 그것이 나의 철학이다. 981. physician 그녀는 내과 의사가 되기 위해 지금껏 노력했다. 982. physics 물리학은 Molecule 교수가 강의한다.

Day 85 한 개의 의미로 정리할 수 있는 명사들

983	**policy** [púləsi]	n. 정책 • Is honesty the best policy?
984	**profession** [prəféʃən]	n. 직업 • He is a lawyer by profession.
985	**region** [ríːdʒən]	n. 영역, 지역 • He lives in the southern region of Brazil.
986	**residence** [rézədəns]	n. 거주지, 거처 • They took up residence in Jamaica.
987	**result** [rizʌ́lt]	n. 결과 • Your hard work is beginning to show results.
988	**route** [ruːt]	n. 길 • What's the best route to get to the airport?
989	**scholar** [skálər]	n. 학자 • That professor is a well-known scholar in biology.
990	**scholarship** [skálərʃip]	n. 장학금 • Ann won the scholarship because of her good grades.
991	**shore** [ʃɔːr]	n. (바다, 하천의) 기슭, 물가 • I enjoyed my vacation at the shore.
992	**soil** [sɔil]	n. 땅, 토양 • Most plants grow best in rich soil.
993	**storm** [stɔːrm]	n. 폭풍(우) • After the storm, the sea was calm.
994	**strength** [streŋθ]	n. 힘 (strong의 명사) • You need a lot of strength to play basketball well.

해석 ▶

983. policy 정직이 최선의 방책인가요? 984. profession 그의 직업은 변호사이다. 985. region 그는 브라질 남부 지역에 산다. 986. residence 그들은 자메이카에 거주했다. 987. result 네가 힘들게 한 일이 결과를 보이기 시작한다. 988. route 공항에 가는 최상의 경로가 뭔가요? 989. scholar 저 교수는 생물학 분야에서 꽤 저명한 학자이다. 990. scholarship 앤은 좋은 성적으로 장학금을 받았다. 991. shore 나는 해변에서 방학을 즐겼다. 992. soil 대부분의 식물들은 비옥한 토양에서 가장 잘 자란다. 993. storm 폭풍이 지나자, 바다는 잔잔해졌다. 994. strength 너는 야구를 잘하기 위해 많은 힘이 필요하다.

Day 86 한 개의 의미로 정리할 수 있는 명사들

995	**string** [striŋ]	n. 실, 줄, 끈 • The string of the kite has broken.
996	**substance** [sʌ́bstəns]	n. 물질, 재료 • Water, milk, and wood are substances.
997	**superstition** [suːpərstíʃən]	n. 미신 • There is no place for superstition in science.
998	**surface** [sə́ːrfis]	n. 표면 • Men have landed on the surface of the moon.
999	**tale** [teil]	n. 이야기 • He likes reading a tale of adventure.
1000	**territory** [térətɔ̀ːri]	n. 영역, 지역 • That is not in my territory.
1001	**thieves** [θiːvz]	n. 도둑들 • The thieves entered the house through an open window.
1002	**throat** [θrout]	n. 목구멍 • He had a cold, and his throat hurt.
1003	**toe** [tou]	n. 발가락, 발끝 부분 • I'm sorry to step on your toes.
1004	**tornado** [tɔːrnéidou]	n. 돌풍, 회오리 바람 • Tornado swept away the banks of the Mississippi river.
1005	**turtle** [tə́ːrtl]	n. 거북이 • Rabbits are far faster than turtles.
1006	**vehicle** [víːhikl]	n. 차량, 탈것 • Cars, buses, and trains are all vehicles.

해석

995. string 연의 실이 잘렸다. 996. substance 물, 우유 그리고 나무는 물질이다. 997. superstition 과학에 미신은 없다. 998. surface 인간은 달 표면에 착륙했다. 999. tale 그는 모험 이야기 읽는 것을 좋아한다. 1000. territory 그것은 내 분야의 일이 아니다. 1001. thieves 도둑들이 열린 창문을 통해 집으로 들어 왔다. 1002. throat 그는 감기에 걸려 목이 아팠다. 1003. toe 네 발을 밟아 미안하다. 1004. tornado 돌풍이 미시시피 강둑을 휩쓸었다. 1005. turtle 토끼는 거북이보다 훨씬 빠르다. 1006. vehicle 자동차, 버스 그리고 기차는 모두 차량이다.

Day 87 한 개의 의미로 정리할 수 있는 명사들

1007	**wage** [weidʒ]	n. 급여, 봉급 • The wages at that factory are very low.
1008	**author** [ɔ́ːθər]	n. 작가, 저자(=writer) • The author of this book is Ernest Hemingway.
1009	**bean** [biːn]	n. 콩 • The villagers cultivate mostly corns and beans.
1010	**billion** [bíljən]	n. 10억 • There are billions of stars in the sky.
1011	**biology** [baiὰlédʒi]	n. 생물(학) • The students studied insects in their biology class.
1012	**bowl** [boul]	n. 용기, 그릇 • Tom broke an egg into the bowl.
1013	**bug** [bʌg]	n. 벌레 • We noticed tiny bugs that were all over the walls.
1014	**cave** [keiv]	n. 동굴 • The caves were very dark and a little wet.
1015	**ceremony** [sérəmòuni]	n. 의식, 기념식 • Their wedding ceremony was long but very beautiful.
1016	**clay** [klei]	n. 진흙 • I made a doll out of clay.
1017	**client** [kláiənt]	n. 고객, 손님 • He is a successful lawyer with hundreds of clients.
1018	**co-worker**	n. 동료 • They are co-workers with the same goal.

해석

1007. wage 저 공장의 임금은 매우 낮다. 1008. author 이 책의 저자는 어니스트 헤밍웨이다. 1009. bean 그 마을 사람들은 대부분 옥수수와 콩을 재배한다. 1010. billion 하늘에 수십억의 별들이 있다. 1011. biology 학생들은 생물학 시간에 곤충에 대해 공부했다. 1012. bowl Tom은 달걀 한 개를 그릇에 깨서 담았다. 1013. bug 우리는 벽 전체에 붙어 있는 작은 벌레들을 보았다. 1014. cave 그 동굴은 매우 어둡고 약간 축축했다. 1015. ceremony 그들의 결혼식은 길지만 매우 아름다웠다. 1016. clay 나는 찰흙으로 인형을 만들었다. 1017. client 그는 수백 명의 고객이 있는 성공한 변호사다. 1018. co-worker 그들은 같은 목표를 갖고 있는 동료다.

Chapter 01

(Day) **88** 한 개의 의미로 정리할 수 있는 명사들

1019	**companion** [kəmpǽnjən]	n. 동료, 친구 • He is a companion of my childhood.
1020	**conference** [kánfərəns]	n. 회의 • The man is holding a conference.
1021	**cotton** [kátn]	n. 목화, 솜(면) • Clothing for cold weather is often made of cotton.
1022	**cousin** [kʌ́zn]	n. 사촌 • A cousin is the child of his uncle or aunt.
1023	**defect** [difékt]	n. 결점, 결함 • He pointed out several defects in the new law.
1024	**departure** [dipá:rtʃər]	n. 출발 • What is the departure time of the flight?
1025	**depression** [dipréʃən]	n. 의기소침, 우울(증) • He is suffering from depression.
1026	**divorce** [divɔ́:rs]	n. 이혼 • She got a divorce after years of unhappiness.
1027	**duty** [djú:ti]	n. 의무, 세금 • I am off duty today.
1028	**earthquake** [ə́:rθkwèik]	n. 지진 • We had a minor earthquake last night.
1029	**effort** [éfərt]	n. 노력, 수고 • You need a lot of effort to finish a big job.
1030	**emergency** [imə́:rdʒənsi]	n. 긴급, 응급 • Do not contact me unless it is an emergency.

해석

1019. companion 그는 나의 소꿉친구이다. 1020. conference 남자가 회의를 열고 있다. 1021. cotton 추운 날씨를 위한 옷은 종종 면으로 만들어진다. 1022. cousin 사촌은 삼촌이나 고모의 자식이다. 1023. defect 그는 그 새로운 법의 결점 몇 개를 지적했다. 1024. departure 비행기 출발 시각이 언제인가요? 1025. depression 그는 우울증으로 고생하고 있다. 1026. divorce 그녀는 수년간의 불행한 시간을 보낸 후 이혼했다. 1027. duty 나는 오늘 비번이다. 1028. earthquake 어젯밤에 작은 지진이 있었다. 1029. effort 큰일을 끝내기 위해 많은 노력이 필요하다. 1030. emergency 비상사태가 아니면 내게 연락하지 마시오.

Day 89 한 개의 의미로 정리할 수 있는 명사들

1031	**evidence** [évidəns]	n. 증거 • The police searched the scene of the crime for evidence.
1032	**evolution** [evəlúːʃən]	n. 진화 • Some people do not believe in evolution.
1033	**exception** [iksépʃən]	n. 예외, 제외 • You must answer all the questions without exception.
1034	**exhibition** [èksəbíʃən]	n. 전시회, 전람회 • An international trade exhibition will be held next week.
1035	**factor** [fǽktər]	n. 요소, 요인 • Wealth may be a factor of happiness.
1036	**faith** [feiθ]	n. 믿음, 신용, 신뢰 • He broke faith with them.
1037	**feather** [feðər]	n. (새의) 깃털, 깃 • Birds of a feather flock together.
1038	**fellow** [félou]	n. 동료, 친구 • He is a good fellow.
1039	**flat-tire** 	n. 펑크 난 타이어 • A flat-tire was found on the road to school.
1040	**flesh** [fleʃ]	n. 살, 살점 • Tigers are flesh-eating animals.
1041	**fur** [fəːr]	n. (동물의) 털, 모피 • My mother wants to buy a fur hat.
1042	**gene** [dʒiːn]	n. 유전자 • Scientists completed the first gene map of the human body.

해석

1031. evidence 경찰은 증거를 찾기 위해 범죄 현장을 수색했다. 1032. evolution 진화론을 믿지 않는 사람도 있다. 1033. exception 예외 없이 모든 답에 대답해야 한다. 1034. exhibition 국제 무역 전시회가 다음 주에 열릴 것이다. 1035. factor 부는 행복의 한 요소일 수 있다. 1036. faith 그는 그들과의 신의를 저버렸다. 1037. feather 유유상종 1038. fellow 그는 좋은 친구이다. 1039. flat-tire 펑크 난 타이어가 학교 가는 길에서 발견됐다. 1040. flesh 호랑이는 육식 동물이다. 1041. fur 나의 엄마는 모피로 만든 모자를 사고 싶어 한다. 1042. gene 과학자들은 최초의 인체 유전자 지도를 완성했다.

Day 90 한 개의 의미로 정리할 수 있는 명사들

1043	**germ** [dʒəːrm]	n. 세균, 병원균 • Doctors are always washing their hands to avoid germs.
1044	**glue** [gluː]	n. 풀 • The children used glue to put the blue paper on the wall.
1045	**grain** [grein]	n. 농작물, 곡물 • Bread is made from grain.
1046	**heaven** [hévən]	n. 천국 • There is no sadness or pain in heaven.
1047	**hell** [hel]	n. 지옥 • Driving a car in a snowstorm is real hell!
1048	**impression** [impréʃən]	n. 인상, 감명 • First impressions are often wrong.
1049	**luggage** [lʌ́gidʒ]	n. 짐, 수화물 • I put my luggage on the train.
1050	**majority** [mədʒɔ́ːrəti]	n. 다수 • The majority of voters voted for the president.
1051	**mayor** [méiər]	n. 시장(市長) • We elect a mayor every four years in this city.
1052	**minority** [mainɔ́ːrəti]	n. 소수 • Black people are a minority group in the United States.
1053	**prey** [prei]	n. 먹이, 희생양(물) • Lions are pursuing their prey.
1054	**quantity** [kwántəti]	n. 양 • I prefer quality to quantity.

해석 ▶

1043. germ 의사들은 세균을 제거하기 위해 항상 손을 씻는다. 1044. glue 아이들은 벽에 파란 종이를 붙이기 위해 풀을 사용했다. 1045. grain 빵은 곡물로 만든다. 1046. heaven 천국에는 슬픔도 고통도 없다. 1047. hell 눈보라가 치는 날에 차를 운전하기란 정말 지옥 같다! 1048. impression 첫인상은 종종 틀리다. 1049. luggage 나는 기차에 내 짐을 실었다. 1050. majority 유권자의 대다수가 대통령에게 찬성표를 던졌다. 1051. mayor 이 시에서는 4년 마다 시장을 선출한다. 1052. minority 흑인은 미국에서 소수 단체이다. 1053. prey 사자들이 먹이를 쫓고 있다. 1054. quantity 나는 질보다 양을 선호한다.

Day 91 한 개의 의미로 정리할 수 있는 명사들

1055	**surgery** [sə́:rdʒəri]	n. 외과 수술 • Are you considering plastic surgery?
1056	**baggage** [bǽgidʒ]	n. 짐, 수하물 • Baggage is being loaded onto an airplane.
1057	**blanket** [blǽŋkit]	n. 담요 • The valley was covered with a blanket of snow.
1058	**bottle** [bátl]	n. 병 • He drank a whole bottle of wine.
1059	**bottom** [bátəm]	n. 밑바닥 • The glasses all had wet bottoms.
1060	**brick** [brik]	n. 벽돌 • They used yellow bricks to build the house.
1061	**cage** [keidʒ]	n. 새장 • The dangerous animals at the zoo are in cages.
1062	**carpenter** [ká:rpentər]	n. 목수 • The carpenter gathered his tools.
1063	**ceiling** [sí:liŋ]	n. 천정 • Our house is very old, so the ceilings are very high.
1064	**chemistry** [kémistri]	n. 화학 • His major area of study is chemistry.
1065	**chore** [tʃɔ:r]	n. 허드렛일, 잡일 • Cleaning the house is a chore which no one enjoys.
1066	**circumstance** [sərkʌ́mstæns]	n. 상황 • I wouldn't sell it under any circumstances.

해석)

1055. surgery 성형 수술을 생각하고 계십니까? 1056. baggage 짐을 비행기에 싣고 있다. 1057. blanket 계곡은 온통 눈으로 덮여 있다. 1058. bottle 그는 와인 한 병을 전부 마셨다. 1059. bottom 유리잔은 전부 바닥이 젖어 있었다. 1060. brick 그들은 집을 짓기 위해 노란 벽돌을 사용했다. 1061. cage 동물원에서 위험한 동물들은 우리에 둔다. 1062. carpenter 목수는 자기 연장을 모았다. 1063. ceiling 우리 집은 매우 오래돼서 천장이 매우 높다. 1064. chemistry 그의 전공 연구 분야는 화학이다. 1065. chore 집 청소는 누구도 좋아하지 않는 허드렛일이다. 1066. circumstance 나는 어떤 상황에서도 그것을 팔지 않을 것이다.

Chapter 01

Day 92 한 개의 의미로 정리할 수 있는 명사들

1067 civilization
[sivəlaizéiʃən]

n. 문명

• Compare the civilizations of ancient China and Japan.

1068 clue
[klu:]

n. 실마리, 단서

• The mystery has no clue to it.

1069 coal
[koul]

n. 석탄

• They use coal as fuel.

1070 coast
[koust]

n. 해안

• The ship was wrecked on the Kent coast.

1071 common sense

n. 상식

• She does not have any common sense.

1072 confidence
[kánfidəns]

n. 확신

• Peter lacks confidence in himself.

1073 conflict
[kánflikt]

n. 갈등

• The best way to avoid conflict is to compromise.

1074 construction
[kənstrʌ́ʃən]

n. 건설

• There are two new hotels near here under construction.

1075 decade
[dékeid]

n. 10년

• Prices have risen steadily during the past decade.

1076 device
[diváis]

n. 장치, 고안물, 발명품

• A keyboard is one of the input devices.

1077 disaster
[dizǽstər]

n. 재앙, 재난

• The election results will bring political disaster.

1078 dozen
[dʌ́zn]

n. 1다스, 12개

• These eggs are 60 cents a half dozen.

해석

1067. civilization 고대 중국과 일본의 문명을 비교하시오. 1068. clue 그 비밀에는 단서가 없다. 1069. coal 그들은 석탄을 연료로 삼는다. 1070. coast 그 배는 켄트 해안에서 난파됐다. 1071. common sense 그녀는 어떤 상식도 없다. 1072. confidence 피터는 자신감이 없다. 1073. conflict 분쟁을 피하는 가장 좋은 방법은 타협이다. 1074. construction 이 근처에 두 개의 새 호텔이 공사 중이다. 1075. decade 지난 10년간 가격이 꾸준히 올랐다. 1076. device 키보드는 입력 장치 중의 하나이다. 1077. disaster 선거 결과는 정치적인 재난을 불러일으킬 것이다. 1078. dozen 이 계란들은 6개에 60센트다.

한 개의 의미로 정리할 수 있는 명사들

1079	**drought** [draut]	n. 가뭄 • The crops died during the drought.
1080	**due date** [djuː]	n. 만기일 • The rent of due date will be tomorrow.
1081	**envelope** [énvəlòup]	n. 봉투 • Can I buy envelopes at this post office?
1082	**equator** [ikwéitər]	n. 적도 • The areas around the equator is very hot.
1083	**expert** [ékspəːrt]	n. 전문가 • He is an expert in economics.
1084	**facility** [fəsíləti]	n. 편의시설 • They have built many sports facilities around the city.
1085	**famine** [fæmin]	n. 기근, 굶주림 • Many people die during famines every year.
1086	**fate** [feit]	n. 운명, 숙명 • Nobody foretells his fate.
1087	**flavor** [fléivər]	n. 맛 • This coffee has a nice flavor.
1088	**flu** [fluː]	n. 독감 • Yesterday he stayed home from work because of flu.
1089	**funeral** [fjúːnərəl]	n. 장례식 • The presidents funeral was attended by thousands of people.
1090	**gender** [dʒéndər]	n. 성(性) • German has three genders.

해석

1079. drought 작물이 가뭄 동안에 죽었다. 1080. due date 집세 만기일이 내일이다. 1081. envelope 이 우체국에서 봉투를 살 수 있나요? 1082. equator 적도 주변 지역은 매우 덥다. 1083. expert 그는 경제학 전문가이다. 1084. facility 그들은 시 주변에 많은 스포츠 센터를 지었다. 1085. famine 해마다 기근으로 많은 사람이 죽는다. 1086. fate 아무도 자기 운명을 예언하지 못한다. 1087. flavor 이 커피는 향이 좋다. 1088. flu 그는 독감 때문에 어제 결근하였다. 1089. funeral 대통령 장례식에 수천 명의 사람들이 참석했다. 1090. gender 독일어에는 세 개의 성이 있다.

Day 94 한 개의 의미로 정리할 수 있는 명사들

1091	**grave** [greiv]	n. 무덤 • His grave was covered with the grass.
1092	**groceries** [gróusəriz]	n. 식료품 • The shopping cart is near the groceries.
1093	**grocery (store)** [gróusəri]	n. 식료품 가게 • Would you like anything from the grocery store?
1094	**guilt** [gilt]	n. 유죄 • There is no evidence of his guilt.
1095	**haste** [heist]	n. 서두름 • Haste spoils the work.
1096	**horizon** [həráizən]	n. 지평선, 수평선 • The people are looking out at the horizon.
1097	**nutrition** [njutríʃən]	n. 영양(분) • Milk, meat, fruits, and vegetables provide good nutrition.
1098	**obstacle** [ábstəkl]	n. 장애(물) • She felt that her family was an obstacle to her work.
1099	**rear** [riər]	n. 뒤, 뒤쪽 • There is no rear window in this room.
1100	**reputation** [repjutéiʃən]	n. 평판, 명성 • If this matter becomes known, it will ruin your reputation.
1101	**sheet** [ʃíːt]	n. 덩어리 • I need a sheet of glass.
1102	**thread** [θred]	n. 실 • I need blue thread to fix my old blue jacket.

해석

1091. grave 그의 무덤은 풀로 덮여 있었다. 1092. groceries 쇼핑 카트가 식료품 근처에 있다. 1093. grocery (store) 식료품 점에서 뭐 사 올 거 있어요? 1094. guilt 그가 유죄라는 증거는 조금도 없다. 1095. haste 서두르면 손해다. 1096. horizon 사람들이 수평선을 바라보고 있다. 1097. nutrition 우유, 고기, 과일, 야채는 좋은 영양을 공급해 준다. 1098. obstacle 그녀는 가족이 자기 일에 장애라고 느꼈다. 1099. rear 이 방에는 뒤쪽으로 난 창문이 없다. 1100. reputation 이 문제가 알려지면, 너의 명성에 해가 될 것이다. 1101. sheet 나는 유리 한 장이 필요하다. 1102. thread 나는 낡은 청재킷을 수선하기 위해 파란 실이 필요하다.

Day 95 두 개 이상의 의미를 가진 명사

1103	**bank** [bæŋk]	n. 은행; (강, 바다의) 둑 • I think the bank closed an hour ago. • His house is on the south bank of the river.
1104	**bill** [bil]	n. 지폐; 청구서 • He gave me five dollar bill. • Can I have a bill?
1105	**branch** [bræntʃ]	n. 나뭇가지; (은행 등의) 지점 • He climbed up the tree and hid among the branches. • Our company has branches in many cities.
1106	**career** [kəríər]	n. 직업; 경력 • Looking for a new career? • From there, you can develop a new career.
1107	**chance** [tʃæns]	n. 기회; 우연 • I had no chance to see him. • It happened by chance.
1108	**company** [kʌ́mpəni]	n. 회사; 동료, 친구 • Which company do you work for? • A man is known by the company he keeps.
1109	**content** [kɑntent, kɑntént]	n. 내용, 내용물; 책의 목차(차례) a. 만족한 • I like the style of this book, but I don't like content. • Write down the list of contents in this book. • Merry seems content to receive the letter.
1110	**court** [kɔːrt]	n. 법원; 경기장, 코트 • The prisoner was brought to court for trial. • Are the players on the court yet?
1111	**degree** [digríː]	n. 온도; 정도; 학위 • Water freezes at 32 degrees Fahrenheit. • They cooperated to a degree. • Where did he obtain his graduate degree?

1112 dish
[diʃ]

n. 접시; 요리

• A wooden dish is a dish made of wood.
• Baked apples are his favorite dish.

1113 earth
[əːrθ]

n. 땅(=ground); 흙, 토양(=soil); 지구

• The balloon burst and fell to earth.
• They planted the seeds in earth.
• Earth is the third planet from the sun.

해석

1103. bank 난 은행이 한 시간 전에 문을 닫았다고 생각한다. / 그의 집은 강의 남쪽 둑에 있다. 1104. bill 그는 내게 5달러 지폐를 주었다. / 계산서 좀 주시겠어요? 1105. branch 그는 나무로 기어올라가 나뭇가지 사이로 숨었다. / 우리 회사는 많은 도시에 지점이 있다. 1106. career 새로운 직업에 도전하고자 하십니까? / 그것을 시작으로, 여러분은 새로운 경력을 쌓아갈 수 있다. 1107. chance 나는 그를 볼 기회가 없었다. / 그것은 우연히 발생했다. 1108. company 어느 회사에서 근무하니? / 친구를 보면 그 사람을 알 수 있다. 1109. content 나는 이 책의 양식은 맘에 들지만 내용은 별로다. / 이 책의 목차를 적으시오. / 메리는 편지를 받고 만족해 보인다. 1110. court 그 죄수들은 재판을 받기 위해 법정으로 끌려 왔다. / 선수들이 아직 경기장에 있나요? 1111. degree 물은 화씨 32도에서 언다. / 그들은 어느 정도까지는 협력했다. / 그는 어디서 대학원 학위를 받았는가? 1112. dish 나무 그릇은 나무로 만든 그릇이다. / 구운 사과는 그가 좋아하는 요리이다. 1113. earth 그 풍선은 터져서 땅으로 떨어졌다. / 그들은 흙에 씨앗을 심었다. / 지구는 태양으로부터 3번째 행성이다.

Day 96 두 개 이상의 의미를 가진 명사

1114 field
[fi:ld]

n. 들, 밭, 필드; 분야, 영역

• We heard a shot across the field.
• That's outside my field.

1115 flight
[flait]

n. 비행; 비행기

• Did you have a good flight?
• This is a flight bounding for Canada.

1116 floor
[flɔ:r]

n. 층; 마루, 바닥

• Our office is on the 6th floor.
• They watched the TV show sitting on the floor.

1117 fruit
[fru:t]

n. 과일; 결실

• People are eating more fruit than they used to.
• His knowledge is the fruit of long study.

1118 interest
[íntərist]

n. 흥미, 관심; (은행에서) 이자

• Suspense adds interest to a story.
• He lent me the money at 6% interest.

1119 lesson
[lésən]

n. 학과, 수업, 레슨; 교훈

• Each history lesson lasts 40 minutes.
• His car accident was a lesson to him.

1120 letter
[létər]

n. 편지; 문자

• He received a letter written in English.
• My son memorized the 26 letters of the English alphabet.

1121 nail
[neil]

n. 못; 손톱(=finger nail) / 발톱(=toe nail)

• He put a nail on the wall to hang a picture.
• She always bites her finger nail.

1122 nature
[néitʃər]

n. 자연; 본성

• They stopped to admire the beauties of nature.
• She is generous by nature.

1123	**part** [pɑːrt]	n. 부분; 부품; 역할(=role)

- Parts of the house were damaged by fire.
- Do you sell parts for Ford cars?
- He did the part of Hamlet.

1124	**party** [pɑ́ːrti]	n. 파티; 당(정당); 편, 쪽

- Did you enjoy Susan's party?
- Politicians should put public interest before party interest.
- He is a third party.

해석 ⟩

1114. field 우리는 들판을 가로지르는 총성을 들었다. / 그것은 나의 영역 밖이다. 1115. flight 비행기 여행은 좋았니? / 이것은 캐나다행 비행기이다. 1116. floor 우리 사무실은 6층에 있다. / 그들은 바닥에 앉아서 TV 쇼를 보았다. 1117. fruit 사람들은 이전보다 더 많은 과일을 먹는다. / 그의 지식은 오랜 연구의 결실이다. 1118. interest 긴장감은 이야기에 흥미를 더한다. / 그는 내게 6%의 이자로 돈을 빌려주었다. 1119. lesson 각각의 역사 수업은 40분간 지속된다. / 그의 자동차 사고는 그에게 교훈이 됐다. 1120. letter 그는 영어로 쓰인 편지를 받았다. / 내 아들은 영어 알파벳 문자 26개를 외웠다. 1121. nail 그는 그림을 벽에 걸기 위해 못을 박았다. / 그녀는 항상 손톱을 깨문다. 1122. nature 자연의 아름다움에 감탄하기 위해 그들은 발걸음을 멈췄다. / 그녀는 천성적으로 후하다. 1123. part 집의 일부분이 화재로 손실됐다. / 포드 차의 부품을 팝니까? / 그는 햄릿 역을 했다. 1124. party 수잔의 파티는 즐거웠니? / 정치가들은 당의 이익보다 공공의 이익을 앞에 두어야 한다. / 그는 제삼자다.

Day 97 두 개 이상의 의미를 가진 명사

1125 position
[pəzíʃən]

n. 위치; 일자리, 직(職), 지위
- We can find our position by looking at this map.
- She has a good position in an oil company.

1126 race
[reis]

n. 경주; 인종
- They won the boat race.
- Can race relations be improved by legislation?

1127 second
[sékənd]

n. (시간) 초; 두 번째
- The winner's time was 1 minute and 5 seconds.
- Tom is the second son.

1128 space
[speis]

n. 공간(=room); 우주
- Is there enough space at the table for 10 people?
- Travel through space to other planets interests many people.

1129 stage
[stéidʒ]

n. 단계; (극장의) 무대
- The plan is still in its early stage.
- The actor was on stage for hours.

1130 step
[step]

n. 단계; 과정, 절차
- What's the next step?

1131 story
[stɔ́:ri]

n. 이야기; 소설; (건물의) 층
- This event will be a good story for the paper.
- She wants to read a detective story.
- There are three stories including the ground floor.

1132 taste
[teist]

n. 맛; 취향
- Sugar has a sweet taste.
- Abstract art is not his taste.

1133 term
[tə:rm]

n. 기간; 용어
- The president is elected for a four-year term.
- He used a lot of technical terms I don't know.

해석

1125. position 이 지도를 보면 우리 위치를 찾을 수 있다. / 그녀는 정유 회사에서 좋은 지위에 있다. 1126. race 그들은 보트 경주에서 이겼다. / 인종 관계가 법으로 향상될 수 있나요? 1127. second 우승자의 시간은 1분 5초이다. / Tom은 둘째 아들이다. 1128. space 식탁에 열 명이 앉기에 충분한 자리가 있나요? / 다른 행성으로의 우주 여행은 많은 사람의 관심을 끈다. 1129. stage 그 계획은 아직 초기 단계이다. / 그 배우는 몇 시간 동안 무대 위에 있다. 1130. step 다음 단계는 뭐죠? 1131. story 이 사건은 신문에 좋은 기사거리가 될 것이다. / 그녀는 탐정소설을 읽고 싶어 한다. / 1층을 포함해 3개 층이 있다. 1132. taste 설탕은 단맛이다. / 추상 예술은 그의 취향이 아니다. 1133. term 대통령은 4년마다 선출된다. / 그는 내가 잘 모르는 전문 용어를 많이 사용했다.

Day 98 쉽지만 정말 많이 나오는 숙어들

1134 according to (n)

~에 따라서; ~에 따르면

• We act according to our plan.
• According to the news, it will rain tomorrow.

1135 account for

설명하다

• We ask you to account for your conduct.

1136 across from

~의 반대(맞은)편에

• They live across from us.

1137 as a rule

일반적으로, 대체로

• As a rule, I get up early in summer.

1138 as(so) long as

~하는 한

• Any novel will do as long as it is interesting.

1139 be composed of

~로 구성되어 있다

• This class is composed of 35 students.

1140 be concerned about

~에 대하여 걱정하다

• Please don't be concerned about me.

1141 be supposed to (v)

~하기로 되어 있다; ~해야만 하다

• He is supposed to be here tomorrow.
• You are supposed to know how to drive.

1142 be familiar with

~에 정통하다, ~와 친해지다

• I am not familiar with this brand of computer.

1143 but for

~이 없다면

• But for his help, I should have failed.

1144 calm down

진정하다

• Calm down yourself.

1145 care for (n)

돌보다; 좋아하다

• Nurses care for the sick.
• Do you care for modern music?

해석

1134. according to (n) 우리는 계획에 따라 행동한다. / 뉴스에 따르면, 내일 비가 올 거라고 한다. 1135. account for 우리는 네 행동에 대해 해명을 요청한다. 1136. across from 그들은 우리 맞은편에 산다. 1137. as a rule 대체로, 나는 여름에 일찍 일어난다. 1138. as(so) long as 어떤 소설이든 재미있으면 충분하다. 1139. be composed of 이 반은 **35**명의 학생으로 구성되어 있다. 1140. be concerned about 부디 내 걱정은 하지 마세요. 1141. be supposed to (v) 그는 내일 여기 오기로 되어 있다. / 너는 운전하는 법을 알아야만 한다. 1142. be familiar with 나는 이 브랜드의 컴퓨터에 정통하지 않다. 1143. but for 그의 도움이 없었다면, 나는 실패했을 것이다. 1144. calm down 진정해. 1145. care for (n) 간호사는 환자를 간호한다. / 현대 음악 좋아하니?

Day 99 쉽지만 정말 많이 나오는 숙어들

1146	**care to** ⓥ	좋아하다
		• I don't care to go with you.
1147	**come up with**	제안하다
		• How did you come up with such a brilliant idea?
1148	**get along**	함께하다, 잘 지내다
		• He gets along well with his boss.
1149	**a good (great) many**	많은
		• I have a good many things to do today.
1150	**hand down**	물려주다
		• This custom has been handed down since the 18th century.
1151	**hand in**	제출하다
		• Please hand in your books to me at the end of the lesson.
1152	**have been to**	~에 갔다 왔다, 가 본 적이 있다
		• He has been to New York.
1153	**have got to** ⓥ	~해야만 한다
		• We have got to go there.
1154	**in advance**	미리, 사전에, 앞서서
		• The house rent is to be paid in advance.
1155	**in honor of**	~에 경의를 표하여; ~을 기념하여
		• We held a farewell party in honor of Mr. Kim.
		• They visited the country in honor of the Independence Day.
1156	**in the distance**	멀리서, 멀리에 있는
		• One can see the ancient ruins in the distance.
1157	**in vain**	헛되이
		• We tried in vain to make him change his mind.

해석 ▶

1146. care to ⓥ 나는 너와 가고 싶지 않다. 1147. come up with 어떻게 그런 기발한 생각이 떠올랐니? 1148. get along 그는 그의 사장과 잘 지낸다. 1149. a good (great) many 나는 오늘 할 일이 많다. 1150. hand down 이 관습은 18세기 이래 전해져 왔다. 1151. hand in 수업이 끝날 때 여러분들의 책을 제게 제출하세요. 1152. have been to 그는 뉴욕에 가 본 적이 있다. 1153. have got to ⓥ 우리는 거기 가야만 한다. 1154. in advance 집세는 미리 내야 한다. 1155. in honor of 우리는 김 선생님을 위해 송별 파티를 열었다. / 그들은 독립일을 기념하여 고국을 방문했다. 1156. in the distance 멀리 있는 고대 유적지를 볼 수 있다. 1157. in vain 우리는 그가 그의 마음을 바꾸도록 노력했으나 헛일이었다.

Day 100 쉽지만 정말 많이 나오는 숙어들

1158 **lie in (at/on)**	~에 (놓여) 있다, ~에 위치하다	
	• The true wealth lies in what one is.	
1159 **long for**	~을 매우 바라다, 열망하다	
	• She longs for a travel over the world.	
1160 **make out**	이해하다	
	• Can you make out what he's trying to say?	
1161 **manage to** ⓥ	그럭저럭 ~하다	
	• They managed to find her house.	
1162 **on account of**	~ 때문에	
	• He had to stay inside on account of the rain.	
1163 **on purpose**	고의로, 일부러	
	• He insulted me on purpose.	
1164 **one out of (every) 10**	10(명/개) 중에 하나	
	• Choose one out of these ten apples.	
1165 **ought to** ⓥ	~해야만 한다	
	• You ought to start at once.	
1166 **plenty of**	많은, 다량의	
	• There are plenty of eggs in the house.	
1167 **prefer A to B**	B보다 A를 더 좋아하다	
	• I prefer coffee to tea.	
1168 **refer to**	언급하다; 참고(참조)하다	
	• Don't refer to the matter again.	
	• The speaker often referred to his note.	
1169 **regard A as B**	A를 B로 여기다(간주하다)	
	• Regard your neighbors as your brothers.	

해석

1158. lie in (at/on) 진정한 부는 그가 어떤 사람이냐에 있다. 1159. long for 그녀는 전 세계 여행을 갈망한다. 1160. make out 그가 무슨 말을 하려는지 이해할 수 있니? 1161. manage to ⓥ 그들은 그녀의 집을 가까스로 찾았다. 1162. on account of 그는 비 때문에 안에 머물러야 했다. 1163. on purpose 그는 나를 일부러 모욕했다. 1164. one out of(every) 10 사과 **10**개 중에 한 개를 고르시오. 1165. ought to ⓥ 너는 즉시 출발해야만 한다. 1166. plenty of 집에 계란이 많이 있다. 1167. prefer A to B 나는 차보다 커피를 좋아한다. 1168. refer to 다시 이 문제를 언급하지 마라. / 연사는 종종 그의 노트를 참고했다. 1169. regard A as B 네 이웃을 네 형제처럼 여겨라.

Day 101 쉽지만 정말 많이 나오는 숙어들

1170 remind A of B
[rimáind]

(A에게 B를) 생각나게 하다

• She reminds me of my dead mother.

1171 run short of

부족하다

• We are running short of oil.

1172 run out of

다 떨어지다

• We were to run out of gasoline.

1173 take turns

교대로(번갈아)하다

• We took turns at driving the car.

1174 think of A as B

A를 B로 여기다, 간주하다

• We think of him as a scholar.

1175 turn down

거절하다

• They turned me down for the job because I'm a woman.

1176 turn in

제출하다

• You must turn in your equipment before you leave.

1177 up to

~까지

• Up to now, he is dependent on his parents.

해석 ✔

1170. remind A of B 그녀는 나를 보고 돌아가신 어머니를 떠올린다. 1171. run short of 우리는 석유가 부족하다. 1172. run out of 우리는 가솔린이 다 떨어졌다. 1173. take turns 우리는 교대로 차를 운전했다. 1174. think of A as B 우리는 그를 학자로 여긴다. 1175. turn down 내가 여자라는 이유로 그들은 나의 구직을 거절했다. 1176. turn in 넌 여기를 뜨기 전에 장비를 제출해야 합니다. 1177. up to 지금까지, 그는 부모님에게 의지한다.

Day 102 두 개 이상의 의미를 갖는 명사들

1178 atmosphere
[ǽtməsfiər]

n. 대기; 분위기

- If the earth had no atmosphere, people could not breathe.
- There is an atmosphere of peace and calm in the country.

1179 capital
[kǽpitəl]

n. 수도, 서울; 자산, 자본

- Washington D.C. is the capital of the U.S.A.
- He has a lot of capital.

1180 character
[kǽriktər]

n. 특징, 특성, 특색; 주인공

- Tell me the character of the French.
- All the characters in his new play are very amusing.

1181 civil war

n. 내란, 내전; (미국의) 남북 전쟁

- What is the cause of the civil war?
- When did the Civil War break out?

1182 colony
[kɑ́ləni]

n. 식민지; (나라가 같은) 사람들; (동식물의) 떼, 군(郡)

- Japanese occupied Korea as their colony.
- The French colony in Tokyo
- A colony of plants

1183 comfort
[kʌ́mfərt]

n. 안락, 편안함; 위로, 위안

- They live in comfort.
- My husband was a great comfort to me when I was ill.

1184 concern
[kənsə́:rn]

n. 걱정, 근심; 관심

- For now that's not a major concern.
- His prime concern is the peace of the world.

1185 discipline
[dísəplin]

n. 훈련, 단련; 규율, 통제

- Military discipline is very severe.
- The teacher can't keep discipline in her class.

1186 **dust** [dʌst]	n. 먼지; 더러운 것
	• The dust was blowing in the streets. • I could see a thick layer of dust on the stairs.

1187 **effect** [ifékt]	n. 효과; 영향(력); 결과
	• Did the medicine have any effect? • Our arguments had no effect on them. • They are investigating cause and effect of the accident.

1188 **figure** [fígjər]	n. 모습, 형상; 숫자
	• All of a sudden a figure appeared out of the fog. • He is poor at figures.

1189 **function** [fʌ́ŋkʃən]	n. 기능; (수학에서) 함수
	• The function of education is to develop the mind. • Please explain the relation of function between them.

해석 👉

1178. atmosphere 지구에 대기가 없다면, 사람은 숨을 쉴 수 없을 것이다. / 나라는 평화와 평온의 분위기이다. 1179. capital 워싱턴 DC는 미국의 수도이다. / 그는 자산이 많다. 1180. character 프랑스의 특징을 내게 얘기해 주시오. / 그의 새 연극에 등장하는 모든 주인공은 매우 재미있다. 1181. civil war 내전의 원인은 무엇인가요? / 언제 미국의 남북 전쟁이 발발했습니까? 1182. colony 일본은 한국을 식민지로 지배했다. / 도쿄에 있는 프랑스 사람들 / 식물군 1183. comfort 그들은 편안하게 산다. / 나의 남편은 내가 아플 때 큰 위로가 된다. 1184. concern 그건 지금 그렇게 중요한 문제는 아니다. / 그의 주요한 관심사는 세계 평화이다. 1185. discipline 군사 훈련은 매우 혹독하다. / 그 선생님은 그녀의 학급에서 규율을 유지할 수 없다. 1186. dust 거리에 먼지가 날리고 있었다. / 계단에 두껍게 때가 낀 것을 볼 수 있었다. 1187. effect 그 약이 효과가 있었나요? / 우리 논쟁은 그들에게 아무런 영향이 없었다. / 그들은 사고의 이유와 결과를 조사 중이다. 1188. figure 안개 속에서 홀연히 사람의 모습이 나타났다. / 그는 숫자에 약하다. 1189. function 교육의 기능은 정신을 계발하는 것이다. / 그들 사이의 함수 관계를 설명해 주세요.

Day 103 두 개 이상의 의미를 갖는 명사들

1190 grade
[greid]

n. 학점, 점수; 등급; 학년

- What grade did you get in the history exam?
- Potatoes are sold in grades.
- What grade are you in?

1191 instrument
[ínstrumənt]

n. 도구; 악기

- The men are holding medical instruments.
- Where did you buy that musical instrument?

1192 material
[mətíəriəl]

n. 물질; 재(원)료; 교재

- A country lacking raw materials
- Building materials are costly.
- She is collecting teaching materials.

1193 medium
[mí:diəm]

n. 방법, 수단, 매개체; (사이즈) 중간

- Language is a kind of medium for communication.
- She has a medium height.

1194 nation
[néiʃən]

n. 국가; 국민, 민족

- Neighboring nations sometimes discuss important laws.
- The president spoke on radio to the nation.

1195 organization
[ɔ:gənizéiʃən]

n. 조직, 구성; 단체

- An army without organization would be useless.
- The purpose of that organization is to protect animals.

1196 peak
[pi:k]

n. 절정, 최고점; (산의) 정상

- She is now at the peak of her popularity.
- They climbed to the peak of the mountain.

1197 pity
[píti]

n. 동정; 유감

- She felt pity for the prisoners.
- It is a pity to lose the game.

1198 **rate** [reit]	n. 비, 비율; 요금
	• What is the interest rate? • They are demanding higher rates of pay.

1199 **resident** [rézədənt]	n. 거주자; (병원의) 레지던트
	• This hotel serves meals to residents only. • A resident doctor lives in the place where he or she works.

1200 **scale** [skeil]	n. 저울; 규모
	• He weighed himself on the bathroom scales. • They are preparing for war on a large scale.

1201 **scene** [si:n]	n. 장면; 경치, 풍경
	• I was so sleepy that I missed the most interesting scene. • The boats in the harbor make a beautiful scene.

해석 ▶

1190. grade 역사 시험에서 몇 점을 받았습니까? / 감자는 등급으로 나누어 팔린다. / 너는 몇 학년이니? 1191. instrument 남자들이 의료 기구를 가지고 있다. / 어디서 저 악기를 샀나요? 1192. material 원료가 부족한 나라 / 건축 자재는 비싸다. / 그녀는 교재를 모으고 있다. 1193. medium 언어는 의사소통의 한 수단이다. / 그녀는 중간 키이다. 1194. nation 인접 국가들은 종종 중요한 법에 대해 논한다. / 대통령은 라디오를 통해 대국민 연설을 했다. 1195. organization 조직이 없는 군대는 쓸모가 없다. / 그 조직의 목적은 동물을 보호하는 것이다. 1196. peak 그녀는 인기 절정에 있다. / 그들은 산 정상까지 올랐다. 1197. pity 그녀는 죄수에게 동정심을 느꼈다. / 게임에 져서 유감이다. 1198. rate 이자율이 얼마입니까? / 그들은 더 높은 임금을 요구하고 있다. 1199. resident 이 호텔은 거주자에게만 식사를 제공한다. / 레지던트는 그 또는 그녀가 일하는 곳에서 생활한다. 1200. scale 그는 목욕탕 저울에 몸무게를 쟀다. / 그들은 대규모로 전쟁을 준비하고 있다. 1201. scene 너무 졸려서 가장 재미있는 장면을 놓쳤다. / 항구의 보트가 아름다운 경치를 이룬다.

Chapter 01

Day 104 두 개 이상의 의미를 갖는 명사들

1202 secretary
[sékrəteri]

n. 비서; (미국에서) 장관

• My secretary made a reservation with your hotel.
• Secretary of State Jones flew to London yesterday.

1203 sense
[sens]

n. 감각; 의식; 의미

• He has good business sense.
• He came to his senses.
• In what sense are you using the word?

1204 solid
[sάlid]

a. 고체의; 단단한, 견고한

• When water freezes and becomes solid, we call it ice.
• This school building is built on solid foundations.

1205 stream
[stri:m]

n. 시내, 개울; 흐름

• The riders are crossing a stream.
• There was an endless stream of cars on main street.

1206 structure
[strΛkʃər]

n. 구조; 건물, 구조물

• He studied the structure of the human body.
• The structure is made of wood.

1207 sympathetic
[simpəθétik]

a. 동정하는; 공감하는

• She was sympathetic to my ideas.
• We feel sympathetic to poor people.

1208 sympathy
[símpəθi]

n. 공감; 동정

• We feel sympathy for poor people.
• I have a lot of sympathy for his opinions.

1209 tip
[tip]

n. (뾰족한) 끝(부분); (식당에서) 팁; 충고, 조언, 힌트

• Look at the tips of my fingers.
• I left a tip on the bed in hotel.
• These are tips for reading.

1210	**upset** [ʌ̀psét]	a. 심란한, 기분 상한
		• People get upset when they hear bad news.
1211	**violent** [váiələnt]	a. 폭력적인; 난폭한
		• The film proved to be too violent. • The mad man was violent and had to be locked up.
1212	**work** [wəːrk]	n. 일; 작품; 직장
		• Digging in the garden all afternoon is hard work. • I read one of the works of shakespeare. • She got home very late from work.
1213	**whole** [houl]	a. 전체의, 전부의; 완전한
		• My whole body is aching now. • I waited for her a whole hour.

해석)•

1202. secretary 저의 비서가 당신의 호텔에 예약을 했다. / 미 국무 장관 존은 어제 비행기를 타고 런던으로
갔다. 1203. sense 그는 사업 감각이 뛰어나다. / 그는 의식이 돌아왔다. / 어떤 의미에서 그 단어를 사용합니까?
1204. solid 물이 얼어 고체가 되면, 우리는 그것을 얼음이라 부른다. / 이 학교 건물은 단단한 기초 위에 지어졌
다. 1205. stream 말 탄 사람들이 시내를 건너고 있다. / 시내 중앙 도로에 자동차의 흐름이 끊임없이 계속
됐다. 1206. structure 그는 인체 구조를 공부했다. / 건물은 목재로 지어진 것이다. 1207. sympathetic
그녀는 내 생각에 공감했다. / 우리는 가난한 사람들에게 동정을 느낀다. 1208. sympathy 우리는 가난한 사람들
에게 동정심을 느낀다. / 나는 그의 생각에 많은 부분 공감한다. 1209. tip 내 손가락 끝을 보시오. / 나는 호텔
침대에 팁을 놓아두었다. / 이것들이 읽기를 위한 몇 가지 조언이다. 1210. upset 사람들은 안 좋은 소식을 들으면
기분이 상한다. 1211. violent 그 영화는 지나치게 폭력적인 것으로 판명됐다. / 그 미친 남자는 난폭해서 가두어야
만 했다. 1212. work 오후 내내 정원을 파는 것은 고단한 일이다. / 나는 셰익스피어의 작품 중 하나를 읽었다.
/ 그녀는 직장에서 매우 늦게 집에 왔다. 1213. whole 지금 온몸이 아프다. / 나는 꼬박 한 시간 동안 그녀를 기다렸다.

Chapter 01

Day 105 어렵지만 꼭 외워야 하는 숙어들

1214	**afford to** [əfɔ́ːrd]	~할 여유가 있다 • I cannot afford to buy a new car.
1215	**apply onself to**	~에 전념하다, 몰두하다 • He applied himself to studying.
1216	**as to** ⓝ	~에 관하여(대하여) • As to that, I haven't decided yet.
1217	**(be) anxious about**	~에 대하여 걱정하다 • Mother feels anxious about the children when they are late.
1218	**be anxious for**	열망(갈망)하다 • He was anxious for meeting you.
1219	**be aware of**	~을 의식하다, 깨닫다 • We are fully aware of the importance of the situation.
1220	**be capable of**	~을 할 수 있다 • She is capable of reading the works.
1221	**be in charge of**	~을 책임지다 • He is in charge of teaching English.
1222	**be inclined to** ⓥ	~하려는 경향이 있다 • I'm inclined to think she is telling the truth.
1223	**be likely to** ⓥ	~인 것 같다 • Are we likely to arrive in time?
1224	**be(get) used to ~ing**	~에(하는 데) 익숙하다 • He is used (accustomed) to teaching English.
1225	**be(get) used to** ⓥ	~하는 데 사용되다 • Grape is used to make wine.

해석

1214. afford to 나는 새 차를 살 수가 없다. 1215. apply oneself to 그는 스스로 공부하는 데 몰두했다.
1216. as to ⓝ 그것에 관해서 나는 아직 결정하지 못했다. 1217. (be) anxious about 아이들이 늦으면 어머니
는 걱정한다. 1218. be anxious for 그는 너를 만나기를 열망했다. 1219. be aware of 우리는 상황의 중요성을
완전하게 알고 있다. 1220. be capable of 그녀는 작품을 읽을 수 있다. 1221. be in charge of 그는 영어를
가르칠 책임이 있다. 1222. be inclined to ⓝ 나는 그녀가 사실을 말한다고 생각하려는 경향이 있다. 1223. be
likely to ⓝ 우리가 시간 안에 도착할까? 1224. be(get) used to ~ing 그는 영어를 가르치는 데 익숙하다.
1225. be(get) used to ⓥ 포도는 와인을 만드는 데 사용된다.

Day 106 어렵지만 꼭 외워야 하는 숙어들

1226	**by all means**	반드시
		• Will you come? – By all means.(=certainly)
1227	**carry out**	실행하다, 수행하다
		• Try to carry out what you have planned.
1228	**check out**	(호텔) 체크아웃하다; (도서관) 책을 빌리다
		• Please check out at noon.
		• She checked the books out of the library.
1229	**distinguish A from B**	A와 B를 구별(식별)하다
		• He can distinguish the good from the bad.
1230	**do without**	~ 없이 지내다
		• We cannot do without air and water.
1231	**enable A to ⓥ**	A가 ~할 수 있게 하다
		• This dictionary enables you to understand English words.
1232	**except (for)** [iksépt]	제외하다, 제외시키다; ~을 제외하고
		• I discovered that I had been excepted from the list.
		• He can do everything except cook.
1233	**far from ⓝ / ~ing**	결코 ~ 않는
		• He is far from telling a lie.
1234	**feel like ~ing**	~하고 싶다
		• I feel like sleeping now.
1235	**figure out**	계산하다; 알다, 이해하다
		• Figure out the total of that.
		• We must figure out how to do it.
1236	**fill out**	(서류 등을) 작성하다
		• Fill out these blanks on this document.
1237	**get rid of**	없애다, 제거하다
		• It is very difficult to get rid of a bad habit.

해석 ▶

1226. by all means 올 거니? – 반드시 갈게. 1227. carry out 네가 계획했던 것을 실행에 옮기도록 노력해라. 1228. check out 정오에 체크아웃 해 주세요. / 그녀는 도서관에서 책을 빌렸다. 1229. distinguish A from B 그는 선인과 악인을 구별할 수 있다. 1230. do without 우리는 공기와 물 없이 지낼 수 없다. 1231. enable A to ⓥ 이 사전을 보면 영어 단어를 이해할 수 있다. 1232. except (for) 나는 내가 명단에서 제외됐다는 것을 알았다. / 그는 요리를 제외하고 뭐든 할 수 있다. 1233. far from ⓝ / ~ing 그는 결코 거짓말을 하지 않는다. 1234. feel like ~ing 나는 지금 자고 싶다. 1235. figure out 그것의 총계를 계산해 보시오. / 우리는 그것을 어떻게 해야 하는지 이해해야 한다. 1236. fill out 이 서류의 빈칸을 채우시오. 1237. get rid of 나쁜 습관을 버리기란 매우 어렵다.

Day 107 어렵지만 꼭 외워야 하는 숙어들

1238	**give rise to**	야기시키다
		• Such conduct might give rise to misunderstandings.
1239	**go through**	경험하다; ~을 통과하다
		• The country has gone through too many wars.
		• The new law has gone through Congress.
1240	**have (much) to do with**	~와는 밀접한 관계가 있다
		• His job has to do with looking after old people.
1241	**have nothing to do with**	~와는 관계가 없다
		• You have nothing to do with it.
1242	**have something to do with**	~와 관계가 있다
		• You have something to do with it.
1243	**in effect**	사실상
		• This schedule will be in effect from June 1.
1244	**in return for**	~에 대한 보답으로
		• He gave her some roses in return for her kindness.
1245	**in the end**	결국, 마침내
		• In the end they reached the destination.
1246	**keep out**	막다, 차단하다
		• Warm clothing will keep out the cold.
1247	**keep up with**	뒤떨어지지 않다, 따라잡다
		• I had to run to keep up with the girls.
1248	**lean against (on)**	~에 기대다
		• She leaned against the wall.
1249	**let in**	들이다, 받아들이다
		• There's someone at the door; let them in, will you?

해석

1238. give rise to 그런 행동은 오해를 일으킬 수 있다. 1239. go through 그 나라는 너무 많은 전쟁을 치러왔다. / 새 법이 의회를 통과했다. 1240. have (much) to do with 그의 일은 노인을 돌보는 것과 밀접한 관계가 있다. 1241. have nothing to do with 너는 그것과 관계가 없다. 1242. have something to do with 너는 그것과 관계가 있다. 1243. in effect 본 일정은 6월 1일부터 유효하다. 1244. in return for 그는 그녀의 친절함의 대가로 장미꽃 몇 송이를 주었다. 1245. in the end 결국 그들은 목적지에 달했다. 1246. keep out 따뜻한 옷이 감기를 막아줄 것이다. 1247. keep up with 나는 소녀들을 따라잡기 위해 뛰어야만 했다. 1248. lean against (on) 그녀는 벽에 기대고 섰다. 1249. let in 문에 누군가 있다. 그들을 들여보내, 알았지?

Day 108 어렵지만 꼭 외워야 하는 숙어들

1250	**look forward to ~ing**	~하는 것을 학수고대하다 • I'm looking forward to seeing you.
1251	**make up one's mind**	결심(결정)하다 • She made up her mind to go abroad.
1252	**once** ⓢ + ⓥ	일단 ~하면; ~하자마자, ~한 후부터 • Once you hesitate, you are lost. • Once he arrives, we can start.
1253	**participate (in)**	(~에) 참가하다 • He is going to participate in the Olympic Games.
1254	**pass away**	죽다 • She passed away in her sleep.
1255	**pay off**	성공하다 • Our plan certainly paid off.
1256	**play a(the) role(part)**	역할을 하다 • He played a key role in the program.
1257	**rob A of B**	A에게서 B를 빼앗다 • They robbed him of his purse.
1258	**set aside**	비축하다, 저축하다 • He set aside little money each week.
1259	**stand for**	상징하다 • R.O.K stands for Republic of Korea.
1260	**stick to**	~에 집착하다, ~을 고수하다 • He sticks to his own opinion.
1261	**subscribe to**	~을 구독하다 • I subscribe to "Language and speech".

해석 ✌

1250. look forward to ~ing 나는 너를 만나기를 간절히 기다린다. 1251. make up one's mind 그녀는 외국에 가기로 결심했다. 1252. once ⓢ + ⓥ 일단 망설이면, 너는 끝장이다. / 그가 도착하자마자, 우리는 출발할 수 있다. 1253. participate (in) 그는 올림픽 게임에 참석할 것이다. 1254. pass away 그녀는 잠을 자는 중에 숨졌다. 1255. pay off 우리의 계획은 확실히 성공적이었다. 1256. play a(the) role(part) 그는 프로그램에서 핵심적인 역할을 했다. 1257. rob A of B 그들은 그에게서 지갑을 빼앗았다. 1258. set aside 그는 매주마다 돈을 조금씩 저축했다. 1259. stand for R.O.K는 대한민국을 상징한다. 1260. stick to 그는 자기 의견이 옳다고 고수하고 있다. 1261. subscribe to 나는 "Language and speech"를 구독한다.

Chapter 01

Day 109 어렵지만 꼭 외워야 하는 숙어들

1262	**take away**	치우다, 없애다
		• Floods took away my livelihood.
1263	**take into account**	고려하다
		• You must take into account the boy's long illness.
1264	**at most**	기껏해야
		• She has 5,000 won at most.
1265	**be(get) accustomed to ~ing/ⓝ**	~에(하는 데) 익숙하다
		• She will get accustomed to American food.
1266	**be apt to ⓥ**	~하기 쉽다
		• Old people are apt to forget.
1267	**be eager to ⓥ**	~을 열망(갈망)하다
		• He is eager to succeed.
1268	**behind the times**	시대에 뒤쳐진
		• He was a writer who was behind the times.
1269	**by and large**	대체로
		• The result is, by and large, satisfactory.
1270	**come up with**	생각해내다
		• How did you come up with such a brilliant idea?
1271	**do away with**	없애다, 제거하다
		• The company did away with private offices.
1272	**draw a conclusion**	결론을 이끌어내다
		• They drew a conclusion of the matter.
1273	**engage in**	~에 참여하다(종사하다)
		• She is engaged in writing a novel.

해석

1262. take away 홍수가 나의 살림을 쓸어갔다. 1263. take into accont 당신은 그 소년의 오래된 병을 고려해야만 한다. 1264. at most 그녀는 기껏해야 5,000원 있다. 1265. be(get) accustomed to ~ing/ⓝ 그녀는 미국 음식에 익숙해질 것이다. 1266. be apt to ⓥ 노인들은 쉽게 잊어버린다. 1267. be eager to ⓥ 그는 성공하기를 갈망한다. 1268. behind the times 그는 시대에 뒤쳐진 작가였다. 1269. by and large 결과는, 대체로 만족스럽다. 1270. come up with 어떻게 그런 기발한 생각이 떠올랐니? 1271. do away with 그 회사는 개인 사무실을 없앴다. 1272. draw a conclusion 그들은 결론을 이끌어냈다. 1273. engage in 그녀는 소설 쓰는 일에 종사한다.

Day 110 어렵지만 꼭 외워야 하는 숙어들

1274	**for good**	영원히
		• It seems they're staying for good.
1275	**for oneself**	혼자 힘으로
		• He completed the work for himself.
1276	**head for(into)**	~로 향하다, ~로 나아가다
		• Where are you heading for?
1277	**in favor of**	~을 지지하여, ~의 편에서
		• Was he in favor of votes for women?
1278	**in itself**	본래, 본질적으로
		• Pleasure in itself is neither good nor bad.
1279	**in person**	본인이 직접
		• I've never met him in person.
1280	**in respect of**	~의 측면(관점)에서
		• Your products are excellent in respect of quality.
1281	**in terms of**	~의 관점에서, ~에 의하여
		• Don't see life in terms of money.
1282	**in the long run**	결국
		• It'll be cheaper in the long run to build it in stone.
1283	**look on(upon) A as B**	A를 B로 여기다(간주하다)
		• People look on him as the rich.
1284	**lose one's temper**	화를 내다
		• He lost his temper.
1285	**make(both) ends meet**	수입과 지출을 맞추다
		• I found it difficult to make (both) ends meets.

해석

1274. for good 그들이 영원히 머무를 것 같이 보인다. 1275. for oneself 그는 혼자 힘으로 일을 마쳤다. 1276. head for(into) 어디 가는 길이니? 1277. in favor of 그는 여성 쪽에 찬성표를 던졌니? 1278. in itself 본질적으로 기쁨은 좋은 것도 나쁜 것도 아니다. 1279. in person 나는 그를 직접 만난 적이 없다. 1280. in respect of 당신 제품은 품질 면에서 우수하다. 1281. in terms of 돈의 관점으로 인생을 보지 마시오. 1282. in the long run 결국 석재로 건축하는 것이 더 값 쌀 것이다. 1283. look on(upon) A as B 사람들은 그를 부자로 여긴다. 1284. lose one's temper 그는 이성을 잃었다. 1285. make(both) ends meet 나는 수입과 지출을 맞추는 일이 어렵다는 것을 알았다.

Day 111 어렵지만 꼭 외워야 하는 숙어들

1286	**may well** Ⓥ	~하는 게 당연하다
		• You may well say so.
1287	**meet by chance**	우연히 만나다
		• We couldn't meet by chance.
1288	**no matter what**	(~하는 것은) 무엇이든(간에)
		• No matter what you may think, I will have my own way.
1289	**no matter when**	(~할 때면) 언제든지(간에)
		• No matter when you may come, you can see me.
1290	**no matter where**	(~하는 곳은) 어디든지 (간에)
		• No matter where you may go, you'll be welcomed.
1291	**no matter who**	(~하는 사람은) 누구든지(간에)
		• No matter who you are, you must be modest.
1292	**not so much A as B**	A라기보다는 오히려 B
		• He is not so much a teacher as a soldier.
1293	**on(the) grounds of**	~를 근거(이유)로
		• They didn't allow him to enter on (the) grounds of youth.
1294	**out of date**	구식의, 시대에 뒤진
		• This ticket is out of date.
1295	**put up with**	~을 참고 견디다
		• I cannot put up with his rudeness.
1296	**search (for)** [səːrtʃ]	구하다, 찾다
		• Scientists are still searching for a cure for the common cold.
1297	**take it for granted**	당연한 것으로 받아들이다
		• He takes it for granted that he will get applause.

해석 ♪

1286. may well Ⓥ 네가 그렇게 말하는 것도 당연하다. 1287. meet by chance 우리는 우연히 만날 수 없었다. 1288. no matter what 당신 생각이 무엇이든, 내겐 내 방식이 있다. 1289. no matter when 언제 오든지, 너는 나를 볼 수 있다. 1290. no matter where 어디를 가든, 너는 환영받을 것이다. 1291. no matter who 네가 어떤 사람이든, 겸손해야 한다. 1292. not so much A as B 그는 선생님이라기보다 군인이다. 1293. on(the) grounds of 그들은 어리다는 이유로 그를 출입하지 못하게 했다. 1294. out of date 이 티켓은 날짜가 지났다. 1295. put up with 나는 그의 무례함을 참을 수 없다. 1296. search (for) 과학자들은 여전히 일반 감기에 맞는 치료법을 찾고 있다. 1297. take it for take it for 그는 박수 받는 것을 당연히 여긴다.

Day 112 어렵지만 꼭 외워야 하는 숙어들

1298	**take part in**	~에 참가(참여)하다
		• We take part in clubs or in study groups.
1299	**take the place of**	대신하다
		• Machinery took the place of workers.
1300	**to one's surprise**	놀랍게도
		• To my great surprise, I found her dead.
1301	**turn out**	판명되다; 생산하다
		• The rumor turned out to be false.
		• The factory can turn out a hundred cars a day.
1302	**up to date**	최신의
		• It is a modern factory — Everything is really up to date.
1303	**upside down**	거꾸로
		• Everything's upside down in this house.
1304	**what is more**	게다가, 더욱이
		• She's intelligent and, what is more, very beautiful.
1305	**what we call(ed)**	소위, 말하자면
		• He is what we call a self-made man.
1306	**would rather** ⓥ	~하는 편이 더 낫다(좋다)
		• I would rather die than part from you.

해석 ▶

1298. take part in 우리는 클럽이나 스터디 그룹에 참여한다. 1299. take the place of 기계가 노동자를 대신했다. 1300. to one's surprise 광장히 놀랍게도, 나는 그녀가 죽은 것을 발견했다. 1301. turn out 소문은 거짓으로 판명됐다. / 공장은 하루에 백 대의 자동차를 생산할 수 있다. 1302. up to date 그것은 현대식 공장이라 모든 것이 정말 최신식이다. 1303. upside down 이 집의 모든 것이 뒤집혀 있다. 1304. what is more 그녀는 지적이고 게다가 대단한 미인이다. 1305. what we call(ed) 그는 소위 자수성가한 사람이다. 1306. would rather ⓥ 나는 너랑 헤어지느니 차라리 죽겠다.

Day 113 한 개의 의미로 정리할 수 있는 형용사들

1307	**alone** [əlóun]	a. 고독한, 쓸쓸한 • Grandma lives alone.
1308	**basic** [béisik]	a. 기초(기본)적인 • You should keep the basic rule of good driving.
1309	**blind** [bláind]	a. 눈 먼, 장님의; 맹목적인 • Love is blind.
1310	**brave** [breiv]	a. 용감한 • He was a brave soldier.
1311	**calm** [kɑ:m]	a. 고요한, 조용한 • The sea was calm.
1312	**capable** [kéipəbl]	a. 능력 있는; ~할 수 있는 • He is a very capable doctor. • That remark is capable of being misunderstood.
1313	**cheap** [tʃi:p]	a. 값싼 • Fresh vegetables are very cheap in the summer.
1314	**dangerous** [déindʒərəs]	a. 위험한 • It is dangerous to smoke.
1315	**deaf** [def]	a. 귀 먼 • They opened a special school for the deaf.
1316	**defective** [diféktiv]	a. 결점(결함)이 있는 • He is mentally defective.
1317	**different** [dífərənt]	a. 다른 • They are different people with the same name.
1318	**economic** [i:kənámik]	a. 경제의, 경제상의 • The country is in bad economic state.

해석

1307. alone 할머니는 혼자 사신다. 1308. basic 운전을 잘하기 위해 기본적인 규칙을 준수해야 한다. 1309. blind 사랑은 맹목적이다. 1310. brave 그는 용감한 군인이었다. 1311. calm 바다는 고요했다. 1312. capable 그는 매우 능력 있는 의사다. / 그런 말은 오해의 소지가 있다. 1313. cheap 신선한 야채가 여름에는 매우 싸다. 1314. dangerous 담배 피우는 것은 위험하다. 1315. deaf 그들은 청각 장애자를 위한 특별 학교를 개설했다. 1316. defective 그는 정신적으로 결함이 있다. 1317. different 그들은 같은 이름을 가진 다른 사람들이다. 1318. economic 그 나라는 경제적으로 상황이 좋지 않다.

Day **114** 한 개의 의미로 정리할 수 있는 형용사들

1319	**economical** [i;kənámikəl]	a. 절약하는, 경제적인 • A small car is more economical than a large one.
1320	**famous** [féiməs]	a. 유명한, 잘 알려진 • A famous movie star lives in our town.
1321	**fantastic** [fəntǽstik]	a. 환상적인 • Christina is a really fantastic girl.
1322	**far** [faːr]	a. (거리가) 먼 • He lives far from here.
1323	**foreign** [fɔ́ːrin]	a. 외국의 • Do you speak any foreign languages?
1324	**fortunate** [fɔ́ːrtʃənit]	a. 운 좋은 • He is fortunate in having a good job.
1325	**general** [dʒénərəl]	a. 일반적인 • The general feeling is that it is wrong.
1326	**gentle** [dʒéntl]	a. 부드러운 • Be gentle when you brush the baby's hair.
1327	**genuine** [dʒénjuin]	a. 진짜의 • This is a genuine picture by Rubens.
1328	**gifted** [gíftid]	a. 천부적인, 재능 있는 • Their daughter is very gifted.
1329	**honest** [ánist]	a. 솔직한, 정직한 • It is honest of her to do so.
1330	**hopeless** [hóuplis]	a. 절망적인 • The doctor said Ann's condition was hopeless.

해석

1319. economical 소형차가 대형차보다 더 경제적이다. 1320. famous 유명한 영화배우가 우리 도시에 산다. 1321. fantastic 크리스티나는 정말 환상적인 소녀다. 1322. far 그 사람은 여기서 멀리 떨어져 산다. 1323. foreign 외국어 할 줄 아는 것 있나요? 1324. fortunate 좋은 직업을 구하다니 그는 운이 좋다. 1325. general 그것이 틀렸다는 것이 일반적인 느낌이다. 1326. gentle 아기의 머리를 빗을 때는 부드럽게 해라. 1327. genuine 이것은 루벤스가 그린 진짜 그림이다. 1328. gifted 그들의 딸은 매우 재능 있다. 1329. honest 그렇게 하다니 그녀는 정직하다. 1330. hopeless 의사는 앤의 상태가 절망적이라고 말했다.

Chapter 01

Day 115 한 개의 의미로 정리할 수 있는 형용사들

| 1331 | **irritated**
[írəteitid] | a. 신경질이 난
• He was irritated with you. |

| 1332 | **lonely**
[lóunli] | a. 고독한, 쓸쓸한
• When his wife died, he was very lonely. |

| 1333 | **main**
[mein] | a. 주된, 주요한
• The main crops of this country are coffee and rice. |

| 1334 | **merry**
[méri] | a. 즐거운, 행복한, 기분 좋은
• I wish you a merry Christmas. |

| 1335 | **necessary**
[nésəseri] | a. 필요한
• It is not necessary for you to study English. |

| 1336 | **painful**
[péinfəl] | a. 고통스러운
• This duty is painful to me. |

| 1337 | **peaceful**
[píːsfəl] | a. 평화로운
• He died a peaceful death. |

| 1338 | **perfect**
[pə́ːrfikt] | a. 완벽한, 완전한
• She's 75, but she still has a perfect set of teeth. |

| 1339 | **present**
[prǽznt] | a. 출석한, 현재의
• I was present at the meeting. |

| 1340 | **public**
[pʌ́blik] | a. 공공의, 공적인
• The town has its own public library and public school. |

| 1341 | **quiet**
[kwáiət] | a. 고요한, 조용한
• The children are unusually quiet today. |

| 1342 | **safe**
[seif] | a. 안전한
• As soon as the animals were in the cages, we were safe. |

해석

1331. irritated 그는 너에게 신경질이 났다. 1332. lonely 그의 아내가 죽었을 때, 그는 몹시 외로웠다. 1333. main 이 나라의 주요 농작물은 커피와 쌀이다. 1334. merry 크리스마스를 축하합니다. 1335. necessary 네가 영어를 공부하는 것은 불필요하다. 1336. painful 이 임무는 내겐 고통스럽다. 1337. peaceful 그는 평화로운 죽음을 맞았다. 1338. perfect 그녀는 75세이지만, 여전히 완전한 치아를 갖고 있다. 1339. present 나는 회의에 참석했다. 1340. public 그 도시에는 자체 공공 도서관과 공립학교가 있다. 1341. quiet 오늘 아이들이 유별나게 조용하다. 1342. safe 동물들이 우리에 갇히자, 우리는 안전해졌다.

Day 116 한 개의 의미로 정리할 수 있는 형용사들

1343	**salty** [sɔ́ːlti]	a. 짭짤한, 소금기가 있는 • We needed salty beef for making the cook.
1344	**similar** [símələr]	a. 비슷한 • She is similar to her mother.
1345	**speedy** [spíːdi]	a. 빠른, 신속한 • We wish him a speedy recovery from illness.
1346	**strange** [stréindʒ]	a. 이상한, 낯선 • It is strange you have never met him.
1347	**terrible** [térəbl]	a. 무서운, 공포스러운 • That heat is terrible in Baghdad during the summer.
1348	**thin** [θin]	a. 날씬한, 마른 • They made it with a thin sheet of paper.
1349	**thirsty** [θə́ːrsti]	a. 목마른 • Salty food makes us thirsty.
1350	**tight** [tait]	a. 단단히 고정된, 타이트한 • The drawer is so tight I can't open it.
1351	**ugly** [ʌ́gli]	a. 못생긴, 추한 • Liquor makes him ugly.
1352	**used** [juːsd]	a. 중고의 • They are used cars.
1353	**useful** [júːsfəl]	a. 유용한 • Computers are useful for doing many things.
1354	**warm** [wɔːrm]	a. 따뜻한 • It was warm, but not hot, yesterday.

해석 ⃗

1343. salty 우리는 요리를 하기 위해 짭짤한 소고기가 필요했다. 1344. similar 그녀는 그녀의 어머니와 비슷하다. 1345. speedy 우리는 그가 병에 빨리 회복하길 바란다. 1346. strange 네가 그를 만난 적이 없다는 것은 이상하다. 1347. terrible 여름 동안 바그다드에서 그 정도의 더위는 끔찍하다. 1348. thin 그들은 그것을 얇은 종이로 만들었다. 1349. thirsty 간이 짠 음식은 우리를 갈증 나게 한다. 1350. tight 서랍이 너무 빡빡해서 그것을 열 수 없다. 1351. ugly 술은 그를 추하게 만든다. 1352. used 그것들은 중고차다. 1353. useful 컴퓨터는 많은 일을 하는 데 쓸모가 있다. 1354. warm 어제는 따뜻했지만, 덥지는 않았다.

Day 117 한 개의 의미로 정리할 수 있는 형용사들

1355	**well-known** [wélnòun]	a. 잘 알려진, 유명한 • It is well-known that Korea is a divided country.
1356	**ashamed** [əʃéimd]	a. 부끄러워하는(하여) • You should be ashamed of your behavior.
1357	**atomic** [ətámik]	a. 원자의 • The U.S. air force dropped atomic bombs in Japan.
1358	**biological** [bàiəládʒikəl]	a. 생물학적인 • The danger of biological war still existed.
1359	**careful** [kéərfəl]	a. 주의하는, 조심하는 • Be careful what you say.
1360	**careless** [kéərlis]	a. 부주의한 • The taxi driver was very careless.
1361	**crowded** [kráudid]	a. 복잡한, 혼잡한 • It is hard to find a man in the crowded street.
1362	**distant** [dístənt]	a. 거리가 먼, 떨어진 • Those two girls are distant relatives.
1363	**doubtful** [dàutfəl]	a. 의심스러운 • He was doubtful of the outcome.
1364	**essential** [isénʃəl]	a. 꼭 필요한, 필수적인 • Water is essential to life.
1365	**false** [fɔːls]	a. 옳지 않은, 사실이 아닌 • The rumor proved to be false.
1366	**favorite** [féivərit]	a. 가장 좋아하는 • What is your favorite food?

해석

1355. well-known 한국이 분단국이라는 사실은 잘 알려져 있다. 1356. ashamed 너는 네 행동을 부끄럽게 여겨야 한다. 1357. atomic 미 공군이 일본에 원자폭탄을 투하했다. 1358. biological 생화학전의 위험이 여전히 존재한다. 1359. careful 네가 무슨 말을 하는지에 주의해라. 1360. careless 택시 기사는 매우 부주의했다. 1361. crowded 복잡한 거리에서 사람을 찾는 것은 어렵다. 1362. distant 그 두 소녀는 먼 친척이다. 1363. doubtful 그는 그 결과에 자신이 없었다. 1364. essential 물은 생명에 필수적이다. 1365. false 그 소문은 거짓으로 판명됐다. 1366. favorite 네가 가장 좋아하는 음식은?

Day 118 한 개의 의미로 정리할 수 있는 형용사들

1367 **fearful** [fíərfəl]	a. 무서운, 공포스러운	
	• He was fearful of making a mistake.	
1368 **festive** [féstiv]	a. 축제의	
	• Christmas is often called the festive season.	
1369 **fixed** [fikst]	a. 고정된, 확정된	
	• The date is fixed now.	
1370 **flat** [flæt]	a. 평평한	
	• Find me something flat to write on.	
1371 **frank** [fræŋk]	a. 솔직한, 정직한, 성실한	
	• Please make a frank confession of your guilt.	
1372 **gloomy** [glú:mi]	a. 우울한, 침울한	
	• Our future seems gloomy.	
1373 **ignorant** [ígnərənt]	a. 무지한, 무식한	
	• He was ignorant of my brother making you this offer.	
1374 **individual** [indəvídʒuəl]	a. 개인적인, 사적인, 개개인	
	• Each individual leaf on the tree is different.	
1375 **informative** [infɔ́:mətiv]	a. 정보를 제공하는	
	• There are many informative books on the shelf.	
1376 **instructive** [instrʌ́ktiv]	a. 교훈적인	
	• Where did you buy these instructive books?	
1377 **jealous** [dʒéləs]	a. 질투하는	
	• He is jealous of their success.	
1378 **lazy** [léizi]	a. 게으른, 나태한	
	• He won't work; he's just too lazy!	

해석 ╏

1367. fearful 그는 실수를 할까 걱정했다. 1368. festive 크리스마스는 종종 축제의 계절이라고 불린다. 1369. fixed 이제 날짜는 확정됐다. 1370. flat 내게 글을 쓸 만한 평평한 것을 찾아 주시오. 1371. frank 당신의 죄에 대해 솔직하게 자백하세요. 1372. gloomy 나의 미래는 우울해 보인다. 1373. ignorant 그는 나의 형이 네게 이 제안을 했다는 것을 몰랐다. 1374. individual 나무 각각의 잎은 다르다. 1375. informative 선반 위에 유익한 책이 많이 있다. 1376. instructive 어디서 이런 유익한 책을 샀니? 1377. jealous 그는 그들의 성공을 질투한다. 1378. lazy 그는 일을 하려 하지 않을 것이다, 그는 너무 게으르다!

Day 119 한 개의 의미로 정리할 수 있는 형용사들

1379	**liquid** [líkwid]	a. 액체의 • Water is liquid.
1380	**local** [lóukəl]	a. 지역의, 지방의 • It is time to broadcast local news.
1381	**male** [meil]	a. 남성의, 수컷의 • The male and female differ in size.
1382	**meaningful** [mí:niŋfəl]	a. 의미 있는 • He gave her a meaningful look.
1383	**modern** [mádərn]	a. 현대의 • She studied about modern classic writers.
1384	**narrow** [nǽrou]	a. (폭이) 좁은 • He took the straight and narrow path.
1385	**old-fashioned**	a. 구식의, 시대에 뒤진 • They are old-fashioned about marriage.
1386	**practical** [prǽktikəl]	a. 실질적인, 실제적인 • This sounds like a very practical plan.
1387	**pregnant** [prégnənt]	a. 임신한 • How long has she been pregnant?
1388	**rapid** [rǽpid]	a. 빠른, 신속한 • The industry is currently undergoing rapid change.
1389	**raw** [rɔː]	a. 날것의, 익히지 않은 • Don't drink raw milk.
1390	**respectful** [rispéktfəl]	a. 존경할 만한 • The children are always respectful to their elders.

해석

1379. liquid 물은 액체이다. 1380. local 지역 뉴스를 방송할 시간입니다. 1381. male 수컷과 암컷은 크기가 다르다. 1382. meaningful 그는 그녀에게 의미 있는 표정을 지었다. 1383. modern 그녀는 현대 일류 작가들에 관해 연구했다. 1384. narrow 그는 곧게 뻗은 좁은 길을 택했다. 1385. old-fashioned 그들은 결혼에 대해 구식의 생각을 갖고 있다. 1386. practical 이것은 아주 실제적인 계획인 듯하다. 1387. pregnant 그녀는 임신한지 얼마나 됐나요? 1388. rapid 그 산업은 현재 급속한 변화를 겪고 있는 중이다. 1389. raw 가공하지 않은 우유는 마시지 말아라. 1390. respectful 아이들은 항상 어른들을 공경한다.

Day 120 한 개의 의미로 정리할 수 있는 형용사들

1391	**responsible** [rispánsəbl]	a. 책임 있는, 책임지는 • This driver was responsible for the accident.
1392	**solar** [sóulər]	a. 태양의 • They use the heat of a solar heating system.
1393	**sour** [sauər]	a. (맛이) 신 • The milk has a sour taste.
1394	**sudden** [sʌ́dn]	a. 갑작스러운 • A car accident happened in a sudden turn in the road.
1395	**talkative** [tɔ́:kətiv]	a. 수다스러운 • She is very talkative.
1396	**terrific** [tərífik]	a. 굉장한, 훌륭한, 멋진 • He is a terrific baseball player.
1397	**terrified** [térəfaid]	a. 두려운, 무서운 • She was terrified to see the scene.
1398	**tiny** [táini]	a. 아주 작은 • There was a tiny insect on the flower.
1399	**traditional** [trədíʃənəl]	a. 전통적인 • It is a Korean traditional custom to visit ancestor's tomb.
1400	**usual** [júʒuəl]	a. 보통의, 일반적인 • As usual, he arrived last.
1401	**weak** [wi:k]	a. 약한, 힘이 없는 • Don't despise a weak enemy.
1402	**wrong** [rɔ:ŋ]	a. 잘못된 • Telling lies is wrong.

해석 👉

1391. responsible 이 운전사에게 그 사고의 책임이 있었다. 1392. solar 그들은 태양열 시스템의 열을 이용했다. 1393. sour 그 우유는 신맛이 난다. 1394. sudden 길에서 급격하게 돌다 교통사고가 일어났다. 1395. talkative 그녀는 매우 수다스럽다. 1396. terrific 그는 굉장한 야구 선수다. 1397. terrified 그녀는 그 장면을 목격하고 두려웠다. 1398. tiny 그 꽃에 작은 곤충이 있었다. 1399. traditional 조상의 묘를 방문하는 것은 한국의 전통적인 관습이다. 1400. usual 늘 그랬듯이, 그는 제일 늦게 왔다. 1401. weak 약한 적이라고 우습게 보지 마라. 1402. wrong 거짓말하는 것은 나쁘다.

Chapter 01

Day 121 한 개의 의미로 정리할 수 있는 형용사들

1403	**absent** [ǽbsənt]	a. 결석한 • He was absent from school yesterday.
1404	**annual** [ǽnjuəl]	a. 매년의, 1년(간)의 • His annual income has increased since then.
1405	**apologetic** [əpὰlədʒétik]	a. 사과하는 • He was apologetic for arriving late.
1406	**awful** [ɔ́ːfəl]	a. 무서운, 공포스러운 • He died an awful death.
1407	**brand-new**	a. (아주) 새로운, 신제품의 • This is a brand-new car.
1408	**brief** [briːf]	a. 간단한, 짧은 • He wrote a brief letter to her.
1409	**cheerful** [tʃíərfəl]	a. 기쁜, 즐거운 • They had a cheerful conversation with us.
1410	**chilly** [tʃíli]	a. 차가운, 쌀쌀한 • I feel chilly without a coat.
1411	**concerned** [kənsə́ːrnd]	a. 걱정(근심)스러운 • I was concerned about my mother's illness.
1412	**confident** [kάnfidənt]	a. 확신하는 • The government is confident of winning the next election.
1413	**confidential** [kὰnfidénʃəl]	a. 은밀한 • What I've just told you is completely confidential.
1414	**confused** [kənfjúːzd]	a. 혼란스러운, 헷갈리는 • The two words are confused in meaning.

해석

1403. absent 그는 어제 학교에 결석했다. 1404. annual 그때 이후로 그의 연봉은 인상되어 왔다. 1405. apologetic 그는 늦게 도착한 데 대해 사과했다. 1406. awful 그는 끔찍하게 죽었다. 1407. brand-new 이것은 새로 나온 차다. 1408. brief 그는 짧은 편지를 그녀에게 썼다. 1409. cheerful 그들은 우리와 즐거운 대화를 나누었다. 1410. chilly 나는 코트가 없으면 한기를 느낀다. 1411. concerned 나는 어머니의 병이 걱정스러웠다. 1412. confident 정부는 다음 선거에서 이길 것을 확신한다. 1413. confidential 내가 방금 했던 말은 절대 비밀이다. 1414. confused 두 단어의 뜻은 헷갈린다.

김세현 영어

Day 122 한 개의 의미로 정리할 수 있는 형용사들

1415	**considerable** [kənsídərəbl]	a. 상당한, 꽤 많은 • A considerable length of time has passed since he died.
1416	**considerate** [kənsídərit]	a. 사려 깊은 • He is always polite and considerate towards his parents.
1417	**constant** [kánstənt]	a. 변함없는, 지속적인 • Ben was in constant pain.
1418	**continuous** [kəntínjuəs]	a. 계속적인, 지속적인 • The brain needs a continuous supply of blood.
1419	**cooperative** [kouápərətiv]	a. 협동하는 • The teacher thanked her students for being so cooperative.
1420	**critical** [krítikəl]	a. 비판의, 비난의 • Why are you so critical of the government?
1421	**daily** [déili]	a. 매일의 • He gets paid daily.
1422	**dependable** [dipéndəbl]	a. 의지할 수 있는 • He is a dependable friend.
1423	**dependent** [dipéndənt]	a. 의존적인, 의지하는 • The success of the show is dependent on the weather.
1424	**depressed** [diprést]	a. 우울한, 의기소침한 • She always drinks too much alcohol when she feels depressed.
1425	**deserted** [dizə́:rtid]	a. 황량한 • He left the house deserted.
1426	**desirable** [dizáirəbl]	a. 바람직한 • It is most desirable that he should attend the conference.

해석

1415. considerable 그가 죽은 이래로 상당히 긴 시간이 지났다. 1416. considerate 그는 항상 부모님에게 예의 바르고 사려 깊다. 1417. constant 벤은 끊임없는 통증에 시달렸다. 1418. continuous 뇌는 계속적인 혈액 공급을 필요로 한다. 1419. cooperative 그 선생님은 학생들의 지극한 협조에 고마워했다. 1420. critical 너는 왜 그렇게 정부에 대해 비판적이니? 1421. daily 그는 일당을 받는다. 1422. dependable 그는 의지할 수 있는 친구다. 1423. dependent 쇼의 성공 여부는 날씨에 달려 있다. 1424. depressed 그녀는 우울할 때 항상 술을 많이 마신다. 1425. deserted 그는 그 집을 황량하게 내버려 두었다. 1426. desirable 그가 회의에 참석하는 것이 가장 바람직하다.

Day 123 한 개의 의미로 정리할 수 있는 형용사들

1427	**desirous** [dizáiərəs]	a. 갈망(열망)하는 • The president is strongly desirous that you should attend the meeting.
1428	**dreadful** [drédfəl]	a. 무서운, 공포스러운 • The play last night was just dreadful.
1429	**emergent** [imə́:rdʒənt]	a. 긴박한, 급박한 • It is not emergent, it can be waited until tomorrow.
1430	**emotional** [imóuʃənəl]	a. 감정적인 • He was very emotional; he cried when I left.
1431	**good-tempered**	a. 마음씨가 좋은 • He is a good-tempered man.
1432	**graceful** [gréisfəl]	a. 우아한, 세련된 • He wrote her a graceful letter of thanks.
1433	**guilty** [gílti]	a. 유죄의, 죄가 있는 • He was found guilty.
1434	**impulsive** [impʌ́lsiv]	a. 충동적인 • She is a girl with an impulsive nature.
1435	**inborn** [inbɔ́:rn]	a. 타고난, 선천적인 • He is an inborn talent for art.
1436	**indifferent** [indífərənt]	a. 무관심한 • He pretended to be indifferent.
1437	**mobile** [móubəl]	a. 움직이는, 이동하는 • A cellular phone is referred to a mobile phone.
1438	**moist** [mɔist]	a. 젖은, 습기찬 • The thick steam in the room had made the walls moist.

해석 👉

1427. desirous 대통령은 네가 회의에 참석하길 강하게 바란다. 1428. dreadful 어젯밤 연극은 단지 무서울 뿐이었다. 1429. emergent 그것은 급하지 않으니, 내일까지 기다릴 수 있다. 1430. emotional 그는 매우 감정적이다. 그래서 내가 떠날 때 그는 울었다. 1431. good-tempered 그는 마음씨가 좋은 사람이다. 1432. graceful 그는 그녀에게 세련된 감사 편지를 썼다. 1433. guilty 그는 유죄로 밝혀졌다. 1434. impulsive 그녀는 충동적인 성향을 가진 여자이다. 1435. inborn 그는 예술에 있어서 타고난 재주꾼이다. 1436. indifferent 그는 무관심한 체했다. 1437. mobile 휴대폰은 이동 전화라고 불린다. 1438. moist 방안에 진한 증기가 벽을 습하게 했다.

Day 124 한 개의 의미로 정리할 수 있는 형용사들

1439	**noble** [nóubl]	a. 고귀한 • There was a noble man who wanted to see you.
1440	**opposite** [ápəzit]	a. (정)반대의, 맞은편의 • Whose house is opposite to mine? • He sat opposite.
1441	**poetic** [pouétik]	a. 시적인 • Some plays are written in poetic form.
1442	**primitive** [prímitiv]	a. 원시적인, 원시 시대의 • Primitive man made primitive tools from sharp stones and animal bones.
1443	**private** [práivit]	a. 사적인, 개인적인 • You shouldn't read people's private letters.
1444	**racial** [réiʃəl]	a. 인종의 • Racial discrimination caused the conflict between them.
1445	**remarkable** [rimá:rkəbl]	a. 주목할 만한, 눈에 띄는 • We looked at remarkable sunset.
1446	**rude** [ru:d]	a. 무례한 • Don't be so rude to your father.
1447	**actual** [ǽktʃuəl]	a. 실질적인, 실제적인 • The actual cost of the repairs was less than our expectation.
1448	**aware** [əwέər]	a. 의식하고 있는 • Are you aware that there is a difficulty?
1449	**democratic** [dèməkrǽtik]	a. 민주주의의 • The United States has a democratic government.
1450	**envious** [énviəs]	a. 부러워(시기)하는 • Why are the children envious of Tom?

해석

1439. noble 너를 보고 싶어 했던 고귀한 사람이 있었다. 1440. opposite 누구의 집이 나의 집 반대편에 있니? / 그는 맞은편에 앉았다. 1441. poetic 몇몇 연극은 시적인 형태로 쓰여 있다. 1442. primitive 원시인은 날카로운 돌과 동물 뼈로 원시적인 도구를 만들었다. 1443. private 사람들의 사적인 편지를 읽어선 안 된다. 1444. racial 인종 차별이 그들 사이에 분쟁을 일으켰다. 1445. remarkable 우리는 눈에 띄게 아름다운 일몰을 봤다. 1446. rude 아버지에게 버릇없이 굴지 마라. 1447. actual 실제 수리 비용은 우리가 예상했던 것보다 적었다. 1448. aware 어려움이 있다는 것을 아니? 1449. democratic 미국에는 민주주의 정부가 있다. 1450. envious 왜 아이들이 톰을 부러워할까?

Day 125 한 개의 의미로 정리할 수 있는 형용사들

1451	**facial** [féiʃəl]	a. 얼굴의 • How can we read someone's facial expressions?
1452	**financial** [fainǽnʃəl]	a. 재정상의, 재정적인 • Mr. Kim is our financial adviser.
1453	**fundamental** [fʌ̀ndəméntəl]	a. 기초(기본)적인 • Fresh air is fundamental to good health.
1454	**honorable** [ánərəbl]	a. 명예(영예)로운 • Will the honorable member answer the question?
1455	**hospitable** [háspitəbl]	a. 친절한, 호의적인 • He was given hospitable treatment.
1456	**liberal** [líbərəl]	a. 자유로운 • The liberal party in 1950s dominated the Republic of Korea.
1457	**logical** [ládʒikəl]	a. 이성(논리)적인 • Scientists try to find logical explanation for surprising facts.
1458	**persuasive** [pərswéisiv]	a. 설득적인, 설득하는 • A persuasive person can sometimes change your mind.
1459	**poisonous** [pɔ́izənəs]	a. 유독한, 독이 있는 • Some plants are poisonous.
1460	**political** [pəlítikəl]	a. 정치적인 • The U.S. has two major political parties.
1461	**portable** [pɔ́:təbl]	a. 휴대할 수 있는 • He always carries a portable radio.
1462	**precious** [préʃəs]	a. 귀중한, 소중한 • Gold and silver are precious metals.

해석

1451. facial 누군가의 얼굴 표정을 어떻게 읽을 수 있을까? 1452. financial 김 씨는 우리의 재정 자문가이다. 1453. fundamental 신선한 공기는 건강에 기본적(필수적)인 것이다. 1454. honorable 명예 회원이 그 질문에 대답을 할까? 1455. hospitable 그는 친절한 대우를 받았다. 1456. liberal 1950년대에 자유당이 대한민국을 통치했다. 1457. logical 과학자들은 놀라운 사실에 대해 논리적 설명을 찾으려고 한다. 1458. persuasive 설득력이 뛰어난 사람은 때때로 네 마음을 바꿀 수 있다. 1459. poisonous 어떤 식물은 독이 있다. 1460. political 미국에는 두 개의 주요 정당이 있다. 1461. portable 그는 항상 휴대용 라디오를 가지고 다닌다. 1462. precious 금과 은은 귀한 금속이다.

Day 126 한 개의 의미로 정리할 수 있는 형용사들

1463	**progressive** [prəgrésiv]	a. 진보적인 • They dreamed a progressive society.
1464	**psychological** [sàikəládʒikəl]	a. 심리적인 • Psychological tests may be used to find out a person's character.
1465	**reasonable** [ríːzənəbl]	a. 이성적인, 논리적인 • The employee's request for a raise was reasonable. • Her excuse was not reasonable.
1466	**scared** [skɛərd]	a. 두려운, 무서운 • I'm scared to fly in a plane.
1467	**sensible** [sénsəbl]	a. 의식 있는, 현명한 • It is not sensible for you to drop out of school in your senior year.
1468	**sensitive** [sénsətiv]	a. 민감한, 예민한 • The eye is sensitive to light.
1469	**silly** [síli]	a. 바보같은, 어리석은 • It is silly of you to go out in the rain.
1470	**slender** [sléndər]	a. 날씬한 • She has slender arms.
1471	**slight** [slait]	a. 얼마 안되는, 약간의 • He had a slight headache.
1472	**slim** [slim]	a. 날씬한 • There are many slim-waisted girls in her class room.
1473	**sorrowful** [sɔ́roufəl]	a. 슬픈, 슬퍼하는 • She was sad to see a sorrowful sight.
1474	**spatial** [spéiʃəl]	a. 공간의 • Big houses have spatial rooms for entertaining.

해석

1463. progressive 그들은 진보적인 사회를 꿈꾸었다. 1464. psychological 심리 테스트는 사람의 성격을 알아내는 데 사용될 수 있다. 1465. reasonable 임금 인상에 대한 종업원의 요청은 이성적이다. / 그녀의 변명은 이치에 맞지 않았다. 1466. scared 나는 비행기로 가는 것이 두렵다. 1467. sensible 네가 상급 학년에서 학교를 그만두는 것은 현명하지 못하다. 1468. sensitive 눈은 빛에 민감하다. 1469. silly 빗속에 밖에 나가는 것은 어리석다. 1470. slender 그녀는 가냘픈 팔을 하고 있다. 1471. slight 그는 두통이 약간 있다. 1472. slim 그녀 학급에는 허리가 날씬한 여학생이 많이 있다. 1473. sorrowful 그녀는 슬픈 장면을 보고 우울해졌다. 1474. spatial 큰 집에는 오락을 즐기기 위한 공간이 있다.

Day 127 한 개의 의미로 정리할 수 있는 형용사들

1475	**specific** [spisífik]	a. 세부적인 • What are your specific aims?
1476	**spiritual** [spíritʃuəl]	a. 정신적인 • A religious ceremony is a spiritual experience. • She is our spiritual leader.
1477	**superstitious** [sù:pərstíʃəs]	a. 미신의, 미신적인 • Superstitious people consider some numbers to be unlucky.
1478	**surrounding** [səráundiŋ]	a. 주위의, 주변의 • She grew up in comfortable surroundings.
1479	**suspicious** [səspíʃəs]	a. 의심스러운 • She was suspicious of us.
1480	**symbolic** [simbálik]	a. 상징적인 • The Christian ceremony of Baptism is a symbolic act.
1481	**temporary** [témpərèri]	a. 일시적인 • I don't want to have a temporary job.
1482	**tidy** [táidi]	a. 말끔한, 깔끔한 • They made a tidy room for their newly-married son.
1483	**typical** [típikəl]	a. 전형적인 • It was typical of him to arrive so late.
1484	**valid** [vælid]	a. 유효한 • This train ticket will be valid for three months.
1485	**widespread** [wáidspréd]	a. 널리 퍼진 • Drug abuse is a widespread problem in the world today.
1486	**annoyed** [ənɔ́id]	a. 귀찮게 하는, 짜증나게 하는 • He was annoyed to learn that the train would be delayed.

해석

1475. specific 너의 세부적인 목표가 뭐니? 1476. spiritual 종교 의식은 정신적 경험이다. / 그녀는 우리의 정신적 지도자이다. 1477. superstitious 미신을 믿는 사람들은 몇 가지 숫자를 불운하다고 생각한다. 1478. surrounding 그녀는 편안한 환경에서 자랐다. 1479. suspicious 그녀는 우리를 의심했다. 1480. symbolic 침례교의 기독교 의식은 상징적인 행위이다. 1481. temporary 나는 임시직은 원치 않는다. 1482. tidy 그들은 막 결혼한 아들을 위해 깔끔한 방을 만들어 주었다. 1483. typical 그가 그렇게 늦게 오는 것은 전형적인 일이었다. 1484. valid 이 기차표는 3개월간 유효할 것이다. 1485. widespread 약물 중독은 오늘날 세계에 널리 퍼진 문제이다. 1486. annoyed 그는 기차가 늦어진다는 것을 알고 짜증이 났다.

Day 128 한 개의 의미로 정리할 수 있는 형용사들

1487	**artificial** [ɑ̀:rtəfíʃəl]	a. 인공의, 인조의 • It is said that artificial flavors are not good for health.
1488	**cautious** [kɔ́:ʃəs]	a. 주의하는, 조심하는 • You should be cautious when you cross the street.
1489	**celebrated** [séləbrèitid]	a. 잘 알려진, 유명한 • Venice is celebrated for its beautiful buildings.
1490	**elder** [éldər]	a. (두 사람 중에서) 나이가 더 많은 • My elder daughter is married.
1491	**elderly** [éldərli]	a. 나이가 지긋한, 나이 든 • The elderly man was losing his hearing.
1492	**enormous** [inɔ́:rməs]	a. 거대한 • He is under enormous stress.
1493	**ethical** [éθikəl]	a. 윤리(도덕)적인 • Stealing is not ethical in most countries.
1494	**evident** [évidənt]	a. (증거가) 명백한, 분명한 • It is evident that you've been drinking.
1495	**explosive** [iksplóusiv]	a. 폭발성의, 폭발적인 • Recently, there has been an explosive increase of population.
1496	**faithful** [féiθfəl]	a. 믿음직한, 충실한 • He keeps a faithful old dog.
1497	**genetic** [dʒənétik]	a. 유전적인 • She majors in genetic engineering.
1498	**gradual** [grǽdʒuəl]	a. 점진적인 • He has showed gradual improvement in health.

해석

1487. artificial 인공 조미료는 건강에 해롭다고들 한다. 1488. cautious 길을 건널 때 조심해야 한다. 1489. celebrated 베니스는 아름다운 건물로 유명하다. 1490. elder 나의 큰 언니는 결혼했다. 1491. elderly 노인들은 청력을 잃어갔다. 1492. enormous 그는 엄청난 스트레스를 받는다. 1493. ethical 절도는 대부분의 국가에서 도덕적이지 못한 행위다. 1494. evident 네가 술을 마셨다는 것이 분명하다. 1495. explosive 최근에, 인구의 폭발적인 증가가 있었다. 1496. faithful 그는 충직한 노견을 키운다. 1497. genetic 그녀는 유전 공학을 전공한다. 1498. gradual 그는 건강의 점진적인 회복을 보여 왔다.

Day 129 한 개의 의미로 정리할 수 있는 형용사들

1499	**grateful** [gréitfəl]	a. 고마워하는 • I am very grateful to you for helping me.
1500	**helpless** [heílplis]	a. 무기력한 • He will be helpless if you don't help him.
1501	**humid** [hjú:mid]	a. 젖은, 습기찬 • I feel hotter when it's humid like this.
1502	**idle** [áidl]	a. 게으른, 나태한 • You should not waste time on idle talk while you are working.
1503	**industrial** [indʌ́striəl]	a. 산업의 • Japan is an industrial nation.
1504	**industrious** [indʌ́striəs]	a. 부지런한 • Koreans are industrious people.
1505	**injured** [índʒərd]	a. 부상당한, 상처 입은 • She was injured badly in the accident.
1506	**intentional** [inténʃənəl]	a. 의도적인, 계획적인 • It was an intentional insult.
1507	**irritated** [íritéitid]	a. 화난, 분개한 • She felt irritated when she saw the scene.
1508	**loyal** [lɔ́jəl]	a. 충실한, 믿음직한 • He is loyal to the country.
1509	**luxurious** [lʌkʃúəriəs]	a. 사치스러운 • This hotel is really luxurious.
1510	**marked** [mɑ́:rkt]	a. 두드러진, 눈에 띄는 • This writer's plays are marked by a gentle humor.

해석

1499. grateful 나는 네가 나를 도와줘서 매우 고맙다. 1500. helpless 네가 그를 돕지 않는다면, 그는 무기력하게 될 것이다. 1501. humid 이렇게 습하면 난 더 덥게 느껴진다. 1502. idle 일하는 동안 쓸데없는 얘기에 시간을 낭비해선 안 된다. 1503. industrial 일본은 산업 국가이다. 1504. industrious 한국인은 부지런한 사람들이다. 1505. injured 그녀는 사고로 심하게 다쳤다. 1506. intentional 그것은 고의적인 모욕이었다. 1507. irritated 그녀는 그 광경을 보았을 때 분개했다. 1508. loyal 그는 국가에 충성한다. 1509. luxurious 이 호텔은 정말 호화스럽다. 1510. marked 이 작가의 연극은 온화한 유머로 두드러진다.

Day 130 한 개의 의미로 정리할 수 있는 형용사들

1511	**messy** [mési]	a. 엉망인, 어질러진 • Children made my room messy.
1512	**miserable** [mízərəbl]	a. 불행한, 비참한 • He makes her life miserable.
1513	**neat** [ni:t]	a. 단정한, 깔끔한 • The new students had a neat, well-dressed appearance.
1514	**neglected** [niglέktid]	a. 게으른, 나태한 • Don't be neglected to lock the door when you leave.
1515	**obvious** [ábviəs]	a. 명백한, 분명한 • It is obvious that he's lying.
1516	**outstanding** [àutstǽndiŋ]	a. 뛰어난, 두드러진 • He was the outstanding player in today's game.
1517	**particular** [pərtíkjulər]	a. 특별한, 독특한 • I have nothing particular to do today.
1518	**previous** [prí:viəs]	a. 이전의 • Have you had any previous experience of this work?
1519	**thorough** [θəí:rou]	a. 철저한, 완전한 • He has received thorough instruction in English.
1520	**thoughtful** [θɔ́:tfəl]	a. 신중한, 이해심 많은 • It was thoughtful of you to warn me of your arrival.
1521	**touching** [tʌ́tʃiŋ]	a. 감동을 주는 • His touching behavior made us happy.
1522	**tragic** [trǽdʒik]	a. 비극적인 • She started to cry when she heard the tragic news of the plane crash.

해석

1511. messy 아이들이 나의 방을 어지럽혔다. 1512. miserable 그가 그녀의 인생을 불행하게 했다. 1513. neat 그 새로 온 학생은 외모가 말끔했고 옷도 잘 입었다. 1514. neglected 떠날 때 문 잠그는 것을 잊지 마라. 1515. obvious 그가 거짓말을 하고 있는 것이 분명하다. 1516. outstanding 그는 오늘 게임에서 가장 뛰어난 선수였다. 1517. particular 나는 오늘 특별히 할 일은 없다. 1518. previous 이 일을 전에 해 본 경험이 있습니까? 1519. thorough 그는 영어에 있어 철저한 교육을 받아 왔다. 1520. thoughtful 너의 도착을 내게 알려준 걸 보니 넌 이해심이 많았다. 1521. touching 그의 감동적인 행동이 우리를 행복하게 했다. 1522. tragic 그녀는 비행기가 추락했다는 비극적인 뉴스를 듣고 울기 시작했다.

Chapter 01

Day 131 한 개의 의미로 정리할 수 있는 형용사들

1523	**triple** [trípl]	a. 세 배(수의); 세 개로 된 • His house is triple larger than mine. • They practiced the triple jump every afternoon.
1524	**vacant** [véikənt]	a. 텅 빈 • There are three vacant houses on our street.
1525	**vain** [vein]	a. 헛된 • All our efforts were in vain.
1526	**voluntary** [váləntèri]	a. 자발적인 • Military service is voluntary in the United States now.
1527	**wealthy** [wélθi]	a. 부유한 • However wealthy you may be, you can't buy this world.
1528	**wounded** [wúːndid]	a. 부상당한, 상처 입은 • They took care of the wounded soldiers.
1529	**addicted** [ədíktid]	a. 중독된 • The children are addicted to television.
1530	**adolescent** [ædəlésnt]	a. 사춘기의 • Adolescent period in life is very important.
1531	**aggressive** [əgrésiv]	a. 공격적인 • He is very aggressive; he's always arguing.
1532	**apparent** [əpǽənt]	a. 명백한, 분명한 • It is apparent that he is a poet.
1533	**athletic** [æθlétik]	a. 운동의, 운동 선수의 • The university built a new athletic building.
1534	**authentic** [ɔːθéntik]	a. 진짜의 • Is it authentic report?

해석

1523. triple 그의 집은 내 집보다 세 배 크다. / 그들은 매일 오후 세 번으로 이루어진 점프 연습을 했다. 1524. vacant 우리 도로에 빈집이 세 개 있다. 1525. vain 우리의 모든 노력은 헛된 것이었다. 1526. voluntary 미국에서 현재 군대 복역이 자발적이다. 1527. wealthy 네가 얼마나 부자이든 아니든 상관없이, 이 세상을 살 수는 없다. 1528. wounded 그들은 다친 군인들을 돌보았다. 1529. addicted 아이들은 TV에 중독되어 있다. 1530. adolescent 인생에서 사춘기는 매우 중요하다. 1531. aggressive 그는 매우 공격적이다. 그래서 항상 논쟁을 한다. 1532. apparent 그가 시인이라는 것은 명백하다. 1533. athletic 대학은 새 체육관을 건설했다. 1534. authentic 그거 믿을 만한 보고인가요?

Day 132 한 개의 의미로 정리할 수 있는 형용사들

1535	**bare** [bɛər]	a. 벌거벗은 · The trees are bare in the winter.
1536	**complicated** [kámpləkèitid]	a. 복잡한 · The staff have some very complicated jobs to complete.
1537	**conservative** [kənsə́:rvətiv]	a. 보수적인 · His views are conservative.
1538	**contagious** [kəntéidʒəs]	a. 전염성의 · His laughter is contagious.
1539	**fertile** [fə́:rtəl]	a. 비옥한, (땅이) 기름진 · Wheat grows well on fertile soil.
1540	**fluent** [flúənt]	a. 유창한 He is fluent in five languages.
1541	**fragile** [frǽdʒəl]	a. 깨지기 쉬운 · We keep fragile instruments in a special cabinet.
1542	**harsh** [hɑːrʃ]	a. 거친, 모진 · Good advice is harsh to the ear.
1543	**hasty** [héisti]	a. 서두르는, 급한 · His hasty decision was a bad mistake.
1544	**hostile** [hástəl]	a. 적대적인 · He seems to have some hostile feeling toward me.
1545	**innate** [inéit]	a. 타고난, 선천적인 · She has her innate courtesy.
1546	**massive** [mǽsiv]	a. 거대한 · The Titanic was a massive ship.

해석 ▶

1535. bare 겨울에 나무들은 벌거벗는다. 1536. complicated 직원들은 완수해야 할 매우 복잡한 일이 몇 가지 있다. 1537. conservative 그의 의견은 보수적이다. 1538. contagious 그의 웃음은 전염된다. 1539. fertile 밀은 비옥한 땅에서 잘 자란다. 1540. fluent 그는 5개 언어에 유창하다. 1541. fragile 우리는 특별한 장식장에 깨지기 쉬운 기구를 보관한다. 1542. harsh 충언은 귀에 거슬린다. 1543. hasty 급하게 내린 그의 결정이 큰 실수였다. 1544. hostile 그는 내게 다소 적의를 품고 있는 것 같다. 1545. innate 그녀는 천성적으로 예의가 바르다. 1546. massive 타이타닉은 거대한 배였다.

Day 133 한 개의 의미로 정리할 수 있는 형용사들

1547	**moderate** [mádərit]	a. 적당한, 적절한 • California has a very moderate climate, neither too hot nor too cold.
1548	**modest** [mádist]	a. 겸손한 • She is a very modest person and never says anything about her abilities.
1549	**monotonous** [mənátənəs]	a. 단조로운 • My job at a car factory is very monotonous.
1550	**noticeable** [nóutisəbl]	a. 두드러진, 주목할 만한 • We see a noticeable drop in the amount of crime.
1551	**numerous** [njú:mərəs]	a. 많은, 다량의 • There were numerous children that we did not know.
1552	**nutritious** [njutríʃnəl]	a. 영양분이 풍부한 • Patients should have a nutritious meal.
1553	**oral** [ɔ́:rəl]	a. 구두의, 말로 하는 • An oral language is often quite different from its written form.
1554	**overall** [óuvərɔ́:l]	a. 전체의, 전반적인 • The overall impression was a small, quiet, and ordinary town.
1555	**polar** [póulər]	a. 극지방의 • They had hoped to explore the polar expeditions.
1556	**precise** [prisáis]	a. 정확한, 꼼꼼한 • Scientific instruments can make precise measurements.
1557	**primary** [práiməri]	a. 주요한, 주된 • The primary cause of Tom's failure was his laziness.
1558	**prompt** [prɑmpt]	a. 신속한, 즉석의 • A prompt answer is required.

해석

1547. moderate 캘리포니아는 매우 너무 덥지도 너무 춥지도 않은 적절한 기후이다. 1548. modest 그녀는 매우 겸손한 사람이라 그녀의 능력에 대해 아무 말도 하지 않는다. 1549. monotonous 자동차 공장에서 나의 일은 매우 단조롭다. 1550. noticeable 범죄가 눈에 띄게 줄었다. 1551. numerous 우리가 알지 못했던 수많은 아이들이 있었다. 1552. nutritious 환자들은 영양가 높은 식사를 해야 한다. 1553. oral 구어체는 종종 문어체와 상당히 다르다. 1554. overall 전체적인 느낌은 작고, 조용하며 평범한 도시라는 것이다. 1555. polar 그들은 극지방 탐험 여행을 바랐다. 1556. precise 과학적인 도구로 정밀한 측정을 할 수 있다. 1557. primary Tom이 실패한 주요 원인은 그의 게으름이었다. 1558. prompt 신속한 답변이 요구된다.

Day 134 한 개의 의미로 정리할 수 있는 형용사들

1559	**realistic** [rìːəlístik]	a. 현실적인, 사실적인 • The story is neither realistic nor humorous.
1560	**ridiculous** [ridíkjuləs]	a. 우스꽝스러운, 어처구니 없는 • She looks ridiculous in those tight pants.
1561	**rotten** [rátn]	a. 썩은 • Because the apple is rotten, we cannot eat it.
1562	**tremendous** [triméndəs]	a. 거대한 • This house is tremendous.
1563	**trivial** [trívial]	a. 하찮은, 사소한 • He raised trivial objections against a proposal.
1564	**unique** [juːníːk]	a. 독특한, 특별한 • We have developed a unique method for preparing beef.
1565	**united** [ju(ː)náitid]	a. 결합한, 단결된 • The United States was formed when thirteen states united.
1566	**urgent** [áːrdʒənt]	a. 긴박한, 급박한 • She came up to us with an urgent message.
1567	**various** [véəriəs]	a. 다양한 • Big cities have various types of entertainments; movies, plays, dance, concerts.
1568	**vast** [væst]	a. 거대한 • There are vast swamps in South America where no people can live.
1569	**vertical** [vɔ́ːrtikəl]	a. 수직의 • The northern side of the mountain is almost vertical.
1570	**worn-out**	a. 닳은, 낡은 • They wear worn-out shoes.

해석

1559. realistic 그 이야기는 사실적이지도 않고 유머도 없다. 1560. ridiculous 꽉 끼는 바지를 입은 그녀는 우스꽝스러워 보인다. 1561. rotten 사과가 썩었기 때문에, 우리는 먹을 수 없다. 1562. tremendous 이 집은 엄청나게 크다. 1563. trivial 그는 제안에 대해 사소한 반대를 제기했다. 1564. unique 우리는 소고기를 준비하는 데 있어서 독특한 방법을 개발해 왔다. 1565. united 미국은 13개의 주가 연합하여 형성됐다. 1566. urgent 그녀는 긴급한 메시지를 가지고 우리에게 왔다. 1567. various 대도시에는 영화, 연극, 춤, 콘서트 등의 다양한 종류의 놀이 문화가 있다. 1568. vast 남미에는 사람이 살 수 없는 거대한 늪지가 있다. 1569. vertical 산의 북쪽은 거의 수직이다. 1570. worn-out 그들은 낡은 신발을 신는다.

Day 135 두 개 이상의 의미로 정리할 수 있는 형용사들

1571 alternative
[ɔːltə́rnətiv]

a. 대체하는; 양자택일

• They had an alternative plan.
• We have the alternative of leaving or staying.

1572 anxious
[ǽŋkʃəs]

a. 걱정스러운, 근심스러운; 갈망하는, 열망하는

• She was anxious about her children when they didn't come from school.
• He was anxious to please his guests.

1573 appreciative
[əprí:ʃətiv]

a. 감사하는; 감상하는

• They are appreciative of kindness.
• I saw an appreciative audience at the concert.

1574 bright
[brait]

a. 밝은; 영리한

• The sun is bright on a clear day.
• A bright boy learns quickly.

1575 brilliant
[bríljənt]

a. 탁월한, 명석한; 밝게 빛나는

• That scientist's work has been brilliant.
• Her diamond ring was brilliant in the sun light.

1576 clear
[kliər]

a. 분명한, 명확한; 맑은   v. 분명(명확)하게 하다

• She seems quite clear about her plans.
• Is the sky clear tonight?
• The plans for the new school have not been cleared by the council.

1577 common
[kɔ́mən]

a. 보통의, 일반적인; 공통된

• Wheat fields and corn fields are common in Nebraska.
• The basis of their friendship was a common interest in sports.

1578 delicate
[délikit]

a. 정교한, 세심한; 미묘한

• The body is a delicate machine.
• The international situation is very delicate at present.

1579 **domestic** [dəméstik]	a. 국내의, 자국의; 가정의, 가족의; 길들여진
	• This newspaper provides more foreign news than domestic news.
	• He has had many domestic troubles.
	• Horses, cows and sheep are domestic animals.

1580 **expressive** [iksprésiv]	a. 표현하는; 표정이 풍부한
	• He memorized some words expressive of gratitude.
	• He has his expressive eyes.

1581 **extra** [ékstrə]	a. 여분의; 추가의(되는)
	• There were so many people that the company put on extra buses.
	• I was just hoping to avoid the extra work.

1582 **faint** [feint]	a. 의식을 잃을 듯한; 희박한 v. 기절하다
	• She looks faint.
	• There is a faint hope that she may be cured.
	• He fainted from hunger.

(해석)

1571. alternative 그들에겐 대안이 있었다. / 떠나느냐 머무느냐 둘 중 하나다. 1572. anxious 그녀는 아이들이 학교에서 돌아오지 않자 매우 걱정했다. / 그는 자기 손님을 기쁘게 하기를 열망했다. 1573. appreciative 그들은 친절함에 감사한다. / 음악회에 온 안목이 높은 청중을 봤다. 1574. bright 맑은 날 태양은 눈부시다. / 영리한 소년은 빨리 배운다. 1575. brilliant 저 과학자의 업적은 탁월한 것이었다. / 그녀의 다이아몬드 반지는 태양 빛에 밝게 빛났다. 1576. clear 그녀는 자기 계획에 대해 상당히 명확해 보인다. / 오늘 밤 하늘이 맑니? / 그 새 학교에 대한 계획들은 위원회에 의해 정리되지 않았다. 1577. common 밀과 옥수수 평원은 네브래스카에서는 흔하다. / 그들 우정의 기초는 스포츠에 대한 공통된 관심이었다. 1578. delicate 몸은 정교한 기계이다. / 현재 국제 정세가 매우 미묘하다. 1579. domestic 이 신문은 국내 뉴스보다 해외 뉴스를 더 많이 제공한다. / 그에게는 많은 가정 문제가 있었다. / 말, 소 그리고 양은 가축이다. 1580. expressive 그는 감사의 표현을 나타내는 단어 몇 개를 외웠다. / 그는 감정이 풍부한 눈을 갖고 있다. 1581. extra 사람이 너무 많아서 회사에서 여분의 차를 배치했다. / 나는 별도로 수고하는 것을 피했으면 했다. 1582. faint 그녀는 기절한 것처럼 보인다. / 그녀가 회복될 수 있다는 희망은 희박하다. / 그는 배고픔으로 인해 기절했다.

Chapter 01

Day 136 두 개 이상의 의미로 정리할 수 있는 형용사들

1583	**favorable** [févərəbl]	a. 유익한, 도움을 주는, 유리한
		• The company will lend you money on very favorable terms. • The weather is favorable for the flight.
1584	**humble** [hʌ́mbl]	a. 겸손한; 초라한
		• He is humble toward everybody. • However humble it may be, there is no place like home.
1585	**innocent** [ínəsənt]	a. 무죄의; 순진한
		• He was innocent of the crime. • He is as innocent as a new born baby.
1586	**intimate** [íntəmit]	a. 절친한; 개인적인, 사적인
		• We are intimate frends. • He has kept an intimate diary for a long time.
1587	**mature** [mətʃúər]	a. 성숙한; 잘 익은
		• You are not a child; you must behave in more mature way. • In 6 years the wine will have been mature.
1588	**natural** [nǽtjuər]	a. 자연적인, 천연의; 본성의, 타고난
		• Try to look natural for your photograph. • She is a natural linguist, learns languages easily.
1589	**nervous** [nə́ːrvəs]	a. 초조한, 걱정스런; 신경의
		• I always get nervous before a plane trip. • She has suffered from nervous disease.
1590	**original** [ərídʒnəl]	a. 최초의, 기원(근원)의; 독창적인
		• The original plan was better than the plan we followed. • He is famous for his original research.

1591 physical [fízikəl]	a. 신체적인; 물질의, 물질적인 • People should get a lot of physical activity to stay health. • Compare the physical world with the mental one.	
1592 popular [pάpjulər]	a. 인기 있는; 대중적인 • That type of skirt is very popular this year. • The president listened to popular opinions.	
1593 regretful [rigrétfəl]	a. 후회하는; 유감으로 생각하는 • She is regretful for having said so. • I shall be regretful to say that I'm unable to help you.	
1594 rich [ritʃ]	a. 부유한; 비옥한, 기름진 • However rich she maybe, she can't be satisfied. • This fish is rich in oil.	

해석

1583. favorable 그 회사는 유리한 조건으로 네게 돈을 빌려줄 것이다. / 날씨가 비행하기에 알맞다. 1584. humble 그는 누구에게나 겸손하다. / 아무리 누추하다 해도 집만한 곳은 없다. 1585. innocent 그는 죄를 저지르지 않았다. / 그는 갓 태어난 아이처럼 순진하다. 1586. intimate 우리는 절친한 친구이다. / 그는 오랫동안 개인적인 일기를 써 왔다. 1587. mature 너는 애가 아니다. 그러니 좀 더 성숙하게 행동해야 한다. / 6년은 지나야 포도주가 숙성될 것이다. 1588. natural 사진에 자연스럽게 보이도록 해 봐. / 그녀는 타고난 언어학자여서, 언어를 쉽게 배운다. 1589. nervous 비행기 여행 전에 나는 항상 불안해진다. / 그녀는 신경병으로 고생해 왔다. 1590. original 최초의 계획이 우리가 수행했던 계획보다 나았다. / 그는 그의 독창적인 연구로 유명하다. 1591. physical 사람들은 건강을 유지하기 위해 신체 활동을 많이 해야 한다. / 물질적인 세상과 정신적인 세상을 비교해 보시오. 1592. popular 저런 모양의 스커트가 올해 정말 유행이다. / 대통령은 대중의 의견을 경청했다. 1593. regretful 그녀는 그렇게 말한 것에 대해 후회한다. / 당신을 도와줄 수 없다고 말하게 되어 유감이다. 1594. rich 아무리 부자라고 해도, 그녀는 만족할 수 없다. / 이 물고기는 기름기가 많다.

Day 137 웃기는 형용사들

1595 certain
[sə́:rtən]

a. (명사 앞에서) 어떤; (동사 다음에서) 확실한, 분명한

• A certain man I met yesterday was his father.
• My team is certain to win.

1596 chemical(s)
[kémikəl(s)]

n. 화학물질

• Chemicals released from factories pollute waters.

1597 chief
[tʃiːf]

a. 중요한, 주된   n. 우두머리, 장

• Rice is the chief crop in this area.
• The president is chief of the armed forces.

1598 close
[klous/klouz]

ad. 가까이에, 근처에   a. 가까운, 친밀한   v. 닫다

• We live close to the church.
• He is one of my closest friends.
• When does the store close?

1599 cold
[kould]

n. 감기   a. 추운

• Half of the students in the school were absent with colds.
• I'm feeling cold today.

1600 commercial
[kəmə́:rʃəl]

a. 상업의, 상업적인   n. 선전, 광고

• Our commercial laws are very old-fashioned.
• Have you seen our new TV commercials?

1601 complete
[kəmplíːt]

a. 완전한, 완성된   v. 완전하게 하다

• When will work on the new school be complete?
• I need three more words to complete the puzzle.

1602 correct
[kərékt]

v. 수정하다, 바로잡다   a. 올바른, 정확한

• Correct my spelling if it's wrong.
• He made a correct answer.

1603 desperate
[déspərit]

a. 자포자기의; 필사적인

• The country is in a desperate state.
• The last desperate effort to win

1604 **dominant** [dámənənt]	a. 지배적인; 우세한
	• The opinion that he will win is dominant. • He held a dominant position in our community.

1605 **fair** [fɛər]	a. 공정한; 맑은, 아름다운
	• A good professor must be fair to all students. • I saw a fair lady cross the bridge.

1606 **fast** [fæst]	a. 빠른, 신속한 v. 단식하다
	• This is a fast train bounding for Pusan. • Muslims fast during Ramadan.

해석)

1595. certain 내가 어제 만났던 어떤 남자가 그의 아버지였다. / 나의 팀이 이길 것이 확실하다. 1596. chemical(s) 공장에서 배출된 화학 물질이 물을 오염시킨다. 1597. chief 쌀은 이 지역의 주요 농작물이다. / 대통령은 군대의 우두머리이다. 1598. close 우리는 교회 근처에 산다. / 그는 나의 가까운 친구 중에 하나다. / 언제 상점이 문을 닫나요? 1599. cold 학교의 학생들 절반 정도가 감기로 결석했다. / 나는 오늘 춥게 느껴진다. 1600. commercial 우리의 상법은 정말 오래된 것이다. / 새로 나가는 우리 텔레비전 광고 본 적 있어요? 1601. complete 학교의 신축 공사는 언제 완성되나요? / 퍼즐을 완성하려면 세 단어가 더 필요하다. 1602. correct 철자가 잘못됐으면 고쳐줘. / 그는 정확한 답을 했다. 1603. desperate 나라는 절망적인 상황에 있다. / 이기기 위한 최후의 노력 1604. dominant 그가 이길 것이라는 의견이 지배적이다. / 그는 우리 지역 사회에서 우위를 점했다. 1605. fair 좋은 교수는 모든 학생에게 공정해야 한다. / 다리 건너로 아름다운 아가씨를 보았다. 1606. fast 이 기차가 부산으로 가는 급행이다. / 회교도들은 라마단 기간 동안 금식한다.

Chapter 01

Day 138 웃기는 형용사들

1607 fine
[fain]

a. 좋은, 멋진 n. 벌금

- We use only the finest materials to make our furniture.
- They paid a $5 fine.

1608 firm
[fəːrm]

n. 회사 a. 굳은, 견고한

- They established a firm.
- Do you think the ice is firm enough to walk on?

1609 forgiving
[fərgíviŋ]

a. 용서해 주는; 관대한

- She has a gentle forgiving nature.

1610 free
[friː]

a. 자유로운; 무료의, 공짜의; ~이 없는

- She felt free when she left there.
- Are the drinks free?
- Is this seat free? — Yes, no one is using it.

1611 generous
[dʒénərəs]

a. 관대한; 너그러운

- It was very generous of you to lend me your car yesterday.

1612 hard
[haːrd]

a. 딱딱한; 어려운, 힘든

- Iron is hard.
- It's been a hard winter.

1613 ideal
[aidíːəl]

a. 이상적인 n. 이상

- An ideal location for a home would be near a park.
- He is striving after an ideal.

1614 initial
[iníʃəl]

a. 처음의, 최초의 n. (이름자의) 이니셜

- The initial talks were the base of the later agreement.
- Steven Lane's initials are S.L.

1615 late
[leit]

a. 늦은; 최근의

- She returned in the late afternoon.
- Some late news has just come in.

1616 **light** [lait]	a. 밝은; 가벼운 n. 빛
	• It is beginning to get light. • It is very light, a child could lift it. • This light is too poor to read by.
1617 **mass** [mæs]	n. 덩어리, 질량 a. 대중의; 대규모의
	• Ice forms into a mass. • He put a great emphasis on a mass education. • Mass production requires many workers.
1618 **odd** [ɑd]	a. 이상한, 낯선 n. 홀수의
	• He is an odd-looking old man. • 1, 3, 5 and 7 are odd numbers.

해석

1607. fine 우리는 가구를 만드는 데 가장 좋은 재료를 사용한다. / 그들은 5달러의 벌금을 냈다. 1608. firm 그들은 회사를 설립했다. / 걸어 다녀도 될 만큼 그 얼음이 단단하다고 생각합니까? 1609. forgiving 그녀는 너그러운 성품을 지니고 있다. 1610. free 그녀는 그곳을 떠나자 자유로움을 느꼈다. / 음료는 공짜인가요? / 이 좌석은 비었나요? 네, 아무도 사용하지 않아요. 1611. generous 어제 내게 차를 빌려주어서 정말 감사했다. 1612. hard 철은 단단하다. / 힘든 겨울이었다. 1613. ideal 이상적인 집의 위치는 공원 근처이다. / 그는 이상을 실현하려고 노력하고 있다. 1614. initial 최초 회담은 차후 협의에 기본이었다. / 스티븐 레인의 이니셜은 S.L.이다. 1615. late 그녀는 늦은 오후에 돌아왔다. / 최근 소식들이 막 들어왔다. 1616. light 점차 밝아지기 시작하고 있다. / 그것은 정말 가벼워서 어린아이도 들 수 있다. / 이 빛은 너무 희미해서 책을 읽을 수가 없다. 1617. mass 얼음이 덩어리지다. / 그는 대중 교육을 크게 강조했다. / 대량 생산에는 많은 노동자가 필요하다. 1618. odd 그는 이상하게 보이는 노인이다. / 1,3,5,7은 홀수이다.

Day 139 웃기는 형용사들

1619 only
[óunli]

a. 유일한　ad. 단지, 다만, 오직

• Smith was the only person who could do it.
• I only saw Mary.

1620 patient
[péiʃənt]

n. 환자　a. 인내심(참을성) 있는

• There are more than 200 patients in that hospital.
• He was patient with a child.

1621 pretty
[príti]

a. 예쁜　ad. 아주, 매우

• What a pretty picture!
• The situation seems pretty hopeless.

1622 relative
[rélətiv]

n. 친척　a. 상대적인

• My uncle is my nearest relative.
• Cold is a relative term.

1623 separate

v. [sépərèit] 분리하다(시키다)
a. [sépərit] 분리된, 나누어진; 별개의, 서로 다른

• The teacher separated the children into two groups.
• Keep the boys separate from the girls.
• This word has three separate meanings.

1624 sorry
[sɔ́:ri]

a. 미안한; 유감스러운

• I'm sorry, but you can't bring your dog in here.
• I'm sorry to say that we have failed.

1625 sound
[saund]

n. 소리　a. 건강한, 건전한

• Sound travels at 1,100 feet per second.
• A sound mind in a sound body.

1626 tense
[tens]

a. 긴장한　v. 긴장하다(시키다)　n. (문법) 시제

• We were tense with expectancy.
• He tensed his muscles for the effort.
• There is tenses in English grammar.

해석 ☞

1619. only Smith는 그것을 할 수 있는 유일한 사람이었다. / 나는 단지 Mary를 보았다. 1620. patient 저 병원에는 200명 이상의 환자가 있다. / 그는 참을성 있게 아이를 대했다. 1621. pretty 정말 예쁜 그림이구나! / 상황은 꽤 희망이 없어 보인다. 1622. relative 나의 삼촌은 가장 가까운 친척이다. / 춥다는 말은 상대적 의미를 가진 말이다. 1623. separate 선생님은 아이들을 두 그룹으로 분리했다. / 남자 애들을 여자 애들과 떼어 두시오. / 이 단어는 별개의 세 가지 의미를 지닌다. 1624. sorry 죄송하지만, 이곳엔 개를 데리고 들어올 수 없다. / 우리가 실패했다는 말을 하게 되어 유감이다. 1625. sound 소리는 1초에 1100피트를 간다. / 건전한 정신은 건전한 신체에 깃든다. 1626. tense 우리는 기대로 긴장해 있었다. / 애쓰느라 그의 근육은 긴장했다. / 영어 문법에는 시제가 있다.

김세현 영어

Day 140 반의어와 함께 외울 수 있는 형용사들

1627 **a few**	a. 조금 있는	
	• I'd like a few more red roses.	
1628 **few** [fjuː]	a. 거의 없는	
	• She has very few friends.	
1629 **able** [éibl]	a. 할 수 있는	
	• Will you be able to come?	
1630 **unable** [ʌnéibl]	a. 할 수 없는	
	• He seems unable to understand you.	
1631 **attractive** [ətrǽktiv]	a. 매력적인	
	• She is the most attractive girl.	
1632 **unattractive** [ʌnʌnətrǽktiv]	a. 매력 없는	
	• It is the most unattractive idea.	
1633 **avoidable** [əvɔ́idəbl]	a. 피할 수 있는	
	• It was an avoidable accident.	
1634 **unavoidable** [ʌnəvɔ́idəbl]	a. 피할 수 없는	
	• That was quite unavoidable.	
1635 **comfortable** [kʌ́mfərtəbl]	a. 편안한	
	• Make yourself comfortable!	
1636 **uncomfortable** [ʌnkʌ́mfərtəbl]	a. 편치 않은	
	• I felt uncomfortable when Carl and Jane started arguing.	
1637 **common** [kɔ́mən]	a. 보통의, 일반적인	
	• It is common to hear ambulances in the city.	
1638 **uncommon** [ʌnkɔ́mən]	a. 보통이 아닌, 특별한	
	• It was an uncommon case.	

해석 ▶

1627 a few 붉은 장미를 조금 더 주세요. 1628 few 그녀는 거의 친구가 없다. 1629 able 내일 올 수 있습니까? 1630 unable 그는 너를 이해할 수 없을 것 같다. 1631 attractive 그녀는 가장 매력적인 소녀이다. 1632 unattractive 그것이 가장 매력이 없는 생각이다. 1633 avoidable 그것은 피할 수 있었던 사고였다. 1634 unavoidable 부득이한 일이었다. 1635 comfortable 편하게 있으세요! 1636 uncomfortable 칼과 제인이 논쟁을 시작했을 때, 나는 편치 않았다. 1637 common 도시에서 구급차 소리를 듣는 경우는 흔하다. 1638 uncommon 그것은 특별한 경우였다.

166 김세현 영어 VOCA

Day 141 반의어와 함께 외울 수 있는 형용사들

1639	**dependent** [dipéndənt]	a. 의존적인 • The success of the show is dependent on the weather.
1640	**independent** [indipéndənt]	a. 독립적인 • My son wants to be independent.
1641	**different** [dífərənt]	a. 다른 • They are different people with the same name.
1642	**similar** [símələr]	a. 비슷한 • She is similar to her mother.
1643	**fair** [fɛər]	a. 공정한 • Everyone must have a fair share.
1644	**unfair** [ʌnfɛər]	a. 공정하지 않은 • They won the game by an unfair play.
1645	**female** [fíːmeil]	a. 여성의 • The male and female differ in size.
1646	**male** [meil]	a. 남성의 • It is difficult to distinguish a male bird from a female bird.
1647	**harmful** [háːrmfəl]	a. 해로운 • Many factories are harmful to the environment around them.
1648	**harmless** [háirmlis]	a. 무해한 • The drug kills germs but is harmless to people.
1649	**major** [méidʒər]	a. 주된, 주요한 n. 전공 • Drinking was the major cause of his death. • History is her major.
1650	**minor** [máinər]	a. 사소한 n. 부전공 • The young actress was given a minor part in the new play. • He chose mathematics as a minor.

해석

1639. dependent 쇼의 성공 여부는 날씨에 달려 있다. 1640. independent 나의 아들은 독립을 원한다. 1641. different 그들은 동명이인이다. 1642. similar 그녀는 그녀의 어머니와 비슷하다. 1643. fair 모두가 공평한 몫을 가져야 한다. 1644. unfair 그들은 공정하지 못한 시합으로 게임에서 이겼다. 1645. female 수컷과 암컷은 크기가 다르다. 1646. male 수컷 새와 암컷 새를 구분하기란 어렵다. 1647. harmful 많은 공장이 그 주변의 환경에는 해롭다. 1648. harmless 그 약은 세균을 죽이지만 사람에겐 무해하다. 1649. major 음주가 그의 죽음의 주된 원인 중의 하나이다. / 역사는 그녀의 전공이다. 1650. minor 새 연극에서 그 젊은 여배우에게 사소한 역이 주어졌다. / 그는 부전공으로 수학을 택했다.

Day 142 반의어와 함께 외울 수 있는 형용사들

1651	**minimum** [mínəməm]	a. 최소의 • minimum wage • minimum standard of living
1652	**maximum** [mǽksəməm]	a. 최대의 • The maximum speed permitted on this road is 55 miles per hour. • Drivers must not exceed a maximum of 55 miles an hour.
1653	**negative** [néɡətiv]	a. 부정적인 • Public opinion about building a new road is negative.
1654	**positive** [pázitiv]	a. 긍정적인 • Employers want workers with positive attitudes.
1655	**patient** [péiʃənt]	a. 인내심(참을성) 있는 • He is patient with a child.
1656	**impatient** [impéiʃənt]	a. 참을성 없는 • She is impatient of insults.
1657	**possible** [pásəbl]	a. 가능한 • Is it possible to get another printer for my computer?
1658	**impossible** [impásəbl]	a. 불가능한 • It is impossible to deceive them.
1659	**responsible** [rispánsəbəl]	a. 책임 있는, 책임지는 • Who is responsible for breaking the mirror?
1660	**irresponsible** [ìrispánsəbl]	a. 책임 없는 • He is irresponsible for the result.
1661	**usual** [júːʒuəl]	a. 보통의, 흔한 • We will meet at the usual time.
1662	**unusual** [ʌnjúːʒuəl]	a. 이상한, 흔치 않은, 낯선 • There's been an unusual amount of rain this month.

해석 ⟩

1651. minimum 최저 임금 / 최저 생활 1652. maximum 이 길에 허용된 최고 속도는 시간당 55마일이다. / 운전자들은 시속 55마일의 최고 속도를 초과하지 말아야 한다. 1653. negative 새 도로 건설에 대한 대중의 여론은 부정적이다. 1654. positive 고용주들은 근로자들이 긍정적인 자세를 갖길 원한다. 1655. patient 그는 아이들과 지내는 데 인내심이 있다. 1656. impatient 그녀는 모욕을 참을 수 없다. 1657. possible 내 컴퓨터에 사용할 프린터를 하나 더 구할 수 있을까요? 1658. impossible 그들을 속이는 것은 불가능하다. 1659. responsible 누가 거울을 깼니? 1660. irresponsible 그는 그 결과에 대해 책임이 없다. 1661. usual 우리는 여느 때와 같은 때에 만날 것이다. 1662. unusual 이번 달에 유난히 많은 양의 비가 왔다.

Day 143 반의어와 함께 외울 수 있는 형용사들

1663	**valuable** [vǽljuəbl]	a. 가치 있는 • Your help has been very valuable.
1664	**valueless** [vǽljuːləs]	a. 가치 없는 • This is a book valueless for English teachers.
1665	**convenient** [kənvíːnjənt]	a. 편리한 • I can meet you at 2:00, if that's convenient for you.
1666	**inconvenient** [ìnkənvíːnjənt]	a. 불편한 • Isn't it inconvenient living so far out of town?
1667	**credible** [krédəbl]	a. 믿을 수 있는 • It hardly seems credible.
1668	**incredible** [inkrédəbl]	a. 믿을 수 없는 • It is an incredible story to me.
1669	**decisive** [disáisiv]	a. 확고한, 단호한 • He gave a decisive answer.
1670	**indecisive** [ìndisáisiv]	a. 우유부단한 • He was a man with an indecisive manner.
1671	**direct** [dirékt]	a. 직접적인 • He is a direct descendant of the Duke of Bumford.
1672	**indirect** [ìndirékt]	a. 간접적인 • He gave indirect aid to me.
1673	**effective** [iféktiv]	a. 효과적인, 효율적인 • His effort to improve the school have been very effective.
1674	**ineffective** [ìniféktiv]	a. 효과적이지 않은 • An ineffective person should not be our leader.

해석 ✏

1663. valuable 네 도움이 매우 유익했다. 1664. valueless 이것은 영어 교사에겐 가치 없는 책이다. 1665. convenient 괜찮다면, 난 2시에는 만날 수 있다. 1666. inconvenient 시내에서 그렇게 멀리 떨어져 살면 불편하지 않아요? 1667. credible 그것은 거의 믿을 수 없게 보인다. 1668. incredible 그것은 내게는 도무지 믿기지 않는 얘기다. 1669. decisive 그는 확고한 답을 했다. 1670. indecisive 그는 우유부단한 태도를 가진 남자였다. 1671. direct 그는 Bumford 공작의 직계 자손이다. 1672. indirect 그는 내게 간접적인 도움을 주었다. 1673. effective 학교를 개선하려는 그의 노력은 아주 효과가 있었다. 1674. ineffective 무능한 자가 우리의 지도자가 되어선 안 된다.

Day 144 반의어와 함께 외울 수 있는 형용사들

1675	**expensive** [ikspénsiv]	a. 비싼, 값비싼 • She bought an expensive new coat.
1676	**inexpensive** [ìnikspénsiv]	a. 값싼(=cheap) • The price of this TV set is inexpensive.
1677	**familiar** [fəmíljər]	a. 친근한, 친숙한 • The children are familiar with their teacher.
1678	**unfamiliar** [ʌnfəmíljər]	a. 낯선 • That face is not unfamiliar to me.
1679	**formal** [fɔ́:rməl]	a. 공식적인; 격식을 차린 • We paid a formal call on the Ambassador.
1680	**informal** [infɔ́:rməl]	a. 비공식적인; 격식을 차리지 않는 • She took part in an informal meeting. • She likes to wear informal clothes.
1681	**fortunate** [fɔ́:rtʃənit]	a. 운 좋은 • She's fortunate to have enough money to buy a house.
1682	**unfortunate** [ʌnfɔ́:rtʃənit]	a. 불운한 • He was sacrificed with an unfortunate accident.
1683	**inner** [ínər]	a. 내부의, 안의 • His words have an inner meaning.
1684	**outer** [áutər]	a. 외부의 • They built double wall; outer wall, inner one.
1685	**legal** [líːgəl]	a. 합법적인 • Don't worry, it's quite legal!
1686	**illegal** [ilíːgəl]	a. 불법적인 • It is illegal to park your car here.

해석 📖

1675. expensive 그녀는 비싼 새 코트를 샀다. 1676. inexpensive 이 TV 세트의 가격은 저렴하다. 1677. familiar 아이들은 선생님과 친하다. 1678. unfarmilar 저 얼굴은 우리에게 낯설지 않다. 1679. formal 우리는 대사관에 공식적인 방문을 했다. 1680. informal 그녀는 비공식적인 회의에 참석했다. / 그녀는 평상복 입는 것을 좋아한다. 1681. fortunate 집을 살 만큼 충분한 돈이 있다니 그녀는 운이 좋다. 1682. unfortunate 그는 불행한 사고로 희생됐다. 1683. inner 그의 말에는 숨은 뜻이 있다. 1684. outer 그들은 외부 벽과 내부 벽으로 이중벽을 쌓았다. 1685. legal 걱정 마, 합법적이야! 1686. illegal 차를 여기에 주차하는 것은 불법이다.

Day 145 반의어와 함께 외울 수 있는 형용사들

1687	**moral** [mɔ́:rəl]	a. 도덕(윤리)적인 • My father was very moral; he never told a lie.
1688	**immoral** [imɔ́:rəl]	a. 부도덕한 • Using other people for one's own profit is immoral.
1689	**normal** [nɔ́:rməl]	a. 정상적인 • She is a normal child in every way.
1690	**abnormal** [æbnɔ́:rməl]	a. 비정상적인 • Is the child abnormal in any way?
1691	**objective** [əbdʒéktiv]	a. 객관적인 • It is difficult to be objective when reporting the news.
1692	**subjective** [səbdʒéktiv]	a. 주관적인 • This is a very subjective judgement of her abilities.
1693	**optimistic** [ὰptəmístik]	a. 낙천적인 • They have an optimistic view of their problems.
1694	**pessimistic** [pèsəmístik]	a. 비관적인 • They reached the pessimistic conclusion of their success.
1695	**passive** [pǽsiv]	a. 수동적인 • In spite of my efforts the boy remained passive.
1696	**active** [ǽktiv]	a. 능동적인 • A boy is more active than a girl.
1697	**pleasant** [plézənt]	a. 즐거운, 기분 좋은 • This room is pleasant to work in.
1698	**unpleasant** [ʌnplézənt]	a. 불쾌한, 기분 나쁜 • She was very unpleasant to me.
1699	**polite** [pəláit]	a. 공손한 • What polite well-behaved children!

해석

1687. moral 아버지는 아주 도덕적이었다. 그는 절대로 거짓말한 적이 없다. 1688. immoral 자신의 이익을 위해 다른 사람을 이용하는 것은 비도덕적이다. 1689. normal 그녀는 모든 면에서 정상적인 아이다. 1690. abnormal 아이가 어떤 면에서 비정상적이죠? 1691. objective 뉴스를 보도할 때 객관적이긴 힘들다. 1692. subjective 이것은 그녀의 능력에 대한 아주 주관적인 판단이다. 1693. optimistic 그들은 자신의 문제에 관해 긍정적 관점을 갖고 있다. 1694. pessimistic 그들은 자신의 성공에 대해 비관적인 결론에 도달했다. 1695. passive 나의 노력에도 불구하고 그 소년은 계속 소극적이었다. 1696. active 사내아이는 계집아이보다 활발하다. 1697. pleasant 이 방은 일하기에 쾌적하다. 698. unpleasant 그녀는 나에게 매우 불쾌하게 대했다. 1699. polite 정말 예의 바른 아이들이구나!

Day 146 반의어와 함께 외울 수 있는 형용사들

1700	**impolite** [ìmpəláit]	a. 무례한 • It is impolite to pass by without making a bow to one's elder.
1701	**pure** [pjuər]	a. 깨끗한, 순수한 • My mother's ring is pure gold.
1702	**impure** [impjuər]	a. 불순한 • They provided us with impure milk.
1703	**regular** [régjulər]	a. 규칙적인 • She has a regular pulse.
1704	**irregular** [irégjulər]	a. 불규칙적인 • He was irregular in church attendance.
1705	**accurate** [ǽkjurit]	a. 정확한 • Bank clerks must be very accurate in their work.
1706	**inaccurate** [inǽkjurit]	a. 부정확한 • He is often inaccurate in his statement of facts.
1707	**adequate** [ǽdəkwit]	a. 적당한, 적절한 • The city's water supply is no longer adequate.
1708	**inadequate** [inǽdəkwit]	a. 부적절한 • I felt inadequate in my new job, so I left.
1709	**appropriate** [əpróuprièit]	a. 적당한, 적절한 • It is not appropriate to wear wool clothing in hot weather.
1710	**inappropriate** [ìnəpróuprièit]	a. 부적절한 • This is an inappropriate gift for a child.
1711	**conscious** [kánʃəs]	a. 의식하고 있는 • The patient was conscious, but too sick to talk.
1712	**unconscious** [ʌnkánʃəs]	a. 무의식적인 • She hit her head and was unconscious for several minutes.

해석

1700. impolite 어른들에게 인사를 하지 않고 지나치는 것은 무례하다. 1701. pure 엄마의 반지는 순금이다. 1702. impure 그들은 우리에게 더러운 우유를 제공했다. 1703. regular 그녀의 맥박은 규칙적이다. 1704. irregular 그는 불규칙하게 교회에 갔었다. 1705. accurate 은행 직원은 자신의 일에 있어 아주 정확해야 한다. 1706. inaccurate 그는 때때로 사실을 말하는 데 부정확하다. 1707. adequate 시의 수도 공급이 더 이상 적절치 못하다. 1708. inadequate 새 일이 내게는 부적당한 것 같아 그만뒀다. 1709. appropriate 더운 날씨에 모직 옷을 입는 것은 적절치 못하다. 1710. inappropriate 이것은 어린이에게 부적당한 선물이다. 1711. conscious 환자는 의식이 있었지만, 너무 아파서 말을 할 수 없었다. 1712. unconscious 그녀는 머리를 부딪혀 몇 분간 무의식 상태였다.

Day 147 반의어와 함께 외울 수 있는 형용사들

1713 **efficient** [ifíʃənt]	a. 능률(효율)적인 • The boss likes efficient employees.
1714 **inefficient** [ìnifíʃənt]	a. 비효율적인 • Old factories are sometimes inefficient.
1715 **former** [fɔ́:rmər]	a. 이전의 • A former president was popular.
1716 **latter** [lǽtər]	a. 나중의 • In the latter years of her life she greatly succeeded in her business.
1717 **inferior** [infíəriər]	a. 열등한 • His work is inferior to mine.
1718 **superior** [səpíəriər]	a. 우등한 • The enemy attacked with superior forces.
1719 **intensive** [inténsiv]	a. 집중적인 • Intensive care in hospitals is given to the seriously ill.
1720 **extensive** [iksténsiv]	a. 광범위한 • He is a scholar with an extensive knowledge of his subject.
1721 **internal** [intə́:rnəl]	a. 내부의 • His laziness is the internal cause of his failure.
1722 **external** [ikstə́:rnəl]	a. 외부의 • Many external factors affect the market in this country.
1723 **literate** [lítərit]	a. 읽고 쓸 수 있는 • Most of Koreans are literate.
1724 **illiterate** [ilítərit]	a. 문맹의 • About half the population is still illiterate.
1725 **rural** [rú:rəl]	a. 시골의 • The air in the rural area smells fresh and clean.

해석

1713. efficient 사장은 능률적인 사원을 좋아한다. 1714. inefficient 오래된 공장은 때때로 능률적이지 못하다. 1715. former 전 대통령은 인기가 있었다. 1716. latter 인생 후반기에 그녀는 사업에서 큰 성공을 거두었다. 1717. inferior 그의 일은 나보다 못하다. 1718. superior 우세한 병력을 가진 적들이 공격했다. 1719. intensive 병원에서 집중 치료는 중환자에게 실시된다. 1720. extensive 그는 자기 전공에 관해 광범위한 지식을 가진 학자이다. 1721. internal 그의 게으름이 실패의 내적 원인이다. 1722. external 많은 외적 요소가 이 국가의 시장에 영향을 미친다. 1723. literate 대부분의 한국인은 읽고 쓸 줄 안다. 1724. illiterate 인구의 절반가량이 여전히 문맹이다. 1725. rural 시골 지역의 공기는 상쾌하고 깨끗하다.

Day 148 반의어와 함께 외울 수 있는 형용사들

1726	**urban** [ə́irbən]	a. 도시의 • More people are moving from urban to rural areas.
1727	**secure** [sikjúər]	a. 안전한, 확실한 • His victory is secure.
1728	**insecure** [ìnsikjúər]	a. 불안전한 • I feel insecure on this high ladder.
1729	**significant** [signífikənt]	a. 중요한 • Newspapers print the most significant stories on the first page.
1730	**insignificant** [ìnsignífikənt]	a. 중요하지 않은 • He wastes time on insignificant points.
1731	**suitable** [súːtəbl]	a. 적당한, 적절한, 알맞은 • Those clothes are suitable for a wedding.
1732	**unsuitable** [ʌnsúːtəbl]	a. 적당하지 않은 • These clothes are unsuitable for the party.
1733	**sufficient** [səfíʃənt]	a. 충분한 • I have sufficient information.
1734	**insufficient** [ìnsəfíʃənt]	a. 불충분한 • The food was insufficient for our needs.
1735	**upper** [ʌ́pər]	a. 위쪽에 있는 • He touched her on her upper hair.
1736	**lower** [lóuər]	a. 아래쪽에 있는 • The bottle is on the lower shelf.
1737	**visible** [vízəbl]	a. 눈에 보이는 • The lunar eclipse will be visible to observers in Europe.
1738	**invisible** [invízəbl]	a. 눈에 보이지 않는 • There are many stars that are invisible to the naked eyes.

해석 ✏

1726. urban 도시에서 농촌 지역으로 이주하는 사람이 더 늘고 있다. 1727. secure 그의 승리는 확실하다. 1728. insecure 이렇게 높은 사다리에선 불안함을 느낀다. 1729. significant 신문은 제 1면에 가장 중요한 기사를 싣는다. 1730. insignificant 그는 중요하지 않은 점에 시간을 낭비한다. 1731. suitable 그런 옷이 결혼식에 적합하다. 1732. unsuitable 이 옷은 파티에 부적절하다. 1733. sufficient 나는 충분한 자료를 가지고 있다. 1734. insufficient 식량이 우리의 필요 양에 미치지 못했다. 1735. upper 그는 그녀의 윗머리를 만졌다. 1736. lower 그 병은 아래쪽 선반에 있다. 1737. visible 유럽의 관찰자들은 일식을 볼 수 있다. 1738. invisible 맨눈으로는 볼 수 없는 별이 많다.

Day **149** 많지 않은 부사들

1739	**abroad** [əbrɔ́ːd]	ad. 해외로, 해외에서 • He lived abroad for many years.
1740	**accordingly** [əkɔ́ːrdiŋli]	ad. 따라서 • I told you the circumstances, so you must act accordingly.
1741	**ahead** [ahéd]	ad. 앞쪽에, 앞쪽으로 • Go straight ahead along the river.
1742	**chiefly** [tʃíːfli]	ad. 주로, 대체로 • The accident happens chiefly because you are careless.
1743	**considerably** [kənsídərəbli]	ad. 상당히, 아주, 꽤 • We have a considerably smaller house than theirs.
1744	**deliberately** [dilíbəritli]	ad. 의도적으로, 고의로, 일부러 • He said these things deliberately to make me angry.
1745	**especially** [ispéʃəli]	ad. 특히, 특별히 • I made this cake especially for you.
1746	**even** [íːvən]	ad. 심지어 ~조차도; 짝수의 • He did not experience hardship even during the war. • 2, 4, 6, 8, etc. are even numbers.
1747	**extremely** [ikstríːmli]	ad. 극도로, 아주, 매우 • I'm extremely sorry.
1748	**fairly** [fέərli]	ad. 공정(정당)하게; 상당히, 꽤 • I felt that I hadn't been treated fairly. • She speaks English fairly well.
1749	**forward** [fɔ́ːrwərd]	ad. 앞쪽으로, 앞쪽의 • Take two paces forward.
1750	**furthermore** [fə́ːrðərmɔ̀ːr]	ad. 게다가, 덧붙여서 • Furthermore, they had to memorize whole books.
1751	**generally** [dʒénərəli]	ad. 일반적으로, 대체로 • The plan has been generally accepted.

해석

1739. abroad 그는 수년간 해외에서 살았다. 1740. accordingly 내가 상황을 얘기했으니, 너는 그에 따라 행동해야만 한다. 1741. ahead 강을 따라 앞으로 곧장 가세요. 1742. chiefly 사고는 대개 부주의하기 때문에 일어난다. 1743. considerably 우리는 그들보다 상당히 더 작은 집을 갖고 있다. 1744. deliberately 나를 화나게 하기 위해 그는 일부러 이런 말을 했다. 1745. especially 나는 특별히 너를 위해 이 케이크를 만들었다. 1746. even 그는 심지어 전쟁 중에도 어려움을 겪지 않았다. / 2,4,6,8 등은 짝수이다. 1747. extremely 정말 죄송하다. 1748. fairly 공정하게 대우받지 못했다고 느꼈다. / 그녀는 영어를 꽤 잘한다. 1749. forward 두 걸음 앞으로 가거라. 1750. furthermore 게다가, 그들은 책을 통째로 외워야 했다. 1751. generally 그 계획은 대체로 받아들여졌다.

Day 150 많지 않은 부사들

1752	**gradually** [grǽdʒuəli]	ad. 점진적으로, 점차로 • He is gradually recovering his health.
1753	**immediately** [imí:diətli]	ad. 즉시, 곧 • If you see a fire, you should call the firemen immediately.
1754	**increasingly** [inkrí:siŋli]	ad. 끊임없이, 계속해서 • I'm finding it increasingly difficult to pay my bills.
1755	**just** [dʒʌst]	ad. 단지, 다만, 오직 a. 공정한, 정당한, 올바른 • I won't have any dinner, just coffee. • You have received a just reward.
1756	**mainly** [méinli]	ad. 주로, 대체로 • His money comes mainly from business interests.
1757	**maybe** [méibi]	ad. 아마도 • "Will they come?" – "Maybe."
1758	**moreover** [mɔːróuvər]	ad. 게다가, 덧붙여서, 더욱이 • The day was cold, and moreover it was raining.
1759	**mostly** [móustli]	ad. 거의, 대부분, 주로 • She uses her car mostly for going to work.
1760	**nearly** [níərli]	ad. 거의 • He nearly died.
1761	**nowadays** [náuədèiz]	ad. 요즘, 요즘에는 • Gasoline costs a lot nowadays.
1762	**occasionally** [əkéiʒənəli]	ad. 이따금, 가끔 • I attend concerts only occasionally.
1763	**only** [óunli]	a. 유일한 ad. 단지, 다만, 오직 • He is the only person who wants the job. • Only a doctor can do that.
1764	**pretty** [príti]	a. 예쁜 ad. 아주, 매우 • That girl is my pretty daughter. • It was pretty cold yesterday.

해석 ▶

1752. gradually 그는 점차 건강이 회복되고 있다. 1753. immediately 화재를 목격하면, 즉시 소방관에게 연락해야 한다. 1754. increasingly 나는 청구서를 지불하는 것이 점점 더 어려워짐을 깨닫고 있다. 1755. just 저녁 식사는 못할 것이고, 단지 커피만 마셨다. / 너는 공정한 보수를 받았다. 1756. mainly 그는 주로 사업상의 이익으로부터 돈을 벌어들였다. 1757. maybe "그들이 올까?" – "아마도." 1758. moreover 그날은 추웠고, 게다가 비까지 오고 있었다. 1759. mostly 그녀는 대부분 일하러 갈 때 차를 사용한다. 1760. nearly 그는 거의 죽은 상태였다. 1761. nowadays 요즘 가솔린이 너무 비싸다. 1762. occasionally 나는 아주 가끔 콘서트를 보러 간다. 1763. only 그는 그 일을 원하는 유일한 사람이다. / 단지 의사만이 그 일을 할 수 있다. 1764. pretty 저 소녀는 사랑스러운 나의 딸이다. / 어제는 꽤 추웠다.

Day 151 많지 않은 부사들

1765	**probably** [prάbəbli]	ad. 아마도 • John probably told his father all about what happened.
1766	**quite** [kwait]	ad. 아주, 꽤, 상당히 • It was quite good, but not perfect.
1767	**rather** [rǽðər]	ad. 다소, 약간, 어느 정도; (than과 함께 쓰여) ~보다 오히려 더 • These shoes are rather big. • We should use bicycles rather than automobiles.
1768	**readily** [rédəli]	ad. 기꺼이; 쉽게, 수월하게 • He readily promised to help. • Vegetables are readily be bought anywhere in the city.
1769	**recently** [ríːsəntli]	ad. 최근에 • Have you checked the weather recently?
1770	**relatively** [rélətivli]	ad. 상대적으로, 비교적 • This is relatively warm for January.
1771	**respectively** [rispéktivli]	ad. 각각, 제각기 • The first and second prizes went to Jack and Frank respectively.
1772	**roughly** [rʌ́fli]	ad. 대충, 대강, 대략; 거칠게, 난폭하게 • There were roughly 200 people there. • Young animals often play roughly with one another.
1773	**sincerely** [sinsíərli]	ad. 진정(진심)으로 • I sincerely hope that you will take good care of it.
1774	**slightly** [slάitli]	ad. 약간, 조금 • The population has increased slightly since last year.
1775	**so-called**	ad. 소위, 이른바 • He is a so-called self-made man.

1776 **these days**	ad. 요즘, 요즘에는	
	• These days children prefer TV to reading.	
1777 **those days**	ad. 그 당시에는	
	• Where did you live in those days?	
1778 **throughout** [θruːáut]	ad. 전체에 걸쳐, 도처에	
	• The house is painted throughout.	

해석 ♪

1765. probably 존은 무슨 일이 있었는지 아마 아버지에게 말했을 것이다. 1766. quite 꽤 좋지만, 완벽하진 못하다. 1767. rather 이 신발은 다소 크다. / 우리는 자동차보다 자전거를 사용해야만 한다. 1768. readily 그는 기꺼이 돕기로 약속했다. / 야채들은 도시 어디서나 쉽게 살 수 있다. 1769. recently 최근에 날씨를 확인한 적 있니? 1770. relatively 1월치고는 상당히 따뜻하다. 1771. respectively 1등상은 잭이, 2등상은 프랭크가 각각 받았다. 1772. roughly 거기에 대략 200명의 사람이 있었다. / 어린 동물은 종종 서로 거칠게 장난을 친다. 1773. sincerely 선처해 주시길 진심으로 바란다. 1774. slightly 인구가 작년보다 약간 증가했다. 1775. so-called 그는 소위 자수성가한 사람이다. 1776. these days 요즘의 아이들은 독서보다 TV를 좋아한다. 1777. those days 그 당시 당신은 어디에 살았습니까? 1778. throughout 그 집은 완전히 칠해졌다.

김세현 영어
VOCA All In One

chapter

02

심화어휘

02 | 심화어휘

01 mono-, uni- 하나

[monorail: 모노레일(단선궤도)]

어떤 놀이공원에서나 모노레일이 없는 곳은 없다. 모노레일(mono+rail)이란, 궤도가 하나(mono-)임을 의미한다. 단체나 나라의 이름에는 uni-가 붙는 경우가 많다. 예를 들어, United Nations(UN), United States(미국), United Kingdom(영국), Union Jack(영국국기), 그리고 Union of South Africa(남아프리카연방) …. 물론, uni-는 '하나'를 의미한다. 그 외 '하나'의 의미로 homo-가 있다.

☐ **monoxide** [manáksaid]	n. 일산화물 [mono하나의+oxide산화물 =하나의 산화물] • carbon monoxide 일산화탄소 • dioxide n. 이산화물 • carbon dioxide n. 이산화탄소
☐ **monopoly** [mənápəli]	n. 독점, 전매(↔ antimonopoly n. 독점 금지) **cf** monopolize v. 독점하다 [mono하나의+poly팔다=혼자만 판매함] • a government monopoly 정부의 독점/전매
☐ **monotonous** [mənátənəs]	a. 단조로운 **cf** monotony n. 단조로움 [mono하나의+ton(e)음(音)+ous형용사=음(音)이 하나인] • speak in a monotonous voice 단조로운 목소리로 말하다
☐ **homogeneous** [hòumədʒí:niəs]	a. 동종의, 동질의 [homo하나와 같은(=same)+gene유전자+ous형용사=유전자가 동일한] • a homogeneous nation 단일 민족 국가
☐ **unite** [ju:náit]	v. 하나로 하다, 결합하다 **cf** unity n. 통일, 일관성, 조화 [uni하나+te동사=하나가 되다] • unite the people 국민을 단합시키다 • the family unity 가족 화합
☐ **unique** [ju:ní:k]	a. 유일한, 독특한, 진기한(=extraordinary, odd) [uni하나+que형용사=하나의] • its unique design 그 독특한 디자인
☐ **unification** [jù:nəfikéiʃən]	n. 통일 **cf** unify v. 하나로 통일하다 [uni하나+fica동사+tion명사=하나가 되게 함] • The Ministry of National Unification 통일부
☐ **universe** [jú:nəvə̀:rs]	n. 우주, 전 세계 **cf** universal a. 우주의, 보편적인 [uni하나+verse돌다(=turn)=하나로 돌아가는 것] • universal language 세계 공용어

Basic Words

☐ **monologue**[mánəlò:g]   n. 독백(↔ dialogue n. 대화)
☐ **unicorn**[jú:nəkò:rn]   n. 뿔이 하나 달린 동물
☐ **reunion**[rijú:njən]   n. 재결합(합동), 재회

182 김세현 영어 VOCA

Vocabulary

02   penta-5(=five)

[pentagon: 오각형]

1, 2, 3 …을 하나, 둘, 셋 …으로 부르는 것처럼 아라비아 숫자를 mono-, di-, tri-, tetra-, penta- 등으로 표현할 수 있다. 미국 국방부 건물은 하늘에서 보았을 때 정확히 오각형 모습이다. 그래서 Department of Defense (국방부)라는 정식 명칭을 제쳐 두고, 오각형을 의미하는 Pentagon이라고 부른다. 여기서 penta-는 5, -gon은 각(角)을 의미한다.

☐ **bimonthly** [baimʌnəli]	a. 월 2회의; 2개월마다의 [bi둘+monthly월간의=월 2회의, 2개월마다의] • a bimonthly magazine 격월 발행의 잡지
☐ **dual** [djúːəl]	a. 2의, 이중의(=double, twofold) [du(=di)둘+al형용사=둘의] ◁ • duel n. 결투, 시합 • dual citizenship 이중 국적 • dual flying 동승 비행
☐ **duplicate** [djúːplikət]	v. 복사하다 [du(=di)둘+plic접다+ate동사 ◁ • complicate v. 복잡하게 하다 =두 개로 접다] a. [djúːplikət] 이중의, 중복의, 복사의 • a duplicate key 똑같이 만든 열쇠 • Do not duplicate! 복제하지 마시오!
☐ **triple** [trípl]	a. 세 배의, 3중의 [tri셋+ple배수의=세 배수의] • triple glass 3중 유리
☐ **trivial** [tríviəl]	a. 하찮은, 시시한 [tri셋+vial길=삼거리의, 사람들이 모여드는 평범한 곳의] • a trivial matter 사소한 문제 • a trivial offense 하찮은 죄, 경범죄
☐ **octopus** [áktəpəs]	n. 문어 [octo여덟(8)+pus다리(leg)=다리 여덟 개의 동물] • octopus's legs 문어의 다리
☐ **decade** [dékeid]	n. 10년 [deca(=ten)+de=십 년] • in coming decades 앞으로 수십 년 동안

Basic Words

☐ mono	(일) monorail[maːnoureil]	n. 모노레일
☐ di-, bi-	(이) bicycle[báisikl]	n. 자전거
☐ tri-	(삼) triangle[tráiæŋgl]	n. 삼각형
☐ tetra-	(사) tetragon[tétrəgàn]	n. 사각형
☐ penta-	(오) pentagon[péntəgàn]	n. 오각형, 미국방부
☐ hexa-	(육) hexapod[héksəpàd]	n. 다리 6개인, 대부분의 곤충
☐ hepta-	(칠) heptachord[héptəkɔ̀ːrd]	n. 칠현음, 칠음계
☐ octo-, octa-	(팔) octagon[áktəgàn]	n. 팔각정, 팔각형
☐ nona-, nano-	(구) nanometer[néinəmìːtər]	n. 나노미터(10억 분의 1=-9승)
☐ deca-	(십) decapod[dékəpàd]	n. 오징어(다리가 10개인)

Chapter 02

03　multi- 많은(多), 많은 수의

[multimedia: 다중 매체]

온라인상에서 멀티로드, 멀티게임, 멀티부팅, 멀티세션, 멀티플레이, 멀티모드 …라는 말들을 거침없이 쏟아낸다. 도대체 멀티가 뭐기에! 멀티(multi)는 '많다(多)'를 의미한다. 다중매체(multi-media), 다목적(multi-purpose), 곱하기(multiplication) 등등. 그렇군! 수(數)를 늘리는 방법은 곱하기(multi많은+plicate)를 하는 것이다.

□ **multitude** [mʌltətjùːd]	n. 다수, 군중 [multi여러 개+tude상태=많은 수] • a multitude of girls 다수의 소녀들
□ **multiply** [mʌltəplài]	v. 늘리다, 곱하다 ☞ multiplication n. 증가, 곱셈　　• subtract v. 빼다, 감하다 [multi여러 개+ply배(=times)=여러 배로 증가시키다] • multiply A by B A와 B를 곱하다(=multiply A and B together)
□ **multiple** [mʌltəpl]	a. 다양한, 다방면의 [multi여러 개+ple접다=많은 수의] • a multiple choice question 객관식 문제
□ **multilingual** [mʌltəlíŋgwəl]	a. 여러 나라 말을 하는 [multi여러 개+lingual언어=여러 언어를 말하는] • a multilingual person 여러 개 언어를 말하는 사람
□ **multiplex** [mʌltiplèks]	a. 다양의, 복합의 [multi여러 개+plex접다=여러 번 접은] • a multiplex cinema 복합 상영관
□ **multilateral** [mʌltilǽtərəl]	a. 다변의; 3개국 이상이 관계하고 있는 [multi여러 개+lateral옆, 측면=다변적인] • a multilateral trade 다각적 무역
□ **polygamy** [pəlígəmi]	n. 일부다처제(↔ monogamy n. 일부일처제) [poly다수의+gamy결혼=다수와의 결혼] • laws against polygamy 일부다처제 금지법
□ **centennial** [senténiəl]	a. 100년마다의, 100세의 [cent백(=one hundred)+ennial년, 해(=year)=백 년의] • a centennial anniversary 100주년 기념(의 해)

Basic Words
□ **multipurpose**[mʌltipə́ːrpəs]	a. 다목적의
□ **multimedia**[mʌltimíːdiə]	n. 다중 매체
□ **multinational**[mʌltinǽʃənl]	a. 다국적의
□ **percent**[pərsént]	n. 백분율

04 in- 안(內)

[income and outgo: 수입과 지출]

수입(income)은 글자 그대로 안으로 들어오는 돈, 지출(outgo)은 밖으로 나가는 돈을 의미하는데, 여기서 안(in-, im-)은 밖(out-, ex-)과 함께 대조를 이루는 어원임을 알 수 있다. in-으로 시작하는 어휘는 수없이 많이 있으며, 대부분 '안(內)'을 의미하거나 부정어(not)을 의미하는 것이다. 즉, in-은 부정 접두사가 아니라면 '안(內)'을 의미하는 접두사이다.

☐ **input** [ínpùt]	v. 입력하다 n. 투입, 입력(↔ output n. 생산, 출력) [in안에+put넣다=안에 넣다] • manual input 수동 입력 • input devices 입력 장치
☐ **insight** [ínsàit]	n. 통찰력, 간파 [in안에+sight시각, 시야=안을 바라보는 시각] • a man of insight 통찰력이 있는 사람 • keen insight 예리한 통찰력
☐ **intuition** [ìntjuːíʃən]	n. 직감, 직관 cf intuitive a. 직관력이 있는 [in안에+tui보다+tion명사=마음속으로 보는 것] • known by intuition 직관으로 알다
☐ **instinct** [ínstiŋkt]	n. 본능, 충동 cf instinctive a. 본능적인 [in안에+stinct찌르다 =찔러서 부추기는 것 → 충동, 본능] • basic instinct 원초적 본능 • sting v. 벌이 찌르다, 쏘다 (sting-stung-stung)
☐ **involve** [inválv]	v. 관련시키다 cf involvement n. 관련; 열중시키다 [in안에+volve구르다 =안으로 말려들게 하다] • be involved in ~에 관련되다, ~에 열중하다 • revolve v. 회전 · 순환하다 • revolution n. 회전, 혁명
☐ **incline** [inkláin]	v. 기울다; 마음 내키게 하다 cf inclination n. 기울기, 성향, 좋아함 [in안에+cline기울다=안으로 기울다] • be (feel) inclined to ~하고 싶어지다
☐ **insert** [insə́ːrt]	v. 끼워 넣다, 삽입하다 cf insertion n. 삽입 [in안에+sert넣다=안에 집어넣다] • insert a key in a lock 자물쇠에 열쇠를 꽂다
☐ **investigate** [invéstəgèit]	v. 조사하다, 연구하다, 심사하다(=examine) cf investigation n. 조사 [in안에+vestigate더듬다=흔적을 더듬어 조사하다] • investigate a crime 어떤 범죄를 조사하다
☐ **invade** [invéid]	v. 침입하다, 침해하다 cf invasion n. 침입 [in안에+vade가다=안으로 들어가다] • invade one's privacy 사생활을 침해하다 • invasion of a virus 병균의 침입

☐ **inhabit** [inhǽbit]	v. ~에 살다, 거주하다(=live in) ⓒ inhabitable a. 거주할 수 있는 [in안에+habit거주하다=안에 거주하다] • inhabit an island 섬에 살다 • inhibit v. 금하다, 방해하다
☐ **initiate** [iníʃièit]	v. 시작하다, 입문시키다 ⓒ initial a. 시작의 n. 머리글자 [in안에+it가다+(i)ate동사=안에 들어가다 → 시작하다] • initiate a business 사업을 시작하다 • an initiation fee 입회금, 가입금
☐ **inherent** [inhíərənt]	a. 본래 가시고 있는, 타고난 [in안에+here달라붙다+nt형용사] • one's inherent genius 타고난 천재성(소질)
☐ **infect** [infékt]	v. 감염(오염)시키다 [in안에+fect작동하다 =안으로 작동하다 → 오염시키다] • infect animals 동물을 감염시키다 • impact n. 충돌(=collision); 영향
☐ **inflation** [infléiʃən]	n. 부풀림, 통화 팽창 ⓒ inflate v. 부풀리다, 팽창시키다 [in안에+fla불다+tion명사=안으로 바람 불기] • wage inflation 임금 인플레이션
☐ **industry** [índəstri]	n. 산업, 공업 ⓒ industrial a. 산업의; 근면(=diligence) / industrious a. 근면한 [in안에+(du)stry건설하다=안에 건설을 하는 것] • the industrial Revolution 산업 혁명 • industrious habits 근면한 습관 • the tourism industry 관광 산업
☐ **innovate** [ínəvèit]	v. 쇄신하다, 혁신하다 ⓒ innovation n. 혁신 [in안에+novate새롭게 하다=안으로 새롭게 하다] • innovate new products 신상품을 혁신하다 • management innovation 경영 혁신

Basic Words

☐ **income**[ínkʌm]	n. 수입, 소득
☐ **internal**[intə́:rnl]	a. 내부의, 안의
☐ **include**[inklú:d]	v. 포함하다 ⓒ inclusion n. 포함
☐ **intake**[ínteik]	n. (물, 공기 등의) 흡입

05 inter- 사이

[interchange: (고속도로) 교차로]

interchange는 진행 방향을 바꿀 수 있는 입체 교차로를 의미한다. 하지만, intersection은 도로의 교차로, 교차 지점을 의미한다. 두 표현에 공통적으로 등장하는 inter-는 '서로, 사이에'라는 의미를 갖는 어원이다. inter-는 뒤에 동사와 명사를 붙여 쉽게 다른 어휘를 만들 수 있는 접두사이다.

☐ **interdependent** [ìntərdipéndənt]	a. 서로 의존하는, 서로 돕는 **cf** interdependence n. 상호 의존 [inter사이+dependent의지하는=서로 의지하는] • interdependence among members 구성원간의 상호 의지
☐ **interval** [íntərvəl]	n. 간격, 틈 [inter사이+val성벽=성벽 사이의 공간] • without interval 끊임없이 • at regular intervals 일정한 간격을 두고
☐ **intercept** [ìntərsépt]	v. 중간에서 붙잡거나 가로채다 **cf** interception n. 도중에 빼앗음, 방해 [inter중간+cept잡다=중간에 잡아버리다] • intercept a letter 편지를 가로채다
☐ **interfere** [ìntərfíər]	v. 방해하다, 간섭하다(=interrupt)[with] **cf** interference n. 간섭 [inter중간+fere치다=중간에 치고 들어가다 → 방해하다] • interfere with memory 기억을 방해하다 • Don't interfere. 방해하지 마라.
☐ **intervene** [ìntərvíːn]	v. 끼어들다, 개입하다, 간섭하다 **cf** intervention n. 사이에 듦; 조정, 간섭 [inter중간+vene(=come)=중간에 끼어들다] • intervene in the elections 선거에 개입하다
☐ **interpret** [intə́ːrprit]	v. 설명하다, 해석하다, 이해하다 **cf** interpretation n. 해석 [inter사이+pret값=사이에서 값을 매기다 → 해설하다] • interpret a dream 꿈을 해몽하다 • simultaneous interpretation 동시통역 **cf** simultaneous a. 동시의
☐ **intelligence** [intélədʒəns]	n. 지력, 영리함, 정보 **cf** intelligent a. 총명한 [intel(=inter)사이+lige선택하다+ence명사=여러 개 중 선택하는 능력] • Central intelligence Agency (미국)중앙정보국(CIA) • Artificial intelligence 인공지능(AI)

Basic Words

☐ **interchange**[íntərtʃeind3]	v. 서로 바꾸다 n. 교차점
☐ **interest**[íntərəst]	v. 흥미 있게 하다 n. 흥미; 이익, 이자
☐ **interact**[ìntərǽkt]	v. 상호 작용하다
☐ **interlude**[íntərlùːd]	n. 간주곡 **cf** prelude n. 전주곡

06 ex-, e- 밖으로(=out)

[exit: 비상구, 탈출구]

건물의 계단이나 출구에 붙여 둔 EXIT(출구, 비상구)에서, ex-는 '밖으로'를 의미하는 어원이다. interior-exterior (외부의), inhale-exhale(숨을 내쉬다), include-exclude(제외시키다), invade-evade(피하다) 등에서처럼 e(x)-는 in-과 상반되는 의미로 사용된다.

□ **exception** [iksépʃən]	n. 예외, 제외 **cf** except v. 제외하다 prep. ~를 제외하고 [ex밖+cep가져가다+tion명사=밖으로 제외시킴] • without exception 예외 없이, 모두
□ **explode** [iksplóud]	v. 폭발하다 **cf** explosion n. 폭발 / explosive a. 폭발적인 [ex밖+plode박수를 치다=밖으로 소리치다 → 폭발하다] • explode a bomb 폭탄을 폭발시키다. • population explosion 인구 급증, 인구 폭발
□ **explore** [iksplɔ́:r]	v. 탐험하다, 탐구하다 **cf** exploration n. 탐험 / explorer n. 탐험가 [ex밖+plore(=cry)=밖으로 소리쳐 찾다 → 탐험하다] • explore a cave 동굴을 탐험하다
□ **exploit** [iksplɔ́it]	v. 개척하다, 이용하다, 착취하다 **cf** exploitation n. 이용 [ex밖+ploit펼치다=밖으로 펼쳐내다 → 개척하다] • exploit the wetlands 습지를 개척하다 • exploit young workers 젊은 근로자를 착취하다
□ **extend** [iksténd]	v. 넓히다, 연장하다 **cf** extension n. 연장 / extensive a. 연장하는 [ex밖+tend펴내다=밖으로 펼치다 → 연장하다] • extend a deadline 기한을 연장하다
□ **expand** [ikspǽnd]	v. 넓어지다, 팽창하다 **cf** expansion n. 팽창, 확장　　• expend v. 소비하다, 써 버리다 [ex밖+pand펴다=밖으로 펼치다 → 확장하다] • expand the territory 영역을 확장하다
□ **exotic** [igzátik]	a. 외국의, 외래의 **cf** exoticism n. 외래물, 이국적 취미 [ex밖+otic형용사=바깥의, 외국의] • exotic place 생소한 장소 • exotic foods 이국적 음식
□ **exhale** [ekshéil]	v. (공기 따위를) 내쉬다(↔ inhale v. 숨을 들이쉬다) [ex밖+hale숨 쉬다=밖으로 숨을 내쉬다] • exhale smoke via the mouth 입으로 담배 연기를 내뿜다
□ **exile** [égzail]	v. 추방하다 n. 국외 추방, 추방자 [ex밖+ile방랑하다=밖으로 내보내는 것] • exile a person from the country 고국에서 추방하다 • exile oneself 망명하다

Chapter 02

☐ **exempt** [igzémpt]	v. (의무 따위를) 면제하다; 면역성을 주다 [ex밖+empt가져가다=밖으로 가져가다] • exempt a person from taxes ~의 조세를 면제하다
☐ **extract** [ikstrǽkt]	v. 뽑아내다, 추출하다, 발췌하다　**cf** extraction n. 추출, 발췌 [ex밖+tract당기다=밖으로 당겨내다 → 추출하다] • extract a tooth 이를 뽑다 • extract oil 기름을 추출하다
☐ **exquisite** [ikskwízit]	a. 아주 아름다운, 절묘한, 세련된 [ex밖+quisite찾다=주의 깊게 선택된 → 세련된] • the exquisite rose garden 아름다운 장미 정원
☐ **excrement** [ékskrəmənt]	n. 배설물; 대변(=excretion, shit) [ex밖+crement분리하다=밖으로 배출함] • animal excrement 동물의 분뇨
☐ **evade** [ivéid]	v. 피하다 **cf** evasion n. 회피　<small>• invade v. 침입하다　• invasion n. 침입</small> [e밖+vade가다=밖으로 나가다 → 피하다] • evade one's responsibility 자신의 책임을 회피하다
☐ **evaporate** [ivǽpərèit]	v. 증발하다　**cf** evaporation n. 증발 [e밖+vapor수증기+ate동사=밖으로 증기가 새 나가다 → 증발하다] • evaporate water 물을 증발시키다 • evaporate vegetables 채소를 건조하다
☐ **eccentric** [ikséntrik]	a. 괴짜의(=queer) [e밖+centric중심=중심을 벗어난] • eccentric clothes 별난 옷 • an eccentric person 별난 사람
☐ **emerge** [imə́:rdʒ]	v. (물・어둠 속에서) 나오다, 나타나다 (↔ submerge v. 물속에 잠그다)　<small>• immerse v. (물 따위에) 뛰어 들다 (=immerge)</small> [e밖+merge가라앉다=밖으로 나타나다] • emerge from a tunnel 터널에서 나오다
☐ **evoke** [ivóuk]	v. (기억・감정을) 불러일으키다, 환기하다 [e밖+voke부르다(=call)=밖으로 불러내다 → 불러일으키다] • evoke laughter 웃음을 자아내다

Basic Words

☐ **external**[ikstə́:rnl]　　　　a. 외부의, 피상적인
☐ **exterior**[ikstíəriər]　　　　a. 외부의
☐ **exclude**[iksklú:d]　　　　v. 제외하다, 방출하다　**cf** exclusion n. 제외, 배척
☐ **express**[iksprés]　　　　v. 표현하다, 나타내다　**cf** expression n. 표현

07 ex- 완전히, ~보다 더

[excellent: 우수한, 수(秀)]

수능 성적은 9개 등급으로 나타낸다. 옛날에는 학교 성적을 수, 우, 미, 양, 가로 표기한 적도 있다. 수(秀)는 excellent, 우(優)는 fine! 나머지는 생각하지 말자! excellent는 동사는 excel(더 우수하다)에서 나온 표현이다. excellent의 ex-는 '~보다 더'를 나타낸다. 그리고 extra-는 '~을 넘어서(beyond)'를 나타낸다.

☐ **exhaust** [igzɔ́ːst]	v. 다 써 버리다(=use up), 지치게 하다 n. 배기가스 [ex완전히+haust흐르다(=flow)=완전히 다 흘러나오다 → 다 써 버리다] •exhaust the resources 자원을 다 써 버리다 •an exhausted well 고갈된 우물
☐ **extinguish** [ikstíŋgwiʃ]	v. (불·빛 등을) 끄다(=put out, quench) ⓒ extinguisher n. 소화기 [ex완전히+tinguish끄다=완전히 끄다] •extinguish a candle 촛불을 끄다
☐ **exaggerate** [igzǽdʒərèit]	v. 과장하다, 허풍 떨다 ⓒ exaggeration n. 과장 [ex완전히+agger쌓아올리다+ate동사=맘껏 쌓아올리다] •exaggerate the size 크기를 과장하다 •Don't exaggerate. 허풍 떨지 마라.
☐ **expiration** [èkspəréiʃən]	n. 만기 ⓒ expire v. (기간이) 끝나다, 만기가 되다 [ex완전히+(s)pire호흡하다(=spirit)+ation명사=완전히 호흡이 끝남] •the expiration of a contract 계약 만기 •expire this week 이번 주가 만기이다
☐ **exhilarate** [igzílərèit]	v. 기분을 돋우다, 유쾌하게 하다 [ex완전히+hilarate즐겁게 하다=완전히 즐겁게 하다] •exhilarate rather than upset someone 누군가를 당황케 하기보다는 기운을 북돋아 주다
☐ **exasperate** [igzǽspərèit]	v. 노하게 하다, 악화시키다 [ex완전히+asper거친+ate동사=완전히 거칠게 하다] •exasperate workers 노동자들을 성나게 하다
☐ **extraordinary** [ikstrɔ́ːrdənèri]	a. 대단한, 보통 아닌 [extra넘어+ordinary보통의=보통을 뛰어넘는] •a man of extraordinary genius 비범한 재주를 가진 사람
☐ **extravagant** [ikstrǽvəgənt]	a. 사치스러운(=luxurious), 터무니없는 ⓒ extravagance n. 낭비, 사치 [extra넘어+vagant헤매는=헤매어 나오는, 지나친] •an extravagant person 사치가 심한 사람 •an extravagant price 터무니없는 가격

Basic Words

☐ **exceed**[iksíːd]　　v. 초과하다, ~보다 뛰어나다 ⓒ excess n. 초과
☐ **excel**[iksél]　　　v. (남을) 능가하다, ~보다 낫다 ⓒ excellence n. 우수함, 탁월함
☐ **extinct**[ikstíŋkt]　a. (불이) 꺼진, 멸종한 ⓒ extinction n. 멸종

08   out- 밖

[outlet store: 아웃렛, 할인점]

아웃렛 스토어(Outlet Store)는 백화점이나 제조업체에서 판매하고 남은 재고 상품이나 비인기 상품, 하자 상품을 정상 가보다 절반 이하의 싼 가격으로 판매하는 형태의 영업 방식을 말한다. 여기서 아웃렛은 [out(밖)+let(허락하다)]의 결합어로서 '밖으로 내보낸다'는 의미와 '싸게 내보낸다'는 의미를 지닌다. 심판이 경기 중 외치는 Out! 이라는 표현은, '쫓아내다, 죽다'를 의미한다.

Chapter 02

☐ **output** [áutput]	n. 생산(=production), 산출, 산출량; (컴퓨터) 출력 [out밖+put놓다=밖으로 놓음] • agricultural output 농업 생산고 • input and output 입력과 출력
☐ **outrage** [áutreidʒ]	v. 법을 어기다, 격분시키다 n. 분노, 위반 [out밖+rage격노, 분노=성질이 밖으로 터짐] • public outrage 대중의 분노
☐ **outbreak** [áutbreik]	n. 발발, 폭동 [out밖+break깨지다=터져서 깨져 나오는 것] • the outbreak of war 전쟁의 발발
☐ **outcome** [áutkʌm]	n. 결과(=effect), 결론(=conclusion) [out밖+come오다=밖으로 나온 결과] • the outcome of the election 선거의 결과
☐ **outstanding** [autstǽndiŋ]	a. 눈에 띄는, 중요한, 돌출한 ⓓ stand out v. 눈에 띄다, 돌출하다 [out밖+standing서 있는=밖에 서 있는] • outstanding performance 눈에 띄는 성적(연기)
☐ **outlandish** [autlǽndiʃ]	a. 이국적인(=foreign, exotic), 기이한 [out밖+land땅+ish형용사=나라(땅) 밖의] • outlandish behavior 이상한 행동
☐ **outburst** [autbə:rst]	n. 폭발, 분출, 급격한 증가 [out밖+burst터뜨리다=밖으로 터지는 것] • an outburst of laughter 폭소
☐ **outcast** [autkast]	a. 내쫓긴, 버림받은 n. 버림받은 사람, 추방자(=exile) [out밖+cast던지다=밖으로 던져진 것] • a social outcast 사회에서 추방된 사람

Basic Words

☐ **outlook**[autluk]	n. 전망, 예측
☐ **outdate**[àutdéit]	v. 시대에 뒤떨어지게 하다
☐ **outskirts**[autskə:rts]	n. 교외, 변두리
☐ **outgoing**[autgouiŋ]	a. 사교적인(=sociable), 외향적인
☐ **outspoken**[autspoukən]	a. 솔직한, 거리낌 없는

09   out＋동사 ~보다 더

[outlive: ~보다 더 오래 살다]

outlive는 '더 오래 살다'를 의미하며, 'live longer than'보다 훨씬 간결한 표현이다. 'out＋동사'에서 out은 '~보다가 더'를 붙여 의미를 유추하고 연상해야 한다. 외우려고 하면 분량이 한정되지만, 이해하고 유추하면 무제한이 된다.

□ **outdo** [áutdu:]	v. ~보다 낫다, 물리쳐 이기다 • outdo big business 큰 기업을 이기다 • outdo him in everything 모든 면에서 그를 능가하다
□ **outgrow** [áutgrou]	v. 성장하다, ~보다 빨리 자라다 • outgrow one's brother 형보다 커지다 • outgrow one's clothes 자라서 옷을 못 입다
□ **outlive** [áuliv]	v. ~보다 오래 살다(＝survive) • outlive one's son 아들보다 오래 살다
□ **outvote** [áuvout]	v. 투표로 ~에게 이기다 • outvote the current president 현 대통령을 투표로 이기다
□ **outnumber** [áunʌmbə(r)]	v. ~보다 많다, 수에서 ~을 능가하다 • outnumber females 여성들보다 더 많다
□ **outweigh** [áuwei]	v. ~보다 무겁다; ~보다 중요하다, ~보다 가치가 있다 • outweigh its economic benefits 경제적 이득보다 더 중요하다
□ **outreach** [áuri:tʃ]	v. ~보다 멀리 미치다, 넘다　n. 팔을 뻗음 • outreach one's supply 공급을 넘다
□ **outspeak** [àutspí:k]	v. ~보다 말을 잘하다; ~을 솔직하게 말하다　**cf** outspoken a. 솔직한 • outspeak one's opponent 상대편보다 더 말을 잘하다
□ **outperform** [áupəfɔ:rm]	v. ~보다 성능이 우수하다, (사람이) ~보다 기량이 위다 • outperform expectations 기대를 넘어서다

Basic Words	□ **outrun**[áutrʌn] □ **outgo**[àutgóu] □ **outthrow**[àutəróu]	v. ~보다 빨리 달려 앞지르다 v. ~보다 멀리 가다, 능가하다 v. 내던지다, ~보다 멀리 던지다

10 sur-, super- 위, 너머로, 초월의

[surname and given name: 성씨와 이름]

우리는 성씨(surname=last name=family name)를 앞에 말하지만, 영어권에서는 이름(given name)이 앞에 온다. 성씨를 surname으로 표현하는 것을 sur-가 '위', 즉 이름 위에 덧붙인다는 것을 의미하기 때문이다. 우리는 뿌리인 성씨를 중시하지만, 그들은 뿌리가 아닌 이름을 더 중시하는 경향이 있다.

☐ **survey** [sərvéi]	v. 내려다보다, 조사하다 n. 조사 (=investigation) [sur위+vey보다=위에서 보다] • conduct a survey 조사하다
☐ **surrender** [səréndər]	v. 항복하다, 양보하다(=yield) [sur위+render주다=모든 것을 내어주다→항복하다, 양보하다] • surrender to the enemy 적에게 항복하다
☐ **surplus** [sə́ːrplʌs]	n. 나머지, 잔여, 흑자(↔ deficit n. 적자) [sur위+plus추가=위에 또 추가하는] • a trade surplus 무역 흑자 • surpass v. ~보다 낫다, 능가하다, 뛰어나다
☐ **superfluous** [supə́ːrfluəs]	a. 남는, 여분의, 불필요한 [super위+fluous흐르는=위로 넘쳐흐르는] • superfluous food 여분의 음식
☐ **superficial** [sùːpərfíʃəl]	a. 표면(상)의, 피상적인 [super위+ficial얼굴(=face)=얼굴 위의→표면의] • superficial knowledge of a subject 주제에 대한 피상적인 지식
☐ **supreme** [səpríːm]	a. 최고의, 최상의 [supr(super)위+eme(최상급 접미사)=최고의] • supreme happiness 더 없는 행복 • the supreme court 대법원
☐ **superior** [səpíəriər]	a. ~보다 높은, 상급의 ◑ superiority n. 우월, 우위 [supr(=super)위+eme(최상급 접미사)=최고의] • one's superior officer 상관 • superior quality 상급의 질
☐ **superstition** [sùːpərstíʃən]	n. 미신 ◑ superstitious a. 미신적인 [super위+sti서다(=stand)+tion명사=사물의 실체 모습에서 벗어난 것] • widespread superstitions 널리 퍼진 미신

Basic Words
- ☐ **surtax**[sə́ːrtæks]   n. 부가세
- ☐ **surmount**[sərmáunt]   v. (산에) 오르다; 이겨내다
- ☐ **surface**[sə́ːrfis]   n. 표면, 외부

11 down- 아래쪽으로; 내려와서

[downtown: 도심지, 중심지, 상가]

중세의 지배자는 성 안에 기거하였으며, 백성들과 상인들은 성 밖에 모여 살았다. 자연스럽게 성 밖은 상업이 성행하고 주거지로 정착되면서 하나의 도시(town)로 성장한다. 지배자가 볼 때 이곳은 성의 아래 지역으로 보였으며, 명칭도 downtown으로 불렸다. 하지만, 이곳은 도심지, 중심가, 상가의 개념으로 변하게 되었다. '저 아래 지역'이 도시의 중심지가 되었지만 이름은 그대로이다.

☐ **downcycle** [dáunsàikl]	n. (경기 순환의) 하강기 • an economic downcycle 경제의 하강기
☐ **downhearted** [dáunhá:rtid]	a. 낙담한 • inspire the downhearted 낙담한 사람을 격려하다
☐ **downpour** [dáunpɔ:r]	n. 억수, 호우 ㏄ pour n. 유출, 억수, 호우 • a sudden downpour 갑작스러운 호우
☐ **downright** [dáunrait]	a. 솔직한, 명확한, 완전한 • a downright lie 새빨간 거짓말 • upright a. 직립한, 똑바로 선, 올바른
☐ **downtrend** [dáuntrend]	n. 하락세, 하향세 ㏄ trend n. 방향, 경향, 추세 • downtrend since 1980 1980년 이래의 하락세
☐ **downturn** [dáuntən]	n. 하강, 침체(↔ upturn n. 상승) • a shape downturn 급격한 하강 • the continuing economic downturn 계속되는 경기 침체
☐ **downtown** [dáuntáun]	n. 도심지, 중심가, 상가 • within the downtown area 도심 지역 안에서

down과 up

• downwards a. 아래로 향한 ↔ • upwards a. 위로 향한, 상승의
• downstream a. 하류로 향하는 ↔ • upstream a. 상류로 향한
• downhill a. 내리막의 ↔ • uphill a. 오르막의, 올라가는

Basic Words
☐ **downsize**[daunsaiz] v. 소형화하다, 축소하다
☐ **downfall**[daunfɔ:l] n. 낙하, 호우, 몰락
☐ **downstairs**[dáunstéərz] ad. 아래층에 n. 아래층; 아래층에 사는 사람들

Chapter 02

12 on- 위에; ~하는 도중에

[onlooker: 구경꾼, 방관자]

There is a on the ceiling을 직역하면, 파리는 천장 아래에 앉은 것이 아니라, 천장 위에 앉아 있다고 할 수 있다. 하지만 on은 주어 입장에서 방향과 관계없이 어떤 면에 접촉하여 붙어 있음을 나타낸 경우이다. on은 시간, 공간, 동작의 경우 '계속 붙어 있는 상태'를 나타낸다.

□ **onboard** [á:nbɔːrd]	a. (기내, 차내에) 탑재한, 내장한 • Welcome onboard. 승선을 환영합니다.(=Welcome aboard)
□ **oncoming** [á:nkʌmiŋ]	a. 접근하는, 다가오는 • the oncoming generation 다음 세대를 짊어질 사람들, 차세대 • the oncoming car 다가오는 자동차
□ **ongoing** [ɑ:ngouiŋ]	a. 전진하는, 진행하는 • ongoing development 계속 진행되는 발전
□ **onlooker** [ɑ:nlukər]	n. 구경꾼, 방관자(=bystander) ⓒ onlooking a. 방관하는 • the onlookers of the fight 싸움의 구경꾼
□ **onrushing** [á:nrʌʃiŋ]	a. 돌진하는, 무턱대고 달리는 ⓒ onrush n. 돌진, 돌격 • the onrushing tide 밀려오는 조류
□ **onset** [ɑ:nset]	n. 개시, 시작; 공격(=attack) • the onset of spring 봄의 시작 • the onset of the enemy 적의 공격
□ **onward** [ɑ:nwərd]	ad. 앞으로, 전방에 • move onward 전진하다
□ **on the run**	분주한, 도주 중인 • be on the run 분주하다, 도주 중이다
□ **on-the-spot**	즉석의, 현장(現場)에서의 • on-the-spot inspections 현장 검증

Basic Words

□ **on-off**	a. (스위치가) 온오프식 동작의
□ **online**[ɑ:nlain]	n. (컴퓨터) 온라인, 바로 잇기
□ **onshore**	a. 육지의, 육상의

13 off- 저 멀리, 떨어져

[off the record: 언론에 발표하지 않기로 한 기자 회견]

off the record는 기자 회견이나 인터뷰를 할 때, 언론에 발표를 하지 않는다는 조건을 붙이는 경우이다. 여기서 off는 '떨어져, 떼어내'의 의미이다. off는 off-line, on-off take, keep off, far away 등의 경우처럼 '저 멀리 떨어져 나가는'의 의미를 갖고 있다. keep off는 '떨어져 있어!(=만지지 마!)'의 의미이며, keep away는 '저 멀리 꺼져라'의 의미를 나타낸다.

☐ **offhand** [ɔ:fhǽnd]	a. 즉석에서(의), 되는 대로의 • decide offhand 즉석에서 결정하다
☐ **offshore** [ɔ:fʃɔ:r]	a. 앞바다의, 국외에서 • offshore fisheries 근해 어업
☐ **offspring** [ɔ:fspriŋ]	n. 자식, 자녀, 자손, 후예 • produce offspring 아이를 낳다 • the spouse and offspring 배우자와 자식
☐ **off-brand**	a. 유명 브랜드가 아닌, 싸구려 브랜드의 • off-brand toys 싸구려 브랜드의 장난감

☐ **offload**
[ɔ:floud]
	v. 짐을 내리다(=unload)
	• offload their cargo
	  화물을 하역하다 • off-road a. 일반도로를 벗어난,
	  포장도로 밖에서 사용되는

☐ **off-duty**	a. 비번의, 휴식의(↔ on duty a. 근무 중인) • an off-duty cop 비번인 경찰
☐ **off-chance**	n. 만에 하나의 가능성 • on the off-chance 혹시나 하고
☐ **off-peak**	a. 절정을 지난, 출퇴근 시간이 지난 • during off-peak hours 출퇴근 시간이 지난 시간에
☐ **off the job**	a. 취업 시간 이외의, 실직 중인 • off the job training 직장 외에서의 훈련
☐ **off-the-record**	a. 기록해 두지 않은, 비공개의(↔ on-the-record a. 공개하는) • off-the-record comments 비공식 논평

Basic Words

☐ **off-price**	a. 할인의
☐ **offstage**	a. 무대 뒤의
☐ **off-center**	a. 중심을 벗어난, 균형을 잃은, 불안정한

14 de- 아래로(=down), 떨어져(=away), 강조

[delete key: 삭제 키]

'아래로 누름'의 의미를 가진 depression은 '불경기, 우울'을 의미한다. de-는 '아래로'와 away(떨어져)를 의미한다.
사실 컴퓨터 자판의 delete(삭제하다)처럼 de-로 시작되는 어휘들이 긍정적인 의미를 가진 경우는 드물다.

☐ **deposit** [dipázit]	v. 맡기다, 쌓아 두다, 예금하다 n. 침전물, 매장물 [de아래로+posit놓다=아래에 놓다, 쌓아 두다] • deposit money in the bank 은행에 예금하다 • oil deposit 석유 매장량
☐ **despise** [dispáiz]	v. 경멸하다, 멸시하다(=look down on) [de아래로+spise보다=아래로 보다 → 얕보다, 경멸하다] • despise liars 거짓말쟁이를 경멸하다 • despise one's job ~의 일을 싫어하다
☐ **defer** [difə́:r]	v. 늦추다, 연기하다(=postpone); 존경하다 ⓒ deference n. 존경 [de아래로+fer옮기다=나중으로 미루다] • defer departure to a later date 나중으로 출발을 연기하다
☐ **delay** [diléi]	v. 지체하다, 연기하다(=defer, postpone) n. 지연, 지체 [de아래로+lay놓다=하던 일을 놓아 버리다 → 연기하다, 지체하다] • without delay 지체 없이, 곧
☐ **devoid** [divɔ́id]	a. ~가 전혀 없는, ~가 결여된[of] [de떨어져+void텅 빈=텅 비어서 없는] • devoid of humor 유머가 없는
☐ **delude** [dilú:d]	v. 기만하다, 속이다 ⓓ delusion n. 현혹, 기만 [de아래로+lude(=play)=속임수를 펼치다] • delude oneself 착각하다, 망상하다 • allude v. (넌지시) 비추다, 암시하다 • allusion n. 암시
☐ **decline** [dikláin]	v. (정중히) 거절하다, 기울다, 쇠퇴하다 n. 경사, 쇠퇴 [de아래로+cline방향을 바꾸다=아래로 방향을 바꾸다 → 기울다] • sharp decline 급락, 대폭 하락 • steady decline 꾸준한 하락
☐ **decay** [dikéi]	v. 썩다, 부패하다 n. 부패 [de아래로+cay떨어지다=아래로 떨어지다 → 썩다] • decayed tooth 충치
☐ **defy** [difái]	v. 도전하다, 반항하다 ⓓ defiance n. 도전 [de아래로/떨어져+fy믿다=믿지 않게 되다 → 도전하다] • defy public opinion 여론을 무시하다 • defy one's superior 윗사람에게 대들다

□ **depreciate** [diprí:ʃìèit]	v. 화폐를 평가 절하하다; (물품)의 가치를 떨어뜨리다 [de아래로+preciate가격, 가치=가격을 떨어지게 하다] • depreciate one's ability ~의 능력을 얕보다
□ **detect** [ditékt]	v. 발견하다, 탐지하다 ❼ detection n. 탐지 / detective n. 탐정 [de아래로, 떼내어+tect덮다=덮개가 떨어지다] • lie detecting machine 거짓말 탐지기(=lie detector)
□ **declare** [diklɛ́ər]	v. 선언하다, 선포하다 [de아래로+clare분명한=분명하게 하다] • declare independence 독립을 선포하다 • **declare**: 상대방의 반대를 무릅쓰고 하는 자기주장 • **announce**: 공식적으로 일을 발표하여 전함 • **proclaim**: 'announce'에 비해 한층 권위 있는 공식적인 발표
□ **deny** [dinái]	v. 부정하다 [de아래로+ny부정하다=완전히 부정하다] • deny a request 부탁을 들어주지 않다
□ **deliver** [dilívər]	v. 배달하다; 분만시키다 ❼ delivery n. 배달, 분만 • **deliberate** v. 잘 생각하다, 숙고하다 [de아래로+liver자유롭게 하다=떨어져서 자유롭게 하다] • a delivery room (병원의) 분만실
□ **desolate** [désələt]	a. 황폐한, 쓸쓸한 v. 황폐화하다 [de아래로+sol혼자+ate형용사=혼자 떨어져 있는→황폐한] • desolate land 황폐한 토지
□ **depress** [diprés]	v. 우울하게 하다; 불경기로 만들다 ❼ depression n. 우울, 불경기 [de아래로+press누르다=마음이나 경제를 아래로 누르다] • depress the economy 경제를 불황으로 만들다
□ **deficient** [difíʃənt]	a. 모자라는, 불충분한 ❼ deficiency n. 결핍, 부족 [de아래로+ficient수행하다=수행력이 모자라는] • deficient in vitamin D 비타민D가 부족한
□ **deject** [didʒékt]	v. 기를 꺾다, 낙담시키다(=frustrate, discourage) ❼ dejection n. 낙담, 실의 [de아래로+ject던지다=아래로 던지다→낙담시키다] • feel dejected 낙담하다

Chapter 02

□ deter
[ditə́:r]

v. 떼내다, 단념시키다 **cf** deterrence n. 억제 / detergent n. 세제
[de아래로+ter위협하다=위협하여 단념시키다→단념시키다, 떼어 내다]
• deter us from playing golf 우리가 골프를 못 치도록 단념시키다
• synthetic detergent 합성세제 **cf** synthetic a. 합성의

> 세제(detergent)의 원리는 때와 옷감을 분리시킨다는 것이다. 따라서 세제를 영어로 표현하면 "떼어 내는(deter) 약, 분리하는 도구"를 의미한다.

□ denounce
[dináuns]

v. 비난하다, 고발하다(=censure, condemn)
[de아래로+nounce발표하다=아래로 얕보고 발표하다]
• denounce terrorists 테러리스트를 비난하다

□ decompose
[dìːkəmpóuz]

v. (성분, 요소로) 분해시키다, 썩게 하다 **cf** decomposition n. 분해, 부패
[de아래로+compose조립하다, 구성하다=조립한 것을 무너뜨리다]
• decompose organic matter 유기 물질을 분해하다

□ deduce
[didjúːs]

v. (결론·진리 등을) 연역(演繹)하다, 추론하다 **cf** deduction n. 추론, 공제
[de아래로+duce(=lead)=진리를 이끌어 내다]
• deduce a conclusion 결론을 연역·추론하다

□ depict
[dipíkt]

v. 그리다; (말로) 묘사하다 **cf** depiction n. 묘사
[de아래로+pict(=paint)=그려서 기록하다]
• depict a scene 경치를 묘사하다
• depict A as B A를 B로 묘사하다

□ default
[difɔ́ːlt]

n. (의무·약속 따위의) 불이행, 태만; (컴퓨터 등의) 초기 설정
[de떨어져+fault(=deceive)=속여서 하지 않는 것]
• the debt default rate 채무 불이행 비율

□ detest
[ditést]

v. 몹시 싫어하다, 혐오하다(=abhor)
[de아래로+test목격하다=나쁘게 바라보다]
• detest dishonest people 부정직한 사람을 몹시 싫어하다

□ demolish
[dimáliʃ]

v. 부수다, 폭파하다 **cf** demolition n. 파괴, 폭파
[de아래로+molish(=build)=지은 것을 무너뜨리다]
• demolish the buildings 건물을 부수다

Basic Words

□ **degrade**[digréid]   v. 하위로 낮추다
□ **descendant**[diséndənt]   n. 자손, 후예
□ **despite**[dispáit]   prep. ~에도 불구하고
□ **destroy**[distrɔ́i]   v. 파괴하다 **cf** destruction n. 파괴

15 under- 속, 아래, 미달된

[underwear: 속옷]

우리가 티셔츠나 와이셔츠 속에 내의를 입는 것이 예의인 반면, 서양에서는 일반적으로 셔츠만 입는 것이 보통이다. 서양인은 습관적으로 underwear를 입지 않는다. 그렇다면, 분명 underwear는 하의(下衣)가 아니고 속옷인 것이다! under-는 '아래, 속'을 의미한다.

☐ **undergo** [ʌndərgou]	v. 견디다(=endure), 겪다 ⓒ undergo−underwent−undergone [under아래+go가다=사건 아래로 가다] • undergo surgery 수술을 받다
☐ **underdeveloped** [ʌndərdivéləpt]	a. 발육 부진의, 저개발의 ⓓ underdevelopment n. 저개발 [under아래+developed발달된=저개발의] • underdeveloped area 저개발 지역 • underdeveloped country 저개발국, 후진국
☐ **undertake** [ʌndərteik]	v. 떠맡다, 착수하다(=attempt) [under아래+take취하다=밑에서 (일을) 취하다] • undertake an experiment 실험에 착수하다 • undertake a task 일을 맡다
☐ **underrate** [ʌndəreit]	v. 낮게 평가하다(=undervalue, underestimate), 얕보다 [under아래+rate평가하다=낮게 평가하다] • underrate the abilities of ~ ~의 능력을 얕보다
☐ **undercharge** [ʌndərtʃɑ:rdʒ]	v. 제값보다 싸게 청구하다 [under아래+charge청구하다=아래 가격으로 값을 부르다] • undercharge for one's time ~의 시간의 가치를 싸게 청구하다
☐ **undergraduate** [ʌndərgrædʒuət]	n. 대학 학부 재학생 [under아래+graduate졸업 =(졸업 前의) 재학생] ┤ • graduate n. 졸업생, 대학원생 • an undergraduate student 대학 학부 재학생 ⎫ • graduate school n. 대학원
☐ **underpaid** [ʌndərpeid]	a. 박봉의 [under아래+paid급여를 받는=박봉의] • underpaid work 박봉의 일 • an underpaid employee 박봉의 종업원

Basic Words

☐ **underclass**[ʌndərklæs]	n. 하층 계급
☐ **underbelly**[ʌndərbeli]	n. 하복부, 아랫배
☐ **underestimate**[ʌndərestimeit]	v. 과소평가하다
☐ **underlie**[ʌndərlai]	v. ~의 밑에 있다, 기초가 되다

16 over- 위로, 지나치게

[overeat: 과식하다]

일반적으로 over는 전치사와 부사로 쓰이는 전치사적 부사로서 higher, upper, superior, extra의 뜻이다. 또한 형용사적 의미(overcoat)와 전치사적 의미(overboard, overflow)로도 쓰인다. 그리고, 동사나 명사에 붙어 above, from above, beyond, in addition의 의미를 나타낸다. 그러나 정작 자주 쓰이는 overeat(오바이트)는 '과식하다'는 의미일 뿐, '토하다'는 의미는 없다.

☐ **overlap** [ouvərlǽp]	v. 부분적으로 ~위에 겹치다 [over위로+lap(일의) 부분, 단계,=위로 부분이 겹치다] • two overlapping scenes 둘로 겹치는 화면
☐ **overtake** [ouvərteik]	v. 따라잡다, 만회하다(=catch up with) [over위로+take잡다=따라잡다] ◁ • undertake v. 떠맡다, 책임을 지다 • overtake the train 열차를 따라잡다
☐ **overthrow** [ouvərɵrou]	v. 전복하다, 타도하다(=overturn, upset) n. 전복, 타도 [over위로+throw던지다=뒤집어 던지다] • overthrow the government 정부를 뒤엎다
☐ **overcharge** [ouvərtʃɑːrdʒ]	v. 부당하게 요구하다; 과장하다(=exaggerate); 지나치게 싣다(=overload) [over위로+charge부과하다=지나치게 부과하다] • overcharge customers 손님에게 바가지를 씌우다
☐ **overturn** [ouvərtəːrn]	v. 뒤집어엎다, 전복시키다(=capsize) n. 전복, 타도, 붕괴(=collapse) [over위로+turn바꾸다=위로 뒤집어 바꾸다] • overturn a vase 꽃병을 넘어뜨리다
☐ **overwhelm** [ouvərwelm]	v. 압도하다, 뒤엎다 ❹ overwhelming a. 압도적인 [over위로+whelm짓누르다=위에서 짓누르다] • be overwhelmed with ~에 압도되다, 완전히 지다
☐ **overall** [ouvərɔːl]	a. 전체의, 종합적인 n. 작업복(=가슴받이가 있고 멜빵이 달린 작업용 바지) [over위로+all모두=위쪽의 모든] • an overall view 전경 • the overall unemployment rate 전체 실업률
☐ **overdue** [ouvərduː]	a. 지급 기한이 지난 [over위로+due지불 기일이 된, 마땅한=기일이 지난] • pay overdue interest 연체 이자를 물다 ❹ interest 이자

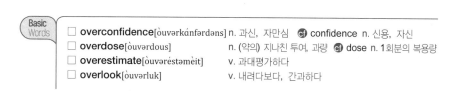

Basic Words

☐ **overconfidence**[òuvərkánfərdəns] n. 과신, 자만심 ❹ confidence n. 신용, 자신
☐ **overdose**[òuvərdous]   n. (약의) 지나친 투여, 과량 ❹ dose n. 1회분의 복용량
☐ **overestimate**[òuvəréstəmèit]   v. 과대평가하다
☐ **overlook**[òuvərluk]   v. 내려다보다, 간과하다

17　up- 위

[upgrade: 한 단계 높이다]

우리가 티셔츠나 기분이 up되고, 물가가 up되고, 영어 실력이 up되었다는 것은 한 단계 향상되었음을 의미한다. upgrade라는 말은 이제 우리말이 되어 버렸다. 컴퓨터 없이 살 수 없듯이, 영어 표현 없이는 생활이 불편해질 지경이다. 이제 우리는 어원을 통해 어휘력을 upgrade 시켜 볼까!

☐ **uphold** [ʌphóuld]	v. 올리다, 지탱하다, 지지하다(=support) [up위로+hold잡다=지원하다, 떠받치다] • uphold the economy 경제를 지탱하다
☐ **uprising** [ʌpràiziŋ]	n. 반란, 봉기 [up위로+rising일어남=위로 일어남] • civil uprising 시민 봉기
☐ **upside-down** [ʌpsàid-dáun]	a. 뒤집힌, 혼란된 [up위로+side면+down아래로=윗면이 아래로 향한] • turn the box upside-down 상자를 뒤집어엎다
☐ **upset** [ʌpset]	v. 뒤엎다, 전복시키다(=turn over), 화나게 하다 a. 뒤집힌, 혼란한　**cf** upset-upset-upset [up위로+set놓다=아래 부분이 위로 가게 놓다] • upset the balance 균형을 깨다 • an upset stomach 배탈
☐ **upright** [ʌpràit]	a. 직립한(=erect 똑바로 선), 똑바른, 정직한 [up위로+right올바른=위로 똑바로 선] • an upright position 똑바로 선 자세
☐ **uproot** [ʌpru:t]	v. 뿌리 뽑다, 근절하다(=eradicate) [up위로+root뿌리=뿌리를 위로하다 → 뽑다] • uproot trees 나무를 뿌리째 뽑다 • uproot poverty 빈곤을 근절하다
☐ **upper** [ʌpər]	a. 더 위의, 높은 쪽의, (계급이) 높은 [up(p)위로+er비교급=더욱 높은] • the upper jaw 위턱(↔ the lower jaw) • the upper class 상류 계급
☐ **upbringing** [ʌpbriŋiŋ]	n. (유년기의) 양육, 교육, 가정 교육　**cf** bring up 기르다, 양육하다 [up위로+bring데려오다, 기르다+-ing=데려와 기르는 것] • a good upbringing 좋은 가정 교육, 잘 가르침

Basic Words

☐ **upgrade**[ʌpgreid]　　　v. 개량하다, 승격시키다
☐ **uplift**[ʌplift]　　　　　v. 높이다, 향상시키다
☐ **update**[ʌpdeit]　　　　v. 새롭게 하다
☐ **uphill**[ʌphil]　　　　　a. 오르막의

18   sub-, suc- 속, 아래

[subway: 지하철]

영국에서는 지하철을 the tube(=the underground: 튜브처럼 땅 속의 긴 통로)라고 하고, 프랑스에서는 the metro(요즘 전철에서 나누어 주는 공짜 신문 이름과 같다), 미국에서는 subway(땅속으로 가는 길)라고 부른다. subway의 sub-는 under(아래, 속)와 같은 의미를 갖는다.

☐ **subject** [sʌ́bdʒikt]	a. 종속하는, 지배받는 n. 주제, 과목; 신하 v. 복종시키다 **cf** subjective a. 주관적인, 사적인 [sub속, 아래+jact던지다=아래로 던져지는 사람 → 아랫사람, 신하] • be subjected to ~에 종속되어 있다, ~를 당하다 • be subject to colds 감기에 걸리기 쉽다 • a required subject 필수 과목 • the writer's subjective views 작가의 주관적인 견해 • objective a. 객관적인, 편견 없는 • objectivity n. 객관성
☐ **subconscious** [sʌbká:nʃəs]	a. 잠재의식의(↔ unconscious a. 무의식의) **cf** subconsciousness n. 잠재의식 [sub속, 아래+conscious의식적인=마음속으로 의식하는] • subconscious desires 잠재적 욕망
☐ **subsequent** [sʌ́bsikwənt]	a. 차후의, 연속적인 **cf** subsequence n. 연속, 이어서 일어나는 것 [sub속, 아래+sequent따르다=아래에 따르는 → 연속적인] • the subsequent chapter 뒤이어 바로 다음 장
☐ **subside** [səbsáid]	v. 내려앉다, (폭풍·파도가) 가라앉다(=settle down) [sub속, 아래+side앉다=속으로 가라앉다] • subside into a hole 구멍 속으로 가라앉다
☐ **subsidy** [sʌ́bsədi]	n. (국가의 민간에 대한) 보조금, 장려금 [sub속, 아래+sidy앉다(=sit)=아래로 내려 주는 것] • a government subsidy 정부 보조금, 국가 보조금
☐ **submerge** [səbmə́:rdʒ]	v. 물속에 가라앉히다 • submerge into the lake 호수에 잠기다 • emerge v. (물·어둠 속에서) 나오다 • immerse v. (물 따위에) 가라앉다
☐ **suspend** [səspénd]	v. 매달다, (일시) 중지하다 **cf** suspension n. 매달기, 일시 중지 [sus(=sub)속, 아래+pend매달다(=hang)=그만두고 매달아 두다] • suspend payment 지급을 중지하다 • a suspend game (일시) 중지된 게임

□ **succeed** [səksí:d]	v. 성공하다; 물려받다, 상속하다 **cf** success n. 성공 / successful a. 성공적인 **cf** succession n. 상속 / successive a. 연속적인, 상속의 [suc(=sub)속, 아래+ceed가다=(부모님께서) 후손으로 내려가다] •succeed to the throne 왕위를 계승하다 • for three successive days 3일간 연속으로
□ **subscribe** [səbskráib]	v. 기부하다(=contribute); 정기 구독하다 • prescribe v. 지시하다, (약을) 처방하다 **cf** subscription • inscribe v. 새기다, (마음속에) 명심하다 n. 기부, 정기 구독 [sub속, 아래+scribe(=write)=양식 안에 적어 두다] •subscribe to a magazine 잡지를 구독하다 •subscribe a large sum to charities 자선 사업에 큰 금액을 기부하다
□ **substance** [sʌbstəns]	n. 물질(=material), 실질, 내용 **cf** substantial a. 상당한 [sub속, 아래+stance(=stand)=속에 있는 물질] • poisonous substances 독성 물질 • a substantial victory 실질적인 승리
□ **substitute** [sʌbstətjù:t]	v. 대용(代用)하다, 대체하다 n. 대리(인), 대체물 **cf** substitution n. 대체 [sub속, 아래+stitute설치하다(=set up)=속에 설치하다] •substitute fresh water 생수를 대체 사용하다 • a substitute food 대용식 • a good substitute for parents 부모를 대신할 좋은 사람
□ **subtraction** [səbtrǽkʃən]	n. 빼기, 공제[from] **cf** subtract v. 빼다 [sub속, 아래+tract당기다=아래로 당겨내다] • addition and subtraction 덧셈과 뺄셈

19 fore- 앞(=before)

[forehead: 이마]

'선조'라는 표현으로 forefather 외에 ancestor가 있다. forefather는 앞서 간 사람들을 의미하기 위해 '앞'을 나타내는
fore-을 사용한다. 후손이라는 표현으로는 descendant와 posterity가 있는데, 여기서는 '뒤'를 의미하는 de-, post-를
사용한다.

☐ **foretell** [fɔːrtél]	v. 예언하다, 예견하다(=foresee, prophesy) **cf** foreteller n. 예언자(=fortuneteller) [fore앞+tell말하다=먼저 말하다] • foretell the future 앞일을 예언하다
☐ **foresight** [fɔːrsait]	n. 선견지명, 선견 **cf** foresighted a. 선견지명이 있는 [fore앞+sight시각=앞을 보는 시각] • a man of foresight 앞을 내다보는 사람
☐ **foremost** [fɔːrmoust]	a. 최초의, 최고의 [fore앞+most최상급 접미사=가장 먼저의] • its foremost duty 최고의 의무 • the foremost task 우선 업무
☐ **forefather** [fɔːrfɑːðə(r)]	n. 선조(=ancestor) [fore앞+father=먼저 사셨던 아버지→선조] • descendant n. 후손 • offspring n. 자식, 후손 • the forefathers of the armenian people 아르메니아인의 선조
☐ **forecast** [fɔːrkæst]	v. 예상하다, 예보하다 **cf** forecast-forecast-forecast n. 예상, 예보 [fore앞+cast던지다=먼저 말을 던지다] • a weather forecast 일기 예보 • economic growth forecast 경제 성장 전망
☐ **forebode** [fɔːrbóud]	v. 예시하다, (불길한) 예감이 들다 **cf** foreboding n. 예감, 예언 [fore앞+bode예시하다=미리 보고 느끼다] • forebode rain 비를 몰고 오다, 비를 예견하다
☐ **forewarn** [fɔːrwɔːrn]	v. 미리 경고하다 [fore앞+warn경고하다=미리 경고하다] • forewarn A of B A에게 B를 사전 경고하다

Basic Words

☐ **forehead**[fɔːrhèd]	n. 이마, 물건의 전면
☐ **forefinger**[fɔːrfìŋgə(r)]	n. 집게손가락
☐ **forearm**[fɔːrɑːrm]	v. 미리 무장하다, 대비하다
☐ **forefront**[fɔːrfrʌnt]	n. 최전방, 선봉
☐ **foresee**[fɔːsíː]	v. 예견하다

20 pre- 앞(前)

[preposition: 전치사]

전치사[pre(前)+position(위치)]는 '앞에 위치하는 것'의 의미이다. 전치사(前置詞)는 말 그대로 명사의 앞에 위치해야
하는 운명을 타고났다. 前(전, pre-)+詞(위치, position)라는 이름에 신분이 잘 드러나 있는 것이다. 동사를 v(verb),
명사를 n(noun), 형용사를 a(adjective), 부사를 ad(adverb)라고 표기하듯이, 전치사는 prep라고 표기한다.

☐ **preoccupy** [priːákjupài]	v. 마음을 빼앗다, ~을 선취하다 **cf** preoccupied a. 선취된, 몰두하는 [pre전(=before)+occupy점령하다=미리 선점하다] • be preoccupied with one's thoughts 생각에 전념하다
☐ **presume** [prizúːm]	v. 가정하다, 추정하다 **cf** presumption n. 가정, 추정 [pre전(=before)+sume갖다(=take)=미리 어슴푸레 생각하다] • presume innocence 무죄라고 가정하다
☐ **pretend** [priténd]	v. 핑계를 대다, ~인 체하다(=make believe) [pre전(=before)+tend펴다=앞에 핑계를 펴다] • pretend to be ill 꾀병을 부리다 • pretend ignorance 모르는 체하다
☐ **predominant** [pridámənənt]	a. 뛰어난, 유력한 **cf** predominate v. 우세하다 / predominance n. 우월, 우세 • the predominant color 주색(主色)
☐ **prerequisite** [prirékwəzit]	a. 미리 필요한, 필수의[to] n. 선행 조건; 기초 필수 과목 [pre전(=before)+requisite필수품, 필요조건=미리 필요한 물건] • a necessary prerequisite 필수적인 선행 조건
☐ **preliminary** [prilímənèri]	a. 예비의, 시초의 [pre전(=before)+limin입구+ary형용사=예비의] • a preliminary exam 예비 시험 • a preliminary game 예선전
☐ **prevail** [privéil]	v. 우세하다; 널리 보급되다, 유행하다, 만연하다 **cf** prevalent a. 널리 유행하는 / prevalence n. 널리 유행함 [pre전(=before)+vail강한=남보다 앞서 강하다] • prevail in a struggle 투쟁에서 이기다 • a prevalent belief 일반화된 믿음
☐ **premature** [prìːmətʃúər]	a. 너무 이른, 때 아닌(=untimely), 시기상조의 [pre전(=before)+mature성숙한=미리 성숙한] • premature conclusions 조급한 결론 • premature death 요절
☐ **prestigious** [prestídʒəs]	a. 고급의, 일류의, 명성 있는 **cf** prestige n. 위신, 명성 [pre전(=before)+stig묶다+(i)ous형용사=사전에 미리 정해 둔] • a prestigious award 권위 있는 상

Chapter 02

☐ **preface** [préfis]	n. 서문, 머리말(=prologue n. 머리말, 개막사) [pre전(=before)+face말하다(=speak)=미리 먼저 말하는 것] • a preface to the book 책의 서문
☐ **prefer** [prifə́:r]	v. ~을 더 좋아하다 **cf** preference n. 선호 / preferable a. 더 좋아하는 [pre전(=before)+fer옮기다, 두다=앞으로 옮겨 두다] • prefer beer to wine 포도주보다 맥주를 좋아하다 • prefer to stay at home 집에 있기를 선호하다
☐ **prefix** [prí:fiks]	n. [문법] 접두사 [pre전(=before)+fix고정하다=앞에 고정하다] • add a prefix or a suffix 접두사나 접미사를 추가하다 ◀ • suffix n. 접미사
☐ **prejudice** [prédʒudis]	n. 선입관, 편견(=bias) [pre전(=before)+judice판단(=judge)=사전에 미리 판단함] • racial prejudice 인종적 편견
☐ **preview** [prí:vjù:]	n. 예비 검사, (영화 등의) 시사(試寫) [pre전(=before)+view관람, 시야=미리 관람함] • a preview screening 시사회 상영
☐ **preserve** [prizə́:rv]	v. 유지하다, 보존하다 **cf** preservation n. 보존 [pre전(=before)+serve(=keep)=사전에 지키다] • preserve order 질서를 유지하다
☐ **prescription** [priskrípʃən]	n. 명령, 규정, [의학] 처방 **cf** prescribe v. 처방하다 [pre전(=before)+scrip쓰다(=write)+tion명사=사전에 미리 적어 줌] • a doctor's prescription 의사의 처방전
☐ **premise** [prémis]	n. [논리] 전제(前提)(↔ conclusion n. 결론) [pre전(=before)+mise보내다(=send)=사전에 미리 제시한 내용] • the major premise [논리] 대전제 • make a premise 전제를 달다

Basic Words

☐ **precaution**[prikɔ́:ʃən]   n. 조심, 예방책
☐ **preschooler**[priskú:lər]   n. 미취학 아동
☐ **prehistoric**[prihistɔ́:rik]   a. 선사 시대의
☐ **preparation**[prèpəréiʃən]   n. 사전 준비

21 ante-, anc(i)- 앞(前) / post- 뒤(後)

[a.m.(ante meridiem): 오전 / p.m.(post meridiem): 오후]

어느 나라 말이나 언어에서 줄임말은 하나의 표현으로 자리 잡는다. 그러한 영어 표현 중 하나가 a.m., p.m., A.D., B.C., P.S. 같은 것들이다. B.C.는 Before Christ, A.D.는 Anno Domini의 줄임말이다.

☐ **ancient** [éinʃənt]	a. 옛날의, 고대의, 구식의 [anc(i)앞(前)+ent → 형용사=앞의] • the ancient Greek and Roman Cultures 고대 그리스 로마 문화 • in ancient times 오랜 옛날에 • ancient civilization 고대 문명
☐ **ancestor** [ǽnsestər]	n. 선조, 조상(↔ descendant, posterity n. 후손) [anc앞+est가다+or사람=앞서 가버린 사람 → 선조, 조상] • ancestor worship 조상 숭배
☐ **antique** [æntíːk]	a. 고대의, 골동품의 [anti앞+que형용사=이전의] • an antique shop 골동품 가게 • antique cars 구시대의 자동차
☐ **anticipate** [æntísəpèit]	v. 기대하다, 예상하다 **cf** anticipation n. 기대 [anti앞+cip갖다+ate동사=앞서 미리 갖다(보다)] • anticipate a good vacation 멋진 휴가를 기대하다
☐ **postpone** [poustpóun]	v. 연기·연장하다(=defer, delay, put off) **cf** postponement n. 연기 [post뒤+pone두다=뒤에 두다 → 나중으로 미루다] • postpone a performance 공연을 연기하다
☐ **postscript** [póustskrìpt]	n. 추신(=P.S.) [post뒤+script글을 쓰다=뒤에 쓰는 글] • a postscript to a letter 편지의 추신
☐ **posterior** [pastíəriər]	a. 더 뒤의(↔ anterior a. ~ 이전의) [post뒤+erior비교급=더 뒤의] • the posterior part of the body 신체의 뒷부분 • posterior to the year 2002 2002년 후의
☐ **postgraduate** [poustgrǽdʒuit]	a. 대학 졸업 후의, 대학원의 n. 대학원 학생 미국에서는 'graduate(졸업생의, 졸업생)'이라고도 한다. [post뒤+graduate졸업생=졸업 뒤의] • a postgraduate student 대학원생(=a graduate student)

Basic Words
- ☐ **B.C.**(Before Christ) 기원전
- ☐ **A.D.**(Anno Domini) 기원후
- ☐ **a.m.**(ante meridiem) 오전
- ☐ **p.m.**(post meridiem) 오후

22   co-, com-, con- 함께(=with)

[sports complex: 종합 운동장]

종합 운동장에는 올림픽 주경기장, 야구장, 수영장, 실내 체육관 등 대형 경기장과 그 외 야외 예식을 할 수 있는 넓은 체육공원 등을 모두 모아 두었다. 그래서 서울 지하철 2호선의 잠실 종합 운동장 역의 명칭도 Sports Complex이다. complex는 '종합적인, 복합적인'을 의미하는데, com-은 '함께'를 의미한다. 그리고 친구라는 표현에 co-, col-, com- 등의 접두사가 붙는 경우가 많다.

☐ **coincidence** [kouínsidəns]	n. (우연의) 일치, 동시발생 **cf** coincide v. 동시 발생하다 [co함께+incide발생하다+ence명사=함께 발생함, 일치함] • What a coincidence! 참으로 우연의 일치군!
☐ **cohere** [kouhíər]	v. 밀착하다, 일관성 있다 **cf** coherent a. 시종일관한 / coherence n. 일관성 [co함께+here붙다=함께 붙다 → 밀착하다, 결합하다] • cohere with each other 서로 일관성이 있다 • a coherent opinion 일관성 있는 의견
☐ **complex** [kəmpléks]	a. 복잡한, 복합의 n. (심리학적) 콤플렉스; 복합 단지 [com함께+plex엮다, 뜨다=함께 엮어 둠] • an apartment complex 아파트 단지 • a complex problem 복잡한 문제
☐ **compete** [kəmpíːt]	v. 경쟁하다, 겨루다, 맞서다 **cf** competition n. 경쟁 / competitive a. 경쟁적인 [com함께+pet(e)구하다, 얻다 =함께 다투어 추구하다 → 경쟁하다] ‹ • competent a. 적임의, 유능한 • compete against a rival company 경쟁 업체와 경쟁하다
☐ **composition** [kàmpəzíʃən]	n. 구성, 작문, 기질 v. 조립하다, 구성하다, 작문하다 [com함께+pos(e)두다+ition명사=함께 모아 두는 것 → 조립, 구성] • the composition of the soil 토양의 구성
☐ **commute** [kəmjúːt]	v. 교환하다, 통근하다 **cf** commuter n. 통근자 [com함께+mute바꾸다=함께 바꾸다 → 교환하다, 통근하다] • commute between Seoul an Daejeon 서울과 대전 간 출퇴근하다 commuter는 승용차나 대중교통을 이용하여 출퇴근하는 사람의 통칭이다. 즉, 이것은 다른 사람과 함께 출퇴근한다는 의미이다.
☐ **compound** [kámpaund]	v. 합성하다 a. 복잡한, 복합의 n. 합성물, 혼합물 [com함께+pound두다=함께 섞어 두다 → 합성하다] • compound substance 합성물, 혼합물
☐ **commerce** [káməːrs]	n. 상업, 무역, 거래 [com함께+merce상품=상품을 서로서로 매매하기] • the Department of Commerce (미) 상무부

□ **combat** [kɔ́mbæt]	v. 다투다, 싸우다 n. 싸움(=fight), 전투(=battle) [com함께+bat치다=서로 치다] • the combat against terrorism 테러와의 싸움 • the combat zone 전투 지역
□ **community** [kəmjúːnəti]	n. 지역 사회, 공동 사회 [com함께+muni의무+ty명사=함께 의무를 지닌 상태] • the Jewish community 유대인 사회 • the European Community 유럽공동체(E.C)
□ **compromise** [kámprəmàiz]	v. 타협하다, 화해하다; 양보하다 n. 타협, 화해, 양보 [com함께+promise약속하다=함께 약속하다] • reach a compromise 타협에 이르다 • make a compromise with ~와 타협하다
□ **contribute** [kəntríbjuːt]	v. 기여·공헌하다, 기증하다[to; for]; (글·기사를) 기고하다[to] **cf** contribution n. 기여, 기부, 기고 [con함께+tribute나누어 주다=함께 나누어 주다] • contribute money to ~에 돈을 기부하다 • contribute to a newspaper 신문에 기고하다
□ **concord** [kánkɔːrd]	n. 일치, 조화, 화합 [con함께+cord마음 =함께 마음을 먹는 것 → 일치, 조화] ← • discord n. 불화, 불일치 • in concord with ~와 화합하여
□ **confirm** [kənfə́ːrm]	v. 확인하다, 승인하다 **cf** confirmation n. 확인 [con함께+firm확실한=함께 확실한 것으로 만들다 → 확인하다] • confirm one's reservation 예약을 확인하다
□ **contagion** [kəntéidʒən]	n. 접촉, 전염병 **cf** contagious a. 전염성의 [con함께+tagion건드리다(=touch)=함께 건드리는 것 → 접촉, 전염] • a contagious disease (접촉)전염병
□ **concede** [kənsíːd]	v. 양보하다, 인정하다 **cf** concession n. 양보, 인정 [con함께+cede가다=함께 가다 → 양보하다, 인정하다] • concede defeat 패배를 인정하다
□ **conflict** [kənflíkt]	v. 충돌하다, 다투다 n. 전쟁, 충돌, 갈등 [con함께+flict때리다=충돌하다] • in conflict with ~와 충돌하여 • an ethnic conflict 인종 갈등

Basic Words

□ **cooperate**[kouápərèit]	v. 협동하다 **cf** cooperation n. 협동
□ **coworker**[kóuwə̀ːrkər]	n. 동료(=fellow worker)
□ **coeducation**[kòuedʒəkéiʃən]	n. 남녀 공학
□ **coexist**[kòuigzíst]	v. 공존하다

Chapter 02

23 col-, cor- 함께(=with)

[colleague: 동료]

연어(collocation)는 말 그대로 '두 개 이상의 말이 연결된 표현'을 의미한다. collocation은 [col(함께)+locate(두다)]에서 유래한 말이다. 즉, 단어도 아니고 문장도 아니지만, 여러 개의 어휘를 묶어서 만드는 표현이라는 것이다. colleague도 '함께 일하는 동료'를 의미한다. '함께'를 의미하는 접두사는, l-로 시작하는 어휘 앞에 col-, r-로 시작하는 어휘 앞에는 cor-가 붙는다.

☐ **collocate** [káləkèit]	v. (말을) 연결시키다, 연어를 이루다 **cf** collocation n. 배열, 연어 [col함께+locate두다(=place)=함께 두다] • collocate with certain nouns 명사와 함께 연어를 이루다
☐ **collide** [kəláid]	v. 충돌하다 [col함께+lide치다=함께 서로 치다] • crash v. 깨지다, 충돌하다, • collide with another ship (비행기가) 추락하다 다른 배와 충돌하다
☐ **collaborate** [kəlǽbərèit]	v. 공동으로 일하다, 협력하다 **cf** collaboration n. 협동 [col함께+labor노동+ate동사=함께 노동하다] • collaborate with the government 정부와 협력하다
☐ **collapse** [kəlǽps]	v. 무너지다, 붕괴하다 n. 붕괴 [col함께+lapse넘어지다=함께 넘어지다] • economic collapse 경제적 붕괴 • the Soviet Union's collapse 구소련의 붕괴
☐ **collateral** [kəlǽtərəl]	a. 평행한, 부수적인 [col함께+lateral옆의=옆으로 나란히 가는] • collateral relatives 방계 친족
☐ **correspond** [kɔ̀:rəspánd]	v. 서신 교환하다, 일치하다 **cf** correspondence n. 응답 / correspondent n. 특파원 [cor함께+respond반응하다=서로 응답하다, 서로 일치하다] • correspond to ~에 일치하다 • correspond with ~와 서신 교환하다
☐ **corroborate** [kərábərèit]	v. 확인하다, 정식으로 확인하다 [cor함께+roborate강하게 하다=함께 강하게 하다] • corroborate evidence 증거를 확인하다

Basic Words

☐ **correlation**[kɔ̀:rəléiʃən] n. 상호 관계, 상관성 • close correlation 밀접한 상호 관계
☐ **collection**[kəlékʃən] n. 수집, 채집, 모금 • stamp collection 우표 수집
☐ **colleague**[káliːg] n. 직업상의 동료, 동업자 • a close colleague 친한 동료

Chapter 02 심화어휘 **211**

24 re- 다시

[resume: 다시 시작하다]

recipe(조리법)와 résumé(이력서)는 프랑스어에서 온 어휘이다. 하지만, resume(다시 시작하다)은 영어에서 re-(다시)의 어원을 지닌 동사로 사용되기도 한다. re-에는 '다시'라는 의미와 '거꾸로, 반대'라는 의미가 있다.

☐ **reproduce** [riprədjúːs]	v. 재생하다, 번식하다 [re다시(=again)+produce생산하다=다시 생산하다] • reproduce a picture 그림을 복사하다
☐ **renovate** [rénəvèit]	v. 새롭게 하다, 혁신하다 [re다시(=again)+novate새롭게 하다=다시 새롭게 하다] • renovate an old house 낡은 집을 개조하다
☐ **redundant** [ridʌndənt]	a. 여분의, 과다한 [re다시(=again)+(d)und파도, 물결+ant형용사=파도가 넘쳐나는] • redundant workers 여분의 인력
☐ **recruit** [rikrúːt]	v. 신병을 모집하다, 신병으로 보충하다 [re다시(=again)+cruit성장하다, 키우다=새로운 인원을 키우다] • recruit volunteers 자원봉사자를 모집하다
☐ **recommend** [rèkəménd]	v. 추천하다, 권고하다 [re다시(=again)+commend추천하다, 칭찬하다=다시 칭찬하다] • recommend a good book 좋은 책을 추천하다
☐ **relieve** [rilíːv]	v. (고통·부담 따위를) 경감하다, 덜다; 안도케 하다, 구원하다, (공포로부터) 해방하다 **cf** relief n. 구원, 안도 [re다시(=again)+lieve들어 올리다(=raise)=다시 들어 올리다] • relieve one's pain 고통을 완화시키다
☐ **release** [rilíːs]	v. 석방시키다(=set free), 놓아주다 n. 석방, 해방 [re다시(=again)+lease늦추다=다시 늦추다] • release one's hand 잡았던 손을 놓다
☐ **remedy** [rémədi]	v. 고치다(=cure) n. 치료약, 의료 [re다시(=again)+medy고치다=다시 고치다] • an effective remedy for the flu 독감에 잘 듣는 약

Basic Words

☐ **repent**[ripént] v. 후회하다
☐ **resume**[rizúːm] v. 다시 시작하다, 되찾다
☐ **recollect**[rèkəlékt] v. 회상하다(=recall)
☐ **remind**[rimáind] v. 상기시키다

Chapter 02

25 re- 뒤로(=back)

[action and reaction: 작용과 반작용]

작용과 반작용의 법칙은 쉽게 말하면 자신이 저지른 일은 결국 자기에게 돌아온다는 의미이다. 바로, 뉴턴의 제3법칙인 작용과 반작용의 법칙은, 한 물체 a가 다른 물체 b에 가하는 힘은, 물체 b가 물체 a에 가하는 힘과 크기가 같고 방향이 반대라는 것이다. 따라서 반작용을 나타내는 reaction의 re-는 '반대, 역, 거꾸로'의 의미를 나타낸다는 것을 알 수 있다. 물론, re-는 동사 또는 그 파생어에 붙어 '다시, 새로이, 되풀이'의 뜻을 나타내기도 한다.

□ **reconcile**
[rékənsàil]

v. 조정하다, 화해시키다 **cf** reconciliation n. 조정, 화해
[re뒤로+concile회의(=council)=뒤에서 회의를 하다]
• reconcile disputes 논쟁을 조정하다

□ **restrain**
[ristréin]

v. 억제하다, 삼가다[from](=abstain from) **cf** restraint n. 억제
[re뒤로+strain묶다=뒤로 묶다]
• restrain tears 눈물을 참다
• restrain oneself from 자제하여 ~하지 않다

□ **reflection**
[riflékʃən]

n. 반영, 반사, 반성 **cf** reflect v. 반사하다, 반영하다
[re뒤로+flect굽다(=bend)+ion명사=도로 굽어버림]
• one's reflection in the mirror 거울 속에 비친 모습
• reflect one's thoughts ~의 생각을 반영하다
• reflect on one's action 자신의 행동을 반성하다

□ **regress**
[rigrés]

v. 되돌아가다, 역행하다(↔ progress v. 전진하다)
[re뒤로+gress가다=되돌아가다]
• regress to old ways 옛 방식으로 되돌아가다

□ **remit**
[rimít]

v. (돈·화물 따위를) 우송하다, 원상태로 돌이키다
cf remission n. 용서, 사면
[re뒤로+mit보내다=되돌려 보내다]
• remit one's anger 노여움을 풀다

□ **renounce**
[rináuns]

v. (권리 등을 정식으로) 포기하다, 단념하다, 부인하다
[re뒤로+nounce알리다=반대의사를 밝히다]
• renounce friendship 절교하다

> • denounce v. 비난하다
> • announce v. 발표하다

□ **refund**
[rifʌnd]

v. 환불하다, 반환하다, 돌려주다 n. 반환, 환불
[re뒤로+fund자금, 기금=자금을 되돌려 주다]
• demand a refund 환불을 요구하다

□ **reprimand**
[réprəmænd]

v. 징계하다, 호되게 꾸짖다
[re뒤로+primand소환하다=도로 소환하다]
• reprimand workers 일꾼들을 꾸짖다

□ **repulse** [ripʌls]	v. 되쫓아버리다(=repel) [re뒤로+pulse밀다=되밀어 버리다] • repulse an attack 공격을 물리치다 • repulse pets 해충을 쫓아버리다 • pulse n. 맥박, 고동 / v. 맥박이 뛰다, 고동하다
□ **retain** [ritéin]	v. 보류하다, 보유하다 [re뒤로+tain갖다(=hold)=뒤로 갖다] • retain one's control over ~에 대한 지배권을 유지하다
□ **recess** [risés]	n. 쉼, 휴식 시간 [re뒤로+cess가다=뒤로 가서 쉬다] • school lunch recess 학교 점심시간
□ **respond** [rispánd]	v. 응답하다, 대답하다[to], 반응하다[to] cf response n. 답변, 반응 [re뒤로+spond서약하다=되돌려 약속하다] • respond to the news 뉴스에 반응하다
□ **retort** [ritɔ́:rt]	v. (비난·모욕 따위에) 보복하다, 반박하다 n. 말대꾸, 반박 [re뒤로+tort비틀다(=twist)=뒤로 비틀어 버리다] • retort angrily 화가 나서 대꾸하다
□ **revoke** [rivóuk]	v. (명령·약속·특권 따위를) 철회하다, 취소하다 • rebuke v. 비난하다, 꾸짖다 [re뒤로+voke부르다(=call)=되불러들이다] • revoke one's will ~의 유언을 취소하다
□ **recede** [risí:d]	v. 물러나다, 퇴각하다, 철회하다 cf recession n. 퇴거, 후퇴 [re뒤로+cede가다=뒤로 물러가다] • recede into background 뒤로 물러서다, 세력을 잃다
□ **retail** [rí:teil]	a. 소매의(↔ wholesale a. 도매의) cf retailer n. 소매상인 [re뒤로+tail꼬리=꼬리를 잘라 되팔다] • a retail dealer 소매상

Basic Words
- □ **reject**[ridʒékt] v. 거절하다, 사절하다 cf rejection n. 거절
- □ **resistant**[rizístənt] a. 저항하는, 반항하는, 견디는 저항 cf resistance n. 저항
- □ **reduce**[ridjú:s] v. 줄이다, 격하시키다 cf reduction n. 감소
- □ **register**[rédʒistər] v. 기록하다, 등록하다 n. 기록부, 등록부

Vocabulary

Chapter 02

26   syn-, sym-, sim 함께, 같이

[syndrome: 증후군]

신드롬(syndrome)이란 '증후군(症候群)'이라는 의미로 '질병 및 증상'의 다른 이름이기도 하다. syndrome이란 표현은 Cinderella Syndrome(신데렐라 신드롬), Peter Pan Syndrome(피터 팬 신드롬), 공주병과 왕자병(Princess Syndrome, Prince Syndrome)에서도 만나게 된다. 이렇듯, syn-(같은, 함께)의 의미는 집단이나 무리가 함께 겪는 현상임을 알 수 있다. 즉, syn-과 sym-은 same을 의미한다.

☐ **syndrome**
[síndroum]

n. 증후군(症候群), (어떤 감정·행동이 일어나는) 일련의 징후
[syn함께, 같이+drome과정=함께 일어나는 과정]
• Jet lag syndrome 시차로 인해 일시적으로 멍해지는 현상
• Acquired Immune Deficiency Syndrome (AIDS)
  후천성 면역 결핍증

☐ **synonym**
[sínənim]

n. 동의어(↔ antonym n. 반의어)
[syn같은+(o)nym이름=같은 이름, 같은 말→동의어]
• a synonym for 'father' in English
  영어로 '아버지'와 같은 개념의 동의어

☐ **synergy**
[sínərdʒi]

n. 공동 작용, 협동; (근육 등의) 협력 작용, (약물의) 상승 작용
[syn함께+ergy에너지=함께 나오는 에너지]
• a synergy effect 상승효과

> 성분 A, B를 따로 사용했을 때 각각 A와 B의 효과만을 얻지만, 함께 사용하면 C, D의 효과까지 얻는 것을 시너지 효과(synergy effect)라고 한다.

☐ **synthetic**
[sinθétik]

a. 합성의, 인조의, 종합적인
🔵 synthesis n. 통합, 합성물 / synthesize v. 합성하다
[syn함께+the놓다+tic형용사=함께 놓여 있는 →통합한]
• synthetic fiber 합성 섬유
• avoid synthetic hormones 합성 호르몬을 피하다

☐ **synchronize**
[síŋkrənàiz]

v. 동시에 발생하다, 시간을 맞추다
[syn함께, 같이+chron시간+ize동사=같은 시간에 발생하다]
• synchronize music with action 음악과 동작을 일치시키다

☐ **synopsis**
[sinápsis]

n. 개관, 개요
[syn함께, 같이+opsis보다=함께 봄]
• a brief synopsis of the presentation 발표 내용의 간략한 개요

☐ **sympathy**
[símpəθi]

n. 동정심
🔵 sympathetic a. 동정적인 / sympathize v. 공감하다, 동정하다(=feel for)
[sym함께+pathy감정=함께 느끼는 감정]
• a sympathy strike 동조 파업
• express one's sympathy 동정을 표현하다
• sympathetic view on the issue 쟁점에 대해 공감하는 견해

□ **symbolize** [símbəlàiz]	v. 상징하다, 나타내다 **cf** symbol n. 상징 [syn함께, 같이+bol던지다+ize동사=함께 같이 던지다 → 상징하다] • symbolize peace 평화를 상징하다
□ **symposium** [simpóuziəm]	n. (청중 앞에서 하는) 토론회, 좌담회, 심포지엄 [syn함께, 같이+posium마시다=함께 마시며 대화하는 것] • an international symposium 국제 심포지엄
□ **symptom** [símptəm]	n. 징후, 조짐, 증상 [syn함께, 같이+ptom떨어지다=함께 일어나고 있는 것] • allergic symptoms 알레르기 증상 • a symptom of a cold 감기의 징후
□ **simultaneously** [sàiməltéiniəsli]	ad. 동시에 **cf** simultaneous a. 동시의 [sim(ul)함께, 같이+tane+ously부사 =함께 지속하는] • simultaneous interpretation 동시통역 • spontaneously ad. 자발적으로, 저절로
□ **simulate** [símjulèit]	v. ~인 체하다; 모의실험하다 **cf** simulation n. ~인 체함; 모의실험 • stimulate v. 자극하다, 격려하다 [sim(ul)함께, 같이+ate동사=같게 하다] • simulate actual battle 실제 전투를 모의실험하다 • simulate illness 꾀병을 부리다
□ **assimilate** [əsíməlèit]	v. 동화시키다, 일치시키다, 흡수하다 **cf** assimilation n. 동화, 일치 [as-으로+sim(il)닮은+ate동사=닮아지다 → 동화하다] • assimilate immigrants 이주민을 동화시키다
□ **simile** [síməli]	n. 직유 [sim같은+ile명사=~같은 것 → 직유] • simile and metaphor 직유와 은유법 **cf** metaphor n. 은유, 상징하는 것 직유란 like, as 따위를 써서 직접 다른 것에 비유하는 것이다. • a heart like a stone 돌같이 무정한 사람 • Like father, like son. (속담) 그 아비에 그 아들, 부전자전 • as cunning as a fox 여우처럼 간교한

Basic Words

□ **simple**[símpl]	a. 단일의, 단순한
□ **similarity**[sìməlǽrəti]	n. 유사, 비슷함
□ **symphony**[símfəni]	n. 교향곡, 음의 조화
□ **symmetry**[símətri]	n. 좌우 대칭, 균형

27   en-, in- (+명사)안에 넣다, (+형용사)되게 하다

[enjoy: 기쁨을 만들다, 즐기다]

안전벨트를 매지 않거나 신호 위반을 한 사람은 Police Enforcement(경찰 검문)라는 도로 표지판을 보면 긴장을 한다. enforcement가 '단속, 경찰 근무'를 의미하는데 이것은 [en(동사화 접두사: ~하게 하다)+force(힘, 강제)=강제로 시행하다]라는 어원으로 풀이할 수 있다. 접두사 en-은 명사나 형용사를 만나면, 그것을 동사로 만드는 마력을 지니는데 enjoy도 마찬가지이다.

☐ **endanger** [indéindʒər]	v. 위험에 빠뜨리다　ⓒ **endangered** a. (동식물이) 멸종 위기에 처한 [en되게 하다+danger위험=위험하게 하다] • endanger one's health 건강을 위태롭게 하다 • an endangered species 멸종 위기에 있는 품종
☐ **entitle** [intáitl]	v. 자격을 주다, 권리를 주다 [en되게 하다+title제목, 권리=권리를 주다] • be entitled to vote 투표할 자격이 주어지다
☐ **engage** [ingéidʒ]	v. 약속하다(=promise); 고용하다　ⓒ **engagement** n. 약속, 약혼, 고용 [en되게 하다+gage맹세=맹세하게 하다] • engage oneself in ~에 종사하다 • engage oneself to ~와 약혼하다
☐ **enlighten** [inláitn]	v. 교화하다, 계몽하다, 가르치다　ⓒ **enlightening** a. 계몽적인 [en되게 하다+lighten밝히다=밝히게 하다] • an enlightening lecture 계몽적인 강의 • enlighten readers 독자를 계몽하다
☐ **ensure** [inʃúər]	v. 보증하다, 확보하다 [en되게 하다+sure확실한 =확실하게 하다 → 보증하다] • ensure a good job 좋은 직장을 확보하다　　　• insure v. 보험을 들다, 보증하다 (=guarantee)
☐ **enhance** [inhǽns]	v. 높이다, 늘이다　ⓒ **enhancement** n. 증대, 증강, 향상 [en되게 하다+hance높은=높게 만들다] • enhance efficiency 효율성을 높이다
☐ **enroll** [inróul]	v. 등록하다(=register, enlist), 입회시키다　ⓒ **enrollment** n. 등록 [en되게 하다+roll구르다; 두루마리=두루마리 종이에 기록하다 → 등록하다] • enroll children in schools 아이를 학교에 등록하다
☐ **enslave** [insléiv]	v. 노예로 만들다　ⓒ **enslavement** n. 노예로 함 [en되게 하다+slave노예=노예로 만들다] • be enslaved by the creditor 채권자에게 노예가 되다 ⓒ creditor n. 채권자

Basic Words

☐ **encircle**[insə́:rkl]	v. 에워싸다
☐ **entail**[intéil]	v. 일으키다, 수반하다
☐ **enforce**[infɔ́:rs]	v. 실시하다, 강요하다　ⓒ **enforcement** n. 강제, 시행

28 ant-, anti- 반대의

[antarctic: 남극]

가수를 좋아하는 사람들을 fan이라고 하는데, 이 말은 fanatic(광적인)의 줄임말이다. 한 마디로 미치거나 광적인 사람들이란 뜻이다. 반면, 좋아하지 않거나 반감을 갖는 가수를 적극적 비판을 하는 경우가 있는데, 이들을 안티(anti-)라고 부른다. anti-, ant-는 '반대' 의미의 어원인 것이다. 메신저 도청을 잡아주는 프로그램인 안티스파이(Antispy), 치아의 치석을 막아주는 안티프라그(Antiplague), 전쟁에 반대하는 안티워(Antiwar), 등도 눈에 익은 표현이다.

☐ **antarctic** [æntάːrktik]	a. 남극의(↔ arctic a. 북극의) n. 남극 [ant반대+arctic북극=북극의 반대편에 있는→남극] • the antarctic pole 남극 • an antarctic expedition 남극 탐험대
☐ **antisocial** [æntisóuʃəl]	a. 반사회적인, 비사교적인 [anti반대+social사회의=반사회적인] • antisocial acts 반사회적 행동
☐ **antonym** [ǽntənìm]	n. 반의어(↔ synonym n. 동의어) [ant반대+(o)nym말=반대의 말→반의어] • synonym or antonym 동의어나 반의어
☐ **antagonist** [æntǽgənist]	n. 적대자, 경쟁자, 맞상대(=opponent)(↔ protagonist n. 주인공, 주역) **cf** antagonize v. 대항하다, 반대하다(=oppose) [ant반대+agon싸우다(=struggle)+ist사람 =반대하여 싸우는 사람→대립자] • the two antagonists 두 적대국 • an antagonistic color 반대색(反對色)
☐ **antitoxin** [ænttάksin]	n. 항독소, 항독소 혈청 [anti반대+toxin독소=독성 물질에 대항하는 물질] • develop an antitoxin 항독소를 개발하다
☐ **antibiotic** [æntibaiάtik]	a. 항생 물질의 n. 항생제, 항생 물질 [anti반대+bio(生)+tic형용사=생명체에 저항하는→항생제] • antibiotic substance 항생 물질 • overuse antibiotics 항생제를 과용하다
☐ **antitrust** [æntitrʌst]	a. 독점 반대의, 독점을 규제하는 [anti반대+trust기업 연합=기업끼리 연합하는 것을 반대하는] • an antitrust law 독점 금지법, 반독점법

Basic Words

☐ **anti-pollution**[æntaipəlúːʃən]　a. 공해 방지의
☐ **antibody**[ǽntibɑːdi]　n. 항체, 면역체(=immune body)
☐ **antipathy**[æntípəθi]　n. 반감, 혐오(↔ sympathy n. 공감, 동정심)
☐ **anti-nuclear**[ænti-njúːkliər]　a. 원자력에 반대하는

29 trans- 가로질러, 바꾸다

[transgender: 성 전환자]

남성(masculine gender)을 여성(feminine gender)으로 바꾸면 성전환자(transgender)가 된다. trans-는 '바꾸다'의 의미를 지니므로, 형태를 마음대로 바꾸는 transformer를 생각할 수 있다. 자동차에서 로봇으로, 비행기로, 무기로 바꾸는 것이 얼마든지 가능하다. trans-는 '바꾸다,' 또는 가끔 '관통'의 의미로도 쓰인다.

☐ **transfuse** [trænsfjuːz]	v. 옮겨 따르다, 주입시키다; 수혈하다 **cf** transfusion n. 주입, 수혈 [trans바꾸다+fuse녹이다=녹여 넣다 → 주입하다] • transfuse blood into someone ~에게 수혈하다 • blood transfusion 수혈
☐ **transfigure** [trænsfígjər]	v. 형상을 바꾸다, 모양을 바꾸다 [trans가로질러, 넘어서+figure모양=모양을 바꾸다] • transfigure the city 도시를 변모시키다
☐ **translate** [trænsléit]	v. 번역하다(=interpret), 해석하다 **cf** translation n. 번역 [trans넘어서+late운반하다=바꾸어서 운반하다 → 해석하다] • translate an English book into French 영어 책을 프랑스어로 번역하다
☐ **transplant** [trǽnsplænt]	v. (식물, 피부) 이식하다, 이주시키다 n. 이식 [trans바꾸다+plant심다=바꾸어 심다 → 이식하다] • heart transplant 심장 이식 • transplant flowers 화초를 옮겨 심다
☐ **transcend** [trænsénd]	v. (경험·이해력 등의 범위·한계를) 넘다, 초월하다 [trans가로질러, 넘어서+scend올라가다=넘어서 올라가다] • transcend the limits 한계를 초월하다 • descend v. 내려가다 • ascend v. 올라가다, 기어오르다
☐ **transit** [trǽnsit, -zit]	v. 횡단하다, 운송하다 n. 통과, 횡단 [trans넘어서+it가다=넘어서 가다] • mass transit 대량 수송 수단 • a transit passenger 통과 여객
☐ **transient** [trǽnʃənt]	a. 일시적인(=passing), 덧없는 [trans가로질러+ient가다=가로질러 가는 → 일시적인] • transient life 덧없는 인생
☐ **transparent** [trænspέərənt]	a. 투명한, 솔직한 [trans가로질러, 통과하여+parent나타나다=통과하여 나타나는] • a transparent window 투명한 창문 • transparent government 투명한 정부

Chapter 02

□ **transfix** [trǽnsfiks]	v. 꿰뚫다, (못 박은 것처럼) 그 자리에서 꼼짝 못하게 하다 [trans가로질러+fix고정시키다 =꼼짝 못하게 하다] • transfix a shark 상어를 찔러서 잡다 • transfer v. 옮기다, 이동하다; (탈것을) 갈아타다
□ **transcribe** [trænskráib]	v. 베끼다, 복사하다, 번역하다 **cf** transcription n. 복사 [trans가로질러, 넘어서+scribe쓰다(=write) =베껴 쓰다] • transcribe a book 책을 베끼다 • prescribe v. 지시하다, (약을) 처방하다
□ **transpose** [trǽnspouz]	v. 위치[순서]를 바꾸어 놓다; 바꾸어 말하다 [trans가로질러, 넘어서+pose놓다=바꾸어 놓다] • transpose an order 순서를 바꾸어 놓다
□ **transmit** [trænsmít]	v. 전도하다, 전달하다 **cf** transmission n. 송달, 전달 [trans가로질러, 넘어서+mit보내다=저쪽으로 보내다 → 전달하다] • transmit a parcel 소포를 부치다 • transmit electricity 전기를 전도하다
□ **transect** [trænsékt]	v. 가로로 절개(切開)하다; 횡단하다 [trans가로질러, 넘어서+sect자르다=가로질러 자르다] • transect a city 도시를 횡단하다
□ **transgress** [trænsgrés]	v. (법률·계율 등을) 어기다, (한계 따위를) 넘다 **cf** transgression n. 위반 [trans가로질러, 넘어서+gress가다=가로질러 가다] • transgress the limits 제한을 어기다, 한계를 넘다
□ **transatlantic** [trænsætlǽntik]	a. 대서양 횡단의 [trans가로질러, 넘어서+atlantic대서양=대서양을 가로질러] • the first transatlantic balloon 첫 대서양 횡단 기구

Basic Words

□ **transship**[træn(s)ʃíp]	v. (화물) 다른 배에 옮기다	
□ **transact**[trænsǽkt]	v. 거래하다, 집행하다	
□ **transport**[trænspɔ́:rt]	v. 수송하다, 운반하다 **cf** transportation n. 수송	
□ **transform**[trænsfɔ́:rm]	v. 변형시키다, 변압하다 **cf** transformation n. 변형, 변화	

30 pro- 앞으로(=forth)

[propose: 신청하다, 제안하다, 청혼하다]

청혼(proposal)을 하는 모습으로, 꽃을 들고 무릎을 꿇거나 서 있는 모습이 연상된다(pro앞+pose놓다). propose는 '계획, 의견 또는 물건을 앞에 둔다'는 의미를 나타낸다. 여기서 pro-는 미래를 나타내는 '앞으로(forth)'의 의미가 연상된다. pro-는 앞으로의 약속(promise), 앞으로의 전망(prospect), 앞으로의 계획(project) 등의 의미를 만들어 낸다.

☐ **proceed**
[prəsíːd]

v. 전진하다, 계속하다, 진행하다(=progress, advance)
cf process n. 진행 과정
[pro앞으로+ceed가다=앞으로 가다]
• proceed to London 런던으로 가다
• an entire process 전 과정

☐ **procedure**
[prəsíːdʒər]

n. 진행, 발전; (진행) 절차, 소송 절차
[pro앞으로+ced가다+ure명사=앞으로 나아가는 것]
• a legal procedure 소송 절차
• registration procedures 등록 절차 **cf** registration n. 등록

☐ **profess**
[prəfés]

v. 공언하다, 고백하다
cf profession n. 고백
[pro앞으로+fess고백하다
=대중 앞에서 말하다]
• profess one's love for someone 누군가에 대한 사랑을 고백하다

• **proper** a. 적당한, 타당한
• **prosper** v. 번창하다, 번영하다

☐ **propaganda**
[prɑ̀pəgǽndə]

n. 선전
[pro앞으로+propaganda붙들어 매다=미래의 일을 설득하다]
• a propaganda film 선전 영화
• spread propaganda 선전을 하다

☐ **prophesy**
[práfəsài]

v. 예언하다(=foretell, predict) **cf** prophet n. 예언자
[pro앞으로+phesy이야기하다=미리 이야기하다 → 예언하다]
• prophesy the future 미래를 예언하다

☐ **prohibit**
[prouhíbit]

v. 금지하다(=forbid), 방해하다 **cf** prohibition n. 금지
[pro앞으로+hibit유지하다=남의 앞에 있다 → 방해하다, 금지하다]
• prohibit smoking 흡연을 금하다
• a flight prohibited area 비행 금지 구역

☐ **prominent**
[prámənənt]

a. 돌출한, 두드러진(=conspicuous); 주요한, 유명한
[pro앞으로+minent튀어나오다=앞으로 튀어나온 → 저명한]
• prominent eyes 돌출된 눈
• a prominent artist 저명한 예술가

☐ **proficient**
[prəfíʃənt]

a. 숙달된, 능숙한 **cf** proficiency n. 능숙
[pro앞으로+ficient만들다=앞서가는 → 뛰어난]
• be proficient in English 영어에 능숙하다

☐ **pronounce** [prənáuns]	v. 발음하다, 선언하다 **cf** pronunciation n. 발음 [pro앞으로+nounce발표하다 =앞으로 발표하다] • pronounce this word 이 단어를 발음하다

> • denounce v. 비난하다, 고발하다
> • announce v. 발표하다, 공고하다

☐ **proclaim** [proukléim]	v. 선언하다, 공포하다 **cf** proclamation n. 선언 [pro앞으로+claim주장하다=앞서 주장하다 → 선언하다] • proclaim war 선전 포고하다 • proclaim a victory 승리를 선언하다
☐ **procrastinate** [proukrǽstənèit]	v. 꾸물거리다, 질질 끌다 **cf** procrastination n. 지연, 지체 [pro앞으로+crastinate내일(=tomorrow)=내일까지 가다 → 질질 끌다] • procrastinate long enough 오래 질질 끌다
☐ **profound** [prəfáund]	a. 깊은, 심오한(↔ superficial a. 피상적인) [pro앞으로+found바닥(=bottom)=바닥 앞까지 가는] • profound depth 깊은 밑바닥 • profound knowledge 해박한 지식
☐ **prolong** [prəlɔ́:ŋ]	v. 늘이다, 연장하다(=lengthen), 오래 끌다 [pro앞으로+long긴=길게 늘어뜨리다 → 연장하다, 질질 끌다] • prolong human life 인간 수명을 연장하다
☐ **prompt** [prampt]	a. 신속한, 즉각적인 v. 유발하다, 촉발시키다 [pro앞으로+mpt가져가다=자기 앞으로 가져가는] • a prompt reply 즉답
☐ **protrude** [proutrú:d]	v. (밀어)내다, 내밀다, 불쑥 나오다 [pro앞으로+trude찌르다(=thrust)=앞으로 찌르다 → 내밀다] • protrude one's tongue 혀를 내밀다
☐ **provoke** [prəvóuk]	v. 유발시키다, 성나게 하다(=enrage) **cf** provocation n. 성나게 함 [pro앞으로+voke부르다(=call)=~하도록 불러일으키다] • provoke pity 동정을 유발하다 • provoke laughter 웃음이 나오게 하다
☐ **profuse** [prəfjú:s]	a. 아낌없는, 풍부한 **cf** profusion n. 대량, 풍부 [pro앞으로+fuse들이붓다=앞으로 들이붓는] • a profuse apology 충분한 사과 • profuse praise 아낌없는 칭찬

Basic Words

☐ **prospect**[práspekt]	n. 전망, 기대
☐ **provide**[prəváid]	v. 공급하다; 대비하다
☐ **program**[próugræm]	n. 계획
☐ **propel**[prəpél]	v. 추진하다, 몰아대다

31 contra-, counter- 반대

[pros and con(tra)s: 찬반양론]

어떤 주제에 대해 토론을 할 때 찬반양론으로 나누어지는데, 찬성과 반대는 항상 붙어 다닌다. 찬반양론은 pros and con(tra)s와 contrast(대조)를 함께 기억해 두자. On the contrary(그와는 반대로)에서처럼 contra–는 반대의 의미를 지닌다.

Chapter 02

□ **contraband** [kántrəbænd]	a. (수출입) 금지의　n. 밀수품, 불법 거래 [contra반대+band금지하다(=prohibit)=금지한 것을 위반함 → 밀수] • contraband goods 금수품 • contraband trade 밀수
□ **contrast** [kəntrǽst]	n. 대조　v. 대조를 이루다, 대조하다 [contra반대+st서 있다(=stand)　• contract n. 계약 v. 계약하다 =반대 위치에 서는 것] • color contrast 색조 대비 • in contrast 대조적으로
□ **contravene** [kàntrəvíːn]	v. 위반하다　cf contravention n. 위반 행위, 위배 [contra반대+vene오다=반대 방향으로 가다] • contravene the law 법을 위반하다
□ **contradict** [kàntrədíkt]	v. 반박하다　cf contradiction n. 반대, 모순 [contra반대+dict말하다(=speak)=반대로 말하다] • contradict the report 보고서에 반박하다
□ **controversy** [kántrəvə̀ːrsi]	n. 논쟁, 논의 cf controvert v. 논쟁하다 / controversial a. 논쟁의 여지가 있는 [contro반대+versy돌다=반대 입장으로 돌기 → 반론] • beyond controversy 논쟁의 여지없이
□ **counterfeit** [káuntərfit]	v. 위조하다, 모조하다　a. 위조의, 모조의 [counter반대+feit만들다=법을 어겨서 만드는] • circulate counterfeit money 위폐를 유통시키다
□ **counteraction** [káuntərækʃən]	n. 방해, 반작용 [counter반대+action동작=반대 동작] • action and counteraction 작용과 반작용

Basic Words

□ **counterpart**[káuntərpàːrt]	n. 상대편
□ **contrary**[kántreri]	a. 정반대의 n. 반대
□ **counterattack**[káuntətæk]	n. 반격, 역습
□ **counterblow**[kántəblou]	n. 반격(=counterpunch)
□ **counterforce**[kántəfɔːrs]	n. 반대[저항] 세력

김세현 영어

32 per- 철저히, 완전히, 충분히

[permanent wave: 파마]

누군가가 파마를 하는 이유를 물었다. ① 아줌마가 되었으니까 ② 머리결을 보호하기 위해서 ③ 머리 손질을 따로 하지 않기 위해서.... 답은 ③ 머리 모양이 오랫동안 그대로 유지되고 특별히 손질할 필요가 없어 편리하기 때문이다. 이처럼 파마는 permanent(영구적인)의 의미가 잘 반영된 표현이라 할 수 있다. 파마의 정식 명칭은 permanent wave! per-는 '영구적인'을 의미하는 '완전히, 철저히, 충분히'라는 뜻이다.

□ **perennial** [pəréniəl]	a. 연중 끊이지 않는, [식물] 여러해살이의, 다년생의 [per완전히+ennial해(=year) =한 해 계속 지속하는] • perennial plants 다년생 식물 • annual a. 매년의
□ **permanent** [pɔ́:rmənənt]	a. 영구적인(=perpetual), 내구성의(=everlasting) [per완진히+man남아 있다(=remain) ㅣent형용사=완전히 남이 있는] • a permanent tooth 영구치 • one's permanent address 본적
□ **persist** [pərsíst]	v. 고집하다, 주장하다 [per완전히+sist견디다=완전히 끝까지 지속하다] • persist one's belief 자기의 신념을 믿고 나아가다
□ **permeate** [pɔ́:rmièit]	v. 스며들다, 침투하다 [per완전히+meate통과하다=완전히 통과하다] • permeate the sand 모래에 스며들다
□ **perish** [périʃ]	v. 완전히 사멸하다, 사라지다(=die out) [per완전히+ish가다=완전히 가다, 무(無)에 이르다] • perish in a flood 홍수로 죽다 • perish from thirst 목말라 죽다
□ **persecute** [pɔ́:rsikjù:t]	v. 박해하다, 귀찮게 굴다 ❹ persecution n. 박해 [per완전히+secute따라가다=끈질기게 쫓다] • persecute a man with questions 질문을 퍼부어 사람을 괴롭히다 • prosecute v. 기소하다 • prosecutor n. 검사
□ **persevere** [pɔ́:rsəvíər]	v. 참다, 견디다(=bear, stand, endure) [per완전히+severe엄한, 지독한=완전히 독하게 견디다] • persevere against wounds 부상을 참아내다

Basic Words
□ **permit**[pərmít] v. 허락하다, 허가하다
□ **perform**[pərfɔ́:rm] v. 실행하다; 연기하다, 연주하다
□ **perfect**[pɔ́:rfikt] a. 완전한, 정확한 ❹ perfection n. 완전
□ **perceive**[pərsí:v] v. 지각하다, 감지하다

33 ad-, ac-, as- ~쪽으로, 가까이

[adapter: 어댑터]

전기 기구에 따라서는 어댑터를 사용하는 경우가 있다. 이것은 전기 기구를 전원 규격에 적합하도록 조정하기 위함이다. 그래서 '적합하게 하는 것'이란 의미가 adapter이다. 즉, 동사 adapt는 '적응시키다, 개작하다'의 의미로, 어떤 상황에 맞게 고친다는 뜻이다. 앞으로는 아답터가 아니라 어댑터(adapter)임을 기억하자. 그리고, adopt(채택하다)와 혼동하지 말자!

□ **accompany**
[əkʌ́mpəni]

v. 동반하다, 따라가다; 반주를 하다
[ac(=ad)~로+company동반, 친구=동반하여 따라가다]
• accompany great risk 큰 위험을 동반하다
• be accompanied by an interpreter 통역사를 동반하다

□ **accumulate**
[əkjú:mjulèit]

v. (조금씩) 모으다, 축적하다 ⓓ accumulation n. 축적
[ac(=ad)~로+cumulate쌓다=추가하여 쌓다]
• accumulate a fortune 재산을 모으다
• an accumulated fund 적립금

□ **accuse**
[əkjú:z]

v. 고발하다, 비난하다 ⓓ accuser n. 고소인, 고발인
[ac(=ad)~로+cuse이유(=cause)=이유를 듣기 위해 소환하다]
• accuse A of B B에 대해 A를 고발하다 ⓓ be accused of ~로 기소되다
• the accused 피고

□ **account**
[əkáunt]

n. 계산, 청구서; 예금 계좌; 이유, 근거; 설명
v. 계산하다; 설명하다; 차지하다
[ac(=ad)~로+count세다, 중요하다=계산하여 ~가 나오다]
• on account of ~ 때문에
• on no account 결코 ~ 아닌
• open an account 예금 계좌를 개설하다

□ **adhere**
[ædhíər]

v. 부착하다[to]; 고수하다, 집착하다[to]
ⓓ adhesion n. 집착, 고수 / adhesive n. 접착제, 반창고 a. 접착성의
[ad~에+here들러붙다=~에 들러붙다]
• adhere to the religion 종교에 충실하다
• adhere to one's decision 결심을 고집하다

□ **affect**
[əfékt]

v. 영향을 주다; 감동시키다; ~인 체하다
ⓓ affection n. 애정 / affectation n. 가장, ~인 체함
[af(=ad)~에+fect하다=~에 영향을 미치다]
• affect business 장사에 영향을 미치다
• the affected areas 피해 지역

> • effect n. 영향, 효과

□ **applaud**
[əplɔ́:d]

v. 박수갈채하다, 칭찬하다 ⓓ applause n. 박수
[ap(=ad)~에+plaud박수 치다=박수를 보내다]
• applaud a performance 연기(연주)에 박수를 치다

Basic Words

□ **adapt**[ədǽpt]   v. 적응시키다, 개작하다 ⓓ adaptation n. 적응, 적합
□ **adopt**[ədápt]   v. 채택하다, 채용하다, 입양하다 ⓓ adoption n. 채택, 입양
□ **approve**[əprú:v]   v. 시인하다, 인정하다 ⓓ approval n. 인정
□ **arrange**[əréindʒ]   v. 배열하다, 정돈하다 ⓓ arrangement n. 배열, 정돈

34   se-, sect-, seg- 분리(=apart), 자르다

[card section: 카드 섹션]

'꿈★은 이루어진다'는 색색의 글자가 월드컵 경기장에 펼쳐진 것은, 관객의 의자에 미리 색종이를 붙인 카드를 배치해 두고 신호에 따라 관객이 카드를 들어 올려서 만든 것이다. 이것을 카드 섹션(card section)이라고 한다. 여러 가지의 색을 그린 부분(section)들이 하나의 그림을 만드는 것을 의미한다. 여기서 section은 '부분, 절단'을 의미한다. -sect는 '부분, 자르다'의 의미이다.

□ **section** [sékʃən]	n. 절단, 단면; 구획, 구간(=district) [sect자르다+ion명사=자르는 부분] • business section 상업 지구; 신문의 경제면
□ **sector** [séktər]	n. 분야, 영역 [sect자르다+or명사=잘라 놓은 부분] • the private sector 민간 부문 • the public sector 공공 부문
□ **bisect** [baisékt]	v. 양분하다, 갈라지다 [bi둘(two)+sect분리; 자르다=분리하여 자르다] • bisect a wall 벽을 둘로 가르다 • bisect a line 선을 2등분하다
□ **segment** [ségmənt]	n. 단편, 조각, 부분 ⓒ segmental a. 단편의, 조각의 [seg자르다+ment명사=자른 부분] • a segment of a pear 배 한 조각
□ **secluded** [siklú:did]	a. 격리된, 분리된 ⓒ seclude v. 격리시키다 seclusion n. 격리, 은퇴 [se분리(=apart)+clude(=shut)+d과거분사=분리하여 닫아버린] • secluded place 외진 곳 • seclude oneself 은둔하다
□ **sever** [sévər]	v. 절단하다, 끊다 [se분리(=apart)+ver동사=자르다] • server relations 관계를 끊다 • sever the tail 꼬리를 자르다
□ **segregate** [ségrigèit]	v. 갈라놓다, 격리하다 ⓒ segregation n. 격리 segregationist n. 인종차별주의자 • congregate v. 모이다, 집합하다 [se분리(=apart)+greg무리+ate동사=무리에서 떼어 놓다] • segregate boys and girls 소년과 소녀를 갈라놓다
□ **secure** [sikjúər]	a. 확실한, 안전한 ⓒ security n. 안전, 보안 [se분리(=apart)+cure(=care)=분리하여, 관리하다] • secure life 안정된 생활

Basic Words
- □ **separate**[sépərèit]   v. 분리하다 a. 분리된
- □ **intersect**[ìntərsékt]   v. 교차하다, 가로지르다
- □ **select**[silékt]   v. 선택하다, 고르다 ⓒ selection n. 선발

35 non- 부정어

[fiction and nonfiction: 소설과 실화]

인도인의 정신적 영웅인 간디의 비폭력(non-violence), 무저항(non-resistance) 정신은 같은 의미로, 정치적 압박에 대하여 비폭력으로서 저항하겠다는 자세이다. non-은 명사 앞에 붙어서 반대어를 만든다. 알고 보면 픽션(fiction)이 아닌 실화를 non-fiction으로 표현하는 것도 한 예이다. 영어의 부정 접두사 non-은 형용사나 명사의 앞에 쓰여서 부정어나 반대말을 만든다.

☐ **nonadmission** [nὰnədmíʃən]	n. 입장 거절, 입학 불인정(↔ admission n. 입장 · 입학 · 입국 허가) • a nonadmission decision 입학 거절 결정
☐ **nonviolence** [nanváiələns]	n. 비폭력, 비폭력주의(↔ violence n. 폭력) • nonviolence, nonresistance 비폭력 무저항주의 • a nonviolence movement 비폭력 운동
☐ **noncommercial** [nὰnkəmə́:rʃəl]	a. 비영리적인(↔ commercial a. 상업적인) • noncommercial advertising 비상업 광고
☐ **nonaddictive** [nὰnədíktiv]	a. 비중독성의(↔ addictive a. 중독성의 addict v. 중독시키다) • a nonaddictive drug 비중독성 마약
☐ **nonofficial** [nὰnəfíʃəl]	a. 비공식적인(=unofficial)(↔ official a. 공식의) • nonofficial contact 비공식적 접촉 • nonofficial meeting 비공식 회담
☐ **nonessential** [nὰnisénʃəl]	a. 비본질적인, 하찮은 n. 하찮은 것(↔ essential a. 꼭 필요한) • nonessential information 하찮은 정보
☐ **nonconfidence** [nankάnfidəns]	n. 불신임(↔ confidence n. 믿음, 신뢰) • a vote of nonconfidence 불신임 결의
☐ **nonattendance** [nanəténdəns]	n. 결석, 불참(↔ attendance n. 출석) • school nonattendance 학교 결석(=nonattendance at school)
☐ **nonresistance** [nanrizístəns]	n. 무저항(↔ resistance n. 저항) • a nonresistance campaign 무저항 운동

Basic Words

☐ **nonfiction**[nanfíkʃən] n. 수기, 실화
☐ **nonsense**[nάnsens] n. 무의미, 허튼소리
☐ **non-personal**[nὰnpə́:rsənl] a. 개인적이 아닌(=impersonal)
☐ **nonprofit**[nanpráfit] a. 비영리적인

36 un- 부정어

[UFO(Unidentified Flying Object): 미확인 비행 물체]

미확인 비행 물체인 UFO, 즉 '미확인(unidentified) 비행(Flying) 물체(Object)'에서 나온 말이다. Unidentified에서 un-이 부정어 접두사이며, identify(확인하다)의 과거분사형이 붙어서 '확인되지 않은'의 의미가 되었다. un-은 부정어를 만드는 접두사인 것이다.

☐ **unavailable** [ʌnəvéiləbl]	a. 이용할 수 없는, 통용되지 않는(↔ available a. 이용 가능한) • unavailable resources 이용할 수 없는 자원
☐ **unceasing** [ʌnsíːsiŋ]	a. 끊임없는(=continuos) ⓒ cease v. 중지하다 • unceasing endeavor 끊임없는 노력
☐ **unavoidable** [ʌnəvɔ́idəbl]	a. 불가피한, 피할 수 없는(=inevitable)(↔ avoidable a. 피할 수 있는) • an unavoidable delay 불가피한 연기
☐ **unbearable** [ʌnbɛ́ərəbl]	a. 참을 수 없는, 견딜 수 없는(↔ bearable a. 참을 수 있는) • unbearable heat in summer 여름의 견디기 힘든 열기
☐ **unfit** [ʌnfit]	a. 부적당한, 적임이 아닌(=unqualified)(↔ fit a. 적당한) • unfit for human consumption 인간이 소비하기에는 부적합한
☐ **unconscious** [ʌnkɑ́nʃəs]	a. 무의식의(↔ conscious a. 의식하는) ⓒ unconsciousness n. 무의식 • be unconscious of ~를 알아채지 못하다 • unconscious humor 무심코 한 유머
☐ **uneven** [ʌníːvən]	a. 평탄하지 않은, 균형 맞지 않은(↔ even a. 평탄한) • an uneven road 울퉁불퉁한 도로 • uneven numbers 홀수
☐ **unfeasible** [ʌnfíːzəbl]	a. 실행할 수 없는(↔ feasible a. 실행할 수 있는) • an unfeasible solution 실행 불가능한 해결책 • an unfeasible job 실행할 수 없는 일
☐ **unfurnished** [ʌnfə́ːrniʃt]	a. 가구가 비치되지 않은(↔ furnished a. 가구가 비치된) • an unfurnished flat 가구가 비치되지 않은 아파트
☐ **undue** [ʌndjuː]	a. 어울리지 않는, 부당한, 기한이 되지 않은(↔ due a. 마땅한, 기한이 된) • undue use of power 권력의 부당 행사
☐ **unfold** [ʌnfould]	v. 펼치다, 열리다(=spread out)(↔ fold v. 접다) • an unfolding event 전개되어 가는 사건
☐ **unload** [ʌnloud]	v. 짐을 부리다, 내리다(↔ lead v. 싣다) • unload goods from a truck 트럭에서 짐을 내리다

☐ **unwilling** [ʌnwíliŋ]	a. 내키지 않는, 마지못해 하는(↔ willing a. 기꺼이 하는) • willing or unwilling 좋든 싫든 간에
☐ **unjust** [ʌndʒʌst]	a. 부정한, 부당한(↔ just a. 공정한) • an unjust world 불공정한 세상 　just의 의미 　① 단지(=only) ② 막, 갓 　③ 공정한(=fair)의 의미가 있다. 특히, 　'공정한(=impartial, unbiased)'의 　의미로 쓰이는 것에 주의해야 한다.
☐ **unintentional** [ʌninténʃənl]	a. 고의가 아닌(↔ intentional a. 의도적인) • some unintentional errors 의도하지 않은 몇몇 실수
☐ **unreasonable** [ʌnríːzənəbl]	a. 비합리적인(↔ reasonable a. 합리적인) • an unreasonable demand 부당한 요구
☐ **unidentified** [ʌnaidéntifaid]	a. 미확인의, 정체불명의(↔ identified a. 확인된) • an unidentified flying object 미확인 비행 물체(UFO)
☐ **unconventional** [ʌnkənvénʃənl]	a. 관습에 의하지 않은, 자유로운(↔ conventional a. 전통적인, 진부한) • unconventional methods 전통적이지 않은 방법
☐ **unconvertible** [ʌnkənvə́ːrtəbl]	a. 교환할 수 없는(↔ convertible a. 전환 가능한) • unconvertible currency 전환 불가능한 화폐 • a convertible car 컨버터블 자동차
☐ **unlikely** [ʌnláikli]	a. 있음 직하지 않은(↔ likely a. 있음 직한, ~할 것 같은) • an unlikely tale 수상쩍은 이야기
☐ **untidy** [ʌntáidi]	a. 단정치 못한, 난잡한(↔ tidy a. 단정한) • an untidy dress 단정하지 않은 옷
☐ **unusual** [ʌnjúːʒuəl]	a. 이상한, 유별난, 보통이 아닌(=extraordinary)(↔ usual a. 평범한) • an unusual hobby 유별난 취미

Chapter 02

Basic Words

☐ **unemployment**[ʌnimplɔ́imənt]　　n. 실직, 실업
☐ **undoubtedly**[ʌndáutidli]　　ad. 틀림없이(=certainly)
☐ **unaware**[ʌnəwɛ́ər]　　a. 눈치채지 못하는
☐ **unfair**[ʌnfɛər]　　a. 부당한, 불공정한
☐ **unlock**[ʌnlak]　　v. 열다, 드러내다

37   dis- 부정어(=not), 반대

[disbelief: 불신(不信)]

우리나라 말을 배우는 외국인들은 반대어를 말할 때 모든 단어 앞에 '안'을 붙인다. '희망' 반대어는 '안희망', '쉬운'의 반대어는 '안 쉬운'으로 표현하는 것을 종종 볼 수 있다. 영어에서 부정어를 만드는 접두사로는 dis-, im-, in-, non-, un-, mis- 등이 많이 사용되며, 여기서는 dis-를 확인해 보자.

☐ **disadvantage** [dìsədvǽntidʒ]	n. 불이익, 이익에 반함(↔ advantage n. 이익) [dis부정+advantage이점=이점이 아님] • at a disadvantage 불리한 입장에(서)
☐ **disable** [diséibl]	v. 쓸모없게 만들다 **cf** disabled a. 불구가 된 [dis부정+able할 수 있는=할 수 없다] • a disabled list (야구) 결장 선수 리스트 • disabled soldiers 상이군인 장애자, 장애인을 the handicapped, the disabled로 지칭했지만, 요즘은 장애인을 존중하는 차원에서 the physically challenged로 칭한다.
☐ **disapprove** [dìsəprúːv]	v. 인가하지 않다, 찬성하지 않다[of] (↔ approve of v. ~를 인정하다) [dis부정+approve시인하다, 인정하다=인정하지 않다] • a disapprove of one's proposal 제안에 반대하다
☐ **disgrace** [disgréis]	v. 망신시키다 n. 불명예, 창피(=dishonor, shame) [dis부정+grace명예=명예가 떨어져 나감] • in disgrace 불명예스럽게 • disgrace oneself 창피를 당하다
☐ **dishonor** [disánər]	n. 불명예, 모욕 [dis부정+honor명예=명예가 없음] • a dishonor to one's school 학교의 불명예
☐ **dispraise** [dispréiz]	v. 비난하다 [dis부정+praise칭찬하다=칭찬하지 않다] • Neither praise nor dispraise yourself. 스스로 추켜세우지도 낮추지도 말라.
☐ **discomfort** [diskʌmfərt]	v. 불편하게 하다 n. 불안, 불편(↔ comfort n. 편안함) [dis부정+comfort안락함=안락하지 않게 하다] • discomfort index 불쾌지수 **cf** index n. 색인, 찾아보기; 지수

Basic Words
☐ **disappear**[dìsəpíər]   v. 사라지다
☐ **disorder**[disɔ́ːrdər]   n. 무질서, 혼란
☐ **disagree**[dìsəgríː]   v. 의견이 다르다

38 dis- 떨어져(=away)

[Dismissed!: 해산! 나가 봐!]

상급자가 "Dismissed!"라고 하면 "나가 봐도 됩니다!," 사장님이 "Dismissed!"라고 하면 "당신은 해고입니다!" 장교가 병사들에게 "Dismissed!" 또는 "Dismiss!"라고 하면 "해산!"을 의미한다. dismissed는 You are dismissed를 줄여서 표현한 것이다. 이 경우, dismiss는 '해고하다, 내보내다'라는 의미이다. dis-는 '붙어 있지 않고 떨어져 있는(away)'을 의미한다.

---

discharge
[distʃáːrdʒ]

v. 방전하다, 면제하다, 해고하다
[dis떨어져+charge충전하다, 책임지우다=방전하다, 면제하다]
• discharge from the hospital 퇴원하다

> • charge ① 책임, 의무 • be in charge of ~를 책임지다
> ② 충전하다; (총) 장전 • charge the battery 배터리를 충전하다
> ③ 청구 금액, 부과금 • free of charge 공짜로

---

dismay
[disméi]

v. 당황케 하다, 실망시키다 n. 당황, 낙담
[dis떨어져+may할 수 있다=할 수 없다, 힘이 없다]
• in dismay 당황하여
• to one's dismay ~가 실망스럽게도

---

disgust
[disgʌst]

v. 싫어지게 하다, 메스껍게 하다 n. 혐오, 구역질 ⓓ disgusting a. 역겨운
[dis떨어져+gust맛보다=맛을 좋아하지 않다]
• in disgust 싫어져서, 정떨어져
• to one's disgust ~가 유감스럽게도

---

distinct
[distíŋkt]

a. 별개의, 다른(=separate), 독특한; 뚜렷한(=clear), 명백한(↔ vague a. 애매한)
[dis떨어져+tinct찌르다=바늘로 찔러 표시한]
• a distinct difference 뚜렷한 차이
• distinct progress 눈부신 발전

---

discord
[dískɔːrd]

n. 불일치, 불화(↔ accord, concord n. 일치 v. 일치하다)
[dis떨어져+cord마음=마음이 맞지 않음]
• discord with boss 직장 상사와의 불화

---

distribute
[distríbjuːt]

v. 분배하다, 배포하다 n. 분배
[dis떨어져+tribute분배하다=분배하여 나누어 주다]
• distribute mail 우편물을 분류하다

---

distinguish
[distíŋgwiʃ]

v. 구별하다, 분류하다
ⓓ distinct a. 별개의, 뚜렷한; 눈에 띄게 하다, 두드러지게 하다 / distinction n. 구별
[dis떨어져+tingu찌르다+ish동사=찔러서 자국을 내어 구분하다]
• distinguish between good and evil 선악을 구별하다

---

distress
[distrés]

v. 괴롭히다, 고민하게 하다 n. 고민, 걱정; 고통(=pain, suffering)
[dis떨어져+stress긴장=긴장시켜 떨어지게 하다]
• in distress 곤란받고 있는
• in distress for money 돈에 쪼들려

□ **dispense** [dispéns]	v. 분배하다, 나누어 주다; ~에게 면제하다 [dis떨어져+pense무게를 재다=저울에 달아 분배하다] • dispense with a car 차 없이도 살다
□ **discriminate** [diskrímənèit]	v. 구별하다, 판별하다; 차별하다 [dis떨어져+criminate가려내다=가려서 떼어 내다] • discriminate against foreigners 외국인을 차별 대우하다
□ **dissolve** [dizálv]	v. 녹이다, 분해하다; (의회, 모임을) 해산시키다 [dis떨어져+solve용해하다, 풀다=용해하여 풀다] • dissolve salt in water 소금을 물에 녹이나 • dissolve parliament 의회를 해산시키다(=parliament was dissolved)
□ **disposition** [dìspəzíʃən]	n. 배치, 처리; 성질 **cf** dispose v. 배치하다 [dis떨어져+pose두다+tion명사=떼어 내어 배치하다] • a mild disposition 온화한 성질 • the disposition of troops 군대의 배치
□ **disposable** [dispóuzəbl]	a. 처분할 수 있는, 1회용의 **cf** dispose v. 처분하다[of] [dis떨어져+pose놓다+able=떼어 내어 버릴 수 있는] • a disposable diaper 1회용 기저귀
□ **discompose** [dìskəmpóuz]	v. ~을 불안하게 하다 **cf** compose v. 작곡하다, 마음을 가라앉히다 [dis떨어져+compose마음을 가라앉히다=마음을 불안하게 하다] • discompose one's mind 마음을 불안하게 하다
□ **distract** [distrǽkt]	v. 흩뜨리다 **cf** distraction n. 주의 산만 [dis떨어져+tract당기다=매지 않고 떼어 내다] • distract the people's attention 국민의 관심을 다른 데로 돌리다
□ **dispatch** [dispǽʧ]	v. (편지·사자를) 급송하다, 급파하다 [dis떨어져+patch붙들어 매다=매지 않고 떼어 내다] • dispatch a messenger 사자를 급파하다 • dispatch troops 파병하다
□ **disperse** [dispə́:rs]	v. 흩뜨리다, 분산하다 [dis떨어져+perse분산하다=흩어버리다] • disperse the crowd 군중을 해산시키다

Basic Words

□ **disarm**[disá:rm]	v. 무장 해제하다
□ **disclose**[disklóuz]	v. 누출하다, 공개하다
□ **distrust**[distrʌst]	v. 믿지 않다, 의심하다 n. 불신
□ **disburden**[disbə́:rdn]	v. 짐을 내리다, 한시름 놓다

39 mis- 부정어, 잘못하여

[mistake: 실수]

mistake는 [잘못(mis)+가져가다(take)]의 의미이다. mis-와 유사한 부정어 접두사로 un-, dis- 등이 있다. mis-는 각종 품사 앞에 쓰여서 '잘못되어, 나쁘게, 불리하게'라는 뜻을 만든다. mis-로 시작되는 어휘를 기억할 경우, '잘못 ~하는 것, 잘못해서 ~함'의 의미를 적용하면 쉬워진다.

☐ **mischief** [místʃif]	n. 손실; 장난 **cf** mischievous a. 해로운, 장난기 있는 [mis부정어+chief달성하다=잘못된 결말이 되다 → 손실, 손해] • keep out of mischief 장난치지 않게 하다
☐ **misconception** [miskənsépʃən]	n. 잘못된 생각, 오인 [mis부정어+conception개념, 생각] • a common misconception 일반적으로 잘못된 인식
☐ **mistreat** [mistríːt]	v. 학대하다(=abuse), 혹사하다 [mis부정어+treat다루다] • mistreat patients 환자를 함부로 다루다
☐ **misinterpret** [misintə́ːrprit]	v. 오해하다, 오역하다 [mis부정어+interpret해석하다, 번역하다] • misinterpret one's words 말을 오해하다
☐ **mishap** [míshæp]	n. 재난, 불운 [mis부정어+hap우연, 운] • an unfortunate mishap 불운한 사고(재난)
☐ **misdemeanor** [misdimíːnər]	n. 가벼운 죄, 경범죄 [mis부정어+demeanor태도] • fine for one's misdemeanor 경범죄에 대한 벌금 **cf** fine n. 벌금
☐ **misbehavior** [misbihéivjər]	n. 비행, 부정행위 **cf** misbehave v. 나쁜 짓을 하다, 행실이 나쁘다 [mis부정어+behavior행위=잘못된 행위] • momentary misbehavior 순간적인 비행
☐ **mispronounce** [misprənáuns]	v. 잘못 발음하다 [mis부정어+pronounce발음하다] • mispronounce one's name 이름을 잘못 발음하다
☐ **misapplication** [misæpləkéiʃən]	n. 오용, 남용, 악용 [mis부정어+application적용=잘못 적용] • a misapplication of the rules 규칙의 오용
☐ **misconduct** [miskándʌkt]	v. 잘못하다, 오도하다 n. 잘못, 비행 [mis부정어+conduct행동하다=잘못 행동하다] • commit misconduct 비행을 저지르다, 직권을 남용하다

☐ **misdeed** [misdíːd]	n. 잘못된 행동, 비행 [mis부정어+deed행동(do의 명사)=잘못된 행동] • hide one's misdeeds 비행을 감추다
☐ **misfortune** [misfɔ́ːrtʃən]	n. 불행, 역경, 불우함(↔ fortune n. 행운, 부) [mis부정어+fortune행운=잘못된 행운 → 불행] • by misfortune 운 나쁘게, 불행하게도
☐ **misgiving** [misgívin]	n. 걱정, 불안 [mis부정어+giving주는 것] • misgivings about burglary 강도에 대한 걱정
☐ **mislead** [mislíːd]	v. 잘못 인도하다, 판단을 그르치게 하다 **cf** misleading a. 그르치기 쉬운 [mis부정어+lead이끌다=잘못 이끌다] • mislead his own people 국민을 잘못 이끌다 • be mislead by appearance 외모에 속다
☐ **misplace** [mispléis]	v. 잘못 두다 [mis부정어+place두다=잘못 두다] • misplace one's bags 가방을 제자리에 두지 않다
☐ **mischance** [mistʃǽns]	n. 불운, 불행 [mis부정어+chance기회, 가능성=잘못될 수 있는 가능성] • by pure mischance 순전히 운이 나빠서

Basic Words

☐ **misjudge**[misdʒʌ́dʒ]   v. 오판하다, 오인하다
☐ **mistake**[mistéik]   n. 실수
☐ **misfire**[misfáiər]   v. 불발되다
☐ **mislay**[misléi]   v. 잘못 두다, 두고 잊다

40   a- 부정어, 무(無)

[atheism: 무신론]

유신론과 무신론을 표현해 보자. 신학(theology)의 the-는 신(神)을 의미한다. 신이 있다는 유신(theism)에 무(無)를 의미하는 a-를 붙이면 무신론(atheism)이 된다. 무신론, 무정부, 무감각, 무명씨 등처럼 무(無)가 들어가는 표현에 부정접두사 a-를 붙이는 경우도 볼 수 있다.

☐ **atheism** [éiθiìzm]	n. 무신론, 무신앙 생활 **cf** atheist n. 무신론자, 무신앙자 [a없는(=without)+the신(=god)+ism생각=신이 없다고 생각함] • an argument about atheism 무신론에 대한 논쟁
☐ **anarchism** [ǽnərkìzm]	n. 무정부주의, 무질서 **cf** anarchy n. 무정부 [a(n)없는(=without)+arch지도자+ism상태=지도자가 없는 상태] • oppose anarchism 무정부주의에 반대하다
☐ **apathy** [ǽpəθi]	n. 무감동, 무관심 [a없는(=without)+pathy감정=감정이 없음] • political apathy 정치적 무관심 apartheid: 남아프리카 공화국의 인종 차별 정책. 약 16%의 백인이 나머지 흑인 등의 토착민을 차별한 정책이다.
☐ **anonym** [ǽnənim]	n. 가명, 작자 불명 **cf** anonymous a. 익명의, 작자 미상의 [a(n)없는(=without)+onym이름=이름이 없음] • use an anonym 가명을 사용하다 • an anonymous user 익명의 사용자

ab-

① abortion n. 낙태, 유산아
  • approve of abortion as birth control 산아 제한으로서의 낙태를 인정하다
② abort v. 유산하다
  • abort an unborn child 태아를 낙태하다
③ abolition n. (법률, 습관) 폐지
④ abolitionist n. 노예폐지론자
⑤ abolish v. 폐지하다

Basic Words

☐ asexual reproduction   무성생식
☐ amoral creature   도덕관념이 없는 생명체
☐ atonal music   무음조의 음악

41 mal- 나쁜

[malaria: 말라리아]

아프리카 malaria 모기에 의한 질병인 말라리아는 사실 '나쁜(mal-) 공기(aria)'라는 의미이다. 말라리아는 모기에 의해 걸리는 질병이지만, 과거에는 모기가 아니라 나쁜 공기에 의해 생긴 병으로 생각했기 때문이다. malaria의 mal-은 '나쁜'의 의미로 기억하면 된다.

☐ **malice** [mǽlis]	n. 적의, 악의 ㉓ malicious a. 악의 있는 [mal(i)나쁜+ce명사=나쁜 뜻] • bear malice against ~에 앙심을 품다 • malicious rumors 악의적인 소문
☐ **malediction** [mælədíkʃən]	n. 악담, 저주 [mal(e)나쁜+diction말씨, 용어의 선택 =나쁜 말(=악담)] ← • benediction n. 감사기도, 축복 • a vicious malediction 심술궂은 악담
☐ **malevolent** [məlévələnt]	a. 악의가 있는, 사악한(↔ benevolent a. 호의적인) [mal(e)나쁜+volent뜻, 소망(=wish)=나쁜 뜻이 있는] • a malevolent smile 악의가 있는 웃음
☐ **malnutrition** [mælnjuːtríʃən]	n. 영양실조 [mal나쁜+nutrition영양=영양이 나쁜 상태(=영양실조)] • die from malnutrition 영양실조로 죽다
☐ **malnourished** [mælnə́ːriʃt]	a. 영양부족(실조)의 ㉓ nourish v. 자양분을 주다, 기르다 [mal나쁜+nourished자양분을 받은=영양 상태가 나쁜] • a malnourished infant 영양실조에 걸린 아기
☐ **maltreat** [mæltriːt]	v. 학대하다, 혹사하다 ㉓ maltreatment n. 학대 [mal나쁜+treat다루다=나쁘게 다루다(=학대하다)] • maltreat prisoners 죄수들을 학대하다 • the maltreated children 학대받는 아동
☐ **maladjusted** [mælədʒʌ́stid]	a. 조절이 잘 안 되는, 환경에 적응이 안 되는(↔ adjusted a. 조정된, 적응한) [mal나쁜+adjusted적응된=적응이 안 된] • a maladjusted student 적응을 못하는 학생

Basic Words
☐ **malfunction**[mælfʌ́ŋkʃən]　　n. (기계) 기능 불량
☐ **malodor**[mælóudər]　　n. 악취

42 im- 부정어

[God is immortal.: 신은 죽지 않는다.]

'mortal'이란 표현이 생소하다면 'Man is mortal, God is immortal.'을 떠올려 보자. mortal(반드시 죽는)을 기억하는 가장 좋은 예문이며, 여기서 im-은 형용사 앞에 붙이는 부정어이다. p-로 시작하거나, m-으로 시작하는 형용사의 부정어를 만들 때 접두사 im-을 붙이는데, 이것은 발음 구조상 가장 부드러운 조합을 이루기 때문이다.

☐ **impracticable**
[imprǽktikəbl]
a. (방법·계획 따위가) 실행 불가능한(↔ practicable a. 실행 가능한)
• an impracticable scheme 실행 불가능한 계획

☐ **impartial**
[impá:rʃəl]
a. 공평한, 편견 없는(↔ partial a. 부분적인, 편파적인)
• impartial advice 공평한 충고
• an impartial judgement 공평한 판단

☐ **impeccable**
[impékəbl]
a. 나무랄 데 없는, 죄 없는, 완벽한, 결함 없는(↔ peccable a. 죄를 범하기 쉬운)
• an impeccable record 결함 없는 기록

☐ **imperceptible**
[ìmpərséptəbl]
a. 눈에 보이지 않는, 알아챌 수 없는(↔ perceptible a. 인지할 수 있는)
• imperceptible movement 눈에 보이지 않는 움직임

☐ **imprudent**
[imprú:dnt]
a. 경솔한, 무분별한(↔ prudent a. 신중한)
• imprudent behavior 경솔한 행동

☐ **improper**
[imprápər]
a. 부적당한, 타당치 않은(↔ proper a. 적당한)
• improper conduct 부적절한 행동
• an improper way 부적절한 방법

☐ **impersonal**
[impə́:rsənl]
a. (특정한) 개인에 관계없는, 비인격적인(↔ personal a. 개인의, 인격적인)
• impersonal treatment 비인격적인 대우

☐ **impatient**
[impéiʃənt]
a. 참을 수 없는, 조급한(↔ patient 인내력 있는) **cf** impatient n. 조급함
• an impatient gesture 안절부절못하는 몸짓

☐ **immature**
[ìmətʃúər]
a. 미숙한, 미성숙한(↔ mature a. 성숙한)
• an immature plant 덜 자란 식물
• immature stages 미성숙 단계

☐ **immemorial**
[ìməmɔ́:riəl]
a. 먼 옛날의, 태고로부터의
• from time immemorial 옛날부터
◁ • memorial a. 기념의, 추도의

☐ **immense**
[iméns]
a. 거대한, 광대한(=huge)
[im부정+mense재다(=measure)
=잴 수 없는]
• an immense desert 방대한 사막
◁ • imminent a. 절박한, 긴급한

☐ **immoral** [imɔ́:rəl]	a. 부도덕한(↔ moral a. 도덕적인) • immoral behavior 부도덕한 행동
☐ **immortal** [imɔ́:rtl]	a. 죽지 않는(↔ mortal a. 필히 죽는) • an immortal god 불멸의 신
☐ **immeasurable** [iméʒərəbl]	a. 헤아릴 수 없는, 끝없는(↔ measurable a. 잴 수 있는) • cause immeasurable damage 헤아릴 수 없는 손해를 일으키다
☐ **immobilize** [imóubəlàiz]	v. 움직이지 않게 하다, 고정하다 ┌─ • mobilize v. 동원하다, (힘을) 발휘하다 • immobilize a broken leg 부러진 다리를 고정하다
☐ **immoderate** [imádərit]	a. 무절제한, 절도 없는[↔ moderate ┌─ • modern a. 절제하는(=temperate); 온건한] a. 현대의(contemporary), 근대의 • immoderate drinking 무절제한 음주
☐ **immodest** [imádist]	a. 무례한, 거리낌 없는(↔ modest a. 겸손한) • immodest behavior 무례한 행동
☐ **immovable** [imú:vəbl]	a. 움직이지 않는, 부동의(↔ movable a. 움직이는) • an immovable rock 움직이지 않는 바위
☐ **impious** [ímpiəs]	a. 불신앙의, 경건치 않은(↔ pious a. 신앙심 깊은, 경건한) • impious conduct 경건치 못한 행동
☐ **impermeable** [impə́:rmiəbl]	a. 스며들지 않는 ⓒ permeate v. 스며들다 • layers of impermeable rock 물이 스며들지 않는 바위층

Basic Words

☐ **impure**[impjúər]　　　　　a. 불결한, 부도덕한
☐ **imperfect**[impə́:rfikt]　　　a. 불완전의, 미완성의(=incomplete)
☐ **impolite**[ìmpəláit]　　　　a. 무례한, 버릇없는

43 in- 부정어(=not)+명사

[inability: 무능력]

영어의 부정 접두사로 non-, dis-, un-이 대표적이겠지만, 형용사의 부정 접두사로서는 il-, im-, in-, ir 등이 자주 등장한다. 부정 접두사 in-이 명사와 결합하는 경우, 그 명사의 반의어를 만든다. 무능력(inability), 불평등(inequality) 등은 접두사 in-이 명사의 반의어를 만드는 경우들이다.

☐ **inability** [ìnəbíləti]	n. 무능(력)(↔ ability n. 능력) • one's inability to make decisions 결정을 내릴 능력이 없음
☐ **inconvenience** [ìnkənvíːnjəns]	n. 불편, 성가심(↔ convenience n. 편의) • bear minor inconveniences 작은 불편을 참다
☐ **indifference** [indífərəns]	n. 무관심, 냉담 • indifference to an opinion 의견에 대한 무관심 ◀ • difference n. 차이
☐ **inequality** [ìnikwáləti]	n. 같지 않음, 불평등(↔ equality n. 평등) • educational inequality 교육 기회의 불균등 • the regional inequality in China 중국의 지역적 격차
☐ **injustice** [indʒʌstis]	n. (도의적인) 부정, 불의(↔ justice n. 정의) • fight injustice 불의와 맞서 싸우다
☐ **incapacity** [ìnkəpǽsəti]	n. 무능, 무력(↔ capacity n. 능력, 용량) • professional incapacity 직업상의 무능력
☐ **independence** [ìndipéndəns]	n. 독립, 자립(↔ dependence n. 의지) • a declaration of independence 독립 선언 • Independence Day 독립 기념일
☐ **ineptitude** [inéptətjùːd]	n. 부적당, 부적절(=inaptitude) • have an ineptitude for math 수학에 소질이 없다 ◀ • aptitude n. 적성

Basic Words
- ☐ **inexpert**[inékspəːrt]   n. 미숙련자(↔ expert n. 전문가)
- ☐ **inaction**[inǽkʃən]   n. 활동하지 않음, 게으름, 정지
- ☐ **insecurity**[ìnsikjúərəti]   n. 불안전, 불안정(↔ security n. 안전)

44 in- 부정어(=not)+형용사

[infamous: 악명 높은]

유명한(famous)의 부정 표현은 infamous(악명 높은)이다. 부정 접두사 im-은 p-와 m-으로 시작하는 형용사 앞에 사용되지만, in-은 그 외 대부분의 형용사와 명사를 부정 의미로 바꾸는 접두사이다. 물론 l-로 시작되면 il-을 r-로 시작되면 ir-을 붙여서 부정어를 만들기도 한다.

☐ **inevitable** [inévətəbl]	a. 피할 수 없는(=unavoidable), 부득이한 [in부정(=not)+evitable피할 수 있는=피할 수 없는] • an inevitable result 당연한 결과
☐ **innocent** [ínəsənt]	a. 무죄의, 순진한(↔ guilty a. 유죄의) **cf** innocence n. 무죄 [in부정(=not)+nocent해로운, 다치게 하는=해롭지 않은, 순진한] • an innocent victim 무고한 희생자 • an innocent young child 순진한 어린아이
☐ **incredible** [inkrédəbl]	a. 믿을 수 없는, 거짓말 같은, 믿을 수 없을 정도의 [in부정(=not)+credible믿을 수 있는=믿을 수 없는] • an incredible story 믿을 수 없는 이야기 • an incredible cost 엄청난 비용 • innumerable a. 셀 수 없는, 무수한 • invaluable a. 값을 헤아릴 수 없는
☐ **incessant** [insésnt]	a. 끊임없는, 그칠 새 없는 [in부정(=not)+cessant중단하는(=ceasing)=중단 없는] • incessant noise 끊임없는 소음
☐ **inanimate** [inænəmət]	a. 생명 없는, 무생명의(↔ animate a. 살아 있는) [in부정(=not)+animate살아 있는=생명이 없는] • an inanimate object 무생물체
☐ **insane** [inséin]	a. 미친, 제정신이 아닌(↔ sane a. 제정신의) [in부정(=not)+sane제정신의=제정신이 아닌] • an insane person 제정신이 아닌 사람
☐ **infamous** [ínfəməs]	a. 악명 높은(=notorious), 불명예스러운(=disgraceful) • an infamous dictator 악명 높은 독재자 • infamous behavior 불명예스러운 행동
☐ **insufficient** [ìnsəfíʃənt]	a. 불충분한(↔ sufficient a. 충분한) • an insufficient supply of food 식량의 공급 부족
☐ **inaccurate** [inǽkjərit]	a. 부정확한(↔ accurate a. 정확한) • inaccurate statements 부정확한 진술

☐ **incorrect** [ìnkərékt]	a. 부정확한(=inaccurate)(↔ correct a. 정확한) • incorrect data 정확하지 않은 자료
☐ **intolerable** [intálərəbl]	a. 참을 수 없는(=unbearable), 화나는(↔ tolerable a. 참을 수 있는) • intolerable pain 참을 수 없는 고통
☐ **incompetent** [inkámpətənt]	a. 무능한, 쓸모없는(↔ competent a. 유능한) • an incompetent worker 무능한 직원
☐ **inconsistent** [ìnkənsístənt]	a. 일치하지 않는, 조화되지 않는(↔ consistent a. 일치하는, 일관된) • inconsistent behavior 일관성 없는 행동
☐ **indefinite** [indéfənit]	a. 불명확한(↔ definite a. 뚜렷한, 명확한) • during an indefinite period 무기한의 기간 동안 • infinite a. 무한한, 무수한
☐ **indispensable** [ìndispénsəbl]	a. 불가결의, 없어서는 안될(↔ dispensable a. 없어도 좋은) • indispensable nutrients 필수 영양소
☐ **involuntary** [inváləntèri]	a. 무의식적인, 본의 아닌(↔ voluntary a. 자발적인) • an involuntary response 무의식적 반응
☐ **incomprehensive** [inkàmprihénsiv]	a. 이해력이 없는(↔ comprehensive a. 이해력이 있는, 포괄적인) • an incomprehensive mind 좁은 마음
☐ **inalienable** [inéiljənəbl]	a. (권리 등이) 양도할 수 없는(↔ alienable a. 양도할 수 있는) • inalienable rights 양도할 수 없는 권리
☐ **inaccessible** [ìnəksésəbl]	a. 접근하기 어려운(↔ accessible a. 접근 가능한) • the most inaccessible places 가장 접근하기 어려운 곳

Basic Words

☐ **incomplete**[ìnkəmplí:t] a. 불완전한
☐ **inhumane**[ìnhju:méin] a. 비인간적인
☐ **ineffective**[ìniféktiv] a. 무효의, 효과 없는
☐ **inexact**[ìnigzǽkt] a. 정확하지 않은, 부정확한

45 -il, ir- 부정어

[illiterate: 문맹의]

맹(盲), 무(無), 불(不), 비(非)의 공통점은 부정어(否定語)라는 사실이다. 이것을 문맹, 무식, 불가능, 비회원으로 표현하면 쉽게 이해되듯이, 영어로 illiterate(문맹의), non-resistance, impossible, ineffective로 나타내면 부정어의 필요성이 이해된다. 이러한 부정 접두사의 모양은 p-로 시작하는 형용사 앞에는 im-, l- 앞에는 il-, r- 앞에는 ir-을 붙인다.

□ **illegal** [ilí:gəl]	a. 불법의 n. 불법 입국자(↔ legal a. 합법적인) • an illegal sale 밀매 • an illegal act 불법 행위
□ **illegible** [ilédʒəbl]	a. 읽기 어려운, 불명료한(↔ legible a. 판독 가능한) • one's illegible handwriting 읽기 어려운 필체
□ **illogical** [ilάdʒikəl]	a. 비논리적인(↔ logical a. 논리적인) • illogical thinking 비논리적인 사고 • an illogical reply 엉뚱한 답변
□ **illiterate** [ilítərət]	a. 문맹의 n. 무식자(↔ literate a. 글을 읽고 쓸 수 있는) • an illiterate farm worker 문맹의 농장 근로자
□ **illegitimate** [ìlidʒítəmət]	a. 위법의, 부조리한(↔ legitimate a. 합법의) • an illegitimate trade 불법 무역
□ **illicit** [ilísit]	a. 불법의(=illegal), 무허가의(↔ licit a. 합법적인, 정당한) • illicit dealings 불법 거래
□ **illimitable** [ilímitəbl]	a. 무한의, 광대한, 끝없는(↔ limitable a. 제한적인) • illimitable appetite 끝없는 욕구
□ **illiberal** [ilíbərəl]	a. 교양 없는, 도량이 좁은(↔ liberal a. 자유스런, 관대한) • an illiberal and undemocratic policy 반자유적이고 반민주적인 정책
□ **irresponsible** [ìrispánsəbl]	a. 책임이 없는, 무책임한(↔ responsible a. 책임감 있는) • irresponsible behavior 무책임한 행동
□ **irresistible** [ìrizístəbl]	a. 저항할 수 없는 (↔ resistible a. 저항할 수 있는) • irritable a. 성미 급한, 흥분하기 쉬운 • irresistible force 저항할 수 없는 힘(불가항력)
□ **irreversible** [ìrivə́:rsəbl]	a. 거꾸로 할 수 없는, 뒤집을 수 없는(↔ reversible a. 거꾸로 할 수 있는) • an irreversible error 돌이킬 수 없는 실수

□ **irrational** [irǽʃənl]	a. 불합리한(=unreasonable)(↔ rational a. 합리적인) • irrational beasts 이성을 갖지 않은 동물 **cf** beast n. 야수, 짐승
□ **irresolute** [irézəlùːt]	a. 결단력 없는, 우유부단한(↔ resolute a. 결단력 있는) • an irresolute attitude 우유부단한 태도
□ **irrecognizable** [irékəgnàizəbl]	a. 인식할 수 없는(=unrecognizable)(↔ recognizable a. 인식할 수 있는) • irrecognizable sound 인식할 수 없는 소리
□ **irreconcilable** [irékənsàiləbl]	a. 타협할 수 없는, 조화할 수 없는, 융화하기 어려운 **cf** reconcile v. 화해시키다 • an irreconcilable difference 조화되지 않는 차이점
□ **irremovable** [ìrimúːvəbl]	a. 옮길(움직일)수 없는, 제거할 수 없는(↔ removable a. 제거할 수 있는) • an irremovable cover 제거할 수 없는 덮개
□ **irrevocable** [irévəkəbl]	a. 돌이킬 수 없는, 취소할 수 없는(↔ revocable a. 취소할 수 있는) • irrevocable youth 돌이킬 수 없는 청춘
□ **irrelevant** [iréləvənt]	a. 관계없는, 관련없는(↔ relevant a. 관련 있는) • irrelevant remarks 관련이 없는 말
□ **irrespective** [ìrispéktiv]	a. 상관없는, 개의치 않는(↔ attentive a. 신경 쓰는) **cf** respective a. 각자의, 각각의 • irrespective of age 나이와 관계없이
□ **irremediable** [ìrimíːdiəbl]	a. 치료할 수 없는, 불치의(↔ remediable a. 치료할 수 있는) **cf** remedy n. 치료 • an irremediable mistake 돌이킬 수 없는 실수

Chapter 02

Basic Words

□ **irregular**[irégjulər] a. 불규칙한(↔ regular a. 규칙적인)
□ **irrecoverable**[ìrikʌ́vərəbl] a. 회복할 수 없는(↔ recoverable a. 회복할 수 있는)
□ **irreplaceable**[ìripléisəbl] a. 대체할 수 없는(↔ replaceable a. 대체 가능한)

46   with- 대항하여, ab- 떼어 내어

[withdraw: 철수하다, abnormal: 비정상적인]

접두사 with-는 '함께'의 의미가 아니라, against(저항, 반대)의 의미를 지닌 어원을 외우기보다는 대표적인 예를 기억하는 것이 효과적이다. with-가 부정적인 의미로 사용되는 경우는 withhold, withdraw, withstand의 경우로 한정된다. 그리고 normal의 반의어인 abnormal에서 ab-는 off, away의 의미를 지닌다.

☐ **withdraw** [wiðdrɔ́]	v. 움츠리다, 철수하다, 철회하다 [with뒤, 대항하여+draw당기다=당겨서 뒤로 두다] • withdraw money 돈을 인출하다 • withdraw an offer 제안을 철회하다
☐ **withhold** [wiðhóuld]	v. 보류하다, 억누르다, 억제하다 [with뒤, 대항하여+hold잡다=잡아서 뒤로 두다] • withhold one's payment 지불을 보류하다
☐ **withstand** [wiðstǽnd]	v. 저항하다, ~에 반항하다 [with뒤, 대항하여+stand서 있다=대항하여 서 있다] • withstand temptation 유혹에 저항하다
☐ **abnormal** [æbnɔ́ːrməl]	a. 정상이 아닌; 변칙의(↔ normal a. 정상의, 표준의) [ab떼어 내어(=off, away)+norm기준, 표준+al형용사=표준에 맞지 않는] • abnormal behavior 이상 행동 • an abnormal condition 비정상 상태
☐ **abhor** [æbhɔ́ːr]	v. 몹시 싫어하다, 혐오하다 (=detest) **cf** abhorrence n. 혐오 [ab떼어 내어(=off, away)+hor떨다=무서워 떼어 내다] • abhor violence 폭력은 질색이다 • abhor snakes 뱀을 몹시 싫어하다
☐ **abstract** [æbstrǽkt]	v. 발췌하다, 요약하다 a. 추상적인(↔ concrete a. 구체적인) [ab떼어 내어(=off, away)+tract당기다=떼어 내서 당겨오다] • an abstract idea 추상적 개념 • abstract the scientific report 과학 보고서를 요약하다
☐ **absorb** [æbzɔ́ːrb]	v. 흡수하다, 빨아들이다 **cf** absorption n. 흡수 ◁ • absurd a. 엉터리의, 모순된 [ab떼어 내어(=off, away)+sorb빨아들이다=흡수하다] • absorb water 물을 흡수하다

Basic Words

☐ **abrupt**[əbrʌpt]	a. 돌연한, 갑작스러운
☐ **abstain**[æbstéin]	v. 그만두다, 삼가다[from]
☐ **abuse**[əbjúːz]	v. 남용하다, 학대하다, 욕을 하다
☐ **absent**[ǽbsənt]	a. 결석한

47 머리를 알면 몸통이 보인다!

[passion에서 compassion으로]

passion은 '열정, 열심, 열애, 열망,' 그리고 순교자의 '수난'과 '순교'를 나타낸다. 이러한 passion 앞에 com-(함께)이 붙으면 '동정심'을 나타낸다. 어휘에 말머리나 말꼬리를 붙여 어휘를 늘려나가는 방법은 모든 언어에서 나타나는 현상이다. 두 어휘가 전혀 별개의 어휘가 아니라, 하나의 뿌리임을 아는 것이 중요하다

☐ **sign**[sain] n. 기호, 표시, 표지	• street signs 도로 표지
☐ **assign**[əsáin] v. 할당하다, 배당하다	• assign work to ~에게 일을 할당하다
☐ **resign**[rizáin] v. 사임하다, 그만두다	• resign from one's job 일을 그만두다
☐ **tail**[teil] n. (동물의) 꼬리	• wag a tail 꼬리를 흔들다
☐ **curtail**[kə:rtéil] v. 줄이다, 삭감하다	• curtail spending 지출을 줄이다
☐ **detail**[díteil] n. 세부, 상세	• fill in details 세부 사항을 기입하다
☐ **merge**[mə:rdʒ] v. 합병하다	• merge with a company 회사와 합병하다
☐ **emerge**[imə:rdʒ] v. (물·어둠 속에서) 나타나다	• emerge from the water 물에서 나타나다
☐ **immerse**[imə́:rs] v. 가라앉히다(=immerge)	• immerse deeply 푹 담그다
☐ **light**[lait] n. 빛, 광선, 햇빛	• good natural light 좋은 자연광
☐ **twilight**[twáilàit] n. (해뜨기 전, 해질 무렵의) 땅거미	• the twilight of one's life 인생의 황혼기
☐ **act**[ækt] v. 하다, 행하다, 연기를 하다	• act one's age 나이에 걸맞게 행동하다
☐ **react**[riǽkt] v. 반작용하다, 반응을 나타내다	• react to the news 뉴스에 반응을 보이다
☐ **enact**[inǽkt] v. (법률을) 제정하다	• enact a new law 새로운 법을 제정하다

Chapter 02

☐ **pile**[pail] n. 쌓아 올린 것, 더미	• a pile of leaves 나뭇잎 더미
☐ **compile**[kəmpáil] v. 편집하다, (자료를) 수집하다	• compile the data 자료를 편집하다(수집하다)
☐ **tense**[tens] a. (신경·감정이) 긴장한	• a tense moment 긴장의 순간
☐ **intense**[inténs] a. (빛·온도 따위가) 강렬한, 열띤	• intense love 열렬한 사랑
☐ **auto**[ɔ́:tou] n. 자동차; 자동(auto- 자신의)	• the global auto market 세계 자동차 시장
☐ **autocracy**[ɔ:tɑ́krəsi] n. 독재 정치, 전제 정치	• from autocracy to democracy 독재에서 민주주의로
☐ **autograph**[ɔ́:tougræf] n. 자필, 친필; 서명	• an autograph session 사인회
☐ **autonomy**[ɔ:tɑ́nəmi] n. 자치, 자치제	• Local Autonomy Law 지방 자치법

48   a- 가 만드는 품사

[ashore: 해안으로]

a-는 주로 형용사 앞에 붙어서 [in, into, on, to, toward]의 뜻을 더해 주며, 주로 같은 의미의 부사로 만든다. 물론 명사에 붙어 afoot(도보로), ashore(해안으로), abed(침대로)처럼 부사로 만든다. 참고로, a-로 시작하는 형용사는 명사를 수식할 수 없고, 상태를 설명하는 보어로만 사용된다.

Chapter 02

☐ **breast**[brest] n. 가슴 ☐ **abreast**[əbrést] ad. 나란히, 병행하여	• breast milk 모유 • walk four abreast 넷이 나란히 걷다
☐ **board**[bɔːrd] n. 판자; 배 안 ☐ **aboard**[əbɔ́ːrd] ad. 배에, 배를 타고	• a bulletin board 게시판 • Welcome aboard! 승선을 환영합니다!
☐ **broad**[brɔːd] a. 폭이 넓은 ☐ **abroad**[əbrɔ́ːd] ad. 해외로	• a broad street 넓은 가로 • live abroad 해외에 살다
☐ **shore**[ʃɔːr] n. 바닷가, 해변 ☐ **ashore**[əʃɔ́ːr] ad. 해변에	• go on shore 상륙하다 • swim ashore 해안에 헤엄쳐 닿다
☐ **float**[flout] v. 떠다니다, 표류하다 ☐ **afloat**[əflóut] ad. (물·하늘에) 떠서 a. 떠 있는	• float downstream 강 아래로 떠내려가다 • afloat in the river 강에 떠 있는
☐ **loft**[lɔ(ː)ft] n. 맨 위층 **cf** lofty a. 높은 ☐ **aloft**[əlɔ́ːft] ad. 위에, 높이	• the loft in the house 주택의 다락방 • go afloat 위로 올라가다, 천당 가다
☐ **lone**[loun] a. (한정적) 혼자의 ☐ **alone**[əlóun] ad. 혼자 a. 고독한, 외로운	• a lone house 외딴 집 • She is alone. 그녀는 고독하다. • live alone 홀로 살다
☐ **like**[laik] a. 닮은, ~와 같은 ☐ **alike**[əláik] a. (서술적) 서로 같은	• be as like as tow peas 완두콩과 꼭 닮았다 **cf** pea n. 완두콩 • They are so alike. 그들은 매우 비슷하다.
☐ **wake**[weik] v. 잠깨다, 일어나다 ☐ **awake**[əwéik] a. (서술적) 깨어 있는	• Wake up! 일어나! • be awake all night 밤새 잠 못 자다
☐ **live**[liv] n. 살다, 살아 있다 ☐ **alive**[əláiv] a. 살아 있는	• live all alone 혼자 살다 • be alive or dead 살아 있거나 죽었거나
☐ **beware**[biwɛ́ər] v. 조심하다 ☐ **aware**[əwɛ́ər] a. 의식하는	• Beware of the dog 개 조심 • be aware of danger 위험에 대해 알다

49 반의어가 문제입니다.

[just에서 injustice로]

just는 의미가 다양하다. just가 justice(정의)의 뿌리임을 아는 사람은 드물다. just는 just society, just reward의 표현을 참고한다면, just에 '공정한, 정당한'의 의미가 있음을 알 수 있다. 그리고 여기서 justice(정의)가 나온 것임을 확인할 수 있다. 문제는 just(정당한)와 justice(정의)의 반의어 접두사가 각각 unjust, injustice라는 것이다.

☐ **able**[éibl] a. ~할 수 있는	☐ **unable** a. ~할 수 없는
☐ **enable**[inéibl] v. 가능하게 하다	☐ **disable** v. 쓸모없게 하다, 불구로 만들다
☐ **ability**[əbíləti] n. 능력	☐ **inability** n. 무능력, 무력
☐ **count**[kaunt] v. 세다, 계산하다	☐ **miscount** v. 잘못 세다, 오산하다
☐ **countable**[káuntəbl] a. 셀 수 있는	☐ **uncountable** a. 부수한, 셀 수 있는
☐ **equal**[íːkwəl] a. 같은, 동등한	☐ **unequal** a. 같지 않은, 불공평한
☐ **equality**[ikwáləti] n. 같음, 평등	☐ **inequality** n. 같지 않음, 불평등
☐ **comfort**[kʌmfərt] n. 위로, 위안	☐ **discomfort** n. 불쾌, 불안
☐ **comfortable**[kʌmfərtəbl] a. 편안한	☐ **uncomfortable** a. 불편한
☐ **just**[dʒʌst] a. 올바른, 공정한	☐ **unjust** a. 부정한, 불공평한
☐ **justice**[dʒʌstis] n. 정의, 대법관	☐ **injustice** n. 부정, 불의
☐ **fortune**[fɔ́ːrtʃən] n. 행운, 재산	☐ **misfortune** n. 불운, 불행
☐ **fortunate**[fɔ́ːrtʃənət] a. 운이 좋은	☐ **unfortunate** a. 불운한, 불행한
☐ **fortunately**[fɔ́ːrtʃənətli] ad. 다행히도	☐ **unfortunately** ad. 운 나쁘게, 불행히도
☐ **satisfy**[sǽtisfài] v. 만족시키다	☐ **dissatisfy** v. 불쾌하게 하다
☐ **satisfactory**[sӕtisfǽktəri] a. 만족한	☐ **unsatisfactory** a. 불만족스런
☐ **resistance**[rizístəns] n. 저항, 반항	☐ **non-resistance** n. 무저항
☐ **resistible**[rizístəbl] a. 저항할 수 있는	☐ **irresistible** a. 저항할 수 없는
☐ **please**[pliːz] v. 기쁘게 하다	☐ **displease** v. 불쾌하게 하다
☐ **pleasure**[pléʒər] n. 기쁨, 즐거움	☐ **displeasure** n. 불쾌
☐ **pleasant**[plézənt] a. 즐거운	☐ **unpleasant** a. 불쾌한, 기분 나쁜

Chapter 02

50   -down 아래

[ups and downs: 높낮이, 고저, 상하]

ups and downs는 '높낮이, 고저, 기복, 상하'를 의미한다. up이 '들어 올리다, 상승, 오르막'을 의미하며, down은 다른 어휘와 결합하여 다양한 표현을 만든다. 하지만, 무조건 외우려고 한다면 영어가 더 멀어질 것이다. 외우지 말고, 분석하라.

☐ **shutdown** [ʃʌtdaun]	n. 공장 폐쇄, 휴업 • a pipeline shutdown 송유관 폐쇄
☐ **breakdown** [breikdaun]	n. 쇠약, 고장, 붕괴 • a nervous breakdown 신경 쇠약 • a breakdown van 구조차, 견인차
☐ **crackdown** [krækdaun]	n. 갑자기 후려침, (위법 행위 등의) 단속 ❹ crack n. 딱 소리, 갈라진 틈 v. 부수다 • a police crackdown 경찰 단속
☐ **closedown** [klouzdaun]	n. 작업 정지, 공장 폐쇄 • during the period of the closedown 작업이 정지한 기간 동안
☐ **countdown** [kauntdaun]	n. (로켓 발사 등에서의) 초읽기, 카운트다운 • a seven-second countdown 7초를 셈
☐ **stand-down** [stǽnd-dàun]	n. 중지, (일시적) 활동 중지 • a stand-down order 중지 명령 • **stand-up** a. 서 있는; 정정당당한 • **standout** n. 뛰어난 사람
☐ **slowdown** [sloudaun]	n. 감속, (공장의) 조업 단축 • a work slowdown 태업 • an economic slowdown 경기 후퇴
☐ **broken-down** [bróukən-daun]	a. 부서진, 파산한 • the broken-down car 부서진 차
☐ **letdown** [letdaun]	n. 감소, 실망 • a letdown in sales 판매량의 감소

Basic Words

☐ **knockdown**[nakdaun]	n. 때려눕힘, 압도적인 것
☐ **facedown**[feisdaun]	ad. 얼굴을 숙이고
☐ **comedown**[kʌmdaun]	n. 물가, (지위·명예의) 실추

51 -up 위

[thumbs-up: 승인, 찬성, 격려]

thumbs(엄지손가락)은 매우 중요한 기능을 하지만, 'He is all thumbs.'는 '매우 서투른 사람'을 의미한다. 손가락 다섯 개가 골고루 있어야 물건을 잡을 수 있는데, 손가락이 모두 엄지라면 제구실을 할 수가 없다. 이 thumb이 thumbs-up 이 되면, 엄지를 추켜올리는 동작으로서, 찬성이나 격려를 의미한다. 반면 thumbs-down은 거절과 반대를 의미한다.

□ **build-up**	n. 형성, 증강, 강화 • military build-up 군사력 증강
□ **set-up**	n. 조립, 구성, 설정 • a government set-up 정부 기구 • a set-up program 설정 프로그램
□ **sign-up**	n. 서명에 의한 등록, (단체 등에) 가입 • sign-up period 등록 기간
□ **make-up**	n. 구성, 구조; 메이크업, 화장 • the make-up of committee 위원회 구성
□ **break-up**	n. 해산, 붕괴, 종말 ◎ break up v. 파경시키다, 무너뜨리다 • a family break-up 가족 붕괴
□ **pick-up**	n. 픽업, 소형 트럭, (자동차 등의) 무료 편승자 • a pick-up truck 소형 트럭
□ **lock-up**	n. 유치장, 교도소, 감금 ◎ lock v. 잠그다 • a lock-up facility 구치소, 교도소 ◎ facility n. 시설
□ **pull-up**	n. 정지, 휴식; 턱걸이 ◎ pull up 잡아 뽑다; 차를 멈추다 • a pull-up bar 철봉 • chin-up n. 턱걸이 • push-up n. 팔굽혀 펴기(=press-up) • sit-up n. 윗몸 일으키기
□ **mix-up**	n. 혼란, 혼전 • mix-up between the words 'than' and 'then' than과 then의 혼돈

Basic Words
- □ pop-up — a. 뻥하고 튀어 오르는
- □ grown-up — n. 성인, 어른(=adult)
- □ back-up — n. 뒷받침, 후원

52 -off (시공간적으로) 떨어져; 분리하여; (일, 근무) 쉬어

[play-off: 정규 리그 후의 최종 승자를 가리는 경기]

정규 리그를 끝낸 다음, 최종 우승 팀을 가리기 위해 별도로 치르는 경기를 play-off라고 한다. off는 떨어져 있고 연결이 끊어져 있음을 나타내므로, 다른 단어와 결합을 했을 때에도 그 의미가 살아 있다.

☐ **lay-off**	n. 일시 해고 **cf** lay v. 놓다 • a mass lay-off 대량 해고
☐ **take-off**	n. 이륙 • take-off speed 이륙 속도 • a smooth take-off 순조로운 이륙
☐ **fall-off**	n. 감소, 쇠퇴 **cf** fall v. 떨어지다 • a fall-off in demand 수요의 감소
☐ **trade-off**	n. (특히 타협을 위한) 교환, 거래 **cf** trade n. 무역, 거래 • a trade-off between quality and quantity 질과 양 사이의 교환
☐ **payoff**	n. 급료 지불, 보상 • a debt payoff 빚 청산 • with no payoff 보수를 받지 않고
☐ **lift-off**	n. (헬리콥터, 로켓 따위의) 이륙, 떠오름 • the rocket's lift-off 로켓 이륙
☐ **drop-off**	n. 감소, 하락 **cf** drop off v. 깜박 잠이 들다, 줄어들다 • a sharp drop-off 급격한 하락
☐ **cast-off**	a. 벗어버린, 버림받은 n. 버림받은 물건(사람) **cf** cast v. 던지다(cast-cast-cast) • cast-off clothes 입지 않는 헌옷
☐ **run-off**	n. 땅 위를 흐르는 빗물 • run-off from the land 육지의 빗물

Basic Words

☐ **day-off**	n. 쉬는 날
☐ **cut-off**	n. 차단, 중단

53   -away 떨어져, 멀리

[runaway: 도망자]

영화 제목으로 자주 등장하는 runaway(도망자)는 run(달리다)과 away(저 멀리)가 결합해서 '도망자'라는 새로운 표현을 만든 것이다. 동사와 전치사가 결합하여 별개의 명사를 만드는 예가 많다. 이 경우는 어휘의 본래 의미가 새로운 의미를 형성하는 데 중요한 역할을 한다.

☐ **throwaway** [θrouəwéi]	a. 사용 후 버리는 n. 폐기물 • throwaway cans 버려진 깡통 • throwaway diapers 1회용 기저귀 **cf** diaper n. 기저귀
☐ **castaway** [kǽstəwéi]	a. 난파한 n. 표류자 **cf** cast v. 던지다 (cast-cast-cast) • a castaway ship 표류선
☐ **runaway** [rʌnəwéi]	a. 노망간 n. 도망자 • runaway teenagers 가출 청소년 • a runaway horse 도망친 말 • runway n. 통로, 활주로
☐ **hideaway** [haidəwéi]	n. 은신처, 잠복 장소 **cf** hide v. 감추다 • a secret hideaway 비밀 은신처
☐ **towaway** [touəwéi]	n. (주차 위반 차량의) 견인 **cf** tow v. 끌다, 견인하다 • a towaway zone 주차 금지 지대(위반 차량은 끌려감)
☐ **getaway** [getəwéi]	n. 도망, 출발 • a quick getaway 재빠른 도망 • a getaway car 도주 차량
☐ **fadeaway** [feidəwéi]	n. 사라져 버림, 소멸 • the fadeaway of ice and snow 얼음과 눈이 녹아 사라짐
☐ **faraway** [faːəwéi]	a. 먼, 꿈꾸는 듯한 • a faraway cousin 먼 친척

Basic Words
☐ **giveaway**[givəwéi]   a. (비밀 등의) 누설, 폭로; 포기, 양도
☐ **takeaway**[teikəwéi]   n. 사 가지고 가는 요리(=takeout)

54 -out 벗어나, 밖

[takeout: 지출, 꺼냄; 사 가지고 가는 요리]

햄버거를 사면 "For here or to go?"라고 묻는다. '여기서 먹을 것인지, 가지고 갈 것인지'를 묻는 것이다. 이렇게 커피나 음식을 포장해서 나가는 것을 takeout이라고 하는데, –out은 '밖'을 의미한다. out은 동사와 결합하여 별개의 명사를 만든다.

turnout [tə́:rnàut]	n.(집회의) 출석자, 투표자(수); 생산액, 산출고 • a large turnout at the meeting 모임의 많은 참석자 • the annual turnout 연간 생산량
closeout [klóuzàut]	n.(폐점 등을 위한) 재고 정리 • a closeout sale 폐점 할인 판매
burnout [bə́:rnàut]	n. 타서 죄다 없어짐, 연료 소진; 신경 쇠약 • the burnout of the engine 엔진의 연료 소진 • the symptoms of burnout 신경 쇠약의 증세
dropout [drápàut]	n. 탈락자, 중퇴자 • a highschool dropout 고교 중퇴자
breakout [bréikàut]	n. [군사] 포위돌파, 탈옥 • a prison breakout 탈옥 • attempt a breakout 탈옥을 시도하다
handout [hǽndàut]	n.(배포하는) 인쇄물, 유인물, 기부, 거지에게 주는 물건 • ask for a handout 구호품을 요청하다 • receive a handout 유인물을 받다
layout [léiàut]	n. 배치, 설계(=arrangement), (신문·잡지의) 페이지 배정 • the temple's layout 절의 배치 • a page layout 페이지 배정
blackout [blǽkàut]	n. 정전, (무대의) 암전; (일시적) 의식 상실 • suffer a blackout 의식을 잃다 • power blackouts 정전
workout [wə́:rkàut]	n. 연습, 연습 시합; 격한 운동 • a daily workout 매일하는 연습 • go to thy gym for a workout 운동하러 체육관에 가다

Basic Words
- checkout[tʃekàut] n.(호텔의) 퇴실 절차; (기계의) 점검; 계산대
- lookout[lukàut] n. 감시, 경계, 전망
- payout[peiàut] n. 지불(금)

55 -over 위로, 너머로

[leftover: 나머지, 잔존물, 흔적]

남은 밥, 남은 음식, 찬밥, 밥찌꺼기 등은 귀에 익은 표현이다. 우리는 이러한 표현을 leftover로 나타낸다. '먹다가 저 너머로 치워둔 음식'이란 의미이다. 즉 남기다(leave)＋너머로(over)가 결합하여 만든 표현이다. eat up leftovers(남은 음식을 먹어 치우다) warm up leftovers(남은 음식을 데우다) 밥찌꺼기(leftover rice) 등의 표현에서 쉽게 의미를 유추할 수 있다.

☐ **leftover** [leftouvə(r)]	n. 나머지, 잔존물, 흔적 • eat leftover food 남은 음식을 먹다 • leftover piece of clothes 재단하고 남은 천
☐ **pullover** [pulouvə(r)]	n. 풀오버(머리부터 입는 스웨터) • wear a pullover shirt 풀오버 셔츠를 입다
☐ **changeover** [tʃeindʒouvə(r)]	n. (장치의) 전환, 변환 • a changeover to energy-efficient lighting 에너지 효율이 높은 조명으로 전환
☐ **rollover** [roulouvər]	n. 공중제비; (자동차의) 전복 사고 • the rollover accident 전복 사고
☐ **stopover** [stɑ:pouvə(r)]	n. 도중하차, 잠시 방문 • a brief stopover on one's way 도중에 잠시 방문
☐ **takeover** [teïkou‚vər]	n. 인계, 인수, 경영권 취득 • a hostile takeover 적대적 인수 **cf** hostile a. 적대적인 • a foreign takeover 외국인의 인수
☐ **turnover** [tə:rnouvə(r)]	n. 회전; 이직률 • the company's high turnover 회사의 높은 이직률
☐ **switchover** [switʃouvə(r)]	n. 변경, 전환(＝changeover) • the switchover to digital television 디지털 TV로 전환

Basic Words

☐ **crossover**[krɔ:souvə(r)] n. (입체) 교차로, 육교; 크로스오버(록, 라틴 음악이 섞인 재즈)
☐ **look-over** n. 검토, 대충 훑어봄

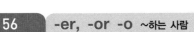

56   -er, -or -o ~하는 사람

[hacker and cracker: 침입자와 사이버 범죄자]

해커(hacker)는 동사 hack(마구 자르다)에 사람을 나타내는 접미사(-er)를 붙인 것이다. hacker는 '컴퓨터 시스템 구조를 알고 싶어 하는 사람들'을 뜻하며, cracker는 '이익을 위해 사이버 범죄를 저지르는 사람'이란 뜻이다.

□ **plumber** [plʌ́mər]	n. 배관공 ⓒ plumb v. 배관 수리 공사를 하다 • hire a plumber 배관공을 고용하다
□ **crammer** [krǽmər]	n. 주입식으로 가르치는 교사, 벼락치기 하는 수험생 ⓒ cram v. 억지로 채워 넣다 • seek crammer schools 과외 학원을 찾다
□ **briber** [bráiubər]	n. 뇌물 주는 사람 ⓒ bribe v. 뇌물을 쓰다 n. 뇌물 • bride n. 신부, 새색시 • punish the briber 뇌물 주는 사람을 벌하다
□ **beholder** [bihóuldər]	n. 보는 사람, 구경꾼(=onlooker) ⓒ behold v. 보다(=look at) • in the eyes of beholder 제 눈에 안경
□ **intruder** [intrúːdər]	n. 침입자, 난입자 ⓒ intrude v. 침입하다 • a night intruder 야간 침입자
□ **presider** [prizáidər]	n. 사회자, 주재자 ⓒ preside v. 사회를 보다 • the opening ceremony presider 개회식 사회자
□ **surfer** [sə́ːrfər]	n. 인터넷 검색자, 파도 타는 사람 ⓒ surf v. 파도 타기를 하다, 정보를 검색하다 • a web surfer 인터넷 검색자
□ **nagger** [nǽgər]	n. 바가지 긁는 사람, 잔소리 심한 여자 ⓒ nag v. 잔소리하다 • a nagger woman 잔소리가 심한 여자(=a nagging woman)
□ **ranger** [réindʒər]	n. (공원이나 산림의) 경비원, 감시원 ⓒ range v. 범위를 정하다, 돌아다니다 • a forest ranger 산림 감시원
□ **stalker** [stɔ́ːkər]	n. 몰래 추적하는 사람 ⓒ stalk v. 성큼성큼 걷다, 몰래 추적하다 • the profile of a stalker 스토커의 프로필 ⓒ profile n. 윤곽
□ **booster** [búːstər]	n. 후원자, 부스터(로켓의 보조 추진 장치) ⓒ boost v. 밀어 올리다, 밀어주다 • a booster rocket 보조 로켓
□ **hacker** [hǽkər]	n. 해커, 컴퓨터 침입자 ⓒ hack v. 거칠게 자르다, 베다 • hacker attacks 해커의 공격

Chapter 02

☐ **cracker** [krǽkər]	n. 크래커, 사이버 범죄자 **cf** crack v. 부수다, 깨뜨리다 • a computer cracker 컴퓨터 사이버 범죄자
☐ **navigator** [nǽvəgèitər]	n. 항해자 **cf** navigate v. (바다·하늘을) 항해하다 • an arctic navigator 북극 탐험가
☐ **prosecutor** [prάsikjù:tər]	n. 기소자, 검찰관, 검사 **cf** prosecute v. 기소하다 • the prosecutor's office 검찰청 • persecutor n. 박해자, 학대자 • persecute v. 박해하다
☐ **predictor** [pridíktər]	n. 예언자, 예보자(=prophet) **cf** predict v. 예언하다 • an accurate predictor 정확한 예언가
☐ **director** [diréktər]	n. 지도자, 지휘자, 감독 **cf** direct v. 지시하다 • a music director 음악 감독
☐ **successor** [səksésər]	n. 상속자, 후계자 **cf** succeed v. 계승하다 • the successor to the throne 왕위 계승자
☐ **donor** [dóunər]	n. 기증자(↔ donee n. 기증받는 사람) **cf** donate v. 기증하다 • a blood donor 헌혈자
☐ **editor** [édətər]	n. 편집자, (신문의) 주필 **cf** edit v. 편집하다 • a news editor (일간 신문의) 기사 편집자
☐ **sculptor** [skʌ́lptər]	n. 조각가 **cf** sculpt n. 조각 v. 조각하다 • an ice sculptor 얼음 조각가
☐ **inspector** [inspéktər]	n. 검사자, 조사관 **cf** inspect v. 조사하다 • a ticket inspector in a uniform 제복 입은 검표원

Basic Words
☐ **employer**[implɔ́iər]　　n. 고용주, 사용자
☐ **murderer**[mə́:rdərər]　　n. 살인자, 살인범
☐ **bricklayer**[bríklèiər]　　n. 벽돌공 **cf** brick n. 벽돌
☐ **instructor**[instrʌ́ktər]　　n. 교사, 교관 **cf** instruct v. 가르치다, 훈계하다

57 -er ~하는 도구

[baby walker: 보행기]

영어는 동사의 변화와 의미가 다양하다. 그러한 동사를 암기하기가 어렵다면 기댈 언덕을 만들어야 한다. 그 방법은 목적어를 동반한 collocation(연어)이나 친숙한 표현을 연상하는 것이다. stroll(산책하다, 어슬렁거리다)을 기억하는 것 보다 stroller(유모차)를 기억하는 것이 부담이 적을 수 있다. 동사는 의미의 연상이 어렵지만 사물의 명칭이나 생활 도구는 쉽게 연상이 되기 때문이다.

☐ **purifier** [pjúərəfàiər]	n. 깨끗이 하는 사람, 청정기 ⓒ purify v. 정화하다 • an air purifier 공기 청정기
☐ **sneaker** [sní:kər]	n. (고무 바닥의) 운동화; 살금살금 행동하는 사람 ⓒ sneak v. 몰래 움직이다 • a new pair of sneakers 새 운동화 한 켤레
☐ **plunger** [plʌndʒər]	n. 하수구 청소봉; 뛰어드는 사람 ⓒ plunge v. 뛰어들다, 잠수하다 • a toilet plunger (화장실의) 배수관 청소기
☐ **sweeper** [swí:pər]	n. 청소기, 청소부 ⓒ sweep v. 청소하다, (먼지를) 쓸다 • a vacuum sweeper 진공청소기(=a vacuum cleaner)
☐ **scraper** [skréipər]	n. 문지르는 도구, (신발의) 흙을 터는 도구 ⓒ scrape v. 문지르다, 문질러 벗기다 • a potato scraper 감자 깎는 칼
☐ **absorber** [æbsɔ́:rbər]	n. 흡수하는 물건, 흡수 장치 ⓒ absorb v. 흡수하다, 빨아들이다 • a shock absorber 충격 완화 장치
☐ **polisher** [púliʃər]	n. 윤내는 기구, 광택제; 닦는 사람 ⓒ polish v. 닦다, 광택을 내다 • a shoe polisher 구두 광택제
☐ **bumper** [bʌ́mpər]	n. 충돌하는 것, 범퍼, 완충기 ⓒ bump v. 부딪치다, 충돌하다 • a car bumper 차 범퍼
☐ **scrubber** [skrʌ́bər]	n. 솔, 수세미 ⓒ scrub v. 세게 문지르다 • a bottle scrubber 병 닦는 솔

Basic Words

☐ **trailer**[tréilər] n. (땅 위로) 끄는 것, 추적자, 트레일러 ⓒ trail v. (질질) 끌다, 뒤를 밟다
☐ **bomber**[bámər] n. 폭격기 ⓒ bomb v. 폭탄을 투하하다
☐ **scanner**[skǽnər] n. 스캐너 ⓒ scan v. 자세히 조사하다
☐ **stroller**[stróulər] n. 유모차(=baby stroller) ⓒ stroll v. 산책하다, 방랑하다

58 -ee ~당하는 사람

[adoptee: 양자, 채용·채택·선정된 것]

양부모(adopter)와 양자(adoptee)의 관계는 입양을 하는 사람과 입양되는 사람의 관계이다. -er, -or로 끝나는 표현은 -ee를 사용하여 반대 의미를 나타낸다. -ee로 끝나는 어휘는 반드시 -ee에 강세가 있으므로 강하게 읽는다.

☐ **adoptee**
[ədaptíː]

n. 양자, 채용·채택·선정된 것　**cf** adopt v. 채택하다
• Korean adoptees 한국인 입양자들

☐ **absentee**
[æbsəntíː]

n. 결석자, 부재 투표자　**cf** absent a. 결석한
• an absentee voter 부재자 투표하는 사람

☐ **nominee**
[nàməníː]

n. 지명된 사람, 임명된 사람　**cf** nominate v. 지명하다, 임명하다
• the police chief nominee 경찰서장 지명자

☐ **refugee**
[rèfjudʒíː]

n. 피난자, 난민　**cf** refuge n. 피난, 은신처
• a refugee camp 난민 수용소

☐ **trainee**
[treiníː]

n. 훈련생　**cf** train v. 훈련시키다
• work as a trainee 훈련생 자격으로 일하다

☐ **detainee**
[ditéini]

n. (정치적 이유에 의한 외국인) 억류자　**cf** detain v. 붙들다, 억류하다
• long-term detainees 장기 수용자(억류자)

☐ **dischargee**
[dìstʃaːrdʒíː]

n. 소집이 해제된 사람　**cf** discharge v. (책임·의무를) 면제하다
• a dischargee from the Air Force 공군에서 전역한 사람

☐ **distributee**
[distrìbjutíː]

n. 유산 상속권자　**cf** distribute v. 분배하다, 배포하다
• a distributee of the estate 부동산 상속권자

☐ **donee**
[douníː]

n. 기증받는 사람(↔ donor n. 기증자)　**cf** donate v. 기부하다
• a kidney donee 신장을 기증받은 사람

☐ **bribee**
[braibíː]

n. 뇌물을 받는 사람(↔ briber n. 뇌물을 준 사람)　**cf** bribe n. 뇌물
• the briber and the bribee 뇌물을 준 자와 받은 자

Basic Words
☐ **employee**[implɔ́iiː]　n. 종업원(↔ employer n. 고용주)　**cf** employ v. 고용하다
☐ **arrestee**[ərestíː]　n. 체포된 사람　**cf** arrest v. 체포하다
☐ **examinee**[igzæməníː]　n. 수험자, 검사를 받는 사람　**cf** examine v. 검사하다
☐ **appointee**[əpɔintíː]　n. 피임명자, 피지명인　**cf** appoint v. 지명하다

59 -an, -ant, -ent ~하는 사람

[protestant: 신교도, 개신교]

목사님은 결혼을 하지만 천주교의 신부는 결혼을 하지 않는다. 성직자의 결혼과 가정의 의미 부각은 프로테스탄티즘이 낳은 가장 큰 사회적 변화이다. 1525년 취리히에서 최초로 성직자의 결혼을 허용하는 법령이 제정된 후, 신성 로마 제국과 영국에서도 프로테스탄트 성직자들의 결혼권이 법적으로 승인되었다. protestant란 '신교도, 개신교'를 나타내는 말이며, '항거한'의 뜻인 protest에 접미사 '-ant'가 붙여진 것이다

□ **attendant** [əténdənt]	n. 시중드는 사람, 참석자, 출석자 cf attend v. 참석하다, 시중들다 • a flight attendant 비행기 승무원
□ **applicant** [æplikənt]	n. 응모자, 지원자, 신청자 cf apply v. 신청하다 • a job applicant 구직 신청자
□ **accountant** [əkáuntənt]	n. 회계원, (공인) 회계사 cf account n. 계산, 셈, 청구서 • a Certified Public Accountant 공인 회계사
□ **defendant** [diféndənt]	n. 피고(↔ plaintiff n. 원고) cf defend v. 방어하다 • dependant a. 의지하고 있는, 의존하는 • the defendant company 피고 측 회사
□ **entrant** [éntrənt]	n. 신입생, 참가자 cf enter v. 들어가다 • select university entrants 대학 신입생을 뽑다
□ **tyrant** [táiərənt]	n. 폭군, 입제자 cf tyranny n. 폭정, 전제정치 • a cruel tyrant 잔인한 폭군
□ **inhabitant** [inhǽbətənt]	n. 주민, 거주자, 서식 동물 cf inhabit v. 거주하다 • the original inhabitants 원주민
□ **emigrant** [émigrənt]	n. (타국·타 지역으로 가는) 이주민 cf emigrate v. 이주해 가다 • immigrant n. (타국에서 오는) • emigrants to Hawaii 이주자, 이민 하와이행 이주민
□ **sergeant** [sá:rdʒənt]	n. 하사관, 병장 • an army sergeant on leave 휴가 중인 육군 병장
□ **descendant** [diséndənt]	n. 자손, 후예(↔ ancestor n. 선조) cf descend v. 내려가다(↔ ascend) • a direct descendant 직계 후손
□ **resident** [rézədənt]	n. 거주자, 전문의 수련자 cf reside v. 거주하다 • a resident of NewYork 뉴욕의 거주자

☐ **correspondent** [kɔ̀:rəspándənt]	n. (신문 · 방송) 특파원, 통신원 **cf** correspond with v. ~와 통신하다 • a war correspondent 종군 기자
☐ **recipient** [risípiənt]	n. 수상자, 수혜자, 수혈 받는 사람 **cf** receive v. 받다 • the recipient of an award 상 받는 자
☐ **opponent** [əpóunənt]	n. (경기 · 논쟁 따위의) 적, 상대 **cf** oppose v. 반대하다 • a political opponent 정치적 상대
☐ **vegetarian** [vèdʒətɛ́əriən]	n. 채식주의자, 초식 동물 **cf** vegetable n. 채소, 식물 • vegetarian dishes 채식주의자 식사
☐ **veterinarian** [vètərənɛ́əriən]	n. 수의사(=vet) **cf** veterinary a. 수의학의 • a licensed veterinarian 면허가 있는 수의사
☐ **mortician** [mɔːrtíʃən]	n. 장의사 **cf** mortal a. 죽음의, 필히 죽는 • Work as a mortician 장의사로 근무하다
☐ **optician** [aptíʃən]	n. 안경사, 안경상 **cf** optical a. 광학의 • an optician for eyeglasses 안경을 담당하는 안경사
☐ **civilian** [sivíljən]	n. 일반 국민 **cf** civil a. 시민의 • a government-civilian committee 정부와 민간인으로 구성한 위원회 • civilian clothes 평복, 신사복 • civilian control 문민[文民] 통제
☐ **mechanician** [mèkəníʃən]	n. 기계공, 수리공(=mechanic n. 기계공) • a mechanician on the ships 선박 수리공
☐ **librarian** [laibrɛ́əriən]	n. 도서관 사서 **cf** library n. 도서관 • a school librarian 학교의 도서관 사서

☐ **physician**
[fizíʃən]
	n. [미] 의사, 내과 의사
	• consult a physician
	  의사의 진찰을 받다 • surgeon n. 외과 의사
	        • pediatrician n. 소아과 의사

Basic Words

☐ **assistant**[əsístənt]   n. 보조자 **cf** assist v. 돕다, 원조하다
☐ **magician**[mədʒíʃən]   n. 마술사 **cf** magic n. 마법
☐ **guardian**[gá:rdiən]   n. 보호자, 수호자 **cf** guard v. 보호하다, 경계하다
☐ **humanitarian**[hju:mænitɛ́əriən] n. 인도주의자 **cf** humanity n. 인류, 인간성

60 -tive, -ary ~하는 사람

[detector and detective: 탐지기와 탐정]

셜록 홈즈와 같은 탐정은 민간 조사원이다. 탐정은 detective 또는 private investigator로 표현하며, 한국에서는 주로 민간 조사원이라는 이름으로 활동하고 있다. 대부분 -tive 끝나는 어휘는 형용사이지만, detective, executive, relative 등 몇몇 어휘는 사람을 나타내는 접미사로 사용된다.

□ **conservative** [kənsə́:rvətiv]	n. 보수주의자 a. 보수적인 **cf** conserve v. 보존하다　　　　< • **progressive** n. 진보주의자 • a political conservative 정치적 보수주의자
□ **detective** [ditéktiv]	n. 탐정, 형사 **cf** detect v. 탐지하다 • a private detective 사립 탐정
□ **executive** [igzékjutiv]	n. 행정 기관의 장, (사장, 중역 등) 관리직 • a business executive 회사 간부 • the Chief Executive 대통령, 주지사 **cf** Chief Executive Officer(=CEO) 최고경영지도자
□ **representative** [rèprizéntətiv]	n. 대표자 **cf** represent v. 대표하다 • a sales representative 판매부 대표
□ **relative** [rélətiv]	n. 친척 a. 상대적인, 관련 있는 **cf** relate v. 관련시키다　　　< • **relevant** a. 관련된, 적절한 • a distant relative 먼 친척
□ **defective** [diféktiv]	n. 심신 장애자, 정신 장애자 • a mental defective 정신 장애자
□ **missionary** [míʃənèri]	n. 전도사 **cf** mission n. 전도, 선교, 임무 • a foreign missionary 외국 선교사
□ **beneficiary** [bènəfíʃièri]	n. 수익자, (연금 · 보험금의) 수령인 **cf** benefit n. 이점, 이익 • the beneficiary of the foreign investment 외국인 투자 수혜자
□ **intermediary** [ìntərmí:dièri]	n. 중개자, 매개물 **cf** intermediate v. 중개하다 • an insurance intermediary 보험 중개사

Basic Words
□ **captive**[kæptiv]　　　n. 포로, 노예, 사로잡힌 사람
□ **native**[néitiv]　　　　n. 원주민, 토착민
□ **secretary**[sékrətèri]　n. 비서

61 접미사가 없는 명사 ~하는 사람

[hare and heir: 산토끼와 상속인]

토끼와 거북이(hare and tortoise)에서 hare는 산토끼이다. hare와 heir는 형태가 닮았지만, heir은 상속인을 나타낸다.
접미사(-er, -or, -ee, -ant)를 사용하지 않고 사람을 나타내는 표현을 모아두었다. 암기하기 까다로운 어휘들이니
주의해서 숙지할 것!

□ **addict** [ǽdikt]	n. (마약 등) 중독자; 열광적인 애호가 v. 중독시키다 **cf** addiction n. 중독 • a drug addict 마약 중독자
□ **heir** [ɛər]	n. 상속인 v. 상속하다 • the heir-at-law 법정 상속인
□ **tenant** [ténənt]	n. 세입자, 소작인 v. (토지, 가옥을) 빌리다, 임차하여 살다 • a tenant farmer 소작인, 소작농
□ **pilgrim** [pílgrim]	n. 순례자, 성지 참배자 • a pilgrim to sacred places 성지 순례자
□ **witness** [wítnis]	n. 증언, 목격자 v. 목격하다, 증언하다 • a witness to the accident 그 사건의 목격자
□ **peer** [piər]	n. 동료, 동등한 사람 • a peer group 동년배 집단
□ **celebrity** [səlébrəti]	n. 유명 인사, 명성(=fame) **cf** celebrate v. 경축하다 • celebration n. 축하, 찬양 • an international celebrity 국제적 유명 인사
□ **advocate** [ǽdvəkèit]	n. 옹호자, 주창자 v. 옹호하다, 주장하다 • an advocate of peace 평화론자
□ **villain** [vílən]	n. 악인, (극·소설의) 악역 • play the villain 악역을 맡다
□ **prophet** [práfit]	n. 예언자 **cf** prophesy v. 예언하다 • the prophet Mohammed 예언가 모하메드
□ **surgeon** [sə́ːrdʒən]	n. 외과 의사 • surgery n. 수술, 외과 • a plastic surgeon 성형외과 의사
□ **dwarf** [dwɔːrf]	n. 난쟁이 • Snow White and the Seven Dwarves 백설공주와 일곱 난쟁이들

☐ **candidate** [kǽndidèit]	n. 후보자, 지원자, 지망자[for] • a presidential candidate 대통령 후보자
☐ **hermit** [hə́:rmit]	n. 수행자(修行者), 은둔자 • live like a hermit 수행자처럼 살다
☐ **apprentice** [əpréntis]	n. 견습공, 실습생(=beginner, novice, pupil) • an apprentice chef 견습 요리사
☐ **athlete** [ǽθliːt]	n. 운동선수 • an amateur athlete 아마추어 선수
☐ **pirate** [páiərət]	n. 해적, 표절자, 저작권 침해자 • a pirate ship 해적선 • a pirate publisher 해적판 출판자
☐ **juvenile** [dʒúːvənl]	n. 소년 소녀, 아동, 청소년 a. 청소년의 • juvenile crime 청소년 범죄
☐ **personnel** [pə̀ː rsənél]	n. 전 직원, 인원; 인사부 • a personnel division 인사부 • personal a. 개인의, 사적인 • a personnel manager 인사부장
☐ **gourmet** [gúərmei]	n. 식도락가, 미식가 • gourmet food 미식가의 (고급) 음식
☐ **criminal** [krímənl]	n. 범인, 범죄자 • a war criminal 전범(戰犯)
☐ **subject** [sʌ́bdʒikt]	n. 국민, 신하; 실험 대상자[피(被)실험자] • a British subject 영국 국민 • rulers and subjects 지배자와 피지배자 • male subjects for the experiment 남성 피실험자(실험참가자)
☐ **casualty** [kǽʒuəlti]	n. 사상자, 부상자 • total casualty ties 총 사상자 수
☐ **agent** [éidʒənt]	n. 대행자, 대리인 • an estate agent 부동산 중개인 • an insurance agent 보험 대리인

Basic Words

☐ **critic**[krítik]	n. 비평가, 평론가, 감정사
☐ **client**[kláiənt]	n. 의뢰인, 단골손님
☐ **associate**[əsóuʃièit]	n. 동료, 한패
☐ **suspect**[səspékt]	n. 혐의자, 용의자

62 -er 이 사람이 아닌 표현

[copper: 구리]

*Robocop*과 *Two Cops*와 같은 영화 제목이 있다. cop은 copper에서 따온 말로써, 구리로 만든 경찰 배지를 지칭하면서 비꼬는 표현이 되었다. copper처럼 -er로 끝나지만, 사람을 나타내지 않는 표현들이 있다. 혼동하지 않도록 익혀 둘 필요가 있다.

☐ **slaughter** [slɔ́ːtər]	n. 도살(=butchering), 대량 학살(=massacre) v. 대량 학살하다 • the cruel slaughter of whales 잔인한 고래 도살
☐ **blunder** [blʌ́ndər]	n. 큰 실수 v. 실수를 범하다 • commit a blunder 큰 실수를 하다
☐ **sinister** [sínəstər]	n. 불길한, 사악한(=wicked) • a sinister atmosphere 불길한 기운
☐ **semester** [siméstər]	n. (1년 2학기제의) 한 학기 • tuition per semester 학기당 수업료
☐ **register** [rédʒistər]	n. 기록부, 등록부 v. 등록하다 **cf** registration n. 등록 • register new students 신입생을 학적에 올리다 • register for a course 수강 신청을 등록하다
☐ **stammer** [stǽmər]	v. 말을 더듬다 • stammer over a few words 더듬거리며 몇 마디 하다
☐ **charter** [tʃáːrtər]	n. 헌장, 선언서; (버스, 비행기) 전세편 • the United Nation's charter UN헌장 • regular charter flights 정기 전세 비행기
☐ **glitter** [glítər]	v. 번쩍번쩍하다, 빛나다 • All that glitter is not gold. [속담] 반짝인다고 모두 금은 아니다
☐ **alter** [ɔ́ːltər]	v. (모양, 성질 등) 바꾸다, 변경하다 **cf** alteration n. 변경　　　　　　　• altar n. 제단, 제대 • alter for the better 개선하다, 좋아지다
☐ **wither** [wíðər]	v. 시들다, 말라 죽다, 쇠퇴하다 • wither and die 시들어 죽다 • the withered leaves 낙엽
☐ **linger** [língər]	v. 오래 머무르다, 떠나지 못하다 • linger to say good-bye 작별을 하기 위해 떠나지 못하다
☐ **ponder** [pándər]	v. 숙고하다, 깊이 생각하다 • ponder this question 이 문제를 곰곰이 생각하다

Vocabulary

□ **administer** [ədmínistər]	v. 관리하다, 지배하다　**cf** administration n. 관리, 행정, 경영 • administer the committee 위원회를 운영하다
□ **shiver** [ʃívər]	v. (추위·흥분으로) 떨다(=tremble) • shiver with cold 추위로 떨다
□ **barter** [báːrtər]	v. 물물교환하다, 교역하다　n. 물물 교환 • exchange and barter 물물 교환
□ **bewilder** [biwíldər]	v. 어리둥절하게 하다, 당황시키다 (=confuse) • be bewildered by the question 질문에 당황하다
□ **chamber** [tʃéimbər]	n. 방, 공간, 회의실 • the four chambers in the heart 심장의 4개의 심실 • the Lower Chamber and Upper Chamber 하원과 상원
□ **encounter** [inkáuntər]	n. 만남　v. ~와 우연히 만나다 • encounter an old friend 옛 친구를 우연히 만나다 • an encounter with an enemy 적과의 우연한 만남
□ **crater** [kréitər]	n. (화산) 분화구 • craters on lunar surface 달 표면의 분화구
□ **steer** [stiər]	v. 키(방향타)를 잡다, 조정하다 • steer the ship westward 배를 서쪽으로 돌리다 • a steering wheel 운전대
□ **embroider** [imbrɔ́idər]	v. 수를 놓다, 자수(刺繡)하다, 장식하다, (말을) 과장하다, 꾸미다 • a scarf embroidered in red thread 빨간 실로 수가 놓인 스카프
□ **cucumber** [kjúːkʌmbər]	n. [식물] 오이 • as cool as a cucumber (오이처럼) 아주 냉정한/침착한
□ **whisper** [hwíspər]	v. 속삭이다 • Don't yell; whisper. 고함치지 말고, 속삭여라.

Basic Words

□ **copper**[kúːpər]　　　　n. 구리, 동(銅), 동전
□ **Easter**[íːstər]　　　　n. 부활절
□ **glacier**[gléiʃər]　　　n. 빙하
□ **timber**[tímbər]　　　　n. 목재, 재목

63 -(t)ive 사람을 나타내지 않는 명사

[to-infinitive to부정사]

−tive는 일반적으로 형용사를 만드는 접미사로 사용되지만, 사람을 나타내는 접미사로도 쓰이며, 다음과 같이 명사를 만드는 접미사로도 사용된다. 아주 극소수의 어휘들만 이에 해당하므로 문맥상 [objection/objective]를 선택하는 형태의 혼동 어휘 문제로 자주 등장한다.

☐ **incentive** [inséntiv]	n. 자극, 유인; 장려금 • an incentive for good grades 좋은 성적에 대한 장려금
☐ **infinitive** [infínətiv]	n. 부정사 **cf** infinite a. 무한한, 무수한 • the infinitive form of the verb 동사의 부정사 형태
☐ **initiative** [iníʃiətiv]	n. 시작, 주도권, 발의권 **cf** initiate v. 시작하다, 개시하다 • take the initiative 솔선하다, 주도권을 쥐다
☐ **narrative** [nærətiv]	n. 이야기, 화술 a. 이야기의 **cf** narrate v. 이야기하다, 서술하다 • in narrative form 이야기 형식으로
☐ **motive** [móutiv]	n. 동기, 행위의 원인 • a political motive 정치적 동기
☐ **objective** [əbdʒéktiv]	n. 목표, 목적(물) a. 객관적인 • objection n. 반대, 반론 • achieve objectives 목표를 달성하다 • the objective of education 교육의 목표
☐ **perspective** [pərspéktiv]	n. 관점, 견해; 원근법 • from a historical perspective 역사적인 관점에서
☐ **preservative** [prizə́:rvətiv]	n. 방부제 **cf** preserve v. 보전하다, 유지하다 • a food preservative 식품 방부제 • free from artificial preservatives 인공 방부제가 전혀 없는
☐ **directive** [diréktiv]	n. 지령(=order), 작전 명령 • a directive from the principal 교장으로부터의 지시
☐ **additive** [ǽditiv]	n. 부가물, 첨가제 **cf** add v. 더하다 • the additives from diet 음식에 넣는 첨가제

64 -fy ~하게 하다

[purify water: 물을 정화하다]

정수기를 water purifier라고 한다. 여기서 purify는 형용사 pure(순수한)에 동사형 접미사 -fy를 붙인 것이다. 우리말은 명사에 '~하다'를 붙이고, 형용사에는 '~하게 하다'를 붙이면 동사형이 되지만, 영어에서는 -fy, -en, -ate, -ize 등의 다양한 접미사를 이용한다. 중요한 것은, 이러한 동사형 접미사와 함께 형용사나 명사를 동시에 암기하는 것이다. 하나만 암기하기보다는 파생어나 collocation 등을 함께 기억하는 것이 효율적인 암기 방법이다.

☐ **identify** [aidéntəfài]	v. 확인하다, 동일시하다 **cf** identification n. 신분 • identify all members 모든 구성원을 동일시하다(일체감을 주다) • identify handwriting 필적을 감정하다
☐ **classify** [klǽsəfài]	v. 분류하다 **cf** class n. 종류, 부류 • classify books by subject 책을 주제별로 분류하다
☐ **purify** [pjúərəfài]	v. 깨끗이 하다, 정화하다 **cf** pure a. 순수한 • purify water 물을 정화하다
☐ **falsify** [fɔ́:lsəfài]	v. 위조하다, 속이다 **cf** false a. 거짓의 • falsify a signature 서명을 위조하다
☐ **pacify** [pǽsəfài]	v. 달래다, 진정시키다 **cf** pacific a. 평화로운 • pacify water 물을 정화하다
☐ **testify** [téstəfài]	v. 증명하다, 입증하다 • testify to a fact 사실을 증명하다 • testify before court 법정에서 증언하다
☐ **verify** [vérəfài]	v. 진실임을 증명하다 **cf** verity n. 진실 • verify the schedule 일정을 확인하다 • verify one's claim 주장의 진실을 증명하다
☐ **modify** [mɑ́dəfài]	v. 수정하다 **cf** modification n. 수정 • modify one's claims 방향(마음)을 바꾸다
☐ **notify** [nóutəfài]	v. 통지하다, 알리다 **cf** notification n. 통지 • notify the police (of a case) (사건을) 경찰에 알리다
☐ **intensify** [inténsəfài]	v. 강화하다 **cf** intense a. 강렬한 • intensify one's efforts 노력을 강화하다
☐ **dignify** [dígnəfài]	v. 위엄 있게 하다 **cf** dignity n. 위엄 • respect and dignify all people 모두를 존경하고 위엄 있게 하다

☐ **diversify** [divə́:rsəfài]	v. 다양화하다　**cf** diverse a. 다양한 • diversify its energy sources 에너지 수입원을 다변화하다
☐ **gratify** [grǽtəfài]	v. 기쁘게 하다, 만족시키다 • gratify(=satisfy) one's wishes 소망을 만족시키다
☐ **specify** [spésəfài]	v. 일일이 열거하다, 자세히 쓰다　**cf** specific a. 특정한 • specify the members by name 회원 이름을 명시하다
☐ **solidify** [səlídəfài]	v. 응고시키다, 굳히다　**cf** solid n. 고체 • solidify one's position 지위를 굳히다
☐ **magnify** [mǽgnəfài]	v. (렌즈 따위로) 확대하다, 과장하다 • magnify an object 물체를 확대하다
☐ **certify** [sə́:rtəfài]	v. 증명하다, 보증하다　**cf** certification n. 증명, 보증 • certify the truth 사실임을 증명하다 • certification of the payment 지불 보증, 납부 증명
☐ **horrify** [hɔ́:rəfài, hár-]	v. 두렵게 하다　**cf** horror n. 공포 • be horrified at the news 소식을 듣고 두려워하다
☐ **qualify** [kwάləfài]	v. 자격을 주다, 자격을 얻다　**cf** qualification n. 자격 • qualify as a teacher 교사가 되는 자격을 얻다
☐ **amplify** [ǽmpləfài]	v. 확대하다　**cf** ample a. 넓은 • amplify the sounds 소리를 증폭하다

Basic Words

☐ **justify**[dʒʌ́stəfài]	v. 정당화하다, 옳다고 주장하다
☐ **unify**[júːnəfài]	v. 통합하다
☐ **simplify**[símpləfài]	v. 단순화하다, 단일화하다
☐ **terrify**[térəfài]	v. 놀라게 하다
☐ **signify**[sígnəfài]	v. 나타내다, 알리다
☐ **clarify**[klǽrəfài]	v. (의미·견해 등을) 분명하게 하다

65 -en ~하게 하다

[frighten a cat: 고양이를 놀라게 하다]

frighten은 [fright두려움+en동사]으로 이루어졌으며, '두렵게 하다'의 의미이다. 여기서 동사를 만드는 접미사로서 -en의 예들을 제시한다.

☐ **lengthen** [léŋɡən]	v. 길게 하다 **cf** length n. 길이 • lengthen one's skirt 치마 길이를 늘이다
☐ **strengthen** [stréŋɡən]	v. 강하게 하다 **cf** strength n. 힘 • strengthen one's upper body 상체를 강화하다
☐ **harden** [há:rdn]	v. 굳게 하다 **cf** hard a. 단단한 • harden the chocolates 초콜릿을 굳히다
☐ **heighten** [háitn]	v. 높게 하다 **cf** height n. 높이 • heighten the risk of cancer 암의 위험을 높이다
☐ **threaten** [θrétn]	v. 협박하다, 위협하다 **cf** threat 위협 • threaten marine life 해양 생물을 위태롭게 하다
☐ **lessen** [lésn]	v. 줄이다, 약화시키다 • lessen the impact 충격을 줄이다 • lesson n. 학과, 수업
☐ **fasten** [fǽsn:sən]	v. 묶다, 붙들어 매다 **cf** fast a. 빠른; 단단한, 고정된 • Fasten your seatbelt. 안전벨트를 착용하시오.
☐ **stiffen** [stífən]	v. 뻣뻣하게 하다 **cf** stiff a. 뻣뻣한, 딱딱한 • stiffen one's hands 손을 뻣뻣하게 하다
☐ **dampen** [dǽmpən]	v. 축이다 **cf** damp a. 축축한 • dampen skin 피부를 적시다
☐ **deafen** [défən]	v. 귀먹게 하다 **cf** deaf a. 귀먹은 • be deafened by the noise 소음 때문에 귀가 들리지 않다

Basic Words

☐ **hasten**[héisn]   v. 서두르다 **cf** haste n. 서두름
☐ **worsen**[wə́:rsn]   v. 악화시키다 **cf** worse a. 더 나쁜, 악화된
☐ **frighten**[fráitn]   v. 깜짝 놀라게 하다 **cf** fright n. 공포

66 -ize ~화하다

[fertilize the soil: 땅을 비옥화하다]

비료를 '땅을 비옥하게 만드는 물질이나 수단'으로 풀어서 설명한다면 그것이 바로 'fertilizer'이다. fertile(비옥한) → fertilize(비옥화하다) → fertilizer(비료) 이렇게 동사형을 알아야 어휘력이 풍부해지고 다양한 의미를 숙지할 수 있다. 동사형을 만드는 -ize는 형용사나 명사 뒤에 붙여 '~화하다, ~하다, ~되다'의 뜻을 지니는 동사를 만든다.

□ **fertilize** [fə́:rtəlàiz]	v. 비옥하게 하다, 수정시키다 **cf** fertile a. 비옥한 • fertilize the soil 토지를 비옥하게 하다
□ **emphasize** [émfəsàiz]	v. 강조하다 **cf** emphasis n. 강조 • emphasize the importance 중요성을 강조하다
□ **neutralize** [njú:trəlàiz]	v. 중립화하다, 중성화하다 **cf** neutral a. 중립의 • neutralize stomach acid 위산을 중성화하나
□ **modernize** [mádərnàiz]	v. 현대화 하다 **cf** modern a. 현대의 • modernize the facility 시설을 현대화하다
□ **legalize** [lí:gəlàiz]	v. 합법화하다 **cf** legal a. 합법의 • legalize gambling 도박을 합법화하다
□ **industrialize** [indʌstriəlàiz]	v. 산업화하다 **cf** industrial a. 산업의 • industrialize the agrarian society 농경 사회를 산업화하다
□ **liquidize** [líkwidàiz]	v. 액화하다 **cf** liquid n. 액체 • crush or liquidize the seeds 씨앗을 분쇄하고 액화하다
□ **organize** [ɔ́:rgənàiz]	v. 조직화하다 **cf** organ a. 조직, 유기체 • organize a meeting 회의를 준비·조직하다
□ **colonize** [kálənàiz]	v. 식민지화하다, 개척하다 **cf** colony n. 식민지 • colonize these islands 이 섬들을 개척하다/식민지화하다
□ **humanize** [hjú:mənàiz]	v. 인간답게 하다 **cf** human n. 인간 • humanize prison conditions 감옥의 상태를 인간답게 하다

Basic Words

□ **equalize**[í:kwəlàiz]   v. 같게 하다 **cf** equal a. 동등한, 같은
□ **stabilize**[stéibəlàiz]   v. 안정화하다 **cf** stable a. 안정된
□ **generalize**[dʒénərəlàiz]   v. 일반화하다 **cf** general a. 일반적인
□ **civilize**[sìvəlàiz]   v. 문명화하다 **cf** civil a. 시민의, 문명의

67 -ate ~하게 하다

[calculate: 계산하다]

접미사 -ate는 형용사를 만들기도 하지만, 대부분 동사를 만든다. calculator는 계산을 해결해 주는 계산기이다. 특히, 전자 계산기라고 할 때 electric calculator로 표현한다. calculate의 -ate는 형용사는 명사 뒤에 붙어 '~하다, ~되다'의 뜻을 지니는 동사를 만든다.

□ **alternate** [ɔ́:ltərnèit]	v. 교대·교체하다 **cf** alternation n. 교대 • alternate with each other 서로 교대하다
□ **donate** [dóuneit]	v. 기부하다 **cf** donation n. 기부 • donate blood 헌혈하다 • donate a million dollars 백만 불을 기부하다
□ **nominate** [námənèit]	v. 지명하다 **cf** nomination n. 지명 • nominate candidates for the elections 선거에 출마할 후보를 지명하다
□ **conciliate** [kənsílièit]	v. 달래다, 조정하다 **cf** conciliation n. 달램, 조정 • conciliate the dispute 분쟁을 조정하다
□ **coordinate** [kouɔ́:rdənət]	v. 통합하다, 조정하다 **cf** coordination n. 통합 • coordinate policy 정책을 조정하다
□ **decorate** [dékərèit]	v. 장식하다 **cf** decoration n. 장식 • decorate a room with flowers 방을 꽃으로 장식하다
□ **dominate** [dámənèit]	v. 지배하다 **cf** domination n. 지배 • dominate the local market 국내 시장을 지배하다
□ **calculate** [kǽlkjulèit]	v. 계산하다 **cf** calculation n. 계산 • calculate the total cost 전체 비용을 계산하다
□ **designate** [dézignèit]	v. 지명하다, 지정하다 **cf** designation n. 지명, 지정 • designate a successor 후계자를 지명하다
□ **eliminate** [ilímənèit]	v. 제거하다 **cf** elimination n. 제거 • eliminate waste 불순물을 제거하다
□ **fascinate** [fǽsənèit]	v. 매혹시키다 **cf** fascination n. 매혹 • fascinate an audience 청중을 매료시키다
□ **domesticate** [dəméstikèit]	v. (동물 따위를) 길들이다 **cf** domestic a. 가정의, 국내의, 길들여진(=domesticated) • domesticate wolves as pets 늑대를 애완동물로 길들이다

☐ **contaminate** [kəntǽmənèit]	v. 오염시키다 **cf** contamination n. 오염 • contaminate a river with sewage 하수로 강을 오염시키다
☐ **differentiate** [dìfərénʃièit]	v. 차별화하다 **cf** differentiation n. 차별 • differentiate between the two 둘을 차별화하다
☐ **appreciate** [əprí:ʃièit]	v. 감사하다, 진가를 인정하다 • appreciate one's kindness 친절에 감사를 표하다 • appreciate the value 가치를 인정하다 • depreciate v. 평가 절하하다, 가치를 떨구다
☐ **associate** [əsóuʃièit]	v. 관련시키다, 연상시키다 **cf** association n. 연합, 관련, 연상 • associate A with B A를 B와 관련시키다 • be associated with global warming 지구 온난화와 연관이 있다
☐ **suffocate** [sʌ́fəkèit]	v. 숨을 막다, 질식시키다 **cf** suffocation n. 질식 • the suffocating heat 숨 막히는 더위
☐ **regulate** [régjulèit]	v. 통제하다, 조절하다 **cf** regulation n. 통제, 조절 • regulate temperature 온도를 조절하다
☐ **concentrate** [kánsəntrèit]	v. 집중하다; 농축하다 **cf** concentration n. 집중, 농도 • concentrate one's energies on ~에 모든 정력을 집중하다 • concentrate fruit juice 과즙을 농축하다
☐ **illuminate** [ilú:mənèit]	v. 조명하다, 밝히다 **cf** illumination n. 조명 • illuminate parking lots at night 밤에 주차장을 조명하다
☐ **assassinate** [əsǽsənèit]	v. 암살하다 **cf** assassination n. 암살 • assassinate a king 왕을 암살하다
☐ **hesitate** [hézətèit]	v. 망설이다, 주저하다 **cf** hesitation n. 망설임, 주저함 • hesitate before replying 대답을 하기 전에 망설이다 • without the slightest hesitation 전혀 망설임 없이

Basic Words

☐ **originate**[ərídʒənèit] v. 시작하다, 유래하다 **cf** origin n. 기원, 유래
☐ **captivate**[kǽptəvèit] v. (마음을) 사로잡다 **cf** captive a. 사로잡힌 n. 포로
☐ **animate**[ǽnəmèit] v. 생기를 주다 **cf** animal n. 동물
☐ **necessitate**[nəsésətèit] v. 필요로 하다 **cf** necessary a. 필요한

68   -al 형용사형 접미사

[virtual studio: 가상 스튜디오]

virtual은 상반되는 두 의미(① 실제의 ② 가상의)를 갖는다. 이러한 혼동되는 어휘는 자주 사용되는 연결 표현을 익혀 두어야 한다. ① virtual defeat(사실상 패배) ② virtual studio(가상 스튜디오)

□ **optimal** [áptəməl]	a. 최선(최적)의 • the optimal level of manpower 최적 수준의 인력
□ **brutal** [brúːtl]	a. 짐승의 ㏄ brute n. 야수 • a brutal dictator 잔인한 독재자
□ **neutral** [njúːtrəl]	a. 중립의, 중성의 • a neutral nation 중립국
□ **continental** [kàntənéntl]	a. 대륙의 ㏄ continent n. 대륙 • a continental climate 대륙성 기후
□ **fatal** [féitl]	a. 치명적인, 운명의 ㏄ fate n. 운명 • a fatal disease 불치병, 죽을 병
□ **horizontal** [hɔ̀ːrəzántl]	a. 수평적인 ㏄ horizon n. 수평선 • a horizontal position 수평 자세
□ **potential** [pəténʃəl]	a. 잠재적인 • a potential customer 잠재 고객
□ **agricultural** [æɡrikʌltʃərəl]	a. 농업의 ㏄ agriculture n. 농업 • agricultural import 농산물 수입
□ **virtual** [vɔ́ːrtʃuəl]	a. 실제상의, 실질적인; 가상의 ㏄ virtually ad. 실제적으로, 사실상 • a virtual defeat 사실상의 패배 • virtual reality (컴퓨터를 이용해서 만들어진) 가상 현실
□ **financial** [finǽnʃəl]	a. 재정상의 ㏄ finance n. 재정 • financial difficulties 재정난
□ **racial** [réiʃəl]	a. 인종의 ㏄ race n. 인종 • a racial bar 인종 장벽 • racial conflict 인종 갈등

Basic Words

□ **accidental**[æksədéntl]   a. 우연한 ㏄ accident n. 우연, 사고
□ **essential**[isénʃəl]   a. 본질적인 ㏄ essence n. 본질
□ **commercial**[kəmɔ́ːrʃəl]   a. 상업의 ㏄ commerce n. 상업

69 -ic, -ical 형용사형 접미사

[economic: 경제의 vs economical: 절약하는]

형용사를 만드는 접미사로서 -ic, -ical의 의미 차이는 없다. 다만, -ic, -ical로 끝나는 형용사는 -ic, -ical의 바로 앞 음절에 강세가 있다. 그래서 명사와 형용사의 발음에 주의해야 듣고(Listening) 말하는(Speaking) 데 실수하지 않는 다. 그러나 economy는 서로 다른 의미를 지닌 economic과 economical의 파생 형용사가 있다. 이러한 어휘는 ① economic growth ② economical wife의 형태로 기억하면 혼란을 줄일 수 있다.

□ **authentic** [ɔːθéntik]	a. 믿을 만한, 정통한 • authentic information 확실한 보도 • authentic German sausage 정통 독일 소시지
□ **diplomatic** [dìpləmǽtik]	a. 외교의 **cf** diplomat n. 외교관 • diplomatic relations 외교 관계
□ **enthusiastic** [inθùːziǽstik]	a. 열광적인 **cf** enthusiasm n. 열광, 열정 • enthusiastic applause 열렬한 박수 • enthusiastic welcome 열광적인 환영
□ **characteristic** [kæriktərístik]	a. 특성을 이룬 **cf** character n. 특성 • the characteristic tasted of Korean food 한국 음식 특유의 맛
□ **gigantic** [dʒaigǽntik]	a. 거인 같은 **cf** giant n. 거인 • a gigantic statue 대형 동상
□ **symbolic** [simbálik]	a. 상징하는, 기호의 **cf** symbol n. 상징 • the symbolic meaning of yellow 노란색의 상징적 의미
□ **aesthetic** [esθétik]	a. 미(美)의, 미술의 **cf** aesthetics n. 미학 • one's aesthetic sense 미적 감각
□ **organic** [ɔːrgǽnik]	a. 유기체(물)의, 유기적인 • organic farming 유기 농업
□ **ironic** [airánik]	a. 반어적인 **cf** irony n. 반어, 풍자 • an ironic comment 빈정대는 듯한 평
□ **theoretical** [θìːərétikəl]	a. 이론상의 **cf** theory n. 이론 • theoretical physics 이론 물리학
□ **mechanical** [məkǽnikəl]	a. 기계적인 **cf** machine n. 기계 • convert mechanical energy into electrical energy 기계적 에너지를 전기 에너지로 바꾸다
□ **medical** [médikəl]	a. 의학의 **cf** medicine n. 약, 의학 • Harvard Medical School 하버드 의과 대학

☐ **periodical** [pìəriádikəl]	a. 주기적인 **cf** period n. 기간 • periodical changes 시대적 변천, 주기적 변화
☐ **skeptical** [sképtikəl]	a. 의심 많은, 회의적인 **cf** skepticism n. 회의론 • a skeptical scientists 의심 많은 과학자 • a skeptical view 회의적 시각
☐ **typical** [típikəl]	a. 전형적인 **cf** type n. 유형, 전형 • a typical Korean breakfast 전형적인 한국의 아침 식사
☐ **grammatical** [grəmǽtikəl]	a. 문법의 **cf** grammar n. 문법 • correct grammatical errors 문법적인 실수를 정정하다
☐ **biological** [bàiəládʒikəl]	a. 생물학의 **cf** biology n. 생물학 • biological clock 생체 시계 • biological father 친아버지
☐ **identical** [aidéntikəl]	a. 동일한, 일란성의 **cf** identity n. 동일성, 본인임, 주체성 / identify v. 확인하다, 동일시하다 / identification n. 확인 • an identical twin 일란성 쌍둥이 • an identification card 신분증(=ID card)
☐ **optical** [áptikəl]	a. 눈의, 광학(상)의 **cf** optics n. 광학(光學) • an optical instrument 광학 기기 ⟵ • optimal a. 최적의, 최선의
☐ **radical** [rǽdikəl]	a. 근본적인, 급진적인 • a radical change 근본적 변화 • the radical party 급진당
☐ **cynical** [sínikəl]	a. 냉소적인, 비꼬는 • a cynical smile on one's face 얼굴에 비치는 냉소
☐ **satirical** [sətírikəl]	a. 풍자적인, 잘 비꼬는 **cf** satire n. 풍자 • a satirical poem 풍자시
☐ **theatrical** [θiǽtrikəl]	a. 극장의; 연극의 **cf** theatre n. 극장 • theatrical effect 극적 효과 • theatrical scenery 무대 배경

Basic Words

☐ **systematic**[sìstəmǽtik]	a. 체계적인 **cf** system n. 체계
☐ **energetic**[ènərdʒétik]	a. 활동적인 **cf** energy n. 에너지
☐ **logical**[ládʒikəl]	a. 논리적인 **cf** logic n. 논리
☐ **scientific**[sàiəntífik]	a. 과학적인 **cf** science n. 과학

70 | -ible, -able 형용사형 접미사

[atheism: 무신론]

장미에 가시가 있듯이, 색이 아름다운 버섯은 대부분 독버섯(poisonous mushroom)이라고 한다. 반면, 식용 버섯 (edible mushroom)은 아름다움과 거리가 멀다. 이러한 언어 표현에 등장하는 edible은 eat의 형용사형이지만, 형용사형이 원래의 동사형과는 그 형태가 다르다. 여기서 –able, –ible는 can(가능성, 능력)의 의미를 지닌다.

- **eat**: edible mushroom 식용버섯
- **see**: visible distance 가시거리
- **carry**: portable television 휴대용 텔레비전
- **hear**: audible distance 가청 거리

☐ **charitable** [tʃǽritəbl]	a. 자선의, 자비로운 **cf** charity n. 자비 • charitable organizations 자선 단체
☐ **remarkable** [rimá:rkəbl]	a. 주목할 만한 **cf** remark v. 주목하다 • a remarkable achievement 놀랄 만한 업적
☐ **admirable** [ǽdmərəbl]	a. 감탄할 만한, 훌륭한 **cf** admire v. 감탄하다 • an admirable teacher 훌륭한 선생님
☐ **lamentable** [lǽməntəbl]	a. 한탄스러운, 슬퍼할 **cf** lament v. 한탄하다 • lamentable result 한탄스러운 결과
☐ **reliable** [riláiəbl]	a. 믿을 만한, 의지가 되는 **cf** rely v. 의존하다 • from a reliable source 믿을 만한 소식통에서
☐ **miserable** [mízərəbl]	a. 불쌍한, 비참한 **cf** misery n. 불행 • a miserable state 비참한 상태 ◁ • measurable a. 잴 수 있는, 적당한
☐ **eligible** [élidʒəbl]	a. 적임의, 피선거 자격이 있는 • an eligible man for mayor 시장직의 적임자
☐ **avoidable** [əvɔ́idəbl]	a. 피할 수 있는 **cf** avoid v. 피하다 • avoidable accidents 피할 수도 있는 사고
☐ **vulnerable** [vʌ́lnərəbl]	a. 상처를 입기 쉬운, 공격당하기 쉬운 • vulnerable to criticism 비판받기 쉬운
☐ **honorable** [ánərəbl]	a. 명예로운; 존경할 만한 **cf** honor n. 명예 • an honorable position 명예로운 지위

Basic Words

☐ **audible**[ɔ́:dəbl]	a. 들리는 **cf** hear v. 듣다
☐ **horrible**[hɔ́:rəbl]	a. 무서운 **cf** horror n. 공포
☐ **terrible**[térəbl]	a. 무서운 **cf** terror n. 공포

71 -ous 형용사형 접미사

[Be ambitious!: 야망을 가져라!]

ambitious와 ambiguous가 혼동된다면 연결 표현인 연어를 활용하자. 즉 연어는 집단 효과를 만들어낸다.
Be ambitious와 ambiguous answer를 기억하는 것이 해결책이다.

☐ **conscientious** [kànʃiénʃəs]	a. 양심적인 **cf** conscience n. 양심 • a conscientious businessman 양심적인 사업가
☐ **glorious** [glɔ́:riəs]	a. 영광스러운 **cf** glory n. 영광 • win a glorious victory 영광스러운 승리를 차지하다
☐ **notorious** [noutɔ́:riəs]	a. 악명 높은 • a notorious criminal 악명 높은 범인
☐ **luxurious** [lʌgʒúəriəs]	a. 사치스러운 **cf** luxury n. 사치 • a luxurious lifestyle 사치스러운 생활방식
☐ **ridiculous** [ridíkjuləs]	a. 터무니없는, 우스꽝스러운 **cf** ridicule n. 조롱 • one's ridiculous claim 터무니없는 주장
☐ **ambiguous** [æmbígjuəs]	a. 애매한, 모호한 **cf** ambiguity n. 애매모호함 • one's ambiguous answer 애매한 답변
☐ **ambitious** [æmbíʃəs]	a. 야심적인 **cf** ambition n. 야망 • one's ambitious plan 야심찬 계획
☐ **marvelous** [má:rvələs]	a. 놀라운 **cf** marvel v. 감탄하다, 놀라다 • a marvelous invention 놀라운 발명품
☐ **virtuous** [və́:rtʃuəs]	a. 덕이 높은 **cf** virtual a. 실제상의, 실제적인 • virtuous actions 덕이 높은 행동 ◁ • virtual a. 실질적인
☐ **mysterious** [mistíəriəs]	a. 신비한 **cf** mystery n. 미스터리 • a mysterious charm 신비한 매력
☐ **glamorous** [glǽmərəs]	a. 매력적인 **cf** glamor n. 매력, 신비적인 아름다움 • a glamorous movie star 매혹적인 영화배우
☐ **monstrous** [mánstrəs]	a. 괴물 같은 **cf** monster n. 괴물 • monstrous beasts 기괴한 짐승
☐ **nervous** [nə́:rvəs]	a. 신경의, 신경질의 **cf** nerve n. 신경 • a nervous breakdown 신경 쇠약

□ **conscious** [kánʃəs]	a. 의식하고 있는, 알고 있는　**cf** unconscious a. 의식이 없는 • conscious and unconscious behavior 　의식적인 행동과 무의식적인 행동
□ **conspicuous** [kənspíkjuəs]	a. 눈에 띄는, 똑똑히 보이는 • a conspicuous road sign 눈에 띄는 도로 표지판
□ **courteous** [kə́:rtiəs]	a. 예의 바른, 정중한　**cf** courtesy n. 예의 • a courteous guest 예의 바른 손님
□ **ominous** [ámənəs]	a. 불길한, 나쁜 징조의　**cf** omen n. 전조, 징조 • an ominous sign 흉조
□ **desirous** [dizáiərəs]	a. 원하는, 열망하는　**cf** desirable a. 바람직한 • be desirous of one's success 성공을 바라다
□ **dubious** [djú:biəs]	a 의심스러운 • a dubious character 수상한 인물
□ **enormous** [inɔ́:rməs]	a. 거대한, 막대한(=immense) • an enormous sum of money 거액의 돈
□ **envious** [énviəs]	a. 부러워하는, 질투심이 강한　**cf** envy n. 부러움 • envious looks 부러운 듯한 표정
□ **jealous** [dʒéləs]	a. 질투심이 많은　**cf** jealousy n. 질투 • a jealous disposition　< • zealous a. 열심인, 열광적인 　샘이 많은 기질 • be jealous of winner 승리자를 시기하다
□ **furious** [fjúəriəs]	a. 성난, 맹렬한　**cf** fury n. 격노, 분노 • one's furious face 성난 얼굴 • at a furious pace 맹렬한 속도로
□ **gorgeous** [gɔ́:rdʒəs]	a. 호화로운, 훌륭한 • a gorgeous meal 훌륭한 식사 • a gorgeous actress 멋진 여배우
□ **hazardous** [hǽzərdəs]	a. 위험한; 모험적인　**cf** hazard n. 위험 • hazardous employment 위험 직업
□ **fabulous** [fǽbjuləs]	a. 엄청난, 굉장한 • a fabulous party 멋진 파티
□ **mischievous** [místʃəvəs]	a. 유해한, 장난꾸러기의　**cf** mischief n. 손해, 장난 • a mischievous little devil 장난이 심한 악동

Basic Words

□ **poisonous**[pɔ́izənəs]　a. 유독한　**cf** poison n. 독(약)
□ **courageous**[kəréidʒəs]　a. 용기 있는　**cf** courage n. 용기
□ **joyous**[dʒɔ́iəs]　a. 기쁜　**cf** joy n. 기쁨
□ **religious**[rilídʒəs]　a. 종교(상)의, 종교적인　**cf** religion n. 종교

72 -tive 형용사형 접미사

[talkative lady: 수다스러운 여성]

'명사(noun), 동사(verb), 형용사(adjective)를 각각 n, v, a로 줄여 표현하는데, adjective(형용사)처럼 접미사 –tive는 명사를 만드는 접미사로 사용되기도 한다. 하지만, 대부분의 - tive는 형용사를 만드는 접미사로 쓰인다. 유사 형태의 어휘와 혼동을 피하기 위해, 함께 쓰이는 다른 표현들과 묶어서 기억해야 한다.

☐ **instinctive** [instíŋktiv]	a. 본능적인 **cf** instinct n. 본능 • an instinctive desire 본능적인 욕구
☐ **instructive** [instrʌ́ktiv]	a. 교훈적인 **cf** instruct v. 가르치다 • an instructive speech 교훈적인 연설
☐ **affirmative** [əfə́ːrmətiv]	a. 확정의, 긍정적인, 천상의 **cf** affirm v. 확인하다, 긍정하다 • an affirmative response 긍정적인 반응
☐ **alternative** [ɔːltə́ːrnətiv]	a. 양자택일의 n. 둘 중에서 선택, 대안 **cf** alternate v. 교체하다 • alternative energy 대체 에너지
☐ **combustive** [kəmbʌ́stiv]	a. 연소성의 **cf** combustion n. 연소 • combustive gas 연소성이 있는 가스
☐ **comparative** [kəmpǽrətiv]	a. 비교의, 상대적인 **cf** comparison n. 비교 • a comparative analysis 비교 분석
☐ **competitive** [kəmpétətiv]	a. 경쟁의, 경쟁적인 **cf** compete v. 경쟁하다 / competition n. 경쟁 • a free competitive market 자유 경쟁 시장
☐ **inquisitive** [inkwízətiv]	a. 호기심이 강한, 알고 싶어 하는 **cf** inquire v. 묻다, 문의하다 • inquisitive children 호기심이 많은 아이들
☐ **consecutive** [kənsékjutiv]	a. 연속적인, 계속되는 • for six consecutive months 6개월간 연속해서
☐ **distinctive** [distíŋktiv]	a. 독특한, 특수한 **cf** distinction n. 구별, 탁월 • the distinctive features 두드러진 특징

Basic Words

☐ **productive**[prədʌ́ktiv]	a. 생산적인 **cf** produce v. 생산하다
☐ **destructive**[distrʌ́ktiv]	a. 파괴적인 **cf** destruction n. 파괴
☐ **talkative**[tɔ́ːkətiv]	a. 말 많은 **cf** talk v. 이야기하다
☐ **digestive**[didʒéstiv]	a. 소화의 n. 소화제 **cf** digest v. 소화하다

73 -less ~없는

[priceless life: 귀중한 인생]

–less(없다無)는 부정적인 의미이지만, 가끔 긍정적인 의미를 만들기도 한다. selfless(사심이 없는), priceless(매우 귀중한), matchless(비길 데 없는, 강한)처럼 '그것은 가격이 없는 열쇠'는 공짜가 아니라 매우 귀중한 것을 표현하는 것이다.

☐ **breathless** [bréθlis]	a. 헐떡이는, 숨찬 **cf** breath n. 숨, 호흡 • at a breathless pace 숨이 찬 속도로
☐ **merciless** [mə́:rsilis]	a. 무자비한, 무정한 **cf** mercy n. 자비, 연민 • a merciless attack 무자비한 공격
☐ **ceaseless** [sí:slis]	a. 끊임없는, 부단한(=incessant) **cf** cease v. 중지하다 n. 중지 • ceaseless rain 끊임없는 비
☐ **faithless** [féiθlis]	a. 불충실한, 믿음 없는 **cf** faith n. 신념, 충실 • a faithless friend 믿을 수 없는 친구
☐ **matchless** [mǽtʃlis]	a. 무적의, 비길 데 없는(=peerless) • matchless skills 비길 데 없는 기술
☐ **helpless** [hélplis]	a. 무력한, 스스로 어떻게 할 수 없는 • a helpless woman 무력한 여성
☐ **reckless** [réklis]	a. 분별없는, 무모한 **cf** reck v. 주의하다(=care) • reckless driving 무모한 운전
☐ **priceless** [práislis]	a. 대단히 귀중한, 돈으로 살 수 없는(=valuable) • the priceless treasures 귀중한 보물
☐ **restless** [réstlis]	a. 침착하지 못한, 들떠 있는 **cf** rest n. 휴식, 안정, 정지 • a restless night 잠 못 이루는 밤
☐ **ruthless** [rú:θlis]	a. 무정한, 무자비한 **cf** ruth n. 동정, 연민(=pity) • a ruthless tyrant 무자비한 폭군

Basic Words

☐ **regardless**[rigá:rdlis]	a. 무관심한, 부주의한
☐ **doubtless**[dáutlis]	a. 의심할 바 없는, 확실한
☐ **penniless**[pénilis]	a. 무일푼의, 몹시 가난한
☐ **selfless**[sélflis]	a. 사심 없는, 무욕의(=unselfish); 헌신적인
☐ **countless**[káuntlis]	a. 무수한(=innumerable)

74 명사 + -ly = 형용사

[timely advice: 시기적절한 충고]

우리는 언어의 변칙적 표현에 약하다. 분명히 -ly가 붙은 표현은 부사로 알고 있었지만 '명사+ly=형용사, 형용사+ly 는 부사'의 원칙이 있다는 사실을 알면 이야기가 달라진다. -ly로 끝나지만 형용사인 경우를 만난다.

□ **costly** [kɔ́:stli]	a. 값비싼 • costly food 값비싼 음식
□ **elderly** [éldərli]	a. 나이 많은 • a group of elderly ladies 연세가 많은 여성 그룹
□ **lively** [láivli]	a. 생기 있는, 활기찬 • a lively and adventurous girl 생기 있고 모험적인 여자
□ **likely** [láikli]	a. ~할 것 같은, 있음 직한 ⓓ likelihood n. 있음 직한 일(=probability), 가능성 • be likely to quarrel 싸울 것 같다
□ **timely** [táimli]	a. 시기적절한 • timely advice 시기적절한 충고
□ **quarterly** [kwɔ́:rtərli]	a. 1년에 4번의 ⓓ quarter n. 4분의 1 • a quarterly magazine 계간지(계절에 한 번, 연 4회 발행하는 잡지)
□ **cowardly** [káuərdli]	a. 겁쟁이의 • the cowardly conduct 겁쟁이 행동

[의미를 바꾸는 부사 -ly]

late a. 늦은 ad. 늦게 □ **lately** ad. 최근에 • until lately 최근까지	scarce a. 부족한 □ **scarcely** ad. 거의 ~ 않는
near a. 가까운 ad. 가까이 □ **nearly** ad. 거의 • nearly dead 거의 죽은	purpose n. 목적 □ **purposely** ad. 일부러, 고의로 (=intentionally)
hard a. 단단한, 힘든 ad. 열심히 □ **hardly** ad. 거의 ~않는	high a. 높은 ad. 높이 □ **highly** ad. 고귀하게 • think highly of ~를 중시하다
direct a. 직접의 ad. 똑바로 □ **directly** ad. 즉시, 곧바로 • do it directly 즉시 ~하다	

□ **lovely**[lʌvli]	a. 사랑스러운	• a lovely birthday present 사랑스러운 생일 선물
□ **manly**[mǽnli]	a. 남성다운	• look manly and brave 남성답고 용감해 보이다
□ **worldly**[wə́:rldli]	a. 이 세상의, 세속의	• the worldly wisdom 세상의 지혜
□ **yearly**[jíərli]	a. 연간의	• one's total yearly income 연간 총 수입
□ **friendly**[fréndli]	a. 친숙한	• friendly relations 다정한 관계

75   -ary, -ory 형용사형 접미사

[compulsory education: 의무 교육]

유럽이나 중동에서는 자국민들에게 대학 교육비를 받지 않는 나라가 많다. 초등학교, 중학교는 의무 교육이고 고등교육까지도 무상이지만 외국인 학생에게는 유료이다. 우리나라에서도 초등학교와 중학교에 한해 의무 교육(compulsory education)을 실시하고 있다. compulsory는 동사 compel(강요하다)의 형용사형이다.

☐ **voluntary** [vάləntèri]	a. 자발적인, 고의적인(↔ accidental a. 우연의) • a voluntary confession 임의 자백
☐ **obligatory** [əblígətɔ̀:ri]	a. 의무적인, 필수의 Ⓒ obligation n. 의무, 책임 • an obligatory duty 필수 의무
☐ **blurry** [blə́:ri]	a. 흐릿한, 또렷하지 않은(=vague, blurred) • blurry vision 흐릿한 시야
☐ **stationary** [stéiʃənèri]	a. 움직이지 않는, 정지된 Ⓒ station n. 정지, 정거장 • stationery n. 문방구, 문구 • Remain stationary! 움직이지 마!
☐ **compulsory** [kəmpΛlsəri]	a. 강제적인 Ⓒ compel v. 강요하다 • compulsory education 의무 교육
☐ **imaginary** [imǽdʒənèri]	a. 상상의, 가상의(↔ real a. 실제의) • an imaginary enemy 가상의 적
☐ **complementary** [kὰmpləméntəri]	a. 보충하는 Ⓒ complement n. 보충, 부가 • complementary relation 보완적인 관계
☐ **hereditary** [hərédətèri]	a. 부모한테 물려받은, 상속에 관한 Ⓒ heredity n. 유전, 세습 • hereditary characteristics 유전적 특성 • hereditary property 상속 재산
☐ **arbitrary** [ά:rbətrèri]	a. 임의의, 멋대로의 • an arbitrary decision 임의의 결정

Basic Words

- ☐ **temporary**[témpərèri]   a. 일시의, 순간의
- ☐ **elementary**[èləméntəri]   a. 기본의, 초보의, 최소 단위를 이루는
- ☐ **auditory**[ɔ́:ditɔ̀:ri]   a. 청각의
- ☐ **monetary**[mάnətèri]   a. 화폐의, 금전(상)의, 금융의
- ☐ **literary**[lítərèri]   a. 문학의   Ⓒ literature n. 문학
- ☐ **customary**[kΛstəmèri]   a. 습관적인   Ⓒ custom n. 습관
- ☐ **satisfactory**[sætisfǽktəri]   a. 만족스러운   Ⓒ satisfy v. 만족시키다

Chapter 02

76 -ate 형용사형 접미사

[one's separate goals: 서로의 다른 목표]

separate는 동사(분리하다)와 형용사(별개의)의 발음이 다르다. –ate로 끝나는 표현이 동사에서는 [–eit]로 발음되며, 형용사에서는 [–it]으로 발음된다. 이러한 어휘들은 말하거나 듣기에서 혼동을 줄 수 있다. 이러한 혼동하기 쉬운 어휘들은 평상시에 연결된 표현을 함께 붙여 사용하는 습관을 들이면 혼동을 줄일 수 있다.

☐ **compassionate** [kəmpǽʃənət]	a. 인정 많은, 동정심 있는　**cf** compassion n. 동정심 • a compassionate nurse 동정적인 간호사
☐ **confederate** [kənfédərət]	a. 동맹한, 연합한　n. 동맹국, 연합국 • the confederate army 연합군
☐ **desperate** [déspərət]	a. 절망적인　**cf** despair v. 절망하다 • a desperate struggle 필사적인(절박한) 투쟁
☐ **delicate** [délikət]	a. 섬세한, 미묘한(=subtle)　**cf** delicacy n. 섬세함 • delicate manners 품위 있는 예의범절 • a delicate difference 미묘한 차이
☐ **passionate** [pǽʃənət]	a. 열렬한, 정열을 품은　**cf** passion n. 열정 • a passionate speech 열렬한 연설
☐ **corporate** [kɔ́ːrpərət]	a. 법인(회사)의, 단체의 • a corporate name 법인(단체) 명의, (회사의) 상호 • corporate property 법인 재산
☐ **temperate** [témpərət]	a. 온화한, 중용의, 절제하는 **cf** temperance n. 절제, 자제 • a temperate climate 온화한 기후　　• temporal a. 시간의, 일시적인 (=temporary)
☐ **approximate** [əprάksəmət]	a. 대략의　**cf** approximately ad. 대략 • approximate cost 대략의 비용 • approximate value 근삿값
☐ **affectionate** [əfékʃənət]	a. 애정 깊은, 다정한　**cf** affection n. 애정 • an affectionate mother 인자한 어머니

Basic Words

☐ **accurate**[ǽkjurət]　　a. 정확한　**cf** accuracy n. 정확
☐ **separate**[sépərèit]　　a. 분리된　**cf** separation n. 분리, 이별
☐ **fortunate**[fɔ́ːrtʃənət]　　a. 행운의　**cf** fortune n. 행운
☐ **considerate**[kənsídərət]　　a. 사려 깊은　**cf** consideration n. 생각, 고려

김세현 영어

77 -ent, -ant 형용사형 접미사

[triple excellent: 세 배나 탁월한]

triple excellent는 다이아몬드의 컷팅 상태를 나타내는 말이다. 컷팅 상태는 polish(광택), symmetry(균형), proportion
(비율, 몸매)을 말하는데, triple excellent는 이 세 가지 모두가 excellent라는 뜻이다. 형용사 excellent는 동사가 excel
(우수하다), 명사가 excellence(우수함)이다.

☐ **apparent** [əpǽrənt, əpéər-]	a. 눈에 보이는, 분명한 ⓒ appear v. 나타나다 • for no apparent reason 명백한 이유도 없이
☐ **obedient** [oubí:diənt]	a. 순종하는 ⓒ obey v. 복종하다 • an obedient dog 순종하는 개
☐ **urgent** [ə́:rdʒənt]	a. 긴급한 ⓒ urge v. 재촉하다 urgency n. 긴급 • an urgent meeting 긴급 회의
☐ **sufficient** [səfíʃənt]	a. 충분한(↔ deficient a. 부족한) ⓒ sufficiency n. 충분 • sufficient income 충분한 수입
☐ **eminent** [émənənt]	a. 저명한, 유명한 • produce many eminent scholars 유명한 학자를 배출하다 • imminent a. 절박한, 긴급한 (=impending)
☐ **prudent** [prú:dnt]	a. 신중한, 조심성 있는 ⓒ prudence n. 신중 • a prudent decision 신중한 결정
☐ **insolent** [ínsələnt]	a. 거만한(=arrogant), 무례한(=impudent) • insolent behavior 건방진 행동
☐ **abundant** [əbʌ́ndənt]	a. 풍부한(=rich), 많은(=plentiful) ⓒ abound v. 풍부하다 • an abundant harvest 풍작
☐ **reluctant** [rilʌ́ktənt]	a. 마음이 내키지 않는(=unwilling), 꺼리는 ⓒ reluctance n. 꺼려함 • be reluctant to eat squid 오징어 먹기를 꺼리다
☐ **elegant** [éligənt]	a. 품위 있는(=graceful), 우아한 ⓒ elegance n. 우아, 고상 • elegant furnishings 고상한 가구

Basic Words

☐ **significant**[signífikənt]　　a. 중대한, 중요한 ⓒ significance n. 중요성
☐ **frequent**[frí:kwənt]　　a. 빈번한 ⓒ frequency n. 빈번
☐ **excellent**[éksələnt]　　a. 우수한 ⓒ excel v. 우수하다, 탁월하다
☐ **ignorant**[ígnərənt]　　a. 무식한, 모르는 ⓒ ignorance n. 무식

78 -ness 추상명사 만들기

[willingness: 기꺼이 함]

의외로 문맹률이 높은 나라가 중국과 미국이다. 미국 성인의 43%가 알파벳을 끝까지 쓰지 못한다는 사실은 약간 충격
적이다. 그들이 배우기 쉬운 한글을 배워 보면 어떨까? 한글은 동사를 '~함'으로 표현하면 명사가 되기 때문에 어휘
만들기가 쉽다. 반면 영어에서 명사형은 -ness, -cy, -ure, -hood, -ance 등의 접미사(suffix)를 활용해야 한다. 그
중 -ness와 -tion이 가장 흔한 형태이다.

☐ **willingness** [wíliŋnis]	n. 기꺼이 함 **cf** willing a. 기꺼이 ~하는 • willingness to pay 지불 의사 • be willing to 기꺼이 ~하다
☐ **abruptness** [əbrʌ́ptnis]	n. 갑작스러움, 돌발성 **cf** abrupt a. 갑작스러운 • the abruptness of action 갑작스런 행동 • an abrupt death 급사
☐ **attractiveness** [ətrǽktivnis]	n. 매력적임 **cf** attractive a. 매력적인 attract v. 매혹시키다 • the attractiveness of white snow 하얀 눈의 매력
☐ **bitterness** [bítərnis]	n. 쓴맛, 괴로움 **cf** bitter a. 쓴 • the bitterness of beer 맥주의 쓴맛 • the bitter flavors 쓴맛
☐ **consciousness** [kánʃəsnis]	n. 의식이 있음 **cf** conscious a. 의식 있는 • the states of consciousness 　의식 있는 상태 • be conscious of ~를 의식하다 　• conscience n. 양심 　• conscientious a. 양심적인
☐ **shyness** [ʃáinis]	n. 소심, 부끄럼 **cf** shy a. 수줍어하는 • one's innate shyness 타고난 부끄럼
☐ **absoluteness** [ǽbsəlù:tnis]	n. 절대적임, 완전무결 **cf** absolute a. 절대적인 • the Pope's absoluteness 교황의 절대성 • an absolute lie 새빨간 거짓말
☐ **alertness** [ələ́:rtnis]	n. 경계, 경계심, 비상 **cf** alert a. 방심 않는, 기민한 • the level of alertness 경계의 수준
☐ **awkwardness** [ɔ́:kwərdnis]	n. 이상함, 어색함 **cf** awkward a. 어색한 • social awkwardness 사회적 미숙 • an awkward silence 어색한 침묵
☐ **dampness** [dǽmpnis]	n. 축축함, 습기 **cf** damp a. 축축한 • dampness in the building 건물 내의 축축함 • damp air 습기 있는 공기

□ **eagerness** [íːgərnis]	n. 열심, 열의, 열망 **cf** eager a. 열심인 • with eagerness 열심히(=eagerly) • an eager desire 간절한 욕망
□ **fitness** [fítnis]	n. 적당(=propriety), 건강 **cf** fit a. 건강한 • a fitness club 헬스클럽
□ **emptiness** [émptinis]	n. 공허, 비어 있음(=vacancy) **cf** empty a. 텅 빈 • the emptiness of the house 집이 텅 비어 있음
□ **boldness** [bóuldnis]	n. 대담, 배짱 • a lack of boldness 담력의 부족 • bald a. (머리가) 벗겨진, 대머리의
□ **sleeplessness** [slíːplisnis]	n. 불면증(=insomnia) **cf** sleepless a. 불면의 • the ideal cure for sleeplessness 불면증에 이상적인 치료법
□ **stillness** [stílnis]	n. 고요, 침묵 **cf** still a. 고요한, 조용한 • the stillness of the night 밤의 고요함
□ **unfairness** [ʌnfέərnis]	n. 불공정, 부당함 **cf** unfair a. 부당한, 불공정한 • the unfairness of one's decisions 결정의 부당함
□ **toughness** [tʌ́fnis]	n. 강인함, 단단함 **cf** tough a. 강인한; 질긴(↔ tender a. 부드러운) • mental toughness 정신적 강인함
□ **awareness** [əwέərnis]	n. 인식, 알고 있음 **cf** aware a. 인식하는 • brand awareness 상표 인지도
□ **thoughtfulness** [θɔ́ːtfəlnis]	n. 사려 깊음, **cf** thoughtful a. 생각 깊은 • with generosity and thoughtfulness 너그럽고 사려 깊음

Basic Words

□ **friendliness**[fréndlinis]	n. 우정, 친절, 호의 **cf** friendly a. 다정한
□ **carelessness**[kέərlisnis]	n. 부주의 **cf** careless a. 부주의한
□ **loneliness**[lóunlinis]	n. 외로움, 고독함 **cf** lonely a. 외로운
□ **forgiveness**[fərgívnis]	n. 용서, 관대함 **cf** forgive v. 용서하다
□ **selfishness**[sélfiʃnis]	n. 이기주의, 자기 본위 **cf** selfish a. 이기적인

79 -th 형용사와 동사에 붙어 동작, 상태를 뜻하는 명사를 만든다

[width and breadth: 폭과 넓이]

형용사 wide, long, broad, deep, strong 등은 약속이나 한 듯이 명사형으로 변할 때 같은 패턴을 띤다. 철자의 형태와 발음이 같은 방식으로 변하는 것은 우연일까 약속일까? 어휘를 암기할 때 이러한 명사 형태를 기준으로 기억하는 것도 하나의 방법이다.

☐ **stealth** [stelθ]	n. 몰래 하기, 잠행 cf steal v. 몰래 훔치다 • stealth bombers 스텔스 폭격기(레이더에 발견되지 않은 전폭기) • do a good action by stealth 몰래 착한 행동을 하다
☐ **width** [widθ]	n. 폭 cf wide a. 넓은 • the width of the road 길의 폭
☐ **breadth** [bredθ, bretθ]	n. 넓이 cf broad a. 넓은 • the length and breadth of the country 그 나라의 길이와 폭
☐ **depth** [depθ]	n. 깊이, 깊은 곳 cf deep a. 깊은 • the depth of the river 강의 깊이
☐ **length** [leŋkθ]	n. 길이 cf long a. 긴 • a length of 10 kilometers 10킬로미터의 길이 ◁ • longevity n. 장수; 장기근속
☐ **strength** [streŋkθ]	n. 세기, 힘 cf strong a. 강한 • build up one's strength 힘을 기르다
☐ **growth** [grouθ]	n. 성장, 증가 cf grow v. 성장하다 • zero growth 제로 성장 • the rapid growth in air travel 항공 여행의 빠른 증가
☐ **warmth** [wɔːrmθ]	n. 따뜻함 cf warm a. 따뜻한 • enjoy the warmth of the sun 햇살의 따스함을 느끼다

Basic Words

☐ **death**[deθ] n. 죽음 cf die v. 죽다
☐ **truth**[truːθ] n. 진실, 진리 cf true a. 진실의
☐ **birth**[bəːrθ] n. 탄생 cf bear v. 낳다

80 -ance, -ence 명사형 접미사

[severance: 절단]

세브란스 병원(Severance Hospital)은 동사 'sever(절단하다)'의 명사형 severance에서 나온 표현일까? 그렇다면 팔다리의 절단 환자를 위한 병원이라는 뜻일까? 사실은, 병원을 설립한 외국인의 이름이라고 한다. 명사를 만드는 접미사로 –ence, –ance 또는 –ry –cy, 그리고 –tion, –sion의 용도를 구분하기는 어려우므로 무리지어 기억해야 한다. 이들의 의미는 '~하는 일'이라는 '행위, 행실, 성질'을 나타낸다.

☐ **acquaintance** [əkwéintəns]	n. 아는 사이 **cf** acquaint v. 알게 하다 • a casual acquaintance 약간 아는 사이
☐ **annoyance** [ənɔ́iəns]	n. 괴로움 **cf** annoy v. 귀찮게 하다, 괴롭히다 • to one's annoyance ~가 귀찮게도
☐ **inheritance** [inhérətəns]	n. 상속 **cf** inherit v. 물려받다 • receive inheritance from an aunt 숙모에게서 상속을 받다
☐ **maintenance** [méintənəns]	n. 유지, 관리 **cf** maintain v. 유지하다 • the maintenance department 관리 부서
☐ **performance** [pərfɔ́:rməns]	n. 실행; 연기; 연주 **cf** perform v. 실행하다; 연주하다 • a ticket for a performance 공연 티켓
☐ **endurance** [indjúərəns]	n. 인내 **cf** endure v. 참다 • both physical and mental endurance 육체적·정신적 인내력
☐ **severance** [sévərəns]	n. 절단, 분리 **cf** sever v. 절단하다, 단절하다 • a severance of diplomatic relations 국교 단절 • **severe** a. 엄한, (병세가) 심한 • **serious** a. 진지한, 심각한
☐ **insurance** [inʃúərəns]	n. 보험 **cf** insure v. 보증하다, 보험에 가입하다 • fire insurance and life insurance 화재 보험과 생명 보험
☐ **obedience** [oubí:diəns]	n. 복종 **cf** obey v. 복종하다 • obedience to orders 명령에 대한 복종
☐ **violence** [váiələns]	n. 격렬, 폭력 **cf** violent a. 격렬한, 폭력적인 • domestic violence 가정 폭력

Basic Words
- ☐ **allowance**[əláuəns] n. 승인, 허락 **cf** allow v. 허락하다
- ☐ **assurance**[əʃúərəns] n. 보장, 보증, 확신 **cf** assure v. 보장하다
- ☐ **disturbance**[distə́:rbəns] n. 방해, 교란 **cf** disturb v. 방해하다
- ☐ **ignorance**[ígnərəns] n. 무지 **cf** ignore v. 무시하다

Chapter 02

81 -ship , -hood 추상명사의 접미사

[lifelong friendship: 평생 우정]

–ship과 - hood는 hardship처럼 형용사에 붙어 추상명사를 만든다. 또한 scholarship처럼 명사에 붙어 '상태, 신분, 직위, 수완' 등을 나타내는 추상명사를 만든다. hood도 또한 '신분, 계급, 상태'를 나타내는 접미사로 쓰인다. 하지만, 원래의 어휘에서 큰 차이가 없으므로 부담을 가질 필요는 없다.

☐ **likelihood** [láiklihùd]	n. 있음 직한 일(=probability), 가능성 • in all likelihood 십중팔구 • no likelihood of his succeeding 그가 성공할 가능성은 전혀 없음
☐ **livelihood** [láivlihùd]	n. 생계, 살림 • his livelihood as a singer 가수로서의 그의 생계
☐ **adulthood** [ədʌ́lthùd]	n. 성인기 • the movement from youth to adulthood 청년기에서 성인기로의 이동
☐ **scholarship** [skálərʃip]	n. 학식, 장학금　**cf** scholar n. 학자 • apply for a scholarship 장학금을 신청하다
☐ **citizenship** [sítəzənʃip]	n. 시민권　**cf** citizen n. 시민 • a good citizenship 훌륭한 시민 의식
☐ **courtship** [kɔ́ːrtʃip]	n. (남성의 여성에 대한) 구애, 구혼 • after a brief courtship 짧은 구혼 기간 뒤에
☐ **hardship** [háːrdʃip]	n. 고난, 곤란(=suffering)　　• **hardness** n. 견고함, (특히) 굳기, 경도 • financial hardship 재정적 어려움
☐ **censorship** [sénsərʃip]	n. 검열(제도), 검열　**cf** censor v. 검열하다 • the new censorship law 새 검열 법안
☐ **dictatorship** [diktéitərʃip]	n. 독재, 독재 정권　**cf** dictator n. 독재자, 절대 권력자 • live under a dictatorship 독재 정권 하에서 살다
☐ **partnership** [páːrtnərʃip]	n. 공동, 협력 • a close partnership 긴밀한 협력 관계

Basic Words

☐ **ownership**[óunərʃip]	n. 소유권
☐ **relationship**[riléiʃənʃip]	n. 관계
☐ **motherhood**[mʌ́ðərhùd]	n. 모성애
☐ **falsehood**[fɔ́ːlshùd]	n. 거짓말(=lie), 허위

김세현 영어

82 -(r)y 명사를 만드는 접미사

[expensive jewelry: 값비싼 보석류]

보석류와 기계류를 나타낼 경우 jewelry와 machinery로 표현한다. 이것은 −ry가 상태나 성질, 또는 제품의 종류를 뜻하는 명사를 만든다. ancestor는 '선조'를 의미하지만, ancestry는 '집합적인 조상 전체'를 나타낸다.

□ **contrary** [kántreri]	n. 정반대, 모순 **cf** contrast n. 대조 • on the contrary 이에 반하여, 그와는 반대로
□ **ancestry** [ǽnsèstri]	n. (집합적) 조상, 선조 **cf** ancestor n. 선조 • trace one's ancestry 선조를 추적하다
□ **bribery** [bráibəri]	n. 뇌물(을 받는 행위) **cf** bribe n. 뇌물 • commit bribery 뇌물죄를 범하다
□ **burglary** [bə́ : rglər]	n. 도둑질, 강도질 **cf** burglar n. 강도 • commit burglary 강도질을 하다
□ **adversary** [ǽdvərsèri]	n. 적, 상대, 대항자 **cf** adverse a. 역의, 반대의 • adversity n. 역경, 불행 • face one's adversary 상대를 정면으로 대면하다
□ **delivery** [dilívəri]	n. 배달, 전달, 분만 **cf** deliver v. 배달하다, 분만하다 • the delivery date 배달 날짜 • the delivery room 분만실
□ **directory** [diréktəri]	n. 주소 성명록, 전화번호부 • a telephone directory 전화번호부
□ **forgery** [fɔ́:rdʒəri]	n. (문서, 화폐의) 위조, 위폐 **cf** forge v. 위조하다 • passport forgery 여권 위조
□ **observatory** [əbzə́:rvətɔ̀:ri]	n. 천문대, 기상대, 전망대 **cf** observe v. 준수하다, 관찰하다 • the royal Greenwich observatory 왕립 그리니치 천문대
□ **archery** [á:rtʃəri]	n. 궁술, 궁도 **cf** archer n. (활의) 사수 • the world Archery Championships 세계 양궁 선수권 대회

Basic Words

□ **injury**[índʒəri] n. 상처, 손상, 손해 **cf** injure v. 상처 입히다
□ **slavery**[sléivəri] n. 노예 상태 **cf** slave n. 노예
□ **bravery**[bréivəri] n. 용기 **cf** brave a. 용감한
□ **machinery**[məʃí:nəri] n. 기계류 **cf** machine n. 기계
□ **jewelry**[dʒú:əlri] n. 보석류 **cf** jewel n. 보석

Vocabulary

83 -ty 명사를 만드는 접미사

[novel and novelty: 소설과 참신함]

'소설'과 '신기함'은 무슨 관계가 있을까? novel은 두 가지(① 소설 ② 새로운) 의미가 있다. 옛날로 거슬러 올라가면, novel(소설)이란 new story(새로운 이야기)를 표현하는 의미였으며, 둘은 뿌리가 같다고 할 수 있다.

☐ **facility** [fəsíləti]	n. 편리, 시설 • a child care facility 아동 보육 시설
☐ **originality** [ərìdʒənǽləti]	n. 독창성 **cf** original a. 독창적인 • creativity and originality 창의력과 독창성
☐ **hospitality** [hàspətǽləti]	n. 환대 **cf** hospitable a. 환대하는 • one's kind hospitality 친절한 환대
☐ **hostility** [hastíləti]	n. 적대감 **cf** hostile a. 적대적인 • hostility toward new neighbors 새로운 이웃에 대한 적대감
☐ **eternity** [itə́:rnəti]	n. 영원 **cf** eternal a. 영원한 • for all eternity 영원히
☐ **inferiority** [infìərió:rəti]	n. 열등 **cf** inferior a. 열등한 • a real inferiority complex 심한 열등의식
☐ **intensity** [inténsəti]	n. 격렬, 강도 **cf** intense a. 강렬한, 격렬한 • the high intensity of the labor 높은 노동 강도
☐ **novelty** [nάvəlti]	n. 참신함, 새로움 **cf** novel a. 새로운 • the novelty of her poetry 그녀의 시의 참신함
☐ **obesity** [oubí:səti]	n. 비만, 비대 **cf** obese a. 살찐, 뚱뚱한 • the rate of adult obesity 성인 비만율
☐ **fragility** [frədʒíləti]	n. 부서지기 쉬움, 연약함 **cf** fragile a. 망가지기 쉬운(=brittle) • the fragility of the human body 인간 몸의 연약함
☐ **vanity** [vǽnəti]	n. 허영 **cf** vain a. 헛된 • a sense of vanity 허영심
☐ **security** [sikjúərəti]	n. 안전, 보안 **cf** secure a. 안전한 • national security 국가 안보 • job security 일자리 보장

Chapter 02

☐ **utility** [juːtíləti]	n. 쓸모 있음, 유용; 공익시설 **cf** utilize v. 사용하다 • a sport utility vehicle(suv) 레저용 자동차 • pay one's public utility bills 공공요금을 납부하다
☐ **responsibility** [rispὰnsəbíləti]	n. 책임 **cf** responsible a. 책임감 있는 • undertake the responsibility 책임을 지다
☐ **personality** [pὲːrsənǽləti]	n. 개성, 성격 **cf** personal a. 개인적인 • one's selfish personality 이기적인 성격
☐ **prosperity** [praspérəti]	n. 번영, 번창 **cf** prosper v. 번영하다 • a period of peace and prosperity 평화와 번영의 기간 • property n. 재산; 성질, 특성
☐ **brevity** [brévəti]	n. 간결 **cf** brief a. 간결한 • the brevity of one's speeches 연설의 간결함
☐ **majority** [mədʒɔ́ːrəti]	n. 대다수 **cf** major a. 주요한, 보다 많은 • be adopted by majority vote 다수결로 채택되다
☐ **cruelty** [krúːəlti]	n. 잔인함, 학대 **cf** cruel a. 잔인한 • a criminal's cruelty 범인의 잔인성
☐ **curiosity** [kjùəriásəti]	n. 호기심 **cf** curious a. 호기심 많은, 궁금한 • a strong intellectual curiosity 강한 지적 호기심
☐ **density** [dénsəti]	n. 밀도, 농도, 조밀함, 빽빽함 **cf** dense a. 조밀한, 빽빽한 • population density 인구 밀도
☐ **absurdity** [æbsə́ːrdəti]	n. 불합리 **cf** absurd a. 터무니없는, 불합리한 • a logical absurdity 논리적 불합리성
☐ **unanimity** [jùːnəníməti]	n. 합의, 만장일치 **cf** unanimous a. 만장일치의 • the unanimity of opinion 의견의 만장일치
☐ **warranty** [wɔ́ːrənti]	n. 담보, 보증서; 영장 **cf** warrant n. 보증, 보증서 • warranty service for the product 제품에 대한 보증 서비스
☐ **heredity** [hərédəti]	n. 유전, 세습 • the effect of heredity 유전의 영향

Basic Words

☐ **variety**[vəráiəti]	n. 다양성	**cf** various a. 다양한
☐ **liberty**[líbərti]	n. 자유	**cf** liberal a. 자유의
☐ **certainty**[sə́ːrtnti]	n. 확실성	**cf** certain a. 확실한
☐ **familiarity**[fəmìliǽrəti]	n. 친밀, 친숙	**cf** familiar a. 친숙한

84 -age, -ism 특성과 주의의 명사형 접미사

[feminism: 페미니즘]

feminism(페미니즘)이란 여성 중심적, 여성 지향적인 의식 혹은 남성 중심적인 가부장제에 대항하는 여성주의의 운동이다. 이는 19세기 중반에 시작된 여성 참정권 운동에서 비롯되어 그것을 설명하는 이론까지 포함하는 개념이다. '여성'의 형용사인 feminine에 특성과 주의를 의미하는 −ism을 붙인 것이다.

☐ **bondage** [bándidʒ]	n. 구속, 억압 • the bondage of social conventions 사회적 관습의 속박
☐ **leakage** [líːkidʒ]	n. 누출, 누전 **cf** leak v. 누출하다 • the leakage of confidential information 비밀 정보 유출
☐ **heritage** [héritidʒ]	n. 상속, 유산 • national heritage 국가적 유산
☐ **homage** [hámidʒ]	n. 존경, 복종 • pay homage to ~에 경의를 표하다
☐ **hostage** [hástidʒ]	n. 볼모, 인질 • free hostages 인질을 석방하다
☐ **orphanage** [ɔ́ːrfənidʒ]	n. 고아원 **cf** orphan n. 고아, 양친이 없는 아이 • grow up in an orphanage 고아원에 자라다
☐ **capitalism** [kǽpətəlìzm]	n. 자본주의 **cf** capital n. 자본, 수도, 대문자 • socialism and capitalism 사회주의와 자본주의
☐ **commercialism** [kəmə́ːrʃəlìzm]	n. 상업주의 **cf** commercial a. 상업의 • be against commercialism 상업주의에 반대하다
☐ **abolitionism** [æbəlíʃənìzm]	n. (노예) 폐지론 **cf** abolish v. 폐지하다 / abolition n. 폐지 • the abolition of nuclear weapons 핵무기의 폐기
☐ **organism** [ɔ́ːrgənìzm]	n. 생물체, 유기체 **cf** organic n. 유기적인, 유기체의 • every life organism 모든 생명체

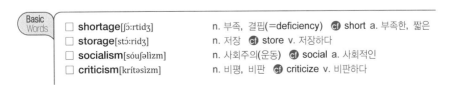

Basic Words

☐ **shortage**[ʃɔ́ːrtidʒ]   n. 부족, 결핍(=deficiency) **cf** short a. 부족한, 짧은
☐ **storage**[stɔ́ːridʒ]   n. 저장 **cf** store v. 저장하다
☐ **socialism**[sóuʃəlìzm]   n. 사회주의(운동) **cf** social a. 사회적인
☐ **criticism**[krítəsìzm]   n. 비평, 비판 **cf** criticize v. 비판하다

85 -ment ~하게 하다

[agreement: 아그레망]

영어에서는 프랑스어와 독일어에서 온 외래어가 많다. 프랑스어가 예술, 음식, 정치에 관련한 용어들에 많은 영향을 미친 것은 프랑스의 노르만 정복(norman conquest)이다. 쿠데타, 앙케이트, 베레모, 까페, 크레용 등은 우리에게 익숙한 표현이다. 프랑스어는 –ment의 발음이 '망'으로 표현되어, agreement는 아그레망으로 발음이 된다. 영어에서 –ment는 명사를 만드는 접미사로 쓰이며 [–mənt]로 발음된다.

□ **achievement** [ətʃíːvmənt]	n. 성취 **cf** achieve v. 성취하다 • one's academic achievement 학문적 성취
□ **commitment** [kəmítmənt]	n. 범행; 헌신; 약속 **cf** commit v. 저지르다, 위임하다 • owing to a previous commitment 선약이 있어서 • one's commitment to human rights 인권을 위한 헌신
□ **investment** [invéstmənt]	n. 투자 **cf** invest v. 투자하다 • an investment in an enterprise 기업에 대한 투자
□ **attachment** [ətætʃmənt]	n. 고수 **cf** attach v. 달라붙다 • a strong attachment to one's family 가족에 대한 애착 • detachment n. 분리, 이탈
□ **arrangement** [əréindʒmənt]	n. 배열, 조정 **cf** arrange v. 배열하다, 조정하다 • a flower arrangement 꽃꽂이
□ **installment** [instɔ́ːlmənt]	n. 할부, 월부 • an interest-free installment plan 무이자 할부
□ **retirement** [ritáiərmənt]	n. 퇴직 **cf** retire v. 퇴직하다, 은퇴하다 • take early retirement 조기 퇴직을 하다
□ **argument** [áːrgjumənt]	n. 논의, 주장 **cf** argue v. 논쟁하다 • one's logical argument 논리적인 주장
□ **requirement** [rikwáiərmənt]	n. 요구 **cf** require v. 요구하다 • satisfy many requirements 여러 조건들을 충족시키다
□ **ailment** [éilmənt]	n. 불쾌, (만성적인) 병 **cf** ail v. 괴롭히다, 앓다 • a painful skin ailment 통증이 심한 피부질환
□ **amendment** [əméndmənt]	n. 개정, 수정(안) **cf** amend v. 수정하다 • constitutional amendment 헌법의 개정 **cf** constitutional a. 헌법의
□ **armament** [áːrməmənt]	n. 군비, 병력 **cf** arm v. 무장하다 • armament expenditure 군비

□ **assessment** [əsésmənt]	n. 평가, 재산 평가 **cf** assess v. 평가하다 • a performance assessment 수행 평가
□ **assignment** [əsáinmənt]	n. 할당, 연구 과제, 숙제 **cf** assign v. 할당하다 • hand in assignments 과제물을 제출하다 • the reading assignment 읽기 숙제
□ **banishment** [bǽniʃmənt]	n. 추방, 유배, 배척 **cf** banish v. 추방하다 • the banishment of an offender 위반자의 추방
□ **commandment** [kəmǽndmənt]	n. 명령, 계율 **cf** command v. 명령하다 • observe the Ten commandments 십계명을 준수하다
□ **concealment** [kənsíːlmənt]	n. 은폐, 은닉 **cf** conceal v. 은닉하다, 감추다 • the concealment of one's true feelings 진정한 감정을 숨김
□ **embracement** [imbréismənt]	n. 포옹, (기꺼이) 받아들임 **cf** embrace a. 포옹하다 • the embracement of British culture 영국 문화를 받아들임 • embrace someone tenderly ~을 부드럽게 껴안다
□ **harassment** [hərǽsmənt]	n. 괴롭힘, 애먹음 **cf** harass v. 괴롭히다 • endure harassment 괴롭힘을 참다 • prevent sexual harassment 성희롱을 예방하다
□ **temperament** [témpərəmənt]	n. 기질, 성질 • an artistic temperament 예술가의 기질
□ **punishment** [pʌníʃmənt]	n. 벌, 형벌, 처벌 **cf** punish v. 처벌하다 • harsh punishment 호된 처벌
□ **measurement** [méʒərmənt]	n. 측량, 치수 **cf** measure v. 재다, 측정하다 • one's waist measurement 허리 치수 • lake a measurement 치수를 재다

Basic Words

□ **equipment**[ikwípmənt]　　　 n. 장비, 설비
□ **government**[gʌvərnmənt]　　 n. 정부, 지배
□ **amusement**[əmjúːzmənt]　　 n. 즐거움, 재미, 오락
□ **announcement**[ənáunsmənt]　 n. 발표
□ **recruitment**[rikrúːtmənt]　　 n. 신병 모집, 신규 모집 **cf** recruit v. 신병을 모집하다

86 -tude 명사형 접미사

[latitude and longitude: 위도와 경도]

위도와 경도를 구분하지 못하는 사람이 이렇게 많을 수가! 한자음으로 들으니 감이 잡히지 않는 것이다. 영어로는 latitude(위도: 가로선) longitude(경도: 세로선)로 표현되니 구분이 쉽다. 세로로 긴(long) 모양을 연상하면 longitude가 세로의 경도가 되며, lati-가 옆(side)을 의미하여, latitude는 가로의 위도가 되는 것이다. 여기서 -tude는 명사를 만드는 접미사이다.

☐ **aptitude** [ǽptətjùːd]	n. 적성 **cf** apt a. 적합한 • an aptitude for drawing 그림에 대한 재능 • Scholastic Aptitude Test 대입적성고사(=SAT)
☐ **latitude** [lǽtətjùːd]	n. 위도, 자유, 허용 범위 • the northern latitude 북위 lateral(옆의, 측면의), bilateral(양측의)에서처럼, late-(lati-)는, '옆(side)'을 의미한다.
☐ **longitude** [lándʒətjùːd]	n. 경도 **cf** long a. 긴 • 10 degrees 15 minutes of east longitude 동경 10도 15분
☐ **servitude** [sə́ːrvətjùːd]	n. 노예 상태, 징역 **cf** serve v. 섬기다, 봉사하다 • a lifetime of servitude and poverty 일생의 노역과 빈곤
☐ **solitude** [sálətjùːd]	n. 외로움 **cf** solitary a. 고독한 • live in solitude 홀로 살다
☐ **altitude** [ǽltətjùːd]	n. 고도 • the altitude of a town 도시의 고도 • attitude n. (사람, 물건 등에 대한) 태도, 마음가짐
☐ **gratitude** [grǽtətjùːd]	n. 감사(하는 마음) • express one's gratitude 감사를 표하다
☐ **amplitude** [ǽmplitjùːd]	n. 넓이, 폭; 풍부 **cf** amplify v. 확대하다, 확장하다 • the amplitude of a wave 파도의 진폭

Basic Words
☐ **fortitude**[fɔ́ːrtətjùːd] n. 용기, 불굴의 정신
☐ **ingratitude**[ingrǽtətjùːd] n. 배은망덕, 은혜를 모름
☐ **magnitude**[mǽgnətjùːd] n. 크기, 양
☐ **multitude**[mʌ́ltətjùːd] n. 다수, 군중

87 -sure, -ture 명사형 접미사

[blood pressure: 혈압]

환자의 건강을 읽을 수 있는 기준인 temperature(체온), pulse(맥박), respiration(호흡), 그리고 blood pressure (혈압)를 vital signs라고 한다.

□ **literature** [lítərətʃər]	n. 문학, 문예 **cf** literary a. 문학의 • english literature 영문학
□ **erasure** [iréiʃər]	n. 삭제 **cf** erase v. 지우다 • the erasure of computer disks 컴퓨터 디스크 (내용의) 삭제
□ **architecture** [á:rkitèktʃər]	n. 건축학, 설계 **cf** architect n. 건축가 • modern architecture 현대 건축 양식
□ **composure** [kəmpóuʒər]	n. 침착, 냉정 **cf** compose v. 마음을 가라앉히다 • recover one's composure 평점을 되찾다
□ **signature** [sígnətʃər]	n. 서명 **cf** sign v. 서명하다 • put one's signature on a petition 청원서에 서명하다
□ **posture** [pástʃər]	n. 자세 **cf** pose v. 자세를 취하다 • erect posture 똑바로 선 자세
□ **creature** [krí:tʃər]	n. (신의) 창조물, 생물 **cf** create v. 창조하다 • living creature 살아 있는 생물
□ **moisture** [mɔ́istʃər]	n. 습기 **cf** moisture a. 습기 있는 • absorb moisture 습기를 흡수하다
□ **seizure** [sí:ʒər]	n. 붙잡기, 압류 **cf** seize v. (붙)잡다, 꽉 쥐다 • the seizure of one's assets 재산 몰수 • the seizure of power 정권 장악
□ **agriculture** [ǽgrəkʌltʃər]	n. 농업, 농경 **cf** agricultural a. 농업의 • environment-friendly agriculture 친환경 농업

• composition n. 작곡, 작문, 구성
• compose v. 작곡하다, 작문하다

Basic Words
- □ **closure**[klóuʒər]   n. 마감, 폐쇄, 폐점 **cf** close v. 닫다
- □ **pressure**[préʃər]   n. 압축, 입력 **cf** press v. 누르다
- □ **expenditure**[ikspénditʃər]   n. 지출, 소비 **cf** expend v. 지출하다
- □ **exposure**[ikspóuʒər]   n. 노출 **cf** expose v. 노출하다

88 -f, -t, -se 명사형 접미사

[suspense: 서스펜스 영화]

영화의 장르로서 mystery, suspense, thriller가 있다. 스릴러는 '공포'로 해석되며, 스릴러의 특징은 느닷없는 공포가 엄습해 온다는 것이다. 우리는 등장인물에게 닥칠 사태를 알기에 극에 달하는 긴장감을 느낀다. 서스펜스는 등장인물이 처한 상황에 대해 긴장을 하며 느끼는 감정이다. suspense는 동사 suspend(불안하게 하다, 매달다)에 접미사 –se를 붙인 것이다. 이를 볼 때, 명사형 suspense는 '메달아 두는 불안함'으로 유추할 수 있다.

□ **relief** [rilíːf]	n. 구조, 인도 **cf** relieve v. 구조하다, 안도시키다 • breathe a sigh of relief 안도의 한숨을 쉬다
□ **proof** [pruːf]	n. 증명, 증거 **cf** prove v. 증명하다 • proof of one's guilt 죄에 대한 증거
□ **pursuit** [pərsúːt]	n. 추구 **cf** pursue v. 추구하다 • right to the pursuit of happiness 행복을 추구할 권리
□ **response** [rispáns]	n. 반응 **cf** respond v. 반응하다 • a response to the letter 답장
□ **constraint** [kənstréint]	n. 구속, 억제 **cf** constrain v. 강제하다, 구속하다 • constraints of time 시간적 제약
□ **conquest** [kánkwest]	n. 정복 **cf** conquer v. 정복하다 • the conquest of disease 질병을 정복
□ **emphasis** [émfəsis]	n. 강조 **cf** emphasize v. 강조하다 • place an emphasis on design 디자인에 중점을 두다
□ **offense** [əféns]	n. 화냄, 위반, 공격 **cf** offend v. 성나게 하다, 위반하다 • take offense 화를 내다 • military offense 군사적 공격
□ **suspense** [səspéns]	n. 걱정, 불안 **cf** suspend v. 불안하게 하다, 매달다, 일시 정지하다 • suspense movies 서스펜스 영화
□ **innocence** [ínəsəns]	n. 무죄, 순진 **cf** innocent a. 순진한, 무죄의 • evidence of one's innocence 결백 증거
□ **defense** [diféns]	n. 방어, 방위 **cf** defend v. 방어하다 • the U.S Defense Department 미국 국방부

Basic Words

□ **sight**[sait]	n. 시각 **cf** see v. 보다
□ **height**[hait]	n. 높이 **cf** high a. 높은
□ **flight**[flait]	n. 날기, 비행 **cf** fly v. 날다
□ **complaint**[kəmpléint]	n. 불평 **cf** complain v. 불평하다

89 -al 명사형 접미사

[proposal of marriage: 청혼]

대부분의 경우 -al은 '~의', '~ 성질의'라는 뜻을 만드는 형용사의 접미사이다. 하지만 동사에 붙어 명사를 만들기도 한다. propose는 원래 '결혼을 청하다'는 의미였으며, 나중에 '신청하다, 제안하다'의 의미가 추가된 것이다. 접미사 '-al'이 명사를 만드는 경우는 다음과 같다.

☐ **approval** [əprúːvəl]	n. 승인, 인정 **cf** approve v. 승인하다 • gain public approval 대중의 인정을 얻다
☐ **burial** [bériəl]	n. 매장 **cf** bury v. 매장하다 • burial in a cemetery 공동묘지에 매장
☐ **denial** [dináiəl]	n. 부정, 부인, 거부 **cf** deny v. 부정하다 • a strong denial 강력한 부정
☐ **proposal** [prəpóuzəl]	n. 제안, 청혼 **cf** propose v. 제안하다 • turn down one's proposal 제안을 거절하다
☐ **refusal** [rifjúːzəl]	n. 거절 **cf** refuse v. 거절하다 • a refusal of one's invitation 초대에 대한 거절
☐ **renewal** [rinjúːəl]	n. 새롭게 하기, 갱신 **cf** renew v. 갱신하다 • urban renewal 도시 재개발
☐ **appraisal** [əpréizəl]	n. 평가, 감정, 견적 **cf** appraise v. 평가하다 • an objective appraisal 객관적 평가
☐ **portrayal** [pɔːrtréiəl]	n. 그리기, 묘사, 초상화 **cf** portray v. 그리다, 묘사하다 • an accurate portrayal of war 전쟁에 대한 정확한 묘사
☐ **dismissal** [dismísəl]	n. 해고, 해고 통지 **cf** dismiss v. 해고하다 • dismissal from school 퇴학 처분
☐ **removal** [rimúːvəl]	n. 이전, 제거, 철수 **cf** remove v. 제거하다 • the removal of trade barriers 무역 장벽의 제거

Basic Words

☐ **arrival**[əráivəl] n. 도착 **cf** arrive v. 도착하다
☐ **trial**[tráiəl] n. 시도 **cf** try v. 시도하다
☐ **survival**[sərváivəl] n. 생존 **cf** survive v. 생존하다
☐ **revival**[riváivəl] n. 부흥, 회복, 소생, 재생 **cf** revive v. 재생하다

김세현 영어

90 -tion 명사형 접미사 I

[blood circulation: 혈액순환]

두 명사를 연결할 때 the circulation of blood와 blood circulation으로 하는 방법이 있다. 전자는 문어(文語)적이며 후자는 구어(口語)적이다. 그리고 -tion은 동작, 상태, 결과를 뜻하는 명사를 만든다. contribution은 공헌[contribute공헌하다+(t)ion결과], separation분리[separate분리하다+(t)ion상태], alteration변경[alter변경하다+ation동작]의 예를 보면 알 수 있듯이, -tion을 붙이는 것이 명사를 만드는 가장 흔한 방법이다. 그리고 -tion의 명사는 반드시 -tion의 바로 앞 모음에 강세가 있다.

□ penetration [pènətréiʃən]	n. 꿰뚫고 들어감, 침투 cf penetrate v. 꿰뚫다, 관통하다 • prevent water penetration 물이 스며들지 않도록 막다
□ junction [dʒʌ́ŋkʃən]	n. 연합, 접합, 교차점 • a busy and dangerous junction 붐비고 위험한 교차로
□ circulation [sə̀:rkjuléiʃən]	n. 순환, 유통 cf circulate v. 순환하다 • a blood circulation 혈액 순환
□ restriction [ristríkʃən]	n. 제한 cf restrict v. 제한하다 • a security restriction 보안 제한
□ resolution [rèzəlú:ʃən]	n. 결정 cf resolve v. 결정하다 • a man of resolution 결의가 굳은 사람
□ solution [səlú:ʃən]	n. 해결, 해법, 용액 cf solve v. 해결하다 • the best solution 최선의 해결책 • a strong solution 진한 용액
□ evolution [èvəlú:ʃən]	n. 진화 cf evolve v. 진화하다 • a gradual evolution 점진적 진화 • animal evolution 동물 진화 • revolution n. 혁명, 변혁; 회전(운동) • revolve v. 회전하다, 돌다
□ congratulation [kəngrætʃuléiʃən]	n. 축하 cf congratulate v. 축하하다 • Congratulations on your promotion! 승진 축하해요!
□ consumption [kənsʌ́mpʃən]	n. 소비 cf consume v. 소비하다 • mass consumption 대량 소비
□ assumption [əsʌ́mpʃən]	n. 가정, 추정 cf assume v. 가정하다, 추정하다 • the wrong assumption 틀린 추정
□ accommodation [əkɑ̀mədéiʃən]	n. 숙박시설 cf accommodate v. 수용하다 • affordable accommodations 저렴한 숙박 시설 cf affordable 값이 알맞은
□ execution [èksikjú:ʃən]	n. 실행; 사형 집행 cf execute v. 실행하다, 집행하다 • the execution of one's duty 의무의 실행

☐ **negotiation** [nigòuʃiéiʃən]	n. 협상 **cf** negotiate v. 협상하다 • proper negotiation tactics 적절한 협상 책략
☐ **application** [æpləkéiʃən]	n. 적용; 신청 **cf** apply v. 적용시키다 • an application from 지원서 양식 ·· • appliance n. 기구, 장치, 전기 기구 • home appliances 가전제품 • medical appliances 의료 기구
☐ **friction** [fríkʃən]	n. (두 물체의) 마찰, 불화 • friction between moving parts 움직이는 부품들의 마찰
☐ **aviation** [èiviéiʃən]	n. 비행, 항공 **cf** aviate v. 비행하다, 항공기를 조종하다 • civil aviation 민간 항공
☐ **representation** [rèprizentéiʃən]	n. 표시, 설명 **cf** represent v. 묘사하다, 표시하다 • representation techniques 표현 기법
☐ **meditation** [mèdətéiʃən]	n. 명상 **cf** meditate v. 명상하다 • seek peace through meditation 명상을 통해 평화를 추구하다 · • medication n. 약물 치료, 투약 **cf** medicine n. 약 • mediation n. 조정, 중재 **cf** mediate v. 중재하다
☐ **occupation** [àkjupéiʃən]	n. 점령; 직업 **cf** occupy v. 점유하다 • one's fixed occupation 고정된 직업
☐ **opposition** [àpəzíʃən]	n. 반대 **cf** oppose v. 반대하다 • opposition party 반대편, 야당
☐ **repetition** [rèpətíʃən]	n. 반복 **cf** repeat v. 반복하다 • learn by repetition 반복을 통해 배우다
☐ **administration** [ədmìnistréiʃən]	n. 행정부 **cf** administrate v. 관리하다, 지배하다 • the present administration 현재의 행정부, 현 정권
☐ **recollection** [rèkəlékʃən]	n. 기억, 회상 **cf** recollect v. 회상하다 • the recollection of meeting her 그녀를 만난 기억
☐ **demonstration** [dèmənstréiʃən]	n. 시위; 증명 **cf** demonstrate v. 시위하다, 증명하다 • an antiwar demonstration 반전 데모

Basic Words

☐ **description**[diskrípʃən] n. 묘사 **cf** describe v. 묘사하다
☐ **destruction**[distrʌ́kʃən] n. 파괴 **cf** destroy v. 파괴하다
☐ **examination**[igzæmənéiʃən] n. 조사 **cf** examine v. 조사하다
☐ **exhibition**[èksəbíʃən] n. 전시 **cf** exhibit v. 전시하다

91   -sy, -cy ~한 성질, 상태

[currency: 유통, 통화, 화폐]

cur–는 '流(흐르다)'의 의미를 지니는 어근(root)이다. 류(流)는 '흐르다'는 의미로, 물, 공기, 돈, 전류, 정보, 시간 등이 움직이면서 흘러간다는 의미를 나타낸다. 형용사 current는 –cy를 붙여 '화폐 유통'을 나타내는 명사형을 만든다.

☐ **intimacy** [íntəməsi]	n. 친분 **cf** intimate a. 밀접한 • intimacy between teachers and students 스승과 학생 사이의 친분
☐ **efficiency** [ifíʃənsi]	n. 능률 **cf** efficient a. 능률적인 • the efficiency of one's work 일의 능률성
☐ **vacancy** [véikənsi]	n. 공허 **cf** vacant a. 텅 빈 • have no vacancy 빈방 없음 • job vacancies 일자리 곤서
☐ **courtesy** [kə́:rtəsi]	n. 예의 바름, 공손 **cf** courteous a. 예의 바른, 정중한 • courtesy toward adults 어른들에 대한 예의범절
☐ **decency** [dí:snsi]	n. 품위, 체면 **cf** decent a. 고상한 • the decency of the president 대통령의 품위
☐ **prophecy** [práfəsi]	n. 예언 **cf** prophesy v. 예언하다 • the witch's prophecy 마녀의 예언 • a result from the prophecy 예언의 결과
☐ **agency** [éidʒənsi]	n. 대리점, 정부 기관, 힘, 작용 **cf** agent n. 대행자, 대리인 • a general agency 총대리점 • the Central Intelligence Agency (미) 중앙정보국(=CIA)
☐ **hypocrisy** [hipákrəsi]	n. 위선, 위선 행위 **cf** hypocrite n. 위선자 • sheer hypocrisy 완전한 위선 **cf** sheer a. 순전한, 단순한
☐ **legitimacy** [lidʒítəməsi]	n. 합법성, 정당 **cf** legitimate a. 정당한, 합법의 • the legitimacy of one's claim 주장의 정당성

Basic Words
☐ **privacy**[práivəsi]   n. 사생활 **cf** private a. 사적인
☐ **accuracy**[ǽkjurəsi]   n. 정확, 정밀 **cf** accurate a. 정확한
☐ **frequency**[frí:kwənsi]   n. 자주 일어남, 빈도 **cf** frequent a. 빈번한
☐ **fluency**[flú:ənsi]   n. 유창 **cf** fluent a. 유창한
☐ **emergency**[imə́:rdʒənsi]   n. 비상사태 **cf** emergent a. 긴급한

92 -tion 명사형 접미사 II

[foundation: 창설, 창립; 재단, 협회; 근거, 토대; 기초, (화장품) 파운데이션]

동사 found(설립하다, 기초하다)의 명사형은 foundation이다. foundation은 '기초'와 관련한 다양한 의미를 나타낸다.
① 창설, 창립 ② 재단, 협회 ③ 근거, 토대 ④ 기초, (화장품) 파운데이션 ⑤ (몸매를 위한) 속옷 등은 모두 기초적인 토대를 나타내는 의미들이다. 명사형을 만드는 접미사 -tion은, relax처럼 자음으로 끝나는 동사에는 -ation이 붙는다.

☐ **solicitation**
[səlìsətéiʃən]

n. 간청, 권유 **cf** solicit v. 간청하다
• the solicitation of money 금전적 요청

☐ **relaxation**
[rìːlækséiʃən]

n. 긴장 완화, 이완, 휴식 **cf** relax v. 긴장을 풀다
• muscle relaxation exercise 근육 이완 운동

☐ **secretion**
[sikríːʃən]

n. (생리) 분비 작용; 분비액 **cf** secrete v. 비밀로 하다; 분비하다
• bodily secretions 인체 분비물
• insulin secretion 인슐린 분비

☐ **imitation**
[ìmətéiʃən]

n. 모방 **cf** imitate v. 모방하다
• an imitation of the original 원래 것의 모조품

• limitation n. 한계, 제한

☐ **alienation**
[èiljənéiʃən]

n. 멀리함, 소외, (법률) 양도 **cf** alienate v. 멀리하다, 소외하다
• spiritual alienation 정신적인 소외감

☐ **suggestion**
[səgdʒéstʃən]

n. 제안 **cf** suggest v. 제안하다
• consent to a suggestion 제안에 동의하다

☐ **temptation**
[temptéiʃən]

n. 유혹 **cf** tempt v. 유혹하다
• fall into temptation 유혹에 빠지다

☐ **addiction**
[ədíkʃən]

n. 중독 **cf** addict v. 중독시키다
• overcome one's addiction to alcohol 알콜 중독을 극복하다

☐ **operation**
[àpəréiʃən]

n. 작동, 수술 **cf** operate v. 작동하다; 수술하다
• an operation on one's lung 폐에 대한 수술

☐ **exclamation**
[èkskləméiʃən]

n. 감탄, 탄성 **cf** exclaim v. 외치다, 탄성을 지르다
• an exclamation mark 느낌표

☐ **sanitation**
[sænitéiʃən]

n. (공중)위생, 위생시설 **cf** sanitary a. 위생적인, 보건상의
• food sanitation 식품 위생
• a sanitation worker 환경 미화원

☐ **narration**
[næréiʃən]

n. 서술, 이야기 **cf** narrate v. 말하다, 이야기하다, 서술하다
• direct narration 직접 화법

☐ **illustration** [íləstréiʃən]	n. 삽화, 도해, 실례, 예증 **cf** illustrate v. (실례로) 설명하다, 삽화를 넣다 • an illustration book 그림책
☐ **rotation** [routéiʃən]	n. 회전, (지구의) 자전, 교대 **cf** rotate v. 회전하다, 교대하다 • the rotation of the earth 지구의 자전
☐ **violation** [vàiəléiʃən]	n. 위반, 위배 **cf** violate v. (법률, 맹세, 약속, 양심을) 어기다 • a traffic violation 교통 (규칙) 위반
☐ **revelation** [rèvəléiʃən]	n. 폭로, (비밀의) 누설 **cf** reveal v. 드러내다, 폭로하다 • the revelations of the contents 내용의 폭로
☐ **digestion** [didʒéstʃən]	n. 소화, 소화력 **cf** digest v. 소화하다 / digestive a. 소화의 • the digestion of food 음식의 소화 • the digestive system 소화 기관
☐ **institution** [ìnstətjú:ʃən]	n. 설립, 조직, 기관 • institute n. 연구소; (주로 이공계의) 대학 **cf** institute v. 설립하다 • governmental institutions 정부 기관
☐ **allusion** [əlú:ʒən]	n. 암시, 언급 **cf** allude v. 암시하다, 언급하다 • literary allusions 문학적 암시
☐ **fusion** [fjú:ʒən]	n. 용해, 융해, 합병 **cf** fuse v. 녹이다, 융합하다 • the perfect fusion of image and sound 영상과 음향의 완벽한 결합 • a nuclear fusion reaction 핵융합 반응
☐ **confusion** [kənfjú:ʒən]	n. 혼란 **cf** confuse v. 혼란시키다 • avoid confusion 혼란을 피하다
☐ **division** [divíʒən]	n. 분할 **cf** divide v. 나누다 • the fair division of money 돈의 공평한 분배

Basic Words

☐ **explanation**[èksplənéiʃən]　n. 설명 **cf** explain v. 설명하다
☐ **foundation**[faundéiʃən]　n. 기초 **cf** found v. 기초하다
☐ **imagination**[imædʒənéiʃən]　n. 상상 **cf** imagine v. 상상하다
☐ **information**[ìnfərméiʃən]　n. 정보, 통지 **cf** inform v. 알리다

93 -(ss)ion 명사형 접미사

[economic recession: 경기 침체]

경기 침체를 나타내는 표현으로는 recession, slump, depression, slowdown, downturn 등등 매우 많다. 이 표현들은 앞에 economic(경제의)이 붙지만 붙지 않더라도 경기 침체를 나타낸다. 명사형 접미사 -tion은 recession과 depression처럼 동사가 -ss로 끝나면 -ion이 붙어 -ssion이 된다.

□ **confession** [kənféʃən]	n. 고백, 자백 ⓒ confess v. 고백하다 • a confession of guilt 죄의 고백
□ **concession** [kənséʃən]	n. 양보, 용인 ⓒ concede v. 인정하다, 양보하다 • conception n. 개념, 생각(=concept) • make a concession to ~에 양보하다 • mutual concession 상호간에 양보
□ **possession** [pəzéʃən]	n. 소유, 소유물, 소지품 ⓒ possess v. 소유하다 • lose one's possessions 재산을 잃다
□ **recession** [riséʃən]	n. 후퇴, (일시적) 경기 후퇴(=slump) ⓒ recede v. 물러나다, 퇴각하다 • recess n. 쉼, 휴식 • an economic recession 경기 침체
□ **succession** [səkséʃən]	n. 연속; 상속, 계승(권) ⓒ succeed v. 연속하다, 계승하다 • by succession 세습에 의해
□ **submission** [səbmíʃən]	n. 복종, 항복 ⓒ submit v. 복종하다 • submission to the king 왕에게 복종
□ **profession** [prəféʃən]	n. 직업; 공언, 고백 ⓒ profess v. 공언하다 • vocation n. 직업, 생업 • the teaching profession 교직 • occupation n. 직업, 점령(기간) • a profession of friendship 우정의 고백
□ **discussion** [diskʌ́ʃən]	n. 논의 ⓒ discuss v. 논의하다 • under discussion 심의[토의] 중인

Basic Words

□ **admission**[ædmíʃən] n. 입장(허가), 입학(허가), 입장료 ⓒ admit v. 인정하다
□ **aggression**[əgréʃən] n. (이유 없는) 공격, 침략 ⓒ aggress v. 싸움을 걸다
□ **commission**[kəmíʃən] n. 임무, (임무, 직권의) 위임; 수수료 ⓒ commit v. 위임하다, 범하다
□ **obsession**[əbséʃən] n. 강박관념, 망상 ⓒ obsess v. (귀신·망상이) 들리다

94 1. 파생어의 혼동 어휘

[Memorial Day: 현충일]

명사의 파생어는 형용사의 형태에 따라 의미가 다를 수 있다. 대부분 형용사의 꼬리(접미사)를 보고 의미를 구분할 수 있지만 쉽지 않은 경우도 있다. 이 경우, economical wife(절약하는 부인), Memorial Day(현충일), sensitive skin(민감한 피부) 등처럼 단순한 형용사보다는 의미가 특별한 형용사를 기억하는 것이 도움이 된다.

economy [ikánəmi]	economic a. 경제의 • an economic relationship 경제적 관계 economical a. 절약하는 • an economical housewife 알뜰한 주부
credit [krédit]	credible a. 믿을 수 있는 • a credible witness 믿을 만한 증인 credulous a. (남의 말을) 잘 믿는 • a credulous person 귀가 얇은 사람
child [ʧaild]	childish a. 유치한, 어른답지 않은 • a childish hobby 유치한 취미 childlike a. 어린애 같은, 귀여운 • a man of childlike heart 천진난만한 사람
sense [sens]	sensible a. 분별력 있는 • a sensible man 분별력 있는 사람 sensitive a. 민감한 • sensitive skin 민감한 피부 sensory a. 감각의 • a sensory organ 감각 기관
luxury [lʌkʃəri]	luxurious a. 사치스러운, 고급의 • a luxurious hotel 고급 호텔 luxuriant a. 번성한; 다산의 • a luxuriant imagination 풍부한 상상력
memory [méməri]	memorable a. 기억할 만한 • memorable words 기억에 남는 말 memorial a. 기념의, 추도의 • Memorial Day 전몰장병 기념일(현충일)
respect [rispékt]	respectful a. 존경하는 • respectful behavior 경건한 태도 respective a. 각각의 • respective owners 각 소유자

Vocabulary

☐ **confide** [kənfáid]	confident a. 확신하는, 자신 있는 • a confident attitude 자신감 있는 태도 confidential a. 은밀한, 기밀의 • a confidential report 기밀 보고서
☐ **industry** [índəstri]	industrial a. 산업의 • an industrial worker 산업 근로자 industrious a. 부지런한 • industrious kids 부지런한 아이들
☐ **moment** [móumənt]	momentary a. 순간적인 • a momentary impulse 순간적인 충동 momentous a. 중요한 • the momentous decision 중요한 결정
☐ **practice** [prǽktis]	practical a. 실용적인 • practical information 실용적인 정보 practicable a. 실천 가능한 • a practicable method 실천 가능한 방법
☐ **favor** [féivər]	favorable a. 호의적인, 유리한 • a favorable attitude 호의적인 태도 favorite a. 가장 좋아하는 • one's favorite recipes 가장 좋아하는 음식
☐ **success** [səksés]	successful a. 성공적인 • successful test results 성공적인 시험 결과 successive a. 잇따른, 연속적인 • successive droughts 잇따른 가뭄
☐ **medicine** [médəsin]	medical a. 의학의, 의술의 • medical school 의대 medicinal a. 약용의 • medicinal plants 약초 medication n. 약물치료 • flu medications 독감약
☐ **organ** [ɔ́ːrgən]	organic a. 유기체의, 신체 기관의 • organic food 유기농 식품 organized a. 조직적인 • organized crime 조직적인 범죄

Chapter 02

☐ **imagine** [imǽdʒin]	imaginable a. 상상할 수 있는 • the best imaginable 상상할 수 있는 최고의 imaginary a. 상상의, 가상의 • an imaginary friend 상상 속의 친구 imaginative a. 상상력 풍부한 • an imaginative poet 상상력 풍부한 시인
☐ **compare** [kəmpέər]	comparable a. 비교될 만한 • comparable to the U.S.A 미국에 필적하는 comparative a. 비교의 • a comparative table 비교표
☐ **vary** [vέəri]	variable a. 변하기 쉬운 • variable weather 변하기 쉬운 날씨 various a. 다양한 • various tax favors 다양한 세금 혜택
☐ **consider** [kənsídər]	considerable a. 상당한 • a considerable issue 중요한 사안 considerate a. 사려 깊은 • considerate neighbors 사려 깊은 이웃
☐ **gene** [dʒiːn]	general a. 보통의, 전반적인 • a general meeting 총회 generous a. 관대한, 후한 • a generous gift 후한 선물

95 2. 어휘는 꼬리를 문다

[metro: 도시권 행정부; 지하철]

지하철은 땅속으로 가는 기차를 의미한다. 지하철은 subway로만 부르는 것이 아니라 서울의 1~4호선 지하철을 서울 메트로가 운영하고 있듯이, tube나 metro는 원래 mother를 의미하며, metropolis(mother+city)는 수도(capital)나 중심 도시를 의미한다. 이렇게 'metro → metropolis'의 관계를 활용해서 암기하는 것이 좋다.

☐ **expert** [ékspə:rt] n. 숙달자, 전문가 ☐ **expertise** [èkspərtí:z] n. 전문 지식	• a technical expert 기술적 전문가 • expertise in physics 물리학적 전문 지식
☐ **long** [lɔ:ŋ] a. 긴, 길이가 긴 ☐ **longevity** [landʒévəti] n. 장수, 수명	• a long distance 장거리 • enjoy longevity 만수무강하다
☐ **norm** [nɔ:rm] n. 기준, 규범, 모범 ☐ **normalize** [nɔ́:rməlàiz] v. 기준에 맞추다, 정상화하다	• above the norm 평균보다 높은 • normalize relations 관계를 정상화하다
☐ **nurture** [nə́:rtʃər] v. 양육하다, 영양물을 주다 ☐ **nutrition** [nju:tríʃən] n. 영양, 영양 공급 ☐ **nutrient** [njú:triənt] n. 영양소, 영양제	• nurture one's children 아이를 키우다 • abundant nutrition 풍부한 영양 • essential nutrients 필수 영양소
☐ **civil** [sívəl] n. 시민의, 문명사회의; 정중한 ☐ **civilize** [sívəlàiz] v. 문명화하다, (야만인을) 교화하다	• civil war 내전 • civil court 민사 재판 • civilize the tribe 부족을 개화하다
☐ **join** [dʒɔin] v. 결합하다, 연결하다(=connect) ☐ **joint** [dʒɔint] n. 관절, 접합 부분, 합동 ☐ **junction** [dʒʌ́ŋkʃən] n. 연합, 접합	• join the broadcasting club 방송반에 들다 • hold a joint concert 합동 연주회를 열다 • a busy railway junction 바쁜 환승역
☐ **master** [mǽstər] n. 주인; 거장 ☐ **masterpiece** [mǽstərpi:s] n. 걸작, 명작	• serve a second master 또 다른 주인을 섬기다 • a masterpiece of nature 자연의 걸작
☐ **metro** [métrou] n. 도시권 행정부; 지하철 ☐ **metropolis** [mitrɑ́pəlis] n. 수도(=capital), 중심 도시	• travel on the metro 지하철로 이동하다 • the seoul Metropolis 서울특별시
☐ **germ** [dʒə:rm] n. 병원균; (사물의) 싹틈 ☐ **germinate** [dʒə́:rmənèit] v. 싹트다, 발아하다	• a germ carrier 보균자 • germinate in the spring 봄에 싹트다
☐ **circle** [sə́:rkl] n. 원, 원주 ☐ **circulate** [sə́:rkjulèit] v. 돌다, 순환하다	• the Arctic Circle 북극권 • circulate blood 피를 순환시키다

Chapter 02

96 gen-, gener- 유전자; 낳다

[genetics: 유전 공학]

어려운 단어이긴 하지만 genetics(유전공학)의 gen-은 무슨 의미일까? 가장 눈에 익은 예는 트렌스젠더(transgender)에서 파생된 표현이다. gender는 성(性)을 의미하며, 이것은 gene(유전자)에서 파생된 표현이다. gen-은 '유전자, 낳다'는 의미이다.

☐ **gene** [dʒi:n]	n. 유전(인)자 • a gene bank 유전자 은행 • germ n. 병원균, 세균 • gem n. 보석, 귀중품
☐ **gender** [dʒéndər]	n. 성(性) [gen유전자+der명사=유전인자 → 성] • feminine gender 여성 • masculine gender 남성
☐ **generate** [dʒénərèit]	v. 낳다, 산출하다, 일으키다 cf generation n. 출생, 생산, 세대 [gener낳다+ate동사=낳다] • pass down from generation to generation 대대로 전해져 오다
☐ **genuine** [dʒénjuin]	a. 순수한, 진짜의 [gen(u)종족, 유전+ine형용사=종족의, 가짜가 아닌 → 진짜의] • genuine love 순수한 사랑 • genuine writing 친필
☐ **genetics** [dʒénjuin]	n. (단수 취급) 유전학, 유전적 특징 [gen(e)유전자+tics학문=유전학] • genetic engineering 유전 공학
☐ **generous** [dʒénərəs]	a. 관대한, 후한, 풍부한(=plentiful) cf generosity n. 관대함 [gener종족, 유전+ous형용사=고귀한 태생, 관대한] • a generous bonus 두둑한 보너스 • a generous mind 아량 있는 마음씨
☐ **ingenuity** [ìndʒənjúːəti]	n. 발명의 재주, 독창력 cf ingenious a. 재능 있는, 독창적인 [in안에+gen(u)낳다+ity명사=안에 타고난 것 → 타고난 재주] • human ingenuity 인간의 재주

Basic Words
- ☐ **hydrogen**[háidrədʒən] n. 수소(H) [hydro물+gen생산; 낳다]
- ☐ **oxygen**[áksidʒen] n. 산소(O) [oxy산소의+gen생산; 낳다]
- ☐ **nitrogen**[náitrədʒən] n. 질소(N) [nitro질소의+gen생산; 낳다]
- ☐ **homogeneous**[hòumədʒíːniəs] a. 동질적인 [homo같은+gene유전자+ous형용사]

Vocabulary

97 bio- 살아 있는(生)

[antibiotic: 항생제]

항생제는 병원균에 대한 저항력을 가진 약이다. 하지만 감기 환자, 모든 수술 환자, 게다가 조그만 상처가 난 환자가
항생제를 필수적으로 먹어야 하는 것은 아니다. 항생제를 영어로 antibiotic[anti저항+bio(生)+tic]라고 하며, 글자 그
대로 '저항물질'이라는 의미로서, 병원균에 저항한다는 의미이다.

□ **biography** [baiágrəfi]	a. 전기, 일대기 [bio(生)+graphy글자 =사람의 삶에 대한 글] • a biography about one's father 아버지의 전기(일대기)	• autobiography n. 자서전

□ **biology**
[baiálədʒi]

n. 생물학 **cf** biological a. 생물학적인
[bio(生)+logy학문=생물학]
• a biology experiment 생물학 실험

□ **biomechanical** [bàiouməkǽnikəl]	a. 생물 역학적인 [bio(生)+mechanical기계적인, 역학의=생체 역학적인] • a biomechanical features 생체 역학적 특징	• mechanical a. 기계적인, 자동적인, 역학적인

> biomechanics(생물 역학): 생체, 특히 근육 활동의 역학적 원리를 다루는 생물학의 한
> 부문이다.

□ **biocide** [báiəsàid]	n. 살생제; 생명체를 죽이는 물질 [bio(生)+cide죽이다] • use pesticides or biocides 살충제나 살생제를 사용하다	• suicide n. 자살 • insecticide n. 살충제

□ **biochemistry**
[bàioukémistri]

n. 생화학; 생화학적 특징 **cf** biochemical a. 생화학의
[bio(生)+chemistry화학]
• the biochemistry of the body 신체의 생화학
• a degree in biochemistry 생화학 학위

□ **microbiology**
[màikroubaiálədʒi]

n. 미생물학, 세균학(=bacteriology)
[micro미세, 작은+biology생물학]
• a degree in microbiology 미생물학 학위

Basic Words

□ **antibiotic**[æntibaiátik]　　　a. 항생(작용)의 n. 항생물질
□ **bioecology**[bàiouikálədʒi]　　n. 생물 생태학 **cf** ecology n. 생태학

98 spect- 보다(=see)

[spectrum: 스펙트럼]

빛은 우리가 보기에는 무색투명하지만 여러 가지 색을 가지고 있다. 이 색의 띠를 스펙트럼이라고 한다. 태양과 지구 사이의 거리를 1cm라고 했을 때, 지구에서 가장 가까운 별까지의 거리는 무려 약 2.6km 정도 떨어져 있는데, 이렇게 멀리 떨어져 있는 별들에 대해 가 보지도 않고 많은 사실들을 알 수 있는 것은 바로 별에서 오는 스펙트럼(spectrum)의 분석을 통해 가능하다. 여기서 spect라는 어원은 '눈에 보이다'라는 의미를 가지고 있는데, respect(존경하다), prospect(전망, 기대) 등 모두 같은 어원에서 나온 말이다.

☐ **species** [spíːʃiːz]	n. 종류, 종(種) [spec보다+ies명사=양상, 보이는 형태] • an endangered species 멸종 위기에 처한 종
☐ **speculate** [spékjulèit]	v. 사색하다, 추측하다 **cf** speculation n. 사색, 추측 [spec보다+ulate동사=관찰하다, 숙고하다] • speculate about one's future 장래를 심사숙고하다
☐ **specific** [spisífik]	a. 특유한, 독특한(=peculiar); 명확한(definite), 상세한 [spec보이는 종류+ific형용사=눈에 보이는 특정한 종류의] • a specific medicine 특효약 • specific instructions 명확한 지시사항
☐ **spectacle** [spéktəkl]	n. 광경, 장관, 구경거리 **cf** spectacular a. 장관의, 구경거리의 [spect보다+acle명사=볼거리] • watch the spectacle 광경을 지켜보다
☐ **inspect** [inspékt]	v. 검사하다, 검열하다 **cf** inspection n. 검사 [in안+spect보다=안을 들여다보다] • inspect the contents of the package 짐의 내용물을 검사하다
☐ **suspect** [səspékt]	v. 혐의를 두다 n. 혐의자 **cf** suspicion n. 의심 / suspicious a. 의심스러운 [sus(=sub)아래로+spect보다=아래로 내려 보다, 의심하다] • suspect a gas leak 가스 누출을 의심하다
☐ **aspect** [æspekt]	n. 국면, 전망 [a-으로+spect보다=보이는 것 → 전망] • a positive aspect 긍정적인 면
☐ **retrospect** [rétrəspèkt]	v. 회상하다, 회고하다 n. 회고, 회상 [retro뒤로(=backward)+spect보다=뒤로 돌이켜보다] • in retrospect 돌이켜 회상해 보면

Basic Words
☐ **respect**[rispékt] v. 존경하다 n. 존경; 점, 면
☐ **specimen**[spésəmən] n. 견본, 표본
☐ **perspective**[pərspéktiv] n. 원근(화)법, 전망

99 1. fer- 나르다, 운반하다(=carry, bring)

[transfer: 환승하다, 갈아타다]

transfer는 지하철에서 자주 들을 수 있는 말이다. "This stop is City Hall. You can transfer to the red line 1" 여기서 transfer는 '갈아타다'라는 뜻이고, 학교를 transfer하면 '전학', 직장에서 transfer하면 '전근', 은행에서 transfer 하면 돈을 '송금하다,' 중요한 서류를 컴퓨터로 transfer하면 '파일 이동'이나 '전송'이라고 표현하다. trans-는 '가로질러(across)' 또는 '운송하다(carry)'를 의미한다.

☐ **transfer** [trænsfə́:r]	v. 옮기다, 갈아타다 n. 갈아탐, 바꿈 [trans넘어서, 가로질러+fer운반하다=넘어서 옮기다] • transfer to another school 다른 학교로 전학 가다
☐ **confer** [kənfə́:r]	v. 수여하다; 의논하다, 합의하다[together] n. 회의 **cf** conference n. 회견, 회의 [con함께+fer운반하다=함께 가져오다] • confer a medal 메달을 수여하다 • hold a press conference 기자 회견을 열다
☐ **refer** [rifə́:r]	v. 조회하다[to]; 언급하다 **cf** reference n. 참조, 언급 [re뒤로+fer운반하다(=carry)=다시 가져오다] • refer to a dictionary 사전을 찾아보다 • refer to the boy as my son 그 소년을 내 아들이라고 부르다 **cf** refer to A as B A를 B라고 부르다
☐ **defer** [difə́:r]	v. 연기하다, 늦추다(=delay, postpone) [de아래로(=down)+fer운반하다=하던 일을 아래로 옮겨 놓다] • defer one's departure 출발을 연기하다
☐ **fertile** [fə́:rtl]	a. 비옥한, 풍작의(↔ sterile a. 불모의); (인간·동물이) 다산(多産)의, 수정한 `• futile a. 쓸데없이, 무익한` [fer(t)운반하다+lie형용사=나르기 쉬운] • fertile soil 비옥한 토양 • fertile women 가임 여성
☐ **infer** [infə́:r]	v. 추리하다, 추론하다 **cf** inference n. 추론 [in안에+fer운반하다=안으로 옮기다] • infer a conclusion 결론을 추론해 내다

Basic Words

☐ **differ**[dífər]   v. 다르다   **cf** different a. 다른
☐ **ferry**[féri]   n. 나룻배(=ferryboat) 연락선
☐ **offer**[ɔ́:fər]   v. 제공하다, 제안하다
☐ **prefer**[prifə́:r]   v. ~을 더 좋아하다   **cf** preferable a. 더 좋아하는

100   2. ple-, ply- 가득한, 겹(times)

[triple: 세 배의, 세 겹의]

농구에서 득점, 리바운드, 어시스트, 스틸, 슛블럭 중 한 경기에서 한 선수가 세 가지를 두 자릿수 이상 기록할 때 '트리플 더블'이라고 한다. 스틸이나 슛블럭은 한 경기에서 10개 이상씩을 하기가 힘들기 때문에 대부분의 트리플 더블 기록은 득점 리바운드, 어시스트에서 나온다. 여기서 트리플이란 세 번 채운다는 의미이며, 이때 -ple는 '겹(fold)'과 '가득 찬(full)'의 의미를 갖는다.

☐ **deplete** [diplí:t]	v. 고갈시키다, 비우다 n. 고갈, 소모 [de아래로+ple가득 찬(=full)+동사=가득 찬 것을 비워 버리다→비우다] • deplete one's strength 체력을 다 소모하다
☐ **complicate** [kámpləkèit]	v. 복잡하게 하다, 까다롭게 하다 a. 복잡한, 성가신 [com함께+pli가득 찬(=full)+cate동사=함께 채우다] • complicate matters 일을 복잡하게 만들다
☐ **imply** [implái]	v. 함축하다, 암시하다(=suggest) **cf** implicit a. 은연중의, 함축적인 / `• implied a. 함축된, 숨겨진` implication n. 의미, 함축 [im안에+ply가득 채우다=안으로 채우다] • the implied consent 암묵적 동의 • an implicit promise 암시적 약속
☐ **complete** [kəmplí:t]	v. 완성하다 a. 완전한, 완벽한 **cf** completely ad. 완전히 [com완전히+ple가득 찬(=full)+te형용사=완전히 채운] • a complete stranger 완전히 모르는 사람
☐ **compliment** [kámpləmənt]	v. 칭찬하다 n. 칭찬, 아첨 **cf** complimentary a. 칭찬의 [com함께+pli(=ple)가득찬(=full)+ment명사=상대방의 욕구를 채워 줌] • make a compliment on one's success 성공을 축하하다 • a sincere compliment 진심 어린 칭찬
☐ **complement** [kámpləmənt]	v. 보충하다 n. 보충물(=supplement); [문법] 보어 [com함께+ple가득 찬(=full)+ment명사=안을 채워 줌] • complement each other 서로 보완하다, 보충하다
☐ **implement** [ímpləmənt]	n. 도구, 가구(=tool) [im속에+ple가득 찬(=full)+ment명사=속을 채우는 방법] • agricultural implements 농기구 • writing implements 필기도구
☐ **accomplish** [əkámpliʃ]	v. 이루다, 성취하다, 완성하다 [ac~로+compl완전한(=complete)+ish동사=완전히 마치다] • accomplish a purpose 목적을 달성하다 • accomplish one's journey 여행을 마치다

Basic Words
☐ **triple**[trípl]	v. 세 배로 하다 n. 세 배의 수(양)
☐ **plenty**[plénti]	n. 가득, 풍부, 다량
☐ **reply**[riplái]	v. 대답하다[to], 응답하다
☐ **supply**[səplái]	v. 공급하다, 배급하다

101   close- 닫다

[water closet: 수세식 화장실(W.C)]

다양한 화장실 표현들을 보자. W.C, Toilet, Rest Room! 일본에서 즐겨 쓰는 W.C(water closet)는 수세식 변소를 의미하지만, 사실 수세식 변소는 flush toilet이 옳은 표현이다. 일반 화장실과 달리 물을 흘려 보낸다는 의미이다. 한편 W.C(water closet)에서 closet은 밀폐된 방이라는 의미로 쓰인다. close는 '닫다'는 표현이며, 시간이 지나면서 –clude 로 모습을 바꾸어 나갔다.

☐ **disclose** [disklóuz]	v. 노출시키다, 폭로하다, 공표하다 cf **disclosure** n. 폭로 [dis떨어져, 부정+close닫다=닫은 것을 벗기다] • disclose a secret 비밀을 폭로하다 • disclose a hidden treasure 숨겨진 보물을 찾아내다
☐ **enclose** [inklóuz]	v. 동봉하다 cf **enclosure** n. 동봉 [en(=in)안에+close닫다=안에 넣고 닫다 → 동봉하다] • enclose a check with a letter 편지에 수표를 동봉하다
☐ **include** [inklú:d]	v. 포함하다, 넣다 cf **inclusion** n. 포함, 함유 [in안에+clude닫다=안에 두고 닫다 → 포함하다] • include tax and tips 세금과 팁을 포함하다
☐ **exclude** [iksklú:d]	v. 몰아내다, 배척하다, 제외하다 cf **exclusive** a. 베타적인, 독점적인 [ex밖으로+clude닫다=밖으로 쫓아내고 닫아 버리다] • exclude the elderly 노인들을 제외시키다 • an exclusive contract 독점적 계약
☐ **preclude** [priklú:d]	v. 가로막다, 방해하다 cf **preclusion** n. 제외, 방지 [pre앞서서+clude닫다=미리 닫아 버리다] • a preclude movement 움직이지 못하게 막다
☐ **seclude** [siklú:d]	v. (사람·장소·따위를) 분리하다, 격리하다 cf **seclusion** n. 분리 [se분리(=apart)+clude닫다=분리하다, 격리하다] • a secluded place 격리된 곳
☐ **conclude** [kənklú:d]	v. 끝내다, 결론내리다 cf **conclusive** a. 결정적인 **conclusion** n. 결론 [con함께+clude닫다=함께(문제를)닫다] • conclude an argument 논쟁을 끝내다 • conclusive proof 확증

Basic Words

☐ **close**[klouz]	v. (눈을) 감다, (가게 문을) 닫다, 종결하다
☐ **closet**[klázit]	n. 벽장, 작은 방, 서재
☐ **closure**[klóuʒər]	n. 마감, 폐쇄, 폐점

102 fl- 날다, 흐르다

[flush toilet: 수세식 화장실]

fl-은 날다(fly), 흐르다(flow)를 의미한다. 따라서 flight, fluid, flood, fleet, fling, flush 등의 의미를 연상할 수 있다. flush toilet은 물이 흘러나오는 화장실을 의미한다.

☐ **flee** [fliː]	v. 도망치다, 사라지다 **cf** flee-fled-fled [fl흐르다+ee=다른 곳으로 흐르다 → 도망치다] •flee from a crocodile 악어에게서 도망치다
☐ **fleet** [fliːt]	v. 신속히 움직이다 n. 함대 **cf** fleeting a. 빨리 지나가는 [fl흐르다+eet=흘러가다] •fleeting years 덧없는 세월
☐ **float** [flout]	v. 둥둥 뜨다, 표류하다 **cf** afloat a. 둥둥 떠서 [fl흐르다+oat=흘러가다 → 둥둥 떠 있다] •float on the river 강에 둥둥 떠 있다
☐ **fluctuate** [flʌktʃuèit]	v. 파동하다, 오르내리다 **cf** fluctuation n. 파동 [fl(uctu)파도, 흐르다+ate동사=파도치다] •fluctuate in numbers 수치가 들락날락하다 • a fluctuating market 변동이 심한 시장
☐ **fluent** [flúːənt]	a. 유창한, 흐르는 듯한 **cf** fluency n. 유창함 [fl흐르다+uent형용사=흐르는 듯한 → 유창한] • a fluent speaker 유창하게 말하는 사람
☐ **fluid** [flúːid]	n. 유동체 a. 유동성의(↔ solid a. 고체의) [fl흐르다+uid=흐르는 것] • the fluid substance 유동 물질
☐ **influenza** [ìnfluénzə]	n. 유행성 독감; (사상적) 유행 [in안으로+fl흐르다+(u)enza명사=전염성이 강하여 다른 사람에게 쉽게 전파되는 것] • an influenza warning 독감 경보
☐ **flush** [flʌʃ]	v. 물이 왈칵 쏟아지다; 얼굴이 붉어지다 [fl흐르다+ush=흘러내리다] •flush (up) to the ears 귀까지 빨개지다

Basic Words

☐ **flight**[flait]	n. 비행기
☐ **flood**[flʌd]	n. 홍수, 범람
☐ **flow**[flou]	v. 흐르다 **cf** flow-flowed-flowed

103 pos- 놓다(=put, place)

[pose: 포즈]

사진을 찍기 위해 포즈를 취하는 것은 얼굴의 모양을 제 위치에 두는 것이다. 회의에서 의견을 내놓으니 propose(제안하다), 밖에다 내놓은 것은 expose(노출시키다), 돈을 아래쪽에 묻어 두는 것은 deposit(입금하다), 글을 함께 적어 놓은 것은 compose(작문하다, 작곡하다), 명사 앞에 놓은 것은 preposition(전치사), 나중으로 미뤄 놓은 것은 postpone(연기하다), 이때 pose는 '놓다'의 의미이다.

☐ **dispose** [dispóuz]	v. 배치하다, 배열하다; 처분하다[of] **cf** disposition n. 배열; 처분 • dispose of trash 쓰레기를 처분하다
☐ **impose** [impóuz]	v. 강요하다; (세금 등을) 부과하다 [dis떨어져(=away)+pose두다=멀리 두다] • impose a fine on someone ~에게 벌금을 부과하다
☐ **interpose** [ìntərpóuz]	v. 사이에 넣다, 중재하다 [inter사이에(=between)+pose두다=사이에 두다] • interpose in a dispute 분쟁을 조정하다
☐ **repose** [ripóuz]	v. 눕히다, 쉬다 n. 휴식, 휴양 [re(=back)뒤로+pose두다=뒤로 두다] • repose on a couch 긴 의자에서 쉬다 • the repose of mind 마음의 평정
☐ **suppose** [səpóuz]	v. 가정하다(=assume), 상상하다, 추측하다(=guess) [sup(=sub)아래에+pose두다=아래에 두고 생각하다] • be supposed to ~하기로 되어 있다, ~할 것으로 생각된다
☐ **composer** [kəmpóuzər]	n. 작곡가, (글의) 저자 [com(=together)함께+pose두다+-er사람=함께 놓는 사람] • a composer of a musical 뮤지컬 작곡가
☐ **positive** [pázətiv]	a. 긍정적인(↔ negative a. 부정적인); 적극적인, 건설적인 [pos두다+itive형용사=합의하여 정해진] • have a positive effect 긍정적인 효과가 있다
☐ **component** [kəmpóunənt]	n. 성분, 구성요소 a. 구성하고 있는 [com(=together)함께+pon두다+ent것=함께 놓아둔(것)] • the component of a machine 기계 부품들

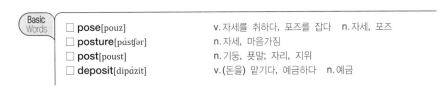

Basic Words

☐ **pose**[pouz]　　　　　v. 자세를 취하다, 포즈를 잡다   n. 자세, 포즈
☐ **posture**[pástʃər]　　n. 자세, 마음가짐
☐ **post**[poust]　　　　　n. 기둥, 푯말; 자리, 지위
☐ **deposit**[dipázit]　　v. (돈을) 맡기다, 예금하다   n. 예금

104 duc-, duct- 이끌다, 인도하다

[conductor: 지휘자, 기차나 버스의 차장]

해외여행을 하는 사람이 늘어나면서 생긴 직업이 Tour Conductor(TC)이다. TC는 여행자들을 인솔해 출국에서 입국까지 책임지는 일을 한다. conductor란 여행 가이드뿐만 아니라, ① 지휘자 ② 차장 ③ 경영자, 안내자를 나타내는 어휘이다. 이 모든 단어의 하나의 공통점은 바로, duc-(이끌다, 인도하다)이다.

☐ **reproduction** [rìːprədʌ́kʃn]	n. 재생, 복사, 번식 **cf** reproduce v. 재생하다, 번식시키다 [re다시+pro앞으로+duc인도하다+tion명사=다시 이끌어냄] •reproduction of new cells 새로운 세포의 번식 •reproduce a picture 그림을 복사하다
☐ **induce** [indjúːs]	v. 꾀다, 유도하다, 설득하여 ~하게 하다 [in(=into)안으로+duc인도하다 =안으로 이끌다]　•introduce v. 안으로 들이다, 　소개하다 • the medicine inducing sleeping 수면 유도제 •induce investment 투자를 유도하다
☐ **subdue** [səbdjúː]	v. 정복하다, 복종시키다 [sub아래+du(c)e인도하다=아래로 이끌다] •subdue the rebels 반란자들을 진압하다
☐ **seduce** [sidjúːs]	v. 부추기다, 꾀다, 유혹하다 **cf** seducible a. 유혹하기 쉬운 / seduction n. 유혹 [se분리/떨어져+duc인도하다=분리하여 끌어가다] •seduce youths 청소년들을 꾀다
☐ **conductor** [kəndʌ́ktər]	n. 안내자, (버스·열차의) 차장; (음악) 지휘자 **cf** conduct v. 행동하다, 지도하다 n. 행동, 지휘, 안내 [con함께+duc인도하다+or사람=함께 이끄는 사람] • an assistant conductor 부지휘자 • a prize for good conduct 선행상 •conduct a tour 여행을 안내하다
☐ **deduct** [didʌ́kt]	v. (세금 따위를) 공제하다, 빼다 [de(=down)아래+duc인도하다=아래로 끌어내리다] •deduct 10% from one's salary 급료에서 10%를 공제하다

Basic Words

☐ **produce**[prədjúːs]　　v. 생산하다
☐ **educate**[édʒukèit]　　v. (사람을) 교육하다, 훈육하다
☐ **reduce**[ridjúːs]　　v. 줄이다, 축소하다(=diminish)

105 tain-, tent- 가지다, 쥐다

[container: 컨테이너]

무겁고 양이 많은 수출품은 컨테이너(container)를 이용한다. 그릇·용기의 뜻을 가지고 있는 container에서 -tain은 '담다, 쥐다'를 의미한다.

☐ **obtain** [əbtéin]	v. 얻다, 손에 넣다, 획득하다(=attain) [ob곁에+tain쥐다=잡으려 손을 뻗다] • obtain approval from the government 정부로부터 승인을 얻다
☐ **pertain** [pərtéin]	v. 속하다, 적합하다 ☞ pertinent a. 타당한 [per완전히+tain쥐다=완전히 잡다] • pertain to the question 그 문제와 관계 있다
☐ **retain** [ritéin]	v. 보류하다, 보유[유지]하다 [re뒤로+tain쥐다=뒤로 꽉 쥐고 있다] • retain one's job 직장을 유지하다 • retain nuclear weapons 핵무기를 보유하다
☐ **detain** [ditéin]	v. 붙들다; 억류하다, 보류하다 [de(=away)저멀리+tain쥐다=멀리 가져가서 쥐고 있다] • detain prisoners 죄수를 구금하다
☐ **attain** [ətéin]	v. 얻다, 획득하다 [at-으로+tain쥐다=쥐고 있다] • attain some success 어느 정도 성공하다
☐ **abstain** [æbstéin]	v. 그만두다, 삼가다[from] [ab떨어져(=off)+tain쥐다=멀리 떼 내어 두다] < • abstract a. 추상적인 • abstain from smoking 금연하다 • abstain from voting 투표를 기권하다
☐ **sustain** [səstéin]	v. 떠받치다, 유지하다 [sus(=sub)아래에서+tain쥐다=아래서 쥐고 있다] • sustain the growth 성장을 지속하다 • sustain family 가족을 부양하다
☐ **content** [kántent]	n. 내용, 목차(pl.) a. 만족하는 ☞ contentment n. 만족(함) [con(=together)함께+tain쥐다=함께 담긴 내용] • download contents on mobile phones 　휴대전화로 콘텐츠를 내려받다 • be content with the result 　결과에 만족하다

Basic Words
☐ **contain**[kəntéin]　　　　v. 포함하다, 담다
☐ **maintain**[meintéin]　　　v. 유지하다(=keep up), 주장하다
☐ **continent**[kántənənt]　　n. 대륙, 육지, 본토

106 mis-, mit- 보내다

[mission impossible: 불가능한 임무]

전쟁에 사용하는 미사일(missile)은 라틴어 miss-, mit-(보내다, 가게 하다)에서 유래한 말이다. 밖으로 내보내면 emit (발산하다), 아래로 들여보내면 submit(제출하다)이 되고, 멀리 내보내면 dismiss(해고하다, 내보내다)가 된다. 이렇게 mit-와 miss-는 '보내다'의 의미를 갖고 있다.

☐ **admission** [ædmíʃən]	n. (입장) 허가, (입학) 허가, 입장료 **cf** admit v. 허락하다 [ad-으로+mis보내다+sion명사=가도록 하는 것] • free admission 무료 입장
☐ **commission** [kəmíʃən]	n. 위임, 위원회; 수수료 [com-함께+mis보내다+sion명사=남에게 보내기 → 위임함] • a commission sale 위탁 판매 • a commission agent 위탁 판매인
☐ **emit** [imít]	v. 발산하다, 방출하다(=give off) **cf** emission n. 방출 [e-밖으로+mis보내다=밖으로 보내다 → 방출하다] • emit fumes 배기가스를 내뿜다 **cf** fume n. 배기가스
☐ **mission** [míʃən]	n. 임무, 선교 **cf** missionary n. 선교사 [mis보내다+sion명사=보내기] • on a secret mission • dismiss v. 떠나게 하다, 해고하다 비밀 임무를 띤 • mission accomplished 임무 완료
☐ **submit** [səbmít]	v. 복종시키다(=하위에 두다); 제출하다 **cf** submission n. 제출, 복종 [sub아래로+mis보내다=아래로 보내다 → 복종시키다] • submit to authority 권위에 복종하다 • submit a term paper 보고서를 제출하다
☐ **omit** [oumít]	v. 빼다, 빠뜨리다, 생략하다(=leave out) **cf** omission n. 생략 [o-대하여+mis보내다=가도록 하다 → 빼다] • omit a sentence from a paragraph 한 단락에서 문장 하나를 빼다
☐ **commit** [kəmít]	v. 저지르다; 위착하다, 맡기다 **cf** commitment n. 위탁, 위임, 헌신 [com-대하여+mis보내다=남에게 보내다 → 맡기다] • commit suicide 자살하다 • commit a blunder 실수를 저지르다
☐ **intermit** [ìntərmít]	v. 일시 멈추다, 중단하다 **cf** intermission n. 중지 [inter사이에+mis보내다=사이에 보내다 → 떼어 놓다, 틈을 만들다] • intermit one's lectures 강의를 중단하다

Basic Words
- ☐ **missile**[mísəl]   n. 미사일
- ☐ **permit**[pərmít]   v. 허락하다, 허가하다
- ☐ **transmit**[trænsmít]   v. (화물 등을) 보내다, 발송하다 **cf** transmission n. 전달

Chapter 02

107 cel-, ceed-, cess- 가다(=go)

[accelerate: 가속시키다]

자동차를 가속시킬 때 '엑셀을 밟는다'라고 하지만, accelerator(가속기)가 맞는 표현이다. succeed는 ① 성공하다 ② 상속하다, 계승하다 등의 의미를 갖고 있다. [suc(아래)+ceed(가다)]를 참고한다면 '아래로 내려가다'에서 '상속하다'의 의미를 연상할 수 있다.

☐ **excel** [iksél]	v. ~보다 더 우수하다 🔵 excellent a. 우수한 / excellence n. 우수(함) [ex밖으로, 넘어+cel가다=~보다 더 나아가다] • excel others in English 영어에서 남들보다 뛰어나다 • an excellent choice 탁월한 선택
☐ **accelerate** [æksélərèit]	v. 가속하다(=speed up) 🔵 accelerator n. 가속기 [ac-에게+cel(er)빨리 가는+ate동사=빠르게 가게 하다] • accelerate the pollution of the environment 환경 오염을 가속하다
☐ **excessive** [iksésiv]	a. 과대한, 지나친 🔵 exceed v. 초과하다 / excess n. 초과, 과다 [ex밖으로, 넘어+cess(=ceed)가다+sive형용사=수치가 넘쳐 가는] • excessive weight 체중 과다
☐ **access** [ǽkses]	v. 접근하다 n. 접근 🔵 accessible a. 접근 가능한 [ac-에게+cess가다=~에게로 가다 → 접근하다] • an access road (어느 시설에의) 진입로
☐ **recession** [riséʃən]	n. 물러남, 경기 침체 🔵 recede v. 물러나다, 퇴각하다 [re뒤로+cess가다+ion명사=뒤로 물러가다] • an economic recession 경기 침체 • the receding tide 썰물
☐ **predecessor** [prédəsèsər]	n. 전임자(↔ successor n. 상속자, 후계자) [pre전+de아래+cess가다+or사람=보다 이전에 간 사람] • predecessor and successor 전임자와 후임자
☐ **precede** [prisí:d]	v. ~보다 앞서가다 🔵 preceding a. 앞서가는 [pre(=before)앞에+cede가다 =앞서가다] • the years preceding the war 전쟁 전해 • precede all others 다른 모든 것보다 우선한다

> • proceed v. (앞으로) 나아가다, 진행되다

Basic Words

☐ **succeed**[səksí:d] v. 성공하다, 상속하다
☐ **successive**[səksésiv] a. 연속적인 🔵 succession n. 연속, 계승
☐ **process**[práses] n. 진행, 과정

108 tract-, trac- 당기다(=draw)

[tractor: 트랙터]

트랙터는 논을 갈거나 흙을 고르는 역할을 하는데, 트랙터라는 말은 쟁기질하고 땅을 평평하고 고르게 하는 일을 하는 '끌어당기는 기계'의 뜻이다. tract- '끌다(=draw)'의 의미를 기억할 것.

☐ **attractive** [ətrǽktiv]	a. 매력적인 **cf** attract v. 끌다, 매혹하다 / attraction n. 매력 [at-으로+tract끌다+ive형용사=마음을 끄는] • an attractive appearance 매력적인 외모
☐ **subtract** [səbtrǽkt]	v. 빼다 **cf** subtraction n. 빼기 [sub아래+tract끌다=아래로 당기다 → 빼다] • subtract A from B B에서 A를 차감하다[빼다]
☐ **contract** [kántrækt]	n. 계약 v. 계약하다 [con함께+tract끌다 =의견을 한데 끌어모으다] • a contract worker 계약직 근로자, 비정규직 근로자 • contact n. 접촉, 서로 닿음
☐ **protract** [proutrǽkt]	v. 연장하다, 질질 끌다 **cf** protraction n. 연장 [pro앞으로+tract끌다=앞으로 끌다 → 연장하다] • protract one's stay 체류를 연장하다 • protract negotiations 협상을 오래 끌다
☐ **trace** [treis]	v. 추적하다 n. 발자국, 바큇자국 [trace끌다, 당기다] • traces of earlier civilizations 초기 문명의 발자취
☐ **retreat** [ritríːt]	v. 후퇴하다 n. 후퇴, 피난처, 피정 [re뒤로+treat끌다=뒤로 끌다] • retreat from the border 국경에서 후퇴하다 • a summer retreat 피서지
☐ **portray** [pɔːrtréi]	v. 그리다, 묘사하다 **cf** portrait n. 초상, 초상화 [por(pro)앞으로+tray당기다, 끌다=붓이나 연필을 앞으로 당기다] • portray one's lives 삶을 묘사하다

Basic Words

☐ **tractor**[trǽktər]	n. 트랙터, 견인차 **cf** tract v. 끌다
☐ **track**[træk]	n. 자국(=trace, trail), 흔적, 통로
☐ **abstract**[æbstrǽkt]	a. 추상적인 v. 발췌하다, 요약하다
☐ **trail**[treil]	v. 뒤를 밟다, 추적하다 n. 발자국, 흔적
☐ **extract**[ikstrǽkt]	v. 끌어내다, 발췌하다(=draw out)

109 gress--, grad- 앞으로 걷다, 나아가다

[progressive: 진보적인]

보수적인(conservative)사람과 진보적인(progressive)사람의 차이는 지키다(-serve)와 나아가다(-gress)의 차이이다. 그러므로 보수는 자리를 '지키다'의 의미가 있고, 진보는 앞으로 '나아간다'를 의미한다.

□ **progressive** [prəgrésiv]	a. 전진하는, 진보주의의(↔ conservative a. 보수적인) **cf** progress v. 진보하다, 전진하다 n. 전진 [pro앞으로+gress나아가다+ive형용사=앞으로 나아가는] • progressive party 진보당 • scientific progress 과학적 전진
□ **aggressive** [əgrésiv]	a. 공격적인, 적극적인 **cf** aggression n. 공격 [ag-으로+gress나아가다+ive형용사=한쪽으로 나아가는] • aggressive behavior 적극적인 행동
□ **congress** [káŋgris]	n. 회의, 국회, 의회 [con함께+gress나아가다=함께 가는 것] • the annual congress 연례 회의
□ **graduate** [grǽdʒuət]	v. 졸업하다 n. 학사, 졸업생 **cf** graduation n. 졸업 [grad가다+ate동사=계속 나아가다 → 졸업하다] • graduate from high school 고등학교를 졸업하다 • a graduate student 대학원생
□ **gradual** [grǽdʒuəl]	a. 점진적인 **cf** gradually ad. 차차, 점차적으로 [grad걷다, 나아가다+al형용사=나아가는, 점진적인] • get a gradual raise 점차 봉급이 인상되다
□ **degree** [digríː]	n. 정도, (온도계의) 도; 학위 [de-아래로+gree가다=아래로 내려가는 단계] • by degrees 점차로(=step by step, gradually) • a doctor's degree 박사 학위
□ **ingredient** [ingríːdiənt]	n. 성분, 구성 요소 [in안에+gred가다+ent것=안에 들어가 있는 것] • the main ingredients of kimchi 김치의 주성분

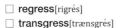

□ regress[rigrés]	v. 되돌아가다, 역행하다, 퇴보하다
□ transgress[trænsgrés]	v. (법률을) 어기다, 위반하다, 범하다

110 ven(t)- (바람이) 오다(=come)

[convention center: 컨벤션 센터]

한국의 COEX(한국종합무역전시관), BEXCO(부산종합전시관)는 전시를 의미하는 exhibition의 ex와 대규모 회의를 나타내는 convention의 co를 따서 COEX 또는 BEXCO라고 이름을 붙인 것이다. 여기서 convention은 [con-(함께)+vene-(오다)+tion(명사)]이 결합된 단어이다. 이것은 '다함께 모이는 것'이란 의미이다.

☐ **convention** [kənvénʃən]	n. 집회, 회의; 관례, 풍습 🔵 convene v. 모으다, 회의를 소집하다 conventional a. 전통적인, 재래식의, 판에 박힌 [con함께+ven오다+tion명사=같은 목적으로 함께 오는 것] • the convention center 회의장 • social convention 사회적 관습
☐ **venture** [véntʃər]	v. 위험을 무릅쓰고 가다, 감히 가다(=dare) n. 모험 [vent오다+ure명사=접근해 오는 것] • venture to kiss her hand 과감히 그녀 손에 키스하다
☐ **adventure** [ædvéntʃər]	n. 모험심, 모험담 [vent오다+ure명사=접근해 오는 것] • a man of adventure 모험가
☐ **vent** [vent]	n. 구멍, 배출구 [vent바람=바람 구멍] • an air vent 공기 구멍
☐ **ventilate** [véntəlèit]	v. 공기를 유통시키다, 환기하다 [vent(il)바람+ate동사=바람이 나오게 하다] • ventilate the work area 작업장을 환기하다
☐ **advent** [ǽdvent]	n. 도래, 출현 [ad-으로+vent오다=~에 다가오는 것] • the advent of a new age 새 시대의 도래
☐ **souvenir** [sùːvəníər]	n. 기념품, 선물 [sou밑에+ven(ir)오다=마음속에 떠오름] • a souvenir shop 선물 가게, 기념품점
☐ **revenue** [révənjùː]	n. 소득, 고정 수입 [re다시(=back)+ven(ue)오다=되돌아오는 것] • revenue and expenditure 소득과 지출

Basic Words

☐ **invent**[invént]	v. 발명하다, 고안하다
☐ **prevent**[privént]	v. 막다, 예방하다
☐ **avenue**[ǽvənjùː]	n. 가로수 길, 큰 거리

111   cur-, cour- 달리다, 흐르다(=run, flow)

[current: 흐르는 모든 것]

current는 귀에 걸면 귀걸이, 코에 걸면 코걸이가 된다. 물과 연결하면 '물살,' 공기와 연결하면 '기류' 전기와 연관지으면 '전류', 시간과 연결하면 '현재의' 돈과 연결하면 '화폐' 등등, 그 의미를 이루 다 설명할 수 없다. cur-는 '흐르다, 달리다'라는 기본적인 의미를 담고 있다.

☐ **current** [kə́:rənt]	a. 현행의, 현재의; 널리 유행되는 n. 흐름, 기류, 조류, 전류 **cf** currency n. 유통, 통화 [cur(r)흐르다+ent형용사=흐르는] • current news 시사 뉴스 • an electric current 전류
☐ **concur** [kənkə́:r]	v. 진술이 같다, 일치하다; 동시에 일어나다 [con함께+cur달리다=함께 달리다] • concur with one's view ~의 견해와 일치하다
☐ **course** [kɔ:rs]	n. 진로, 행로; 교과 과정 • curse v. 저주하다, 욕하다(↔ bless) [cour(se)달리다=연이어 달리는 것] • enroll for a course 과목에 수강 신청을 하다
☐ **excursion** [ikskə́:rʒən]	n. 소풍, 유람, 수학여행 [ex밖으로+cur흐르다+sion명사=서둘러 밖으로 나감] • a skiing excursion 스키 여행 • go on an excursion 소풍 가다
☐ **incur** [inkə́:r]	v. (분노·비난·위험을) 초래하다 [in안으로+cur흐르다=안으로 달리다] • incur debts 빚지다 • incur a heavy loss 큰 손실을 초래하다
☐ **recur** [rikə́:r]	v. 되돌아가다; 재발하다 **cf** recurrence n. 재발, 반복 [re다시+cur흐르다=다시 발생하다] • recur three times 세 번 재발하다
☐ **discourse** [dískɔːrs]	v. 말하다, 이야기하다 n. 설교, 이야기 [dis떨어져(=away)+cour(se)달리다=내용이 멀리 미치다] • discourse on education 교육에 관해 대화하다 • direct discourse 직접 화법

Basic Words

☐ **curriculum**[kəríkjuləm]   n. 커리큘럼, 교과 과정
☐ **occur**[əkə́:r]   v. 발생하다; (머리에) 떠오르다
☐ **intercourse**[íntərkɔ:rs]   n. 교제, 교류

112 sens-, sent- 감각, 감정

[the sixth sense: 육감]

The sixth sense(육감), sense(센스) 있는 여자, sensor(감지기) 등에서 sense의 의미는 사뭇 다를 수 있다. sense는 '감각, 감성, 분별력, 감상' 등의 의미가 문맥에 따라 다르게 쓰이기 때문이다. sensible(분별력 있는), sensitive(민감한), sensory(감각의)에서 sense의 의미는 조금씩 다르다. 공통점은 우리가 통상적으로 알고 있는 'sense(감각)' 그대로의 의미이다.

□ **sensation** [senséiʃən]	n. 감각, 감동, 흥분; 선풍적 반응, 대사건 [sens느낌+(a)tion명사=느끼는] • create a sensation 선풍적인 반응을 일으키다
□ **consensus** [kənsénsəs]	n. (의견·감정의) 일치, 합의 [con함께+sens(us)감정=함께 하는 감정] • the national consensus 국민적 합의
□ **consent** [kənsént]	v. 동의하다, 찬성하다(↔ dissent v. 반대하다)　n. 동의, (의견·감정의) 일치 [con함께+sent느낌=함께 느끼다 → 동의하다] • consent to a suggestion 제안에 동의하다
□ **assent** [əsént]	v. 동의하다　n. 동의, 찬성(↔ dissent v. 반대하다) [as-으로+sent감정=가까이 느끼다 → 찬성하다] • assent to a proposal 제안에 동의하다 • a sign of assent 동의의 표시
□ **resent** [rizént]	v. 분개하다, 원망하다　cf resentful a. 분개하는 / resentment n. 분개 [re강조+sent감정=강한 감정을 갖다] • bitter resentment 깊은 원한, 심한 분개
□ **sentiment** [séntəmənt]	n. 감상, 소감　cf sentimental a. 감상적인 [sent느낌+(i)ment명사=느낌, 소감] • a sentiment of grief 비탄(슬픔)의 심정 • a sentimental song 감상적인 노래
□ **sentence** [séntəns]	v. (형을) 선고하다　n. 문장, 글(=passage); 판결, 선고(=verdict) [sent느낌+ence명사=느낌을 표현함] • sentence him to 5 years of imprisonment 　그에게 5년 형의 판결을 내리다 • expect the death sentence 사형 선고를 예상하다

Basic Words

□ **sense**[sens]	n. 감각, 느낌; 분별력
□ **scent**[sent]	v. 냄새 맡다 n. 향기, 냄새
□ **sensitive**[sénsətiv]	a. 민감한 cf sensitivity n. 민감성
□ **sensible**[sénsəbl]	a. 분별력 있는

113 path-, pass-, pati- 감정(=feeling), 겪다(=suffer)

[telepathy: 이심전심]

우연히 서로가 같은 생각이나 동작을 했을 때 "서로 텔레파시가 통했다"는 표현을 쓴다. 연인끼리라면 상당히 가슴 설레는 순간을 만드는 표현인데, 우리는 이런 경우를 이심전심(以心傳心)이라고 한다. 여기서 tele-는 전화 (telephone)에서, pathy는 동정심(sympathy)에서 볼 수 있는 표현이다. tele-는 '멀리서', -pathy는 '감정'을 의 미한다.

☐ **pathetic** [pəθétik]	a. 불쌍한, 애처로운, 가슴 아픈 [path감정+tic형용사=감동적인] • a pathetic sight 가슴 아픈 장면
☐ **empathy** [émpəθi]	n. 감정 이입, 감정의 완전한 이해 [em안(=in)+pathy느낌=안으로 넣은 감정] • one's empathy with poems 시에 대한 감정 이입
☐ **compassion** [kəmpǽʃən]	n. 동정심, 연민(의 정)　　　• confession n. 고백, 자백 ⓒ compassionate a. 인정 많은, 동정적인 [com함께+pass느낌+ion명사=함께 하는 느낌] • compassion for the sick 아픈 사람에 대한 동정심 • a humane and compassionate writer 인간적이고 동정적인 작가
☐ **passion** [pǽʃən]	n. 열정, 감정의 폭발 ⓒ passionate a. 열정적인 [pass겪다; 감정+ion명사=강한 감정] • passion for learning 배움에 대한 열정 • a passionate speech 격렬한 연설 • passionate hatred 강렬한 혐오감
☐ **patient** [péiʃənt]	a. 인내심이 강한, 끈기 좋은　n. 병자, 환자 [pati겪다, 고생하다(=suffer)+ent사람, 형용사 접미사=고생을 겪는 사람] • Be patient with children. 아이들에게는 성미 급하게 굴지 마시오. • a heart patient 심장병 환자
☐ **telepathy** [təlépəθi]	n. 텔레파시, 정신 감응 [tele먼+pathy감정=멀리서 느끼는 감정] • mental telepathy 정신적 교감

Basic Words

☐ **sympathy**[símpəθi]　　　n. 동정, 공감
☐ **apathy**[ǽpəθi]　　　n. 냉담; 무감각

114 ceive-, cept- 받다, 잡다

[receiver: 수신기, 수화기]

머리에 얹으면 헤드폰(headphone), 귀에 꽂으면 이어폰(earphone)인데, 만약 얼굴 광대뼈에 대면? 바로 골전도 헤드폰(Bone Conduction Headphone)이라는 sound receiver이다. '골전도 헤드폰'은 말 그대로 뼈를 통하여 귀로 음향이 전달되는 원리를 응용한 헤드폰이다. 이것도 헤드폰은 헤드폰인 것이다. 하지만 소리를 받는다는 점에서 receiver이다. –ceive는 '(소리를) 받다'는 의미인 것이다.

☐ **conceive** [kənsíːv]	v. (의견 따위를) 마음에 품다, 느끼다; 고안하다, 생각하다 **cf** conception n. 생각, 고안 conceivable a. 생각할 수 있는 [con함께+ceive잡다=함께 잡다, 충분히 생각하다] • conceive of a plan 한 가지 계획이 문득 떠오르다 • a bright conception 좋은 생각
☐ **perceive** [pərsíːv]	v. 감지하다, 인식하다(=notice, recognize) **cf** perception n. 지각, 인식 [per완전히+ceive잡다=완전히 잡다] • perceive a change 변화를 감지하다 • perceive by ear 귀로 감지하다
☐ **deceive** [disíːv]	v. 속이다 **cf** deceit n. 속임, 사기 [de벗어나+ceive잡다=빼앗아 가져가다] • be deceived by appearance 겉모양에 속다
☐ **concept** [kánsept]	n. 개념, 생각(=idea, conception) [con함께+cept(=ceive)잡다=완전히 파악함] • an abstract concept 추상 개념
☐ **conceit** [kənsíːt]	v. 자만하다 n. 자부심, 자만(↔ humility n. 겸손) [conceive(con함께+ceive잡다=함께 잡다, 충분히 생각하다)의 변형] • self-conceited 자존심이 강한(=conceited)
☐ **accept** [æksépt]	v. 받아들이다, 수납하다; (초대·제안·구혼을) 수락하다 [ac-로+cept(=ceive)받다=받아들이다] • accept a proposal 제의·청혼을 수락하다 • accept an apology 사과를 받아들이다

Basic Words
☐ **receive**[risíːv] v. 받다, 수령하다 **cf** receipt n. 영수증 / reception n. 접수
☐ **intercept**[intərsépt] v. 도중에 빼앗다, 가로채다 **cf** interception n. 차단
☐ **except**[iksépt] v. 제외하다 prep. ~을 제외하고 **cf** exception n. 제외, 예외

328 김세현 영어 VOCA

115 sid-, sed-, sess- 앉다(=sit)

[resident: 레지던트]

일반적으로 의과 대학 6년을 마친 후, 의사 국가 고시를 보고 합격하면 의사가 된다. 이때부터 현장 경험을 쌓기 위해 수련의라고 부르는 과정을 밟는데, 수련 과정은 인턴과 레지던트로 구분을 해서 경험을 쌓는다. 전문의는 4년간 자기 전공과목을 정해서 수련을 밟는 레지던트 과정을 마치고 전문의 시험에 힙격해야 가능하다. 레지던트는 [re뒤로(= back)+sid앉다(=sit)+ent형용사=뒤로 남아서 앉아 있는]에서처럼, 병원에 남아 살게 될 정도로 '병원 귀신'이 되어야 함을 의미한다.

☐ **preside** [prizáid]	v. 의장 노릇하다, 사회를 보다 **cf** president n. 사회자, 대통령 [pre앞에+side앉다=남의 앞에 앉다] • preside at a meeting 회의에서 사회를 보다 • the president of a society 협회의 회장
☐ **resident** [rézədənt]	a. 거주하는, 들어가 사는[at, in] n. 거주자; 전문의 수련자, 레지던트 **cf** residential a. 주거지의 / residence n. 주거, 거주 [re뒤로+sid앉다+ent형용사=뒤로 남아서 앉아 있는] • the resident population of the city 시의 현 거주 인구
☐ **sediment** [sédəmənt]	n. 앙금, 침전물, 퇴적물 [sed(i)앉다+ment명사=가라앉아 있는 것] • sediment in the deep ocean 바다 속의 침전물
☐ **sedentary** [sédntèri]	a. 앉은 채 있는, [동물] 이주하지 않는 [sed앉다+entary형용사=앉아 있는] • sedentary habits 앉으려는 습관 • sedentary work 앉아서 하는 일
☐ **session** [séʃən]	n. 개회 중, (회의의) 회기 [sess앉다+ion명사=앉기, 앉아 있는 기간] • **section** n. 절단, 구역, 부문 • a morning session 조회(아침 회의) • a regular session of the Assembly 정기국회
☐ **obsession** [əbséʃən]	n. (귀신·망상 따위에) 사로잡힘, 강박관념 **cf** obsess v. 사로잡다 [ob반대로(=against)+sess앉다+ion명사=반대로 앉음] • suffer from an obsession 망상으로 괴로워하다 • be obsessed with ~에 사로잡히다

Basic Words
☐ **subsidy**[sʌ́bsədi]   n. (국가의 민간에 대한) 보조금, 장려금
☐ **reside**[rizáid]   v. 살다, 거주하다
☐ **subside**[səbsáid]   v. 가라앉다, 침전하다

116 tact-, tack-, tang- 꽉 쥐다, 붙이다

[contact lens: 콘택트렌즈]

렌즈가 안구에 붙어 접촉되어 있다고 해서 contact lens란 표현을 사용한다. contact은 접촉을 의미하며, '접촉'과 관련한 다양한 의미를 가진다. ① 접촉 ② 교제, 친교(=associations) ③ 연락, 연줄(=connnection) ④ 접촉면, 경계면 등 모든 의미가 [con함께+tact접촉]의 의미로 구성된 어휘임을 확인해 보자.

□ **intact** [intǽkt]	a. 본래대로의, 손대지 않은(=untouched) [in(=not)+tact붙다=손대지 않은] • the intact tomb 본래대로의 무덤 • an intact file 손대지 않은 파일
□ **tactile** [tǽktil]	a. 촉각의, 입체감의 [tact붙다+ile형용사=붙어 있는, 만질 수 있는] • a tactile sense 촉감 • a tactile organ 촉각 기관
□ **contagion** [kəntéidʒən]	n. 전염, (접촉)전염병 **ɗ** contagious a. 전염성의 [con함께+tag접촉+ion명사=함께 접촉함] • spread by contagion 전염으로 퍼지다
□ **tangible** [tǽndʒəbl]	a. 만져서 알 수 있는, 실체적인, 명백한 [tang붙다+ible할 수 있는=접촉 가능한] • tangible evidence 물증
□ **contaminate** [kəntǽmənèit]	v. 오염시키다 **ɗ** contamination n. 오염 [con함께+tamin닿다(=touch)+ate동사=모두 접촉하여 더럽히다] • contaminate a rive with sewage 하수로 강을 오염시키다
□ **attach** [ətǽtʃ]	v. 붙이다, 달라붙다(↔ stick to, adhere to ~에 달라붙다) [at-에(방향)+tach붙다=~에 부착하다] • the attached document 첨부된 문서
□ **detach** [ditǽtʃ]	v. 떼어 내다, 분리하다(↔ attach v. 붙이다) [de아래로+tach붙다; 말뚝=붙어 있는 것을 떨어뜨리다 → 떼어 내다] • detach oneself from a group 무리에서 이탈하다/떨어지다 • detach the lens from a camera 카메라에서 렌즈를 떼어 내다
□ **tackle** [tǽkl]	v. 달라붙다, 달려들다 n. 도구 [tack잡다+le명사=잡아 올리는 기구] • tackle the issues 쟁점에 달라붙다/다루다 • fishing tackle 낚시 도구

Basic Words

□ **contact**[kántækt]	v. 접촉하다, 연락하다 n. 접촉
□ **attack**[ətǽk]	v. 공격하다 n. 공격

Chapter 02

117 jus(t)-, leg- 법, 올바른

[justice: 정의]

로마신화 속의 정의 여신은 유스티치다(Justitia)로, 현재의 '정의(justice)'란 단어에서 유래되었다. 서양에서는 법과 정의의 연관성을 바탕으로 정의의 여신상을 법의 상징물로 여긴다. 영어의 just-는 leg-와 함께 '법, 정의'를 나타내는 어원이다.

☐ **just** [dʒʌst]	a. 올바른, 공정한(=fair, upright); 정당한, 타당한 [jus(t)법(=law)] • a just trial 공정한 재판 • a just price 적정 가격 • in just proportions 적당한 비율로
☐ **justify** [dʒʌstəfài]	v. (행위·주장 따위를) 옳다고 하다, 정당화하다 **cf** justification n. 정당화 [just올바른+ify동사=정당하게 만들다] • justify one's actions 행동을 정당화하다
☐ **justifiable** [dʒʌstəfàiəbl]	a. 정당화할 수 있는, 변명할 수 있는, 정당한 [just올바른+ifi동사+able할 수 있는=정당하게 할 수 있는] • a justifiable defense 정당 방위
☐ **adjust** [ədʒʌst]	v. (꼭) 맞추다, 조정하다, 조절하다 **cf** adjustment n. 조정 [ad-로+just올바른=목적에 바르게 하다] • adjust differences in views 의견 차이를 조정하다
☐ **legal** [líːgəl]	a. 법률에 관한(=lawful), 합법의(=legitimate) (↔ illegal a. 불법의) [leg법+al형용사=법률의] • the legal profession 변호사업
☐ **privilege** [prívəlidʒ]	v. 특권을 주다 n. 특권, 면책 [priv(i)개인+leg(e)법=특정인을 위한 법] • parental privilege 친권
☐ **legislation** [lèdʒisléiʃən]	n. 입법, 법률 제정 **cf** legislate v. 법률로 제정하다 [leg(i)법+slat(e)동사+tion명사=법을 만듦] • immigration legislation 이민 법안

Basic Words

☐ **judge**[dʒʌdʒ]　　　　v. 판단하다 n. 재판관, 판사
☐ **justice**[dʒʌstis]　　　n. 정의(↔ injustice n. 불의); 사법, 재판
☐ **prejudice**[prédʒudis]　　n. 편견(=bias 선입견)

118 fort- 힘(=force)

[forte: (음악) 포르테; 강한]

모데라토, 아다지오, 안단테, 포르테는 악보에서 많이 볼 수 있는 단어이다. 포르테(Forte)는 악보에 'f'로 줄여 적으며, 그것이 붙은 음을 세게 연주할 것을 지시하는 표현이다. 'f'의 수가 많아지면 세기도 더해 간다. 즉 'ff'는 포르티시모(매우 세게), 'fff'는 포르티시시모(아주 세게)이다. 여기서 포르테는 force(힘)에서 변화된 표현이다. 사실 fort는 '성(城)'의 보루, 성채'를 나타내는 표현이다.

□ **fort** [fɔ:rt]	n. 성채, 보루, 요새(=fortress) • a massive fort 거대한 요새 • hold the fort 자기 입장을 고수하다, 세력을 유지하다
□ **fortify** [fɔ́:rtəfài]	v. 견고하게 하다, 요새화하다 [fort강인함+ify동사=강인하게 하다] • fortify a city against attack 공격에 대비하여 도시의 방비를 강화하다
□ **fortitude** [fɔ́:rtətjù:d]	n. 용기, 불굴의 정신, 꿋꿋함 [fort힘센+itude상태=강인한 상태 → 용기] • one's fortitude in the battle 전투에서 보여 준 용기
□ **comfort** [kʌmfərt]	v. 위문하다, 편안하게 하다 n. 위로, 편안함 🔵 comfortable a. 편안한 [com함께+fort강한=함께 마음을 강하게 하다 → 기운을 북돋우다] • comfort the wounded 부상자들을 위문하다 • comfortable words 위로의 말
□ **enforce** [infɔ́:rs]	v. (법률을) 시행하다, 집행하다 🔵 enforcement n. 강화 [en동사+force힘=힘을 가하다] • enforce a law 법을 집행하다 • police enforcement 경찰 단속 중
□ **reinforce** [rì:infɔ́:rs]	v. 강화하다, 증강하다, 보강하다 🔵 reinforcement n. 강화 [re다시+in동사+force힘=다시 힘을 만들다] • reinforce the barriers 울타리를 보강하다 • reinforce an army 군대를 증강하다

Basic Words

□ **force**[fɔ:rs]	n. 힘 v. 강요하다 🔵 forceful a. 강제적인
□ **forte**[fɔ:rt]	a. 포르테의, 강음의(=loud)
□ **effort**[éfərt]	n. 노력, 수고

119 sta-, sti-, stan- 서 있다

[The Statue of Liberty: 자유의 여신상]

한 손에는 횃불을, 한 손에는 성경을 들고 있는 자유의 여신상을 The Statue of Liberty라고 한다. 미국의 독립 100주년을 축하하기 위해 프랑스가 선물로 준 것이다. statue는 '서 있다'의 어원에서 온 말로서 '서 있는 동상' 정도로 기억하면 된다. sta-는 '서다(stand)'를 의미한다.

☐ **state** [steit]	n. 상태; 국가, 주 v. 진술하다 **cf** statement n. 진술 [state서 있는 상태] • the United States of America 미합중국
☐ **station** [stéiʃən]	n. 위치, 정거장 **cf** stay v. 머물다 / stationary a. 정지된 [sta서다+tion명사=머무는 곳] • a fire station 소방서 • a gas station 주유소
☐ **statue** [stǽtʃuː]	n. 조각상, 상(像) [statue서 있는 상태=서 있는 조각상] • the Statue of Liberty 자유의 여신상
☐ **static** [stǽtik]	a. 정적인, 정지한 [↔ dynamic a. (역)동적인] [sta서 있다+tic형용사=가만히 서 있는] • static electricity 정전기
☐ **stable** [stéibl]	a. 안정된, 견고한 **cf** stability n. 안정, 안정성 [sta서 있다 +able형용사=안전하게 서 있는] • stable housing prices 안정된 주택 가격
☐ **stature** [stǽtʃər]	n. 신장 [sta서 있다+ture명사=서 있는 자리] • short stature 단신
☐ **status** [stéitəs]	n. 상태; 지위, 신분 [sta서 있다+tus명사=서 있는 상태] • the current status 현재의 상태 • social status 사회적 신분
☐ **stall** [stɔːl]	n. 마구간, 노점; 상품 진열대 [stall세워 둔 것] • a flower-stall 꽃가게
☐ **install** [instɔ́ːl]	v. 설치하다, 설비하다 **cf** installation n. 설치 [in안+stall세우다=안에 시설을 세우다] • install a heating system 난방 설비를 설치하다
☐ **circumstance** [sə́ːrkəmstæns]	n. 상황, 환경(=surroundings) [circum주변+sta서 있다+ance명사=주변에 서 있는 것] • under the present circumstances 현 상황 하에서

☐ **establish** [istǽbliʃ]	v. 설치하다, 설립하다 **cf** establishment n. 설치, 설립 [e첨가어+sta서 있다+blish동사=서 있게 하다] •establish a university 대학을 설립하다 •establish a law 법률을 제정하다
☐ **obstinate** [ábstənət]	a. 고집 센, 완고한 **cf** obstinacy n. 고집 [ob반대+stin서 있다+ate형용사=반대로 버티고 서 있는] • an obstinate temper 고집 센 성격
☐ **constitute** [kánstətjùːt]	v. 구성하다, 설립하다 **cf** constitution n. 구성; 헌법 [con함께+sti서 있다+tute동사=함께 서 있다, 함께 구성하다] •constitute the majority of the workers 　근로자의 다수를 구성하다 •amend the Constitution 헌법을 개정하다 •the constitution of cells 세포의 구조
☐ **institute** [ínstətjùːt]	v. (제도를) 설치하다 n. 연구소; 이공계열 대학(=institution); 규칙, 관습 [in안에+sti서 있다+tute동사=안에 세워 두다] •the Institute of Education 교육 연구소
☐ **statistics** [stətístiks]	n. 통계(pl.) 통계학(단수) [sta(=state서 있는 상태)+ist사람+ics학문=상태를 연구하는 학문] •the statistics of population 인구 통계
☐ **estate** [istéit]	n. 토지, 부동산 [e첨가어+sta서 있는 상태=서 있는 상태의 사람이나 물건] • a housing estate 주택 단지 • real estate 부동산
☐ **obstacle** [ábstəkl]	n. 장애물 [ob저항+sta서 있다+cle명사=저항하며 서 있는 것] • an obstacle to success 성공의 장애

Basic Words

☐ **staff**[stæf]	n. 막대기; 참모, 부원
☐ **standard**[stǽndərd]	n. 표준, 기준
☐ **standpoint**[stǽndpɔint]	n. 입장, 견지, 관점

120 spir- 숨 쉬다(=breathe)

[1% inspiration: 1%의 영감]

천재는 1%의 영감과 99%의 노력(땀)으로 이루어진다고 한다. 이것은 발명가 Edison의 말이지만, 광고 전문가들은 99%의 영감과 1%의 노력이 필요하다고 말하기도 한다. 영감(inspiration)이란 '안으로 숨을 불어넣어 주는 것'을 의미하는데, spir-은 '호흡하다'에서 나온 표현이다. 반면 노력(perspiration)은 '밖으로 땀을 흘리다'는 의미를 지닌다.

☐ **inspiration** [ìnspəréiʃən]	n. 영감, 격려, 자극 **cf** inspire v. 격려하다 / inspiring a. 영감을 주는, 용기를 주는 [in안에+spir숨 쉬다+ation=안으로 숨을 불어넣어 줌] • draw inspiration from a novel 소설에서 영감을 얻다
☐ **respiration** [rèspəréiʃən]	n. 호흡 **cf** respire v. 호흡하다 [re다시+spir숨 쉬다+ation=반복해서 숨 쉬기] • artificial respiration 인공호흡
☐ **perspire** [pərspáiər]	v. 땀을 흘리다 **cf** perspiration n. 땀, 노력 [per통하여+spire숨 쉬다=밖으로 나오게 하다→땀을 흘리다] • perspire in the heat 더워서 땀을 흘리다 • a drop of perspiration 땀 한 방울
☐ **conspire** [kənspáiər]	v. 공모하다, 음모를 꾸미다 **cf** conspiracy n. 음모 [con함께+spire호흡하다=함께 호흡하다] • conspire to overthrow the government 정부 전복 음모를 꾸미다
☐ **aspire** [əspáiər]	v. 갈망하다, 올라가다 **cf** aspiration n. 열망 [a-로+spire숨 쉬다=~을 향하여 숨 쉬다 → 갈망하다] • many aspiring writers 많은 작가 지망생들
☐ **expire** [ikspáiər]	v. 만기가 되다, 숨을 거두다 **cf** expiration n. 만기, 만료; 숨을 내쉼 [ex완전히+(s)pire호흡하다=호흡이 끝나다] • expire a the end of this month 이달 말 만기가 되다
☐ **despair** [dispéər]	n. 절망, 자포자기 **cf** desperate a. 자포자기의, 필사적인 [de(=down)+spair호흡하다=호흡을 떨구다] • be in despair 절망에 빠지다

Basic Words

☐ **spirit**[spírit]   n. 정신, 영혼(=soul)
☐ **spiritual**[spíritʃuəl]   a. 정신의, 영적인
☐ **sprite**[sprait]   n. 요정, 작은 마귀

김세현

주요 약력

- 현) 박문각 공무원 영어 온라인, 오프라인 교수
- Eastern Michigan University 대학원 졸
- TESOL(영어교수법) 전공
- 전) EBS 영어 강사
- 전) Megastudy/Etoos/Skyedu 영어 강사
- 전) 에듀윌 영어 강사

주요 저서

- 박문각 공무원 김세현 영어 All In One 기본서
- 박문각 공무원 김세현 영어 VOCA All In One
- 박문각 공무원 김세현 영어 문법 줄세우기
- 박문각 공무원 김세현 영어 전혀 다른 개념 독해
- 박문각 공무원 김세현 영어 단원별 기출문제
- 박문각 공무원 김세현 영어 실전 400제
- EBS 완전 소중한 영문법
- EBS 이것이 진짜 리딩스킬이다

김세현 영어 VOCA ✧✦ All In One

초판발행 | 2021. 8. 10.
개정2판인쇄 | 2024. 7. 25. **개정2판발행** | 2024. 7. 30. **편저자** | 김세현
발행인 | 박 용 **발행처** | (주)박문각출판 **등록** | 2015년 4월 29일 제2019-000137호
주소 | 06654 서울시 서초구 효령로 283 서경 B/D 4층 **팩스** | (02)584-2927
전화 | 교재 주문·내용 문의 (02)6466-7202

정가 14,000원
ISBN 979-11-7262-126-1